BAR INTERNATIONAL SERIES 3078 | 2022

Armes et Guerriers

Continuités et changements dans l'équipement du guerrier en Europe, Proche et Moyen-Orient de l'âge du Bronze à l'époque Moderne

Actes du colloque de l'Institut d'Art et d'Archéologie, Paris, le 29 octobre 2019

SOUS LA DIRECTION DE
PAULINE BOMBLED, PRUNE SAUVAGEOT
ET RITA SOLAZZO

Published in 2022 by
BAR Publishing, Oxford

BAR International Series 3078

Armes et Guerriers

ISBN 978 1 4073 5944 1 paperback
ISBN 978 1 4073 5945 8 e-format

DOI https://doi.org/10.30861/9781407359441

A catalogue record for this book is available from the British Library

© the editors and contributors severally 2022

COVER IMAGE *Pointe de lance à crochets, Nismes, Viroinval (Belgique),* © *Musée Archéologique de Namur (Inv. A08798) (DAO : Pauline Bombled) ; Harpée, d'après N. Couton, ce volume,* © *Musée du Louvre, Inv. E 25689 (DAO :* © *Prune Sauvageot) ; Thyréos, d'après A. Confais, ce volume,* © *A. Confais (DAO :* © *Prune Sauvageot) ; Epée (DAO :* © *Prune Sauvageot) ; Pointe de lance (DAO :* © *Prune Sauvageot) ; Chilanum, d'après J.-B. Clais, ce volume,* © *Met Museum, n°36.15.806 (DAO :* © *Prune Sauvageot) ; Guerriers (DAO :* © *Bruno Paredes)*

The Authors' moral rights under the 1988 UK Copyright,
Designs and Patents Act, are hereby expressly asserted.

All rights reserved. No part of this work may be copied, reproduced, stored,
sold, distributed, scanned, saved in any form of digital format or transmitted
in any form digitally, without the written permission of the Publisher.

Links to third party websites are provided by BAR Publishing in good faith
and for information only. BAR Publishing disclaims any responsibility for the
materials contained in any third party website referenced in this work.

BAR titles are available from:

BAR Publishing
122 Banbury Rd, Oxford, OX2 7BP, UK
EMAIL info@barpublishing.com
PHONE +44 (0)1865 310431
FAX +44 (0)1865 316916
www.barpublishing.com

D'intérêt connexe

Swords and Daggers of the Scythian Forest-Steppe
Oleksandr Shelekhan

Oxford, BAR Publishing, 2020   BAR International Series **2989**

Bronze Age Combat
An experimental approach
Raphael Hermann, Rachel J. Crellin, Marion Uckelmann, Quanyu Wang,
and Andrea Dolfini

Oxford, BAR Publishing, 2020   BAR International Series **2967**

Warfare and Society in the Ancient Eastern Mediterranean
Papers arising from a colloquium held at the University of Liverpool 13th June 2008
Edited by Stephen O'Brien and Daniel Boatright

Oxford, BAR Publishing, 2013   BAR International Series **2583**

Warfare and Violence in the Iron Age of Southern France
Mags McCartney

Oxford, BAR Publishing, 2012   BAR International Series **2403**

Bronze Age Warfare: Manufacture and Use of Weaponry
Edited by Marion Uckelmann and Marianne Mödlinger

Oxford, BAR Publishing, 2011   BAR International Series **2255**

For more information, or to purchase these titles, please visit **www.barpublishing.com**

Table des Matières

Membres du Comité Scientifique vii
Avant-Propos ix

1. Introduction 1

Partie 1 — Âge du Bronze

2. L'armement à l'âge du Bronze final en Europe tempérée (XVIe–IXe siècles av. J.–C.) : éléments dispersés d'une « panoplie de guerrier » ? 7
   Léonard Dumont, Stefan Wirth

3. L'armement défensif en Égée aux XIVe et XIIIe s. av. J.–C. : fonction militaire et expression symbolique 23
   Quentin Zarka

4. La « harpé » en Égypte antique : de l'arme étrangère à l'insigne du pouvoir royal (1400 av. J.–C. à 30 apr. J.–C.) .. 29
   Nathalie Couton–Perche

Partie 2 — Âge du Fer

5. Le casque de Métaponte : Réflexions sur un chef–d'œuvre archaïque 37
   Raimon Graells i Fabregat

6. Introduction, diffusion et emploi des *thyréos* dans les armées hellénistiques (IVe – Ier siècle av. J.–C.) 47
   Amaury Confais

7. De taille, d'entaille et (un peu) d'estoc : un entr'aperçu du combat celtique à partir des traces sur les épées du site de La Tène 57
   Guillaume Reich

8. Iron spear- and javelinheads from the Archaic sanctuary at Monte Casale, the ancient Kasmenai (prov. Syracuse, southeastern Sicily) 71
   Azzurra Scarci

9. Réflexions autour des armes de Colle del Forno 77
   Rita Solazzo, Maria Luisa Agneni

10. Un exemple d'archéologie du geste martial : Les guerriers de Paestum 83
    Stéphane Salvan, Florence Maqueda, Charles Pontonnier

11. Discussion autour de la découverte d'une épée dans un contexte d'habitat de La Tène moyenne/finale sur le site de Dourges (FR–Pas–de–Calais) 91
    Delphine Cense-Bacquet, Jean–Patrick Duchemin, Tarek Oueslati

12. Du guerrier au soldat. L'armement du second âge du Fer dans la moitié nord de la France : l'exemple des fourreaux 99
    Prune Sauvageot

Partie 3 — Antiquité

13. Les duels funèbres campaniens : Le chaînon manquant entre Homère et les gladiateurs romains ? 109
    Stéphane Salvan

14. La massue comme arme offensive des troupes auxiliaires romaines : la stèle funéraire de Catavignus 121
    Stefano Marchiaro, Gianfranco Bongioanni

15. Au service du roi : la cavalerie en Iran sassanide. Représentations et fonctions des cavaliers à Bišāpūr III 129
    Delphine Poinsot

16. Les lances antiques en Gaule romaine (Ier–Ve siècle apr. J.–C.), un exemple des problématiques
    inhérentes à l'étude des armes 143
    Pauline Bombled

Partie 4 — Moyen Âge/et Période Moderne

17. Combattre au temps de Castillon (1453) : Situer l'action, comprendre l'usage de l'artillerie, des
    bannières et l'apport des livres de combat 153
    Vincent Haure

18. La masse à Byzance : caractéristiques et emploi à la période mésobyzantine (IXe–XIIe siècle apr. J.–C.) 165
    Thomas Salmon

19. Étudier les armes de l'Inde à l'époque moderne : de l'usage des peintures pour construire les
    chronotypologies des poignards, le cas des chilanums 175
    Jean–Baptiste Clais

20. Conclusion 183

Membres du Comité Scientifique/*Scientific Committee Members*

Bataille Gérard (INRAP, ArTeHis UMR 6298, Université de Bourgogne)

Beylier Alexandre (UMR 5140, Université de Montpellier)

Brun Patrice (Université Paris 1 Panthéon–Sorbonne, ArScAn UMR 7041 — TranSphères, AOROC UMR 8546 — Celtes et Étrusques)

Giligny François (Université Paris 1 Panthéon–Sorbonne, Trajectoires UMR 8215 — De la sédentarisation à l'État)

Glad Damien (UMR 8167, Centre d'Histoire et Civilisation de Byzance)

Graells i Frabregat Raimon (Römisch–Germanisches Zentralmuseum)

Lejars Thierry (École Normale Supérieure, AOrOc UMR 8546 — Celtes et Étrusques)

Marion Stéphane (DRAC Lorraine, AOrOc UMR 8546 — Celtes et Étrusques)

Pagès Gaspard (CNRS, ArScAn UMR 7041 — GAMA)

Pernet Lionel (Musée cantonal d'Histoire et d'Archéologie de Lausanne, AOrOc UMR 8546 — Celtes et Étrusques)

Vanzetti Alessandro (Université « La Sapienza » de Rome)

Avant-Propos

En tentant de remonter le fil des travaux collectifs portant sur l'étude des armes et des guerriers, force est de constater qu'il ne s'agit pas d'un sujet nouveau. Bien au contraire, ce thème récurrent dans les Sciences Humaines a depuis toujours suscité l'intérêt des disciplines liées à l'Histoire. Et pour cause, les guerres sont des événements centraux dans l'évolution et la construction des sociétés humaines qui entretiennent des rapports fluctuants entre relations pacifiques ou au contraire conflictuelles. Non sans être une thématique reflétant des problématiques plus contemporaines, la guerre est avant tout un vecteur, voire même un moteur, pour les évolutions techniques et culturelles qui se retrouvent incarnées dans les armes et le statut du guerrier.

On considère traditionnellement les armes comme des objets conçus pour mettre un adversaire hors d'état de nuire ou pour s'en protéger. Mais cette définition très restrictive s'écarte de leurs usages non militaires par les sociétés anciennes. Loin d'être un simple instrument conçu pour ôter la vie ou préserver la sienne ou bien celle des autres, ce sont aussi des objets qui, par leur ambivalence fonctionnelle, permettent d'aborder le champ des relations sociales, par leur emploi dans les pratiques cynégétiques, religieuses, symboliques, etc.

Au même titre, la définition et le statut du guerrier au fil du temps et au sein des sociétés anciennes sont tout aussi difficiles à établir et pose la question suivante, comment retracer la naissance du guerrier quand la signification et la fonction des armes embrassent autant de contradictions?

Le caractère insécable de ces deux sujets, armes et guerriers, a naturellement amené à ouvrir les discussions autour de ces thématiques.

C'est dans la continuité de ces débats que s'inscrit le colloque « Armes et Guerriers » qui s'est tenu à l'Institut d'Art et d'Archéologie de Paris le 29 octobre 2019. Il s'intègre en effet dans une longue histoire de la recherche marquée, selon les pays et les périodes, autant par le refus de certains d'étudier le phénomène guerrier dans les populations anciennes, au prétexte de ne vouloir voir en elles que des peuples pacifiques, que par le désir des autres de voir dans ces mêmes populations un attrait pour la violence. Il est nécessaire de rappeler que l'histoire de la recherche fut et est encore marquée par le contexte historique dans lequel elle s'inscrit. En Europe, les deux guerres mondiales, la Guerre froide ou encore les conflits en Bosnie, au Kosovo ou en Tchétchénie à la fin du XXe siècle, ont profondément marqué les recherches archéologiques. Comme le soulève J. Guilaine en 2016[1], c'est le déclenchement de ces conflits, dans ce qu'il qualifie d'Europe en paix, marquant ainsi le retour de la guerre sur le continent, qui sonne le réveil de la recherche. Deux courants émergent alors, d'une part le développement des études sur les origines de la guerre et l'évolution de la violence armée, et d'autre part la mise en place de l'archéologie médico-légale ou sciences forensiques, amenant à la reconnaissance d'un certain nombre d'événements, génocidaires notamment. La guerre devient alors un sujet porteur de la recherche. Au Proche et Moyen-Orient, le contexte socio-politique actuel oblige même à parler d'archéologie de la guerre dans le plein sens du terme, voire même d'archéologie en guerre. Depuis quelques années, on note donc en France un regain d'intérêt pour les problématiques liées au phénomène guerrier. C'est dans cette veine que s'inscrit cet ouvrage. Mais ce sujet n'aurait d'intérêt sans être étudié par le prisme de problématiques plus sociétales, comme la guerre ou la façon de faire la guerre, les élites guerrières, la composition des armées, le statut du guerrier et du soldat, etc.

Ce colloque s'inscrit dans l'héritage des conférences antérieures telles que la compilation d'articles réunis par Molloy B. (2007) dans « The Cutting edge : Archaeological Studies in Combat and Weaponry »[2] et dans laquelle les différents contributeurs explorent les problématiques autour du combat, de l'expérience du combat et de la stratégie au travers de tous leurs aspects, de la Préhistoire à la période médiévale, par le croisement de l'archéologie, de l'art et de la littérature, ou encore les Actes de la Table ronde Internationale et Interdisciplinaire intitulés « L'armement et l'image du guerrier dans les sociétés anciennes. De l'objet à la tombe », dirigée par Baray L. et al. (2011)[3] qui s'est tenue à Dijon en 2006. Dans cet ouvrage, les contributeurs ouvrent la réflexion autour de la thématique des armes et de l'image du guerrier du Néolithique ancien à la fin de l'âge du Fer, en proposant un panorama d'approches riche et diversifié.

Dans une thématique similaire, mais selon une approche plus centrée sur la guerre et ses origines depuis la Préhistoire

---

[1] Guilaine J., Sémelin J., 2016 : *Violences de guerre, violence de masse : une approche archéologique, Actes du colloque international organisé par L'Institut national de recherches archéologiques préventives (Inrap), du 2 au 4 octobre 2014 au Musée du Louvre-Lens*, Paris, La Découverte, 341 p.
[2] Molloy B., 2007 : The Cutting edge : *Archaeological Studies in Combat and Weaponry*, Stroud, Tempus, 222 p.
[3] Baray L., Honegger M., Dias-Meirinho M-H, 2011 : *L'armement et l'image du guerrier dans les sociétés anciennes : de l'objet à la tombe, Actes de la table ronde internationale et interdisciplinaire, Sens, CEREP, 4-5 juin 2009*, Dijon, Éd. Universitaire de Dijon (coll. Art, archéologie et patrimoine), 370 p.

jusqu'à nos jours, on retrouve les travaux présentés à l'occasion du congrès international « Violence de guerre, violence de masse : une approche archéologique » organisé en 2014 à Lens et publié en 2016 sous la direction de Jean Guilaine et Jacques Sémelin[4].

Mais, dans l'ensemble ces publications sont soumises à deux limites, d'une part, leur aire géographique et/ou d'autre part, même si ce n'est pas toujours le cas, leur chronologie.

Après une histoire de la recherche marquée par des études restreintes dans l'espace et dans le temps, il émerge depuis ces dernières années une volonté de présenter des travaux transcendant les périodes, les espaces et les disciplines. Ce colloque a donc été l'expression d'un besoin, celui de contribuer à combler cette absence. L'armement et l'étude des armes ont donc été tout logiquement au cœur des thématiques de cette conférence. Il s'agissait, en résumé, de s'interroger sur la manière dont l'étude de l'armement et ce qu'elle implique permet d'appréhender les sociétés et leur mode d'organisation.

L'idée de départ était donc de proposer une journée autour de l'armement et du guerrier en Europe et au Proche et Moyen-Orient, de l'âge du Bronze au début du Moyen-Âge. Les retours, rapides et enthousiastes à l'appel à communication que nous avions lancé, nous ont confortées dans l'idée que de telles manifestations consacrées à ces questions manquaient, et pas uniquement pour l'espace géographique et les bornes chronologiques déjà larges que nous avions définis. On comprendra donc aisément, les raisons qui nous ont conduites à ouvrir la thématique de ce colloque à une zone géographique encore plus vaste couvrant toute l'Europe jusqu'au Proche et au Moyen-Orient, et même au-delà en intégrant l'Inde, et à une large période chronologique, allant du début de l'Âge du Bronze à l'époque moderne (IIe mil. av. J.-C.-XVIIe siècle apr. J.-C.). Nous souhaitions par ce choix, réunir et permettre au plus grand nombre de doctorants et de chercheurs spécialisés, de rang international, de communiquer dans ces domaines d'études.

L'appel à communication a permis de rassembler étudiants, chercheurs et passionnés. Il a mis en exergue l'engouement, le besoin, et surtout la demande latente autour de l'organisation de ce type de projet, sur cette thématique bien spécifique Deux formats de présentation ont été proposés : soit une communication orale d'une quinzaine de minutes développant le résultat de travaux aboutis ou bien avancés, soit une présentation écrite, sous forme de poster, exposant plutôt des recherches en cours. Ce sont au total 15 communications et 10 posters qui ont été présentés successivement au cours de quatre sessions qui suivaient une évolution chronologique. La série d'allocutions a formidablement permis de confronter et de comparer les méthodes technologiques, typologiques, sociologiques employées par chacun dans l'étude de la panoplie militaire, de l'identité des porteurs et de leur évolution ou de l'absence d'évolution.

Cette publication se veut donc être la retranscription ouvragée de cette journée. Elle ne peut malheureusement en être le reflet exact, toutes les communications n'ayant pu, pour diverses raisons, intégrer ce volume. Elle rassemble donc une partie des travaux présentés au cours du colloque par l'intermédiaire d'articles longs, retranscription écrite des exposés oraux et par des écrits plus courts synthétisant le contenu des posters. Il en ressort malheureusement un certain déséquilibre dans les chapitres qui composent ce manuscrit, mais qui n'est pas dénué d'intérêt. On remarque ainsi la quantité de productions pour la période de l'âge du Fer, symptomatique d'une recherche sur l'armement et la guerre en plein essor pour cette période.

Pour conclure, nous ne saurions oublier la reconnaissance que nous portons à toutes les personnes qui ont contribué à l'enrichissement de cette journée.

Nous tenions en premier lieu à adresser nos plus vifs remerciements à l'ensemble des communicants qui se sont investis dans ce projet et qui ont largement contribué à la richesse scientifique et humaine de cette journée.

L'organisation et la publication des actes du colloque ont été rendues possibles grâce au soutien et à la collaboration de plusieurs personnes et institutions. À cet égard, nous souhaitons remercier le Collège des Écoles doctorales de l'Université Paris 1 (Panthéon-Sorbonne), l'École Doctorale d'Archéologie 112, L'École Doctorale 395 « Espaces, Temps, Cultures », les Unités Mixtes de Recherches Trajectoires (8215) et ArScAn (7041), ainsi que nos équipes de recherches (TranSphères et GAMA) pour leur soutien scientifique et leur contribution financière.

Nous tenons aussi à remercier Hélène Criaud pour ses conseils avisés tant dans l'organisation que dans la publication de ce colloque.

Notre reconnaissance s'adresse pareillement à Carole Duval et Marina Fernandes qui, par leur regard et leur connaissance aguerrie des mots et des textes, nous ont grandement aidées à corriger les erreurs typographiques et les coquilles qui avaient pu nous échapper.

Nous remercions tout autant Nicole Mourier de tout le temps consacré à la relecture intégrale du manuscrit et pour ses conseils qui nous permettent de proposer un texte clair.

Les traductions anglaises ayant été notre talon d'Achille, nous transmettons notre reconnaissance à Hella Barkati, Rafaëlle Fournier, Georgy Scholten, mais surtout à Dr Jane Burkowski pour nous avoir permis de proposer une version bilingue de qualité de l'avant-propos, de l'introduction, de la conclusion et des résumés des articles,

---
[4] op. cit. Guilaine J., Sémelin J., 2016.

afin de le rendre plus accessible à un lecteur peu familier de la langue française.

Nos plus chaleureux remerciements s'adressent à Tansy des éditions BAR qui nous a suivi et conseillé avec bienveillance depuis la soumission de cette publication. Merci pour sa gentillesse et sa disponibilité à notre égard.

Nous transmettons également notre gratitude la plus sincère à Brigitte Boissavit-Camus et à François Villeneuve qui ont eu l'idée de nous réunir dans ce projet. Il n'aurait pu être ce qu'il a été sans eux.

Nos remerciements s'adressent enfin aux membres du comité scientifique qui ont accepté de nous suivre dans ce projet et ont contribué à la vivacité de cette journée. Nous leur transmettons tout autant notre reconnaissance pour le travail de relecture qu'ils ont accepté de faire, accompagné de leur expérience, de leurs remarques et de leurs recommandations avisées.

Bonne lecture !

Pauline Bombled, Prune Sauvageot, Rita Solazzo
Le Comité Organisateur

©B. Paredes

Foreword

In tracing the work that has been done on the study of weapons and warriors, it becomes clear that this is not a new subject of study. On the contrary, this recurring theme in the humanities and social sciences has always aroused the interest of disciplines linked to History. And for good reason: wars are prominent events in the evolution and construction of human societies, which maintain fluctuating relationships between peaceful or hostile relations. Nor is it a theme without relevance to more contemporary issues; war is above all a vector, even a driving force, for technical and cultural developments that are embodied in weapons and the status of the warrior.

Traditionally, weapons have been considered objects designed to incapacitate or protect against an opponent. However, this restrictive definition fails to account for their non-military uses in ancient societies. Far from being ordinary instruments designed to take or preserve one's own life or that of others, they are objects which, through their functional ambivalence, make it possible to approach the field of social relations, through their use in hunting, symbolism, religious practices, etc.

In the same way, the definition and status of the warrior over time and within ancient societies is just as difficult to establish and poses the following question: how to depict the birth of the warrior when the meaning and function of weapons embrace so many contradictions.

The inseparable nature of these two subjects, weapons and warriors, has naturally led to the opening up of discussions centred around these themes.

It is in the continuity of these debates that the colloquium 'Armes et Guerriers' (Weapons and Warriors) was held at the Institut d'Art et d'Archéologie de Paris on October 29, 2019. It takes part in an extensive history of research marked, depending on the country and the period, as much by the refusal of some to consider the warlike phenomenon in ancient populations, on the pretext of wanting to identify in them only peaceful peoples, as by the desire in others to discover in these aforesaid populations an attraction for violence. It is necessary to remember that the history of research has been and still is marked by the historical context in which it is embedded. In Europe, the two world wars, the Cold War and the conflicts in Bosnia, Kosovo and Chechnya at the end of the 20th century had profound effects on archaeological research. As J. Guilaine pointed out in 2016[1], It was the outbreak of these conflicts that marked the return of war to the continent and sounded the alarm for research. Two currents then emerged: on the one hand, the development of studies on the origins of war and the evolution of armed violence, and on the other, the establishment of forensic archaeology and sciences, leading to the recognition of a certain number of events, notably genocidal ones. War consequently became a subject of research. In the Near East and Middle East, the current socio-political context even forces us to speak of the archaeology of war in the broad sense of the term, or even of archaeology in war. For several years now, there has been a renewed interest in France in issues related to the phenomenon of war. It is in this vein that this book has been produced. But this subject would not be of interest without being studied through the prism of more societal issues, such as war or the way war is waged, warrior elites, the composition of armies, the status of the warrior and the soldier, etc.

This colloquium builds on the legacy of earlier conferences like the compilation of articles by B. Molloy (2007) in 'The Cutting Edge: Archaeological Studies in Combat and Weaponry'[2], in which the various contributors explore the issues surrounding combat, the experience of combat and strategy in all their aspects, from prehistory to the medieval period, through the intersection of archaeology, art and literature, or the Proceedings of the International and Interdisciplinary Round Table entitled 'Weaponry and the Image of the Warrior in Ancient Societies. De l'objet à la tombe', edited by L. Baray et al. (2011)[3], which was held in Dijon in 2006. In this book, the contributors open the debate on the theme of weapons and the image of the warrior from the Early Neolithic to the end of the Iron Age, by proposing a rich and diversified panorama of approaches.

On a similar theme, but with a more focused approach to war and its origins from prehistory to the present day, we find the works presented on the occasion of the international congress 'Violence de guerre, violence de masse : une approche archéologique' organised in 2014 in Lens and published in 2016 under the direction of Jean Guilaine and Jacques Sémelin[4].

---

[1] Guilaine J., Sémelin J., 2016 : *Violences de guerre, violence de masse : une approche archéologique*, Actes du colloque international organisé par L'Institut national de recherches archéologiques préventives (Inrap), du 2 au 4 octobre 2014 au Musée du Louvre-Lens, Paris, La Découverte, 341 p.

[2] Molloy B., 2007: *The Cutting Edge: Archaeological Studies in Combat and Weaponry*, Stroud, Tempus, 222 p.

[3] Baray L., Honegger M., Dias-Meirinho M-H, 2011 : *L'armement et l'image du guerrier dans les sociétés anciennes : de l'objet à la tombe*, Actes de la table ronde internationale et interdisciplinaire, Sens, CEREP, 4-5 juin 2009, Dijon, Éd. Universitaire de Dijon (coll. Art, archéologie et patrimoine), 370 p.

[4] *op. cit.* Guilaine J., Sémelin J., 2016.

However, on the whole, these publications are subject to two limitations: on the one hand, their geographical area, and/or on the other hand, at times their chronology.

After a history of research marked by studies restricted in space and time, there has emerged in recent years a desire to present works that transcend periods, spaces and disciplines. This colloquium was, therefore, the expression of a need to contribute to filling this gap. Armaments and the study of weapons were therefore at the heart of the themes of this conference. In essence, it was a question of examining the way in which the study of arms and what it implies make it possible to understand societies and the way they are organised.

The initial idea was therefore to propose a day devoted to weapons and the warrior in Europe and the Near East and Middle East, from the Bronze Age to the early Middle Ages. The rapid and enthusiastic response to this call for papers confirmed our belief that such events devoted to these questions were lacking, and not only for the geographical space and the already broad chronological limits that we had defined. It is therefore easy to perceive the reasons that led us to open up the theme of this conference to an even broader geographical area embracing all of Europe as far as the Near East and Middle East, and even beyond by integrating India, and to a broad chronological period, from the beginning of the Bronze Age to the modern period (2nd mill. BC–17th century AD). With this choice, we wanted to bring together and allow the most significant number of doctoral students and specialist researchers of international standing possible to communicate in these fields of study.

The call for papers brought together students, researchers and enthusiasts. Two presentation formats were proposed: either oral presentations of about fifteen minutes, developing the results of completed or advanced work, or a written presentation, in the form of a poster, presenting research in progress. A total of 15 papers and 10 posters were presented successively over four sessions that followed a chronological evolution. The series of speeches provided an excellent opportunity to compare and contrast the technological, typological and sociological methods employed by each of the speakers in the study of the military panoply, the identity of the wearers and their evolution or lack thereof.

This publication is therefore intended to be an elaborated collection of the proceedings of this day. Regrettably, it cannot be an exact reflection of it, as not all the papers could be included in this volume for various reasons. It therefore brings together some of the work presented during the conference through long articles, written transcriptions of the oral presentations and shorter writing synthesising the content of the posters. Unfortunately, there is a certain imbalance in the chapters that make up this volume, but this is in itself not without interest. The quantity of contributions relating to the Iron Age period is noteworthy evidence of the burgeoning research on weaponry and warfare in this period.

In conclusion, we would like to express our gratitude to all the people who contributed to the enrichment of this day.

Foremost, we would like to give our warmest thanks to all contributors who have invested themselves in this project, and who greatly contributed to the scientific and human richness of this day.

The organisation and publication of the conference proceedings were made possible thanks to the support and collaboration of several people and institutions. In this respect, we would like to thank the Collège des Écoles doctorales de l'Université Paris 1 (Panthéon–Sorbonne), the École Doctorale d'Archéologie 112, the École Doctorale 395 'Espaces, Temps, Cultures', the Unités Mixtes de Recherches Trajectoires (8215) and ArScAn (7041), as well as our research teams (TranSphères and GAMA) for their scientific support and their financial contribution.

We would also like to thank *Hélène* Criaud for her wise advice in the organisation and publication of this conference.

We are also obliged to Carole Duval and Marina Fernandes, who, with their keen eye and knowledge of words and texts, greatly helped us to correct typographical errors that might have escaped us.

We are equally grateful to Nicole Mourier for all the time she devoted to proofreading the entire manuscript and for her advice which enabled us to produce a clear text.

As the English translations have been our Achilles heel, we are indebted to Hella Barkati, Rafaëlle Fournier, Georgy Scholten, and especially to Dr Jane Burkowski for making it possible for us to provide a bilingual version of the foreword, introduction, conclusion and abstracts of the articles that is of superior quality for a reader unfamiliar with the French language.

Our heartiest thanks go to Tansy from BAR editions who has followed and advised us with kindness since the submission of this publication. Thank you for your genuine kindness and availability to us.

We would also like to express our sincere gratitude to Brigitte Boissavit-Camus and François Villeneuve who had the idea of bringing us together in this project. It could not have been what it was without them.

Finally, our thanks go to the members of the scientific committee who agreed to follow us in this project, and who contributed to the liveliness of this day. We are equally obliged to them for the proofreading work they agreed to do, along with their experience, their remarks and their wise recommendations.

Enjoy reading!

Pauline Bombled, Prune Sauvageot, Rita Solazzo
The Organising Committee

©B. Paredes

1

Introduction

Ce colloque, consacré à l'armement et l'image du guerrier et intitulé « Armes et Guerriers. Continuités et changements dans l'équipement du guerrier (Europe, Proche et Moyen–Orient, âge du Bronze–Moyen–âge) » a été organisé par des doctorantes : Prune Sauvageot (UMR 7041 ArScAn – TranSphères), Pauline Bombled (UMR 7041 ArScAn – GAMA) et Rita Solazzo (UMR 8215 Trajectoires). Il s'agit d'un effet symptomatique du renouveau des recherches sur la guerre, un sujet longtemps déconsidéré en sciences humaines. Il faut s'en réjouir, car il s'agit d'un phénomène majeur de l'histoire de l'humanité. Le point fort de ce colloque est l'accent mis sur le comparatisme intersociétal à travers trois dimensions : le temps long, un espace dilaté d'échelle intercontinentale, et un espace conceptuel interdisciplinaire. Le propos est ici, moins de comparer des objets que des réflexions sur les moyens conceptuels de passer des objets aux sociétés qui les ont produits et utilisés.

Nous allons ainsi être conduits à aborder les quatre points suivants :

1. L'évolution de l'armement qui ne cesse de se confirmer en tant que révélateur majeur de l'organisation des sociétés au fil des changements sociaux.
2. Les équipements guerriers qui permettent de déduire les techniques de combat, les types de formations collectives, ce qui implique les capacités de mobilisation et d'entraînement au combat d'une société donnée.
3. Les armes elles–mêmes qui s'avèrent être un des plus fidèles reflets du niveau de développement technique atteint par une société donnée, car il se confirme que les progrès de la fabrication des armes ont profité de tout temps des techniques les plus en pointe du moment.
4. L'armement en tant que le type de vestige le plus en mesure de nous renseigner sur le niveau de complexité organisationnelle d'une société donnée et sur l'importance de la guerre dans les processus de changements sociaux ; c'est–à–dire un phénomène dont la meilleure définition – que je tire de l'article de Philippe Descola et Michel Izard dans le dictionnaire de l'ethnologie (Bonte, Izard 1991)[1] – est la suivante : « Une lutte armée entre groupes sociaux. Son objectif est de prendre l'ascendant sur un ou plusieurs groupes par la violence homicide ». La décision de son déclenchement par l'ensemble ou la majorité du groupe constitué lui donne ce caractère officiel et institutionnalisé qui est un élément fondamental de sa définition. Il la distingue, en effet, de la délinquance organisée.

Pour traiter cette thématique d'envergure il a été préféré d'organiser les présentations suivant un ordre chronologique. Les communications se distribuent donc dans quatre grands chapitres suivant le découpage chronologique classique et communément utilisé : âge du Bronze, âge du Fer, Antiquité et périodes médiévales et modernes.

Commencer par une session sur l'âge du Bronze pourrait suggérer que le phénomène guerrier a débuté à cette période, comme d'ailleurs l'ont affirmé nombre d'auteurs ; à tort, car ce phénomène existait déjà dans les sociétés les plus simples. La nouveauté de l'âge du Bronze n'est pas la guerre ; seulement le nombre de combattants alignés, et probablement la formation de durables suites et d'escortes spécialisées. Au–delà de l'arc, du poignard et de la hache qui préexistaient depuis longtemps, se sont alors généralisés l'épée, la lance et l'armement défensif ; autant d'indices forts de changements sociaux nécessaires pour que tout cela soit produit et diffusé de manière accélérée sur de plus grandes distances, bien que de façon non linéaire.

Le passage à l'âge du Fer, avec la généralisation progressive de l'emploi du fer pour la fabrication de l'armement, marque un nouveau tournant dans l'histoire de la guerre. Les trouvailles archéologiques témoignent alors d'une standardisation progressive de l'armement au cours de cette longue période. La panoplie des armes, surtout retrouvées en contexte funéraire, plus complète peut suggérer une éventuelle mutation du statut du combattant qui se professionnalise et une transformation des modes de combat. Le développement de la cavalerie pourrait s'inscrire en ce sens. Les pratiques de déposition autant que le faciès des équipements militaires, avec le dépôt presque systématique d'épées, témoignent des relations entre sociétés différentes et pouvant être liées à la pratique du mercenariat.

La notion de lutte et de combat touche, au cours de l'Antiquité, toutes les sphères de la société. On lutte devant les tumuli pour honorer les défunts lors des cérémonies funéraires, on combat dans les arènes des amphithéâtres pour divertir la population, on fait face aux forces armées voisines dans des guerres de conquête territoriale. Durant l'Antiquité, la plus grande partie de l'Europe, mais aussi, le nord de l'Afrique et une partie du Proche–Orient tombent progressivement sous domination romaine. Et « parmi toutes les cultures anciennes, c'est à Rome que l'idée d'armée et d'équipement militaire a d'abord été portée au plus haut

---

[1] Bonte P., Izard M. 1991 : *Dictionnaire de l'ethnologie et de l'anthropologie*, Paris, PUF, 755 p.

niveau» (Feugère 1993, p. 7)[2]. La politique de conquête et de domination des territoires voisins engagés par Rome participe pleinement des évolutions et progrès techniques et culturels qui touchent à l'armée et à son équipement. Elle a en effet su montrer sa grande flexibilité et sa grande adaptabilité face à l'éventail des tactiques, des stratégies et des armes que déploient ses adversaires, nombreux et variés. Mais loin de seulement s'en accommoder, elle a aussi su s'y ouvrir en les adoptant et en les adaptant selon ses besoins. Succès et victoires romains qui font l'honneur des généraux, puis des Empereurs, sont ainsi autant le fait de l'armement et des équipements militaires des Romains et de leurs alliés que de leur héritage en matière de tactique militaire (Feugère 1993, p. 268)[3].

Le Moyen Âge est probablement la période qui connaît les bouleversements les plus conséquents, tant dans le déploiement tactique des armées que dans les innovations techniques et technologiques. Les réformes militaires amenant à la création d'unités spécialisées et l'importance croissante de la cavalerie lourde à la fin de l'Antiquité tardive présagent d'une professionnalisation de l'homme d'armes et du rôle primordial que jouent les troupes montées durant tout le haut Moyen Âge. Dans le même temps, la technologie des équipements militaires, comme les armures, l'épée ou l'arc, connaît de substantielles améliorations visant à en renforcer l'efficacité et se diversifie pour s'adapter aux adversaires. C'est ainsi que s'offre au fantassin une gamme variée d'armes d'hast, vouge, hallebarde, pertuisane, fauchard, etc., capables de mettre à bas le cavalier. L'apparition ou la réapparition de l'arbalète dès le XIe siècle, mais surtout, au XIIIe siècle, puis au XVIe siècle et les heurts avec les Anglais armés de l'arc long capable de percer les armures changent la façon de faire la guerre.

Ces transformations se poursuivent jusqu'à la fin du Moyen Âge où les innovations en matière de tactique (nouvelles escrimes), de stratégie et d'armement (apparition de l'armure complète) sont corrélées à des transformations dans l'organisation des armées et du statut social et symbolique du combattant.

Ainsi, l'histoire militaire des sociétés humaines est jalonnée par les changements, les modifications, les évolutions, mais également les permanences et la continuité dans les modes de combat, l'armement, et les équipements que le lecteur sera amené à découvrir au fil des articles en voyageant selon des approches méthodologiques nouvelles aussi bien que classiques, de l'Europe jusqu'à l'Inde.

Patrice Brun

Université Paris 1 Panthéon–Sorbonne,
Professeur émérite
ArScAn UMR 7041 – TranSphères,
AOROC UMR 8546 – Celtes et Étrusques

---

[2] Feugère M. 1993 : *Les armes des Romains : de la République à l'Antiquité tardive*, Paris, Errance (coll. des Hespérides), 287 p.
[3] *Ibid.*

1

Introduction

This colloquium, devoted to the armament and image of the warrior and entitled 'Weapons and Warriors': Continuities and changes in the equipment of the warrior (Europe, Near East and Middle East, Bronze Age to Middle Ages), was organised by doctoral students: Prune Sauvageot (UMR 7041 ArScAn – TranSphères), Pauline Bombled (UMR 7041 ArScAn – GAMA) and Rita Solazzo (UMR 8215 Trajectoires). It was the natural product of the recent revival in research on war, a subject long discredited in the humanities. This renewal is to be welcomed, as war is a major phenomenon in human history. The strong point of this conference was the emphasis placed on inter-societal comparison through three dimensions: a long time period; a broad territory, of intercontinental scale; and an interdisciplinary conceptual space. The aim here is not so much to compare objects as to reflect on the conceptual means of moving from objects to the societies that produced and used them.

We are thus led to address the following four areas:

1. The evolution of weaponry, which is continually confirmed as a major indicator of the organisation of societies in the course of social change.
2. The warrior's equipment, which allows us to deduce combat techniques and types of collective formations, which imply the capacities of mobilization and training in combat of a given society.
3. Weapons themselves, which are one of the most faithful reflections of the level of technical development achieved by a given society, since it is well known that progress in the manufacture of weapons has always benefited from the most advanced techniques of the time.
4. Weaponry as the type of relic most capable of informing us about the level of organisational complexity of a given society and the importance of war in the processes of social change; that is to say, a phenomenon whose best definition – which I have taken from Philippe Descola and Michel Izard's article in the Dictionary of Ethnology (Bonte, Izard 1991)[1] – is the following: 'An armed struggle between social groups. Its objective is to gain ascendancy over one or more groups through homicidal violence. The decision to initiate it by the whole or the majority of the constituted group gives it this official and institutionalised character which is a fundamental element of its definition. It distinguishes it, in fact, from organised crime.'

In order to deal with this large-scale theme, it was decided that the presentations should be organised in chronological order. The papers are therefore divided into four main chapters following the classic and commonly used chronological divisions: Bronze Age, Iron Age, Antiquity and the medieval and modern periods.

To begin with a session on the Bronze Age might suggest that the warrior phenomenon began in this period, as many authors have stated – wrongly, since this phenomenon already existed in the simplest societies. The novelty of the Bronze Age is not warfare, but only the number of combatants lined up, and probably the formation of a long term contingent of fighting men and specialized procession. Beyond the long-established bow, dagger and axe, the sword, spear and defensive weaponry became widespread; all strong indications of the social changes necessary for these to be produced and disseminated in an accelerated manner over greater distances, albeit in a non-linear fashion.

The transition to the Iron Age, with the gradual generalisation of the use of iron in the manufacture of weapons, marked a new turning point in the history of warfare. Archaeological finds show a progressive standardisation of weaponry during this long period. The more complete range of weapons, especially those found in funerary contexts, may suggest a possible change in the status of the combatant, who became more professional, and a transformation of combat methods. The development of cavalry could be part of this process. The practices of deposition as well as the appearance of military equipment, with the almost systematic deposition of swords, testify to relations between different societies and may be linked to the practice of mercenarism.

The notion of struggle and combat affects all spheres of society in ancient times. Wrestling took place in front of burial mounds to honour the dead during funeral ceremonies, in amphitheatres to entertain the population, and in wars of territorial conquest against neighbouring armed forces. In ancient times, most of Europe, but also North Africa and parts of the Near East, gradually came under Roman rule. And 'among all ancient cultures, it was in Rome that the idea of the army and military equipment was first brought to the highest level' (Feugère 1993, p. 7)[2]. The policy of conquest and domination of neighbouring territories undertaken by Rome fully participated in the technical and cultural developments and progress that affected the army and its equipment. Indeed, the Roman army was able to show its great flexibility and adaptability in the face of the range of tactics, strategies and weapons

---

[1] Bonte P., Izard M. 1991 : *Dictionnaire de l'ethnologie et de l'anthropologie*, Paris, PUF, 755 p.

[2] Feugère M. 1993 : *Les armes des Romains : de la République à l'Antiquité tardive*, Paris, Errance (coll. des Hespérides), 287 p.

deployed by its numerous and varied opponents. But far from just adapting to them, it was also able to open up to them by adopting and adapting them to its own needs. The Roman successes and victories that bring honour to the generals, and later to the Emperors, are thus as much the result of the armament and military equipment of the Romans and their allies as of their heritage in terms of military tactics (Feugère 1993, p. 268)[3].

The Middle Ages were probably the period of greatest upheaval, both in the tactical deployment of armies and in technical and technological innovations. The military reforms leading to the creation of specialised units and the growing importance of heavy cavalry in late antiquity presage the professionalisation of the man-at-arms and the primary role played by mounted troops throughout the High Middle Ages. At the same time, the technology of military equipment, such as armour, swords and bows, underwent substantial improvements in order to increase their effectiveness and were diversified in order to adapt to opponents. Thus, the infantryman is offered a varied range of hast weapons, the vouge, halberd, pertuisan, fauchard, etc., capable of bringing down the horseman. The appearance or reappearance of the crossbow in the 11th century, but above all in the 13th century, then again in the 16th century, and clashes involving the English armed with the longbow capable of piercing armour, changed the way war was waged. These transformations continued until the end of the Middle Ages, when innovations in tactics (new methods of fencing), strategy and weaponry (the appearance of full armour) were correlated with transformations in the organisation of armies and the social and symbolic status of the combatant.

Thus, the military history of human societies is marked by changes, modifications, evolutions, but also permanency and continuity in the modes of combat, armament, and equipment that the reader will be led to discover over the course of the articles in this book, by travelling via new as well as classic methodological approaches, from Europe to India.

Patrice Brun

University Paris 1 Panthéon–Sorbonne,
Professor Emeritus
ArScAn UMR 7041 – TranSphères,
AOROC UMR 8546 – Celtes et Étrusques

---

[3] *Ibid.*

Partie 1

Âge du Bronze

2

L'armement à l'âge du Bronze final en Europe tempérée (XVIe–IXe siècles av. J.–C.) : éléments dispersés d'une « panoplie de guerrier » ?

Léonard Dumont
Doctorant, Ghent University, Department of Archaeology et
Université de Bourgogne, UMR 6298 ARTEHIS

Stefan Wirth
Professeur, Université de Bourgogne, UMR 6298 ARTEHIS

Résumé : L'étude de la forme et de l'ornementation de l'armement offensif et défensif de l'âge du Bronze indique une standardisation des productions suivant des traditions qui varient selon la région et la période considérées. L'homogénéité de ces objets au sein d'un espace donné montre l'adhésion des utilisateurs de ces objets à une communauté partageant une même norme et identifiable par la possession d'objets à l'identité visuelle commune, qui n'est d'ailleurs pas limitée au cadre de l'armement. La forme et les décors standardisés de ces armes constituent un marqueur culturel — certains utilisateurs n'hésitant pas à modifier des pièces importées afin de les adapter aux habitudes locales — et révèlent ainsi les réseaux d'échanges dans lesquels s'inscrivent les producteurs et propriétaires des armes en bronze. Ces traditions laissent néanmoins la place à une certaine variabilité. De manière générale, il demeure en effet exceptionnel de trouver deux armes parfaitement identiques. L'objectif de cet article est d'étudier les tendances de normalisation et d'individualisation dont témoigne l'équipement du « guerrier » de l'âge du Bronze, qui sont notamment à l'origine de l'idée de panoplie, c'est-à-dire d'un ensemble d'armes destiné à être utilisées ensemble par une même personne. Nous prendrons comme exemple l'évolution des épées à poignée métallique, du XVIe au IXe siècle av. J.-C., et l'ornementation de l'armement défensif en tôle de bronze. Finalement, nous remettons en perspective les « panoplies » des guerriers de l'époque, présentées dans diverses publications et faisant l'objet de nombreuses illustrations alors qu'elles ne correspondent que très partiellement à la réalité observée dans les contextes archéologiques.

Mots–clés : Âge du Bronze, armement, panoplie, épée, armement défensif

Abstract: Studying Bronze Age weaponry shapes and ornamentation reveals a standardisation of production according to traditions varying according to the regions and periods considered. The homogeneity of these objects in a given region indicates the users' affiliation with a community sharing common norms and objects with the same visual identity, not necessarily limited to weaponry. The standardised shapes and ornaments of the weapons is a cultural indicator: some users do not hesitate to customise imported goods to adapt them to local traditions, thus revealing the existence of exchange networks in which bronze weapon producers and users are involved. The traditions can nevertheless leave room for an aspect of variability and individualisation. It is indeed exceptional to find two perfectly identical weapons. This article aims at studying the individualisation and normalisation processes of the Bronze Age warrior's equipment. They are the origin of the panoply idea, meaning the idea of an association of weapons dedicated to be used together by the same person. We will here take two examples: the evolution of Bronze Age solid–hilted swords in Central Europe from the 16th to the 9th century BC and the decoration of Bronze Age metal sheet defensive weapons in the same region. We will finally put the Bronze Age "warrior's panoplies" in perspective, which are presented in several publications and depicted at many occasions although this only very partially fits the reality as observed through the archaeological contexts.

Keywords: Bronze Age, weaponry, panoply, sword, defensive weapon

2.1 Introduction

Les thèmes de la violence et de la guerre à l'âge du Bronze ont fait l'objet d'abondants travaux durant les trente dernières années (Keeley 1996, Guilaine, Zammit 2001, Harding 2007, Uckelmann, Mödlinger 2011, Dolfini *et al.* 2018, Horn, Kristiansen 2018, Lehoërff 2018, etc.). Toutefois, derrière les notions de guerrier et de panoplie, toutes deux beaucoup utilisées dans cette littérature, il n'y a pas toujours de concepts bien définis. Ainsi fleurissent à de nombreuses occasions des images supposées représenter le guerrier type de l'âge du Bronze équipé d'armes représentatives de la période et de la région considérée (Fig. 2.1). Celles–ci reposent cependant sur une observation correcte : la morphologie et l'ornementation des armes de l'âge du Bronze varient dans l'espace et dans le temps, tout en répondant à des normes socioculturelles. L'armement est ainsi standardisé : il n'existe pas d'*unicum* parmi les armes de l'âge du Bronze en Europe tempérée. Pour ce qui est des épées, il est particulièrement aisé de reconnaître des traditions sur les plans morphologiques et décoratifs. Ces produits montrent toutefois une certaine variabilité et il demeure donc exceptionnel de pouvoir identifier deux pièces parfaitement identiques.

Nous nous proposons ici d'étudier ces tendances de normalisation et d'individualisation de l'équipement de l'homme armé de l'âge du Bronze. Nous nous concentrerons pour cela sur l'Europe tempérée entre les XVIe et IXe siècles av. J.–C., et suivrons le développement des épées à poignée métallique et de l'armement défensif en bronze que nous aborderons à titre d'exemple. Nous verrons également que les phénomènes de standardisation de l'armement à différents moments et endroits sont à l'origine d'une certaine conception largement popularisée de la panoplie du guerrier. Foncièrement théorique et artificielle, elle brouille les pistes au lieu d'en ouvrir à la recherche.

2.2 L'armement offensif : le cas des épées à poignée métallique

2.2.1 Au Bronze moyen, la naissance de la lignée nord–alpine entre normalisation et individualisation

Au début du Bronze moyen (1600–1450 av. J.–C.), parmi les différents types d'épées à poignée métallique qui se développent en Europe, apparaît notamment autour des Alpes le type Spatzenhausen, nommé d'après une découverte en Bavière du Sud (Holste 1953, p. 13–15 ; Quillfeldt 1995, p. 30–34). Une dizaine d'épées de ce type sont connues, réparties entre le cours du Main et la vallée du Pô. Avec son pommeau ovale muni d'un bouton central, sa garde deltoïde à base concave percée d'une échancrure semi–circulaire, qui dégage deux extrémités pointues, et sa riche ornementation composée d'arcs de cercle, de cercles concentriques, de lignes et de triangles hachurés (Fig. 2.2 (1)), il marque le début d'une longue tradition dans la production d'épées découvertes en particulier dans la région nord–alpine, entre l'arc alpin et la vallée du Main. La dizaine d'épées de ce type référencée autour des Alpes sont toutes produites de manière semblable. La poignée est creuse et fixée sur une lame à languette courte et arrondie à l'aide de rivets (Hundt 1965). Aucun moule dédié à la production de poignées de ce type d'épée n'est connu par les archéologues. Ces épées partagent toute une silhouette commune et apparaissent toutes produites de la même manière, mais se distinguent par leur riche ornementation, différente sur chaque exemplaire. Bien que les motifs composant cette décoration soient tous issus du même registre (cercles concentriques, arcs de cercle, lignes droites, triangles hachurés), leur disposition sur le manche n'est jamais strictement identique d'une poignée à l'autre (voir Quillfeldt 1995, pl. 1–3). Toutes les poignées d'épée de ce type sont ainsi uniques. Cela indique que ces pièces ont probablement été réalisées à la cire perdue à partir de modèles réalisés individuellement et non en série (Hundt 1962, p. 38). Nous nous trouvons ainsi dans le cas où toutes ces poignées sont uniques tout en partageant un schéma morphologique global et un répertoire ornemental commun qui permettent de les réunir au sein d'un même type, caractérisé par une identité visuelle. En d'autres termes, il existe au sein du type Spatzenhausen un équilibre entre individualisation et standardisation.

Dans la seconde moitié du Bronze moyen (1450–1300 av. J.–C.), les épées à fusée octogonale succèdent au type Spatzenhausen. Elles sont produites en quantité beaucoup plus importante, avec plus de 250 exemplaires connus en Europe, répartis en deux zones bien distinctes, dans la région nord–alpine et au sud de la Scandinavie (Holste 1953, p. 16–25 ; Quillfeldt 1995, p. 45–94 ; Bunnefeld 2014). Elles apportent leur lot de nouveautés, notamment sur le plan technique, avec le développement d'une nouvelle méthode d'emmanchement. Les épées à fusée octogonale sont en effet équipées d'un manche creux fixé à la lame non plus seulement par rivetage, mais également par blocage de la lame à l'intérieur de la poignée, grâce à une languette plus allongée (Hundt 1965, p. 46). Malgré certaines évolutions d'ordre morphologique, tout particulièrement le développement de la fusée de section octogonale, ces épées présentent de nombreux éléments de continuité avec le type précédent. Cela concerne la forme du pommeau et de la garde, ainsi qu'une grande partie du registre décoratif (Fig. 2.2 (2)). Nous retrouvons ainsi la situation constatée auparavant avec des armes facilement assimilables à un même type grâce à la grammaire visuelle partagée, mais toutes uniques. Cela s'explique par la préparation individuelle du modèle pour la coulée à la cire perdue par les producteurs.

Ainsi, naît au Bronze moyen, au nord des Alpes, une véritable tradition nord–alpine. Ces épées à poignée métallique partagent deux caractères qui peuvent sembler à première vue opposés. D'un côté, elles forment un ensemble standardisé : toutes partagent des caractères communs qui les rendent reconnaissables au premier coup d'œil, tant sur les plans formels qu'ornementaux. De l'autre côté, toutes sont des pièces uniques et il n'existe

Fig. 2.1. Couverture du catalogue d'exposition «Princes et paysans de l'Âge du Bronze en Berry», Musée archéologique d'*Argentomagus* 1997, © Musée et site d'Argentomagus, Saint–Marcel (Indre).

Fig. 2.2. Synthèse de l'évolution morphologique des épées à poignée métallique en Europe nord–alpine. 1. Spatzenhausen (Allemagne, Bavière ; Quillfeldt 1995, pl. 1, 2 et Hundt 1965, pl. 1). 2. Schrobenhausen (Allemagne, Bavière ; Quillfeldt 1995 pl. 18, 54 et Ankner 1977 p. 331). 3. Augsburg (Allemagne, Bavière ; Quillfeldt 1995 pl. 34, 100 et Ankner 1977 p. 391). 4. Brüel (Allemagne, Mecklenburg–Vorpommern ; Wüstemann 2004 pl. 62, 432). 5. Nußdorf am Inn (Allemagne, Bavière ; Quillfeldt 1995 pl. 68, 202 et Hundt 1965 pl. 9). 6. Mannheim (Allemagne, Bade–Wurtemberg ; Quillfeldt 1995 pl. 74, 216). 7. Preinersdorf (Allemagne, Bavière ; Quillfeldt 1995 pl. 81, 235). 8. Svárov–Rymáň (République tchèque ; Winiker 2015, pl. 20, 52). 9. Dommelstadl (Allemagne, Bavière ; Quillfeldt 1995 pl. 96, 272 et Hundt 1965 pl. 14).

pas deux poignées exactement similaires portant le même décor. Une situation semblable existe au même moment en Scandinavie (Ottenjann 1969 ; Bunnefeld 2016). Les artisans produisent ainsi des épées pour des utilisateurs qui s'inscrivent dans un groupe de personnes partageant une notion commune du concept d'épée et qui semblent affirmer leur individualité à travers des armes bien distinctes, notamment en ce qui concerne l'organisation des motifs ornementaux.

2.2.2 Du type Riegsee aux épées à pommeau en coupelle : éléments de continuité

La lignée nord–alpine va perdurer durant la plus grande partie du Bronze final, jusqu'au Xe siècle av. J.–C. (Ha B1). Malgré les évolutions que subissent les épées à poignée métallique au cours du temps, celles découvertes en Europe centrale présentent de nombreux éléments de permanences et continuent d'être produites de la même façon. Ainsi, à chaque étape apparaît un nouveau type qui apporte son lot de nouveautés morphologiques et ornementales tout en conservant certains caractères propres au type précédent et sans changements technologiques majeurs.

Au XIIIe siècle av. J.–C., les épées à fusée octogonale cèdent leur place à un nouveau type, nommé d'après une découverte dans un des tumuli de la zone du Riegsee (Allemagne, Bavière). Elles se répartissent essentiellement entre le nord du massif alpin et le bassin des Carpates (Sicherl 2016). Par rapport aux siècles précédents, ces quelques 150 armes se caractérisent par une garde plus basse aux épaulements arrondis, en forme de demi–cercle, une fusée aux sections plus variées (octogonales, mais aussi arrondies et losangées), et un pommeau plus fin (Fig. 2.2 (3)). L'allure des épées à fusée octogonale demeure cependant bien reconnaissable. Le changement principal s'opère au niveau de l'ornementation, avec un remplacement quasi intégral du répertoire précédent par un unique motif : le « *Paragraphenmuster* » (Holste 1953, p. 24), formé de chaînes de petites spirales liées les unes aux autres rappelant le symbole typographique du paragraphe « § ». Observable aussi sur certaines épées à fusée octogonale, il prend ici une importance sans commune mesure avec ce qui a pu être observé auparavant. Malgré un registre ornemental plus limité, qui participe à la forte cohésion formelle des épées du type Riegsee, nous restons dans la situation où toutes ces épées sont des produits uniques. Là encore, l'unicité de chaque pièce est probablement à mettre en lien avec une production individuelle à partir des modèles en cire, les radiographies pratiquées montrent que la fonte des poignées se fait dans la stricte continuité des épées à fusée octogonale (Ankner 1977). « L'invasion » de la surface de la poignée par cet ornement tapissant ne concerne par ailleurs pas seulement les épées du type Riegsee, mais également d'autres types d'objets nommés d'après la même microrégion (voir par exemple les plaques de ceinture, *cf.* Kilian–Dirlmeier 1975, p. 104–107).

Il semble s'agir d'un phénomène de mode limité au XIIIe siècle av. J.–C. Aux XIIe et XIe siècles av. J.–C., les épées du type Riegsee sont remplacées par un nouveau type : les épées à fusée à trois bourrelets (« *Dreiwulstschwerter* », Müller–Karpe 1961, p. 7–32 ; Quillfeldt 1995, p. 133–187), qui tirent leur nom des trois fortes nervures transversales situées au niveau de leur fusée (Fig. 2.2 (4)). Plus de 400 exemplaires sont connus en Europe, entre l'arc alpin et le bassin des Carpates (Stockhammer 2004, carte 20). Par rapport au type Riegsee, elles se caractérisent par une moins grande variabilité de la fusée et une garde plus haute, en forme de cloche. Pour ce qui est de l'ornement, elles reprennent un répertoire plus conforme à ce qui était connu avant le type Riegsee, essentiellement composé de spirales, de cercles concentriques et de méandres. Sur le plan technique, elles sont encore une fois dans la stricte continuité des épées à fusée octogonale et de celles du type Riegsee, avec une poignée creuse fixée par blocage et rivetage, selon toute vraisemblance produite par fonte à la cire perdue (Hundt, 1965, p. 48). Encore une fois, ces armes sont toutes uniques tout en puisant dans un ensemble de formes et de motifs limités, ce qui permet d'obtenir un ensemble cohérent visuellement.

Finalement, au Xe siècle av. J.–C., les dernières représentantes de la lignée nord–alpine qui succèdent aux épées à fusée à trois bourrelets sont les épées à pommeau en coupelle (« *Schalenknaufschwerter* », Müller–Karpe 1961, p. 33–38 ; Quillfeldt 1995, p. 188–196). Quelques 200 épées de ce type sont connues en Europe, essentiellement du côté du bassin des Carpates (Stockhammer 2004, carte 32). Celles–ci sont caractérisées, comme leur nom l'indique, par un pommeau très développé aux bords relevés formant une véritable petite coupe au sommet de la poignée (Fig. 2.2 (5)). Ces armes sont proches de leurs ancêtres, les épées à fusée à trois bourrelets, avec un répertoire ornemental et une morphologie similaire. Sur le plan technique, aucun changement ne semble se produire dans la conception de ces armes (Hundt 1965, p. 48–49).

Ainsi, pendant près de 700 ans, entre la région nord–alpine et le bassin des Carpates, les épées à poignée métallique évoluent de manière continue sur le plan formel, sans rupture nette, avec une permanence notable des techniques de fonte des poignées et d'emmanchement. Sur cette période et dans cette région, l'immense majorité des épées à poignée métallique appartiennent à un type de cette lignée nord–alpine, réunissant des armes partageant une même identité visuelle, toutes étant constituées à partir d'un ensemble limité de formes et de décors. Le mode de production, certainement en utilisant la technique de la cire perdue, induit cependant une individualisation de chaque pièce, chacune étant un produit unique ne pouvant être exactement répliqué. Durant toute cette période, il existe ainsi en Europe centrale un équilibre entre la standardisation des épées à poignée métallique et leur individualisation, qui repose sur de légères différences morphologiques et ornementales. Par la suite, les épées du IXe siècle av. J.–C. se démarquent très largement de celles des siècles précédents. De profonds bouleversements se produisent en effet à cette période d'un point de vue morphologique et technique.

2.2.3 Le paradoxe du IXe siècle av. J.–C., entre diversité typologique et standardisation

L'homogénéité typologique observée pour les périodes précédentes laisse place à la fin de l'âge du Bronze à une forte diversité. On assiste alors à un « éclatement » sur le plan typologique avec pas moins de quatre grands types au sein desquels se répartit la majorité des épées à poignée métallique du IXe siècle av. J.–C. en Europe tempérée (types Mörigen, Auvernier, Tachlovice et Weltenburg). Cela s'accompagne d'un fort accroissement du nombre d'épées à poignée métallique puisqu'on en dénombre alors plus de 500 en Europe, soit plus de deux fois plus qu'au Xe siècle av. J.–C., essentiellement réparti entre l'axe Saône–Rhône et la mer Baltique (Stockhammer 2004, carte 42). Sans rentrer dans des détails typologiques complexes dont il n'est pas lieu de discuter ici, la grande majorité des épées de cette période dans cette vaste zone ont comme point commun une garde à ailerons latéraux, radicalement différente de la garde en cloche des épées à pommeau en coupelle caractéristiques du siècle précédent. Parmi celles–ci, le type Mörigen se distingue par une fusée bombée ou biconique parcourue de plusieurs bourrelets ou groupes de nervures, généralement un multiple de 3, ainsi que par un pommeau ovale aux bords légèrement relevés et présentant une faible dépression centrale (Fig. 2.2 (9) ; Müller–Karpe 1961, p. 73–78 ; Quillfeldt 1995, p. 230–245). Les types Auvernier et Tachlovice sont très proches l'un de l'autre (Fig. 2.2 (7–8)). Tous deux sont dotés d'une fusée tout à fait caractéristique munie d'un cartouche, espace évidé afin d'accueillir une garniture en matières périssables, os, corne ou bois, encastrée ou rivetée. Seul le pommeau différencie les deux types. Celui–ci est là encore bi–matériau, avec un élément organique pris entre la base métallique du pommeau et une pièce sommitale rapportée. Ce pommeau prend une forme hémisphérique dans le cas du type Auvernier et arquée pour le type Tachlovice (Müller–Karpe 1961, p. 79–82 ; Vuaillat 1969 ; Sicherl 2008 ; Boulud–Gazo 2011, p. 144–150). Finalement, le dernier type d'épée à poignée métallique principalement rencontré en Europe centrale à la fin de l'âge du Bronze est le type Weltenburg (Fig. 2.2 (6)). En plus de la garde à ailerons typique des épées à poignée métallique du IXe siècle av. J.–C., les armes de ce type sont dotées d'une fusée droite avec un fort bombement central encadré de bourrelets et d'un pommeau à antennes très enroulées de part et d'autre d'une épine centrale tout à fait caractéristique (Müller–Karpe 1961, p. 59–62).

Alors que cette diversification typologique pourrait être synonyme d'une très grande variabilité formelle et ornementale, et donc d'une augmentation de l'individualisation des épées, nous assistons au contraire à cette étape de l'âge du Bronze à une très grande standardisation de ces armes au sein de chacun de ces types. Cela va de pair avec une disparition quasi totale de l'abondante ornementation graphique qui caractérisait les épées de la lignée nord–alpine jusqu'au Xe siècle av. J.–C., remplacée par un décor plastique utilisant bourrelets, nervures ou encore ponctuellement des incrustations d'éléments organiques ou de fer. Ce phénomène de fort changement stylistique entre le Ha B1 et le Ha B2/3 est connu sur d'autres types d'objets (Vogt 1942). Cette forte standardisation à l'intérieur de chacun de ces types doit être mise en relation avec de profonds changements sur le plan technique. Les épées appartenant aux types de la lignée nord–alpine formaient en effet un ensemble extrêmement homogène sur le plan technique, avec des poignées creuses réalisées individuellement à la cire perdue et fixées sur une lame à languette bipartite par blocage et rivetage. Si l'emploi de ces techniques ne disparaît pas totalement à la fin de l'âge du Bronze, d'autres se développent, tout particulièrement l'emploi de la sur–coulée. L'artisan a recours à la coulée secondaire pour fondre la poignée dans un moule placé directement sur le sommet de la lame. Le manche est ainsi coulé et fixé en une seule et même étape. La poignée produite n'est plus creuse, mais pleine (Dumont 2019). En parallèle, les poignées creuses existent toujours. On observe parmi celles–ci une diminution de la qualité de l'emmanchement, avec par exemple l'abandon du blocage et la diminution du nombre de rivets (Hundt 1965, p. 54).

Ces changements technologiques du Bronze final IIIb sont probablement à mettre en lien, notamment dans le cas du type Mörigen, avec l'apparition de moules réutilisables ayant pu permettre la production en série de poignées d'épée, contrairement à la production de pièces uniques. Deux moules sont actuellement connus. Le premier, et le plus complet, est un moule bivalve en bronze provenant d'Erlingshofen (Allemagne ; Bavière ; Overbeck 2018, pl. 10, 20). Il est muni d'un noyau permettant de produire des manches creux, mais des interrogations demeurent quant à la capacité de couler des poignées en bronze à l'aide de ce moule (Drescher 1958, p. 79 ; Wirth 2003, p. 119–121). Il n'est pas impossible que ce dispositif ait en réalité servi à réaliser des modèles en cire standardisés en vue d'une fabrication sérielle à la cire perdue. Moins d'interrogations entourent le second moule, plus fragmentaire, provenant du lac du Bourget au niveau de la station de Grésine (Brison–Saint–Innocent, Savoie ; Perrin 1871). Il s'agit ainsi d'un fragment de la partie supérieure d'une valve en grès, également dédiée à la production de poignées du type Mörigen. La surface noircie de l'empreinte du manche montre que cette surface a été soumise à des températures élevées et suggère que ce moule a pu être employé afin de fondre directement des poignées d'épée en bronze. Il n'est bien entendu pas certain que l'ensemble des poignées d'épée du IXe siècle av. J.–C. ont été produites dans un moule permanent, mais l'apparition de ce type de moule à une période où la standardisation des productions s'accroît n'est pas un hasard.

À la fin de l'âge du Bronze, l'individualisation des épées à poignée métallique est ainsi beaucoup moins marquée par rapport aux siècles précédents, avec une très forte standardisation de ces armes au sein de chacun des types.

Cela est notamment à mettre en lien avec une ornementation soudainement minimaliste, qui voit quasiment disparaître les décors ciselés sur la poignée, et des changements dans la réalisation de ces pièces, notamment à l'aide de moules permanents qui permettent la préparation en série de modèles en cire à l'identique en vue d'une fonte d'objets normalisée à la cire perdue, voire même leur coulée directe en métal.

2.3 L'armement défensif en tôle de bronze autour de 1000 av. J.–C.

Des éléments d'armement défensif sont connus partout en Europe, mais ces objets ne nous sont pas parvenus aussi fréquemment que les épées (Mödlinger 2017 ; 2018). Les produits en tôle battue sont très probablement précédés par des objets en matières périssables et existent sans doute simultanément avec eux. Or, confectionnés en vannerie, en cuir et en bois, ces derniers ne sont quasiment jamais conservés. N'oublions pas non plus qu'une très grande quantité de mobilier métallique a dû être recyclée et tout ce qui était délibérément déposé à l'époque n'est pas retrouvé. La relative rareté des armes défensives semble néanmoins correspondre à une réalité.

La grande majorité de ces produits métalliques témoigne d'une forte standardisation techno – morphologique ce qui peut faire penser à un nombre limité d'ateliers spécialisés. Ceux–ci auraient donc réuni le savoir–faire et les capacités de production indispensables pour fabriquer des objets de grand format en bronze battu. Les armes de protection relèvent comme la vaisselle métallique de ces artisans de « chaudronnerie » qui maîtrisent également la fonte du bronze. Sur tous ces produits en tôle, on observe une normalisation considérable des dimensions et proportions. Les formes développées se résument dans toutes les familles d'objets que nous présentons rapidement ci–dessous à quelques types récurrents. Si une certaine évolution stylistique nous aide à mettre en parallèle de manière générale la chronologie des armes et des vases en tôle battue, il n'en reste pas moins que certaines séries échappent à ce type d'approche et ne montrent pas assez de points de contact pour établir une chronologie précise de toutes ces productions. La plus grande difficulté, nous le verrons, réside dans le fait qu'un trop grand nombre d'objets de référence provient de contextes qui ne permettent pas d'établir leur position exacte dans le temps.

2.3.1 Boucliers

Le problème se pose notamment pour les boucliers (Uckelmann 2004–2005 ; 2011 a ; 2011 b ; 2012). Des quelques quatre–vingt–cinq exemplaires dont les circonstances de découverte sont enregistrées, soixante–dix au moins ont été trouvés en milieu humide (cours d'eau, tourbières, etc.), le plus souvent de manière isolée, mais aussi dans sept cas par deux, et ponctuellement par trois, cinq, six, voire même seize exemplaires. Les rares associations qui fournissent des arguments pour une datation sont connues dans les dépôts métalliques du bassin des Carpates, mais ces cas n'apportent aucune précision pour la majorité de ces objets qui ont été trouvés en Europe du Nord et sur les îles Britanniques.

Les principales formes de ces armes sont peu nombreuses. Nous ne citerons que le type Nipperwiese, un groupe homogène dont 8 exemplaires sont connus, tous de forme circulaire et d'un diamètre d'environ 40 cm, auxquels on peut rattacher les 3 exemplaires du groupe Plzen, un peu plus grands et massifs et légèrement ovales. Ces premiers boucliers en tôle battue, d'une épaisseur de 1 à 1,3 mm, apparaissent dans la zone au nord des Alpes probablement dès le XIIIe siècle av. J.-C. Décorés simplement de deux nervures de renfort circulaires, ces armes ne montrent qu'une très légère variabilité dans le mode de fixation de la barre de préhension sous l'umbo et l'emplacement des anneaux qui devaient permettre leur suspension en bandoulière. Pour les autres types aussi, qui sont plutôt présents dans le bassin des Carpates et dans le nord et nord–ouest de l'Europe, on constate une forte homogénéité morphologique dont tout porte à croire qu'elle va de pair avec la longévité des formes qui, une fois trouvées, ne changent que très peu et ne laissent manifestement pas de place à une quelconque individualisation de l'arme. Dans cette vaste zone géographique, il n'est d'ailleurs pas un seul cas où on aurait trouvé un bouclier dans une sépulture.

2.3.2 Casques

Pour les casques de l'âge du Bronze, il a été proposé de distinguer deux grands groupes géographiques, l'un essentiellement présent en Europe occidentale et centre – occidentale qui comporte une cinquantaine d'exemplaires, l'autre en Europe centrale, à soixante–dix exemplaires (Mödlinger 2017, p. 21 sq. ; 2018). Au sein du premier groupe, se développe la famille des casques à crête (Brandherm 2011) dont la chronologie, longue, n'est souvent pas assez considérée. Une première série, dont des découvertes ponctuelles sont aujourd'hui attestées entre le Tyrol et l'est de la Slovaquie, remonte clairement au XIIIe siècle av. J.-C., éventuellement même à la fin du XIVe siècle av. J.-C. (Tomedi et Egg 2014). Les calottes en tôle martelée de ces casques sont assemblées à partir de deux parties symétriques maintenues ensemble par rivetage. Ce principe de construction est conservé pendant des siècles et encore observable pour l'âge du Fer, sur les derniers casques à crête italiques du VIIIe siècle av. J.-C. Sur un certain nombre de casques à crête nord–alpins, l'une des deux extrémités des tôles qui forment la crête est soigneusement bordée sur l'autre. Seules quelques–unes de ces armes sont décorées. Les plus anciennes montrent notamment un ou plusieurs grands cercles de petits points ciselés de part et d'autre.

Les casques à crête italiques du IXe–VIIIe siècle av. J.-C. sont richement décorés, leur ornement en points et bossettes peut même intégrer des éléments figuratifs d'un vocabulaire mieux connu sur la vaisselle métallique. Au nord des Alpes, à l'âge du Bronze, on constate, par contraste, une certaine uniformité qui limite même l'approche typologique de ces armes. Pour ce qui doit correspondre à une étape avancée du Bronze final, un petit groupe de facture homogène se dessine, avec des exemples connus entre le Rhin et le Calvados, où une célèbre découverte à Bernières–d'Ailly a fourni en 1832, un ensemble de neuf casques, mais associés à aucun autre objet. La grande majorité des casques à crête de l'âge du Bronze provient des cours d'eaux et d'autres contextes aquatiques (Wirth 2007) et comme pour les boucliers, aucune sépulture n'est attestée (la découverte signalée de Billy–Le Theil, Loir-et-Cher, ne pouvant être considéré comme ensemble fiable).

En Europe centrale se concentre un deuxième groupe qui correspond à la famille des casques à calotte massifs avec pommeau (Clausing 2001 ; Mödlinger 2013). Un certain nombre de ces armes provient des dépôts métalliques du bassin des Carpates ce qui facilite la construction d'une chronologie fiable. Ces produits représentant les quelques étapes d'une longue évolution typo–chronologique témoignent également d'une facture très homogène et paraissent plutôt standardisés.

2.3.3 Cnémides et cuirasses

D'autres éléments d'armement défensif de l'âge du Bronze sont connus en Europe, mais ils sont moins fréquents que les boucliers et les casques. Les cnémides, notamment (Clausing 2002 ; Mödlinger 2017, 217 sq. ; 2018), sont rarement attestées en Europe tempérée. Des fragments de tels objets ont été identifiés seulement dans un petit nombre de dépôts métalliques trouvés en France et en Allemagne du Sud. Ils représentent au moins deux types différents. D'autres découvertes existent dans l'arc alpin et en Europe centrale, dans les pays riverains du Danube. Différents types de cnémides sont décorés d'un ornement en points et bossettes (« *Punzbuckelmuster* ») ce qui rend probable une relation avec d'autres productions spécialisées vraisemblablement issues des mêmes ateliers expérimentés.

Parmi les témoins les plus spectaculaires de cet artisanat d'exception du Bronze final, il faut compter les cuirasses, composées systématiquement d'un plastron et d'une dossière. Une trentaine d'exemplaires en Europe sont attribués à l'âge du Bronze (Lehoërff 2008 ; Mödlinger 2012 ; 2017, 171 sq. ; 2018). En Europe centrale, la présence d'un groupe de ces objets est attestée majoritairement par des fragments dans les dépôts métalliques de la zone des Carpates. Un seul exemplaire provient d'un contexte funéraire, il a été trouvé dans la sépulture II du grand tumulus de Čaka en Slovaquie, déposé séparément dans cette tombe, dont le mobilier exceptionnel comportait entre autres des fragments d'une épée à languette, deux lances et des outils. En France, une armure trouvée dans la Saône peut être rattachée, en raison de sa typologie, à ce groupe des Carpates.

Un nombre considérable d'autres cuirasses a été trouvé en France. Elles viennent de seulement trois découvertes, dont celle de Véria (Jura) qui en a réuni deux, celle de Fillinges (Haute–Savoie), six, et celle de Marmesse (Haute–Marne), au moins sept exemplaires, mais aucun autre objet. Une découverte ancienne de neuf cuirasses « de femmes » survenue au début du XVIIᵉ s. à Paris relève éventuellement d'un autre dépôt de ce genre, mais les objets n'ont pas été conservés (Bulard 2008). Contrairement aux exemples est–alpins, les armures françaises ne sont pas faciles à dater et il n'existe pas de consensus sur leur chronologie. Le décor des exemplaires de Fillinges et de Véria permet de faire le lien avec les productions de vaisselle métallique du XIᵉ–Xᵉ siècle av. J.-C. et la présence de protomés d'oiseaux dans l'ornement appliqué sur le plastron n'est pas le moindre argument. En revanche, les cuirasses de Marmesse, assez homogènes entre elles, n'affichent pas ce détail décisif et leur décor pourrait représenter une autre étape chronologique, peut–être même très avancée par rapport aux exemplaires de Fillinges. Quoi qu'il en soit, il n'est pas facile de raccorder les choses et d'établir un lien avec d'autres productions métalliques mieux datées.

2.4 Construction et déconstruction de la « panoplie » du guerrier de l'âge du Bronze

2.4.1 De l'illustration au concept archéologique

À partir des armes de l'âge du Bronze qui nous sont parvenues et du constat de l'existence de phénomènes de mode variant dans le temps et l'espace, il est tentant de vouloir présenter le « guerrier type » d'une région et d'une période données, avec l'ensemble de son équipement (cuirasse, casque, épée, lance, etc.). Dans des livres sur l'histoire du costume de la fin du XIXᵉ siècle, on trouve des reconstitutions de ce à quoi pouvaient ressembler les guerriers de ces périodes anciennes (Fig. 2.4). Les dessinateurs les présentent alors vêtus d'un véritable costume standardisé au même titre que les soldats de l'époque (Challamel 1882 ; Racinet 1888).

En 1952, Gero von Merhart, grand spécialiste des produits de chaudronnerie de l'âge du Bronze, propose en annexe d'une étude portant sur la vaisselle métallique, une figure qui vise à synthétiser les formes des armes retrouvées à la fin de l'âge du Bronze dans le nord–ouest des Balkans et le sud–est des Alpes (Merhart 1952, pl. 50). Ces armes sont disposées selon un schéma évocateur, un peu comme si elles étaient placées sur un mannequin. Il n'y a cependant pas ici la volonté de les présenter comme un équipement cohérent appartenant à un même individu, mais plutôt de montrer les différents types d'armes découvertes dans cette zone géographique et d'établir des points de comparaison avec l'ornementation de la vaisselle métallique dans le sud–est de l'Europe, élément au centre de cette étude, évoquant notamment le style des points et bossettes (Merhart 1952, p. 49). Des illustrations similaires ont été proposées par H. Müller–Karpe, élève de G. von Merhart, dans le cadre d'un article traitant de l'armement en Europe centrale et en Grèce et paru en 1962. Là encore, ces figures ne sont pas employées afin de proposer une restitution de l'allure des guerriers des deux régions étudiées, mais simplement pour synthétiser les armes typiques des deux aires géographiques de manière à saisir leurs points communs et leurs différences au premier coup d'œil. Un glissement paraît se produire lorsque P. Schauer propose en 1975 une série de douze illustrations, calquées sur ce qui a été proposé précédemment par G. von Merhart et H. Müller–Karpe, présentant l'équipement du guerrier caractéristique de six régions européennes distinctes, à différents moments entre le Bronze final et le Premier âge du Fer (Fig. 2.3). Le terme de « *Waffenkombination* » (littéralement « combinaison d'armes » ; Schauer 1975, p. 306–307, pl. 48–50) est employé pour décrire ces illustrations, ce qui pourrait faire penser que ces types d'armes auraient à un moment fonctionné ensemble entre les mains d'un même individu. Ces « panoplies » recomposées trouvent toujours leurs adeptes parmi les spécialistes (*cf.* par exemple Kristiansen 1998, 113–120), ce qui est parfois critique à juste titre (voir Tomedi et Egg 2014, fig. 2). Déjà à l'époque, le regretté John Coles a fait intervenir de l'humour anglais pour caricaturer ces reconstitutions, mais son magnifique « *pan–european dandy* » (Coles 1977, fig. 1), revêtant des éléments issus de régions, de périodes et de contextes très variés et même agrémenté d'un service à boire et d'un instrument de musique, a été parfois pris au premier degré (on appréciera la distance ironique chez Dehn 1980, p. 32). Voilà un bel exemple de l'effet inconscient que provoquent ces évocations trompeuses qui s'éloignent des faits. Signalons que notre « mise en garde » porte sur cette définition large du terme de panoplie, et non sur la définition technique désignant *stricto sensu* une armure corporelle complète, telle que celle présente dans la tombe 12 de la nécropole mycénienne de Dendra, un cas unique (Mödlinger 2017, p. 18 et 171, note 779).

2.4.2 Une image persistante

Les archéologues et le grand public peuvent en effet se retrouver régulièrement face à des représentations de guerrier vêtu d'une panoplie comprenant un ensemble d'armes, certaines se situant dans la droite lignée des propositions d'Augustin Challamel et d'Albert Racinet à la fin du XIXe siècle (Fig. 2.4). Ces figures de guerrier, telles que nous pouvons les imaginer, se trouvent à plusieurs reprises dans le cadre de manifestations pour le grand public, par exemple à l'occasion de l'exposition tenue au Musée archéologique d'Argentomagus en 1997 intitulée « Princes et paysans de l'Âge du Bronze en Berry » (Fig. 2.1).

Ces représentations peuvent également se retrouver en lien avec des publications scientifiques dédiées à un public d'archéologues averti, comme l'illustration de G. Tosello représentant un guerrier en armes et à cheval en couverture de l'ouvrage de P.–Y. Milcent (2012). Plus récemment, l'affiche du colloque « Âge de Bronze, âge de guerre. Violence organisée et expressions de la force au IIᵉ millénaire av. J.-C. » (14–17 octobre 2020, Ajaccio) représente une scène de combat entre plusieurs guerriers (Fig. 2.5), tous équipés d'un attirail conséquent (épée,

L'armement à l'âge du Bronze final en Europe tempérée (XVIe–IXe siècles av. J.–C.)

Fig. 2.3. Combinaison d'armes du Ha B en Europe occidentale selon P. Schauer (1975, pl. 12). Sont associés ici un casque normand (Bernières d'Ailly, Calvados), un bouclier britannique (Coveney, Angleterre), une cuirasse alpine (Fillinges, Haute–Savoie), une épée du musée de Nantes (Loire–Atlantique), des cnémides italiques (Pergine, Trentin–Haut–Adige) et finalement une pointe de lance britannique (Chingford, Angleterre). © Römisch–Germanisches Zentralmuseum (Mayence, Allemagne).

Fig. 2.4. Représentation d'un guerrier de la «période des armes en bronze» à partir des collections du Musée d'Artillerie de Paris (Challamel 1882, pl. 2).

Fig. 2.5. Affiche du colloque « Âge de Bronze, âge de guerre ? Violence organisée et expressions de la force au IIe millénaire av. J.–C. » (Ajaccio, 14–17 octobre 2020), Dessin : F. Mathias © APRAB.

lance, cuirasse, casque, bouclier, etc.). Or, l'image que véhiculent toutes ces illustrations du guerrier de l'âge du Bronze n'a pas de référence authentique, elle n'est pas fondée sur des contextes archéologiques existants. Mais ces représentations ne sont pas à prendre au premier degré, contrairement aux «*mögliche Waffenkombinationen*» proposées par P. Schauer (Schauer 1975, p. 306) qui reposent sur des constructions artificielles et systématiques (Fig. 2.3), mais ne correspondent, elles non plus, à aucun véritable ensemble d'objets qui nous serait parvenu.

2.4.3. *L'idée de la panoplie confrontée aux contextes archéologiques*

Bien que les armes qui équipent les guerriers représentés dans les diverses illustrations évoquées précédemment soient bien des découvertes archéologiques, leur assemblage au sein de l'équipement d'une seule et même personne pose problème. En premier lieu, si nous reprenons les panoplies arrangées par P. Schauer (1975), il s'agit parfois d'assemblages de différents objets découverts à plusieurs centaines de kilomètres de distance. C'est par exemple le cas de la panoplie 12, supposée illustrer l'armement typique du Bronze final III en Europe occidentale. En réalité, il s'agit d'un assemblage très hétéroclite d'éléments découverts dans les Îles Britanniques, dans le nord et l'est de la France, dans la région alpine et même dans la péninsule italique (Fig. 2.3).

Par ailleurs, en Europe tempérée, les armes présentées ensemble ne sont jamais toutes découvertes ensemble au sein d'un même contexte (pour le Bronze final, voir la synthèse utile de Clausing 2005, p. 124 sq, 132 sq. ; *cf.* la vision critique de Goetze 1984, p. 49).

Les éléments défensifs, comme les cuirasses, casques ou boucliers, ne sont pas trouvés dans cette zone dans des sépultures et donc jamais associés à d'autres mobiliers ce qui nous empêche d'établir de lien direct entre ces objets et ce qu'on considère être leurs «propriétaires». Les sépultures ayant livré des armes, comme des épées, montrent ainsi une image très différente de ce qui est suggéré par les illustrations proposées alors par P. Schauer. Nous ne renvoyons à ce sujet qu'aux ensembles du IXe av. J.-C. de Chavéria (Jura, France) ou de Mauern (Bavière, Allemagne ; Gerdsen 1982, p. 558).

Plus récemment, l'exposition «*Krieg – eine archäologische Spurensuche*» qui s'est tenue en 2016 au Landesmuseum für Vorgeschichte de Halle (Allemagne, Saxe–Anhalt) a présenté au public une représentation du champ de bataille de la vallée de la Tollense avec, au premier plan, un guerrier à cheval équipé d'un casque et d'une épée, alors même qu'aucun casque n'est connu sur le site et qu'aucun traumatisme causé par une épée n'a été, paraît-il, documenté à ce jour sur les ossements découverts (Jantzen *et al.* 2011, p. 430 ; Brinker *et al.* 2018).

Il convient ainsi d'être extrêmement prudent face à ces illustrations de panoplies supposées représenter le guerrier type pour une période et une région donnée. La nonchalance avec laquelle ces simulations sont proposées habituellement au lecteur, voire même au grand public non averti, est probablement liée à une incapacité de s'affranchir des idées reçues sur la figure du guerrier telle qu'elle est fantasmée depuis le XIXe siècle. Ces images, composées avec une trop grande facilité, ne sont manifestement pas la bonne réponse au dilemme que posent les découvertes connues à ce jour. Il s'agit en effet de comprendre pourquoi en Europe tempérée, les armes offensives et défensives ne sont jamais associées dans les contextes archéologiques et pourquoi même les éléments constituant l'armement défensif n'y apparaissent jamais ensemble. Au lieu de soutenir malgré toute évidence qu'elles étaient utilisées de concert au quotidien partout en Europe, il conviendrait plutôt de s'interroger sur l'absence de ces «panoplies» lorsque le corps du «guerrier» est mis en scène dans la tombe. Si des pans entiers de l'armement ne sont jamais attribués dans ce contexte crucial à un individu, il faudrait s'interroger sur une possible gestion collective de certains groupes d'objets. L'existence de lots de boucliers, de casques, de cuirasses, déposés ensemble (et auxquels on pourrait ajouter d'autres exemples comme les lurs scandinaves) nous semble pointer dans ce sens, peut–être aussi les dépôts composés exclusivement d'épées intactes (Vachta 2008, p. 50). Mais tout cela est une autre histoire.

2.5 Conclusion

L'étude morphologique des épées à poignée métallique découvertes en Europe centrale, entre la zone nord–alpine et le bassin des Carpates, montre que pendant plus de cinq siècles, de la seconde moitié du XVe jusqu'au Xe siècle av. J.–C., les artisans ont produit des armes très standardisées à destination d'utilisateurs partageant le même concept d'épée. La normalisation de ces armes tient à l'utilisation d'un registre restreint de formes et de décors. Malgré tout, chaque épée demeure une pièce unique. Cela tient en premier lieu aux dimensions de ces armes, mais aussi au décor. Cela réside dans les techniques mises en place par les artisans qui réalisent pendant longtemps, selon toute vraisemblance, les poignées de ces armes à la cire perdue, à partir des modèles préparés individuellement. Le passage au IXe siècle av. J.–C. marque une rupture importante dans la conception des épées à poignée métallique. Des nouvelles formes apparaissent à ce moment–là, qui marquent une diversification sur le plan typologique, mais aussi une standardisation des productions beaucoup plus marquée au sein de chacun de ces types. Ce qui à première vue peut paraître paradoxal trahit sans doute le passage à un autre mode de fabrication qui s'opère en parallèle avec des changements profonds dans la société. Cette normalisation radicale mène aussi à la disparition quasi totale de l'ornementation qui recouvrait la poignée des épées de la période précédente. D'un point de vue technique, ce changement s'illustre par le fait que les artisans ont désormais systématiquement recours à des moules réutilisables permettant des productions d'un grand nombre de pièces identiques en série. L'utilisation de ces techniques peut donc aussi expliquer le fort accroissement du nombre d'épées à poignée métallique au IXe siècle av. J.-C. par rapport aux siècles précédents.

Dès leur première apparition, les différents groupes d'armement défensif montrent une très nette standardisation. Elle est observable même sur les décors, généralement assez sobres. Ces objets fabriqués en tôle de bronze par des artisans spécialisés ne sont pas aussi nombreux que les épées ce qui peut refléter leur rareté réelle, même s'il ne faut pas oublier que beaucoup de ces produits ont pu être recyclés et ne seront donc jamais retrouvés dans un contexte archéologique. Il n'en reste pas moins que des armes défensives fabriquées essentiellement en matière périssable ont pu être plus courantes que ces réalisations spectaculaires en bronze. En ce qui concerne la chronologie de ces productions métalliques, il n'est pas possible, notamment pour les découvertes en Europe tempérée, d'atteindre le même niveau de précision que pour les épées, faute de contextes datables.

En constatant qu'il existe des objets standardisés caractéristiques de différentes régions et périodes, il est tentant de dresser un portrait type du guerrier pour chacun de ces espaces. Ce type d'exercice a été un temps pratiqué à la fin du XIXe siècle, dans des publications destinées au grand public. De manière involontaire, on le voit renaître dans les années 1970, dans une publication archéologique. Toutefois, ces arrangements sont totalement déconnectés de ce qu'on peut déduire des découvertes d'armes. En réalité, dans les contextes archéologiques, les armes défensives et offensives ne sont jamais retrouvées ensemble en Europe tempérée. Déjà en 1984, dans un article de référence, B.-R. Goetze pointait le caractère « fictif » de ces faux semblants de reconstitutions. Si les aspects socio-économiques de l'abandon de ces armes ont bien fait l'objet de travaux de référence (Bradley 1990 ; Brun 2003), il serait toujours intéressant de s'interroger sur la propriété (individuelle ou collective) de ces objets. À quelles occasions sont-ils mobilisés ? Où sont-ils conservés ? À qui sont-ils confiés lorsqu'ils ne sont pas en action ? Autant de questions concrètes, rarement posées, qui nous permettraient de mieux caractériser les conditions générales de l'utilisation de ces armes, considérant que la plupart d'entre elles, dont les plus spectaculaires, ont bel et bien servi.

Bibliographie

Ankner D. 1977 : Röntgenuntersuchungen an Riegseeschwertern. Ein Beitrag zur Typologie, *Archäologie und Naturwissenschaft*, 1, p. 296–459.

Boulud-Gazo S. 2011: The discovery of a new Tachlovice sword at Pont-sur-Seine, Aube, France, *in* Uckelmann M., Mödlinger M. (dir.), *Bronze Age Warfare: Manufacture and Use of Weaponry*, Oxford, Archaeopress (coll. BAR International Series, 2255), p. 133–152.

Bradley R. 1990 : The Passage of Arms. An archaeological analysis of prehistoric hoards and votive deposits, Cambridge, Cambridge University Press, 234 p.

Brandherm D. 2011 : Bronzezeitliche Kamm- und Hörnerhelme. Überlegungen zu Ursprung, Verbreitung und symbolischem Gehalt, *in* Jockenhövel A., Dietz U. L. (dir.), *Bronzen im Spannungsfeld zwischen praktischer Nutzung und symbolischer Bedeutung*, Stuttgart, Franz Steiner Verlag (coll. Prähistorische Bronzefunde, XX, 13), p. 39–54.

Brinker U., Harten-Buga H., Staude A., Jantzen D., Orschiedt J. 2018: Perimortem Lesions on Human Bones from the Bronze Age Battlefield in the Tollense Valley: An Interdisciplinary Approach, *in* Dolfini A., Crellin R. J., Horn C., Uckelmann M. (dir.) *Prehistoric Warfare and Violence. Quantitative and Qualitative Approaches*, Berlin, Springer (coll. Quantitative Methods in the Humanities and Social Sciences), p. 39–60.

Bulard A. 2008 : Un dépôt de neuves cuirasses découvertes à Paris au XVIIe siècle, *Revue archéologique d'Île-de-France*, 1, p. 125–132.

Bunnefeld J.-H. 2014 : Das Eigene und das Fremde – Anmerkungen zur Verbreitung der Achtkantschwerter, *in* Deutscher L., Kaiser M., Wetzler S. (dir.), *Das Schwert – Symbol und Waffe : Beiträge zur geisteswissenschaftlichen Nachwuchstagung, 19–20 Oktober 2012*, Rahden, Verlag Marie Leidorf (coll. Freiburger archäologische Studien, 7), p. 17–32.

Bunnefeld J.-H. 2016 : Älterbronzezeitliche *Vollgriffschwerter in Dänemark und Schleswig-Holstein: Studien zu Form, Verzierung, Technik und Funktion*, Kiel, Wachholtz Murmann Publishers (coll. Studien zur nordeuropäischen Bronzezeit, 3), 2 vol., 602 p.

Challamel A. 1882 : *Les costumes civils et militaires des Français à travers les siècles*, Paris, F. Roy, 96 pl.

Clausing C. 2001 : Spätbronze- und eisenzeitliche Helme mit einteiliger Kalotte, *Jahrbuch des Römisch-Germanischen Zentralmuseums Mainz*, 48–1, p. 199–225.

Clausing C. 2002 : Geschnürte Beinschienen der späten Bronze- und frühen Eisenzeit, *Jahrbuch des Römisch-Germanischen Zentralmuseumsmuseums*, 49, p. 149–187.

Clausing C. 2005 : *Untersuchungen zu den urnenfelderzeitlichen Gräbern mit Waffenbeigaben vom Alpenkamm bis zur Südzone des Nordischen Kreises. Eine Analyse ihrer Grabinventare und Grabformen*, Oxford, British Archaeological Reports (coll. BAR International Series, 1375), 184 p.

Coles J. 1977 : Parade and Display: Experiments in Bronze Age Europe, *in* Markotic V. (dir.), *Ancient Europe and the Mediterranean. Studies presented in honour of Hugh Hencken*, Warminster, Aris et Phillips, p. 50–58.

Collectif 1997 : *Princes et paysans* de l'Âge du Bronze en Berry, Catalogue d'exposition, Saint-Marcel, Musée Archéologique d'Argentomagus, 90 p.

Dehn W. 1980 : Zur Beinschiene von Schäfstall bei Donauwörth, *Zeitschrift des Historischen Vereins für Schwaben*, 74, p. 29–33

Dolfini A., Crellin R. J., Horn C., Uckelmann M. (dir.) 2018 : *Prehistoric Warfare and Violence. Quantitative and Qualitative Approaches*, Berlin, Springer (coll. Quantitative Methods in the Humanities and Social Science), 365 p.

Drescher H. 1958 : *Der Überfangguss*. Mayence, Verlag des Römisch–Germanischen Zentralmuseums, 192 p.

Dumont L. 2019 : Une production locale d'épées à poignée métallique dans l'Est de la France à la fin de l'âge du Bronze ?, *Bulletin de l'APRAB*, 17, p. 100–108.

Gerdsen H. 1982 : Bemerkungen zum Tumulus IX der Nekropole von Chavéria (Franche–Comté), *Germania*, 60, p. 554–559.

Goetze B.–R. 1984 : Die frühesten europäischen Schutzwaffen. Anmerkungen zum Zusammenhang einer Fundgattung, *Bayerische Vorgeschichtsblätter*, 49, p. 25–53.

Guilaine J., Zammit J. 2001 : *Le sentier de la guerre : visages de la violence préhistorique*, Paris, Seuil, 371 p.

Harding A. 2007 : *Warriors and weapons in Bronze Age Europe*, Budapest, Archaeolingua, 228 p.

Holste F. 1953 : *Die bronzezeitlichen Vollgriffschwerter Bayerns*, Munich, C. H. Beck (coll. Münchner Beitrage zur Vor– und Frühgeschichte, 4), 56 p.

Horn C., Kristiansen K. (dir.) 2018 : *Warfare in Bronze Age Society*, Cambridge, Cambridge University Press, 253 p.

Hundt H.–J. 1962 : Zu einigen westeuropäischen Vollgriffschwertern, *Jahrbuch des Römisch–Germanischen Zentralmuseum Mainz*, 9, p. 20–57.

Hundt H.–J. 1965 : Produktionsgeschichtliche Untersuchungen über den bronzezeitlichen Schwertguss, *Jahrbuch des Römisch–Germanischen Zentralmuseum Mainz* 12, p. 41–58.

Jantzen D., Brinker U., Orschiedt J., Heinemeier J., Piek J., Hauenstein K., Krüger J., Lidke G., Lübke H., Lampe R., Lorenz S., Schult M., Terberger T. 2011 : A Bronze Age battlefield? Weapons and trauma in the Tollense Valley, north–eastern Germany, *Antiquity*, 85–328, p. 417–433.

Keeley L. 1996: *War before civilization*, Oxford, Oxford University Press, 245 p.

Kilian–Dirlmeier I. 1975 : *Gürtelhaken, Gürtelbleche und Blechgürtel der Bronzezeit in Mitteleuropa (Ostfrankreich, Schweiz, Süddeutschland, Österreich, Tschechoslowakei, Ungarn, Nordwest–Jugoslawien)*, Munich, C. H. Beck (coll. Prähistorische Bronzefunde, XII, 2), 141 p.

Kristiansen K. 1998 : *Europe Before History*, Cambridge, Cambridge University Press (coll. New Studies in Archaeology), 505 p.

Lehoërff A. 2008 : Les cuirasses de Marmesse (Haute–Marne), un artisanat d'exception, *Antiquités Nationales*, 39, p. 95–106.

Lehoërff A. 2018 : *Par les armes. Le jour où l'homme inventa la guerre*, Paris, Belin, 356 p.

Merhart G. von. 1952 : Studien über einige Gattungen von Bronzegefäßen, *in Festschrift des Römisch–Germanischen Zentralmuseums in Mainz zur Feier seines hundertjährigen Bestehens 1952*, Mayence, Verlag des Römisch–Germanischen Zentralmuseums Mainz, p. 1–71.

Milcent, P.–Y. 2012 : *Le temps des élites en Gaule atlantique. Chronologie des mobiliers et rythmes de constitution des dépôts métalliques dans le contexte européen (XIIIe–VIIe siècle av. J.–C.)*, Rennes, Presses Universitaires de Rennes (coll. Archéologie et Culture), 253 p.

Mödlinger M. 2012 : European Bronze Age Cuirasses, Aspects of Chronology, Typology, Manufacture and Usage, *Jahrbuch des Römisch–Germanischen Zentralmuseum Mainz*, 59, p. 1–49.

Mödlinger M. 2013 : Bronze Age Bell Helmets: New Aspects on Typology, Chronology and Manufacture, *Praehistorische Zeitschrift*, 88, p. 152–179.

Mödlinger M. 2017 : *Protecting the Body in War and Combat: Metal Body Armour in Bronze Age Europe*, Vienne, ÖAW (coll. Oriental and European Archaeology, 6), 378 p.

Mödlinger M. 2018 : Body Armour in the European Bronze Age, *in* Dolfini A., Crellin R. J., Horn C., Uckelmann M. (dir.), *Prehistoric Warfare and Violence. Quantitative and Qualitative Approaches*. Berlin, Springer (coll. Quantitative Methods in the Humanities and Social Science), p. 177–198.

Müller–Karpe H. 1961 : *Die Vollgriffschwerter der Urnenfelderzeit aus Bayern*, Munich, C. H. Beck (coll. Münchner Beiträge zur Vor– und Frühgeschichte, 6), 134 p.

Müller–Karpe H. 1962 : Zur spätbronzezeitlichen Bewaffnung in Mitteleuropa und Griechenland, *Germania*, 40, p. 255–287.

Ottenjann H. 1969 : *Die Nordischen Vollgriffschwerter der älteren und mittleren Bronzezeit*, Berlin, Walter de Gruyter (coll. Römisch–Germanische Forschungen, 30), 121 p.

Overbeck M. 2018 : *Die Gießformen in West– und Süddeutschland (Saarland, Rheinland–Pfalz, Hessen, Baden–Württemberg, Bayern)*, Stuttgart, Franz Steiner Verlag (coll. Prähistorische Bronzefunde, XIX, 3), 365 p.

Perrin A. 1871 : Fonderies de bronze des palafittes du lac du Bourget, *Revue savoisienne*, 12–1, p. 1–2.

Quillfeldt, I. von 1995 : *Die Vollgriffschwerter in Süddeutschland*, Stuttgart, Franz Steiner Verlag (coll. Prähistorische Bronzefunde, IV, 11), 277 p.

Racinet A. 1888 : *Le costume historique*, Paris, Firmin–Didot, 5 vol., 500 pl.

Schauer P. 1975 : Die Bewaffnung der "Adelskrieger" während der späten Bronze– und frühen Eisenzeit, *in Ausgrabungen in Deutschland 1950–1975. 3. Vorgeschichte, Römerzeit*, Mayence, Verlag des Römisch–Germanischen Zentralmuseums (coll. Monographien des Römisch–Germanischen Zentralmuseums, 1/3), p. 305–311, pl. 48–50.

Sicherl B. 2008 : Gedanken zur Schwertproduktion und –distribution in der späten Urnenfelderzeit am Beispiel der Tachloviceschwerter, *in* Verse F. (dir.), *Durch die Zeiten... Festschrift für Albrecht Jockenhövel zum 65. Geburtstag*, Rahden, Verlag Marie Leidorf (coll. Internationale Archäologie : Studia honoraria, 28), p. 241–257.

Sicherl B. 2016 : Zu Fragen von Schwertproduktion und –distribution anhand des Fallbeispiels der Riegseeschwerter, *in* Dietz U.-L., Jockenhövel A. (dir.), *50 Jahre "Prähistorische Bronzefunde". Bilanz und Perspektiven*, Stuttgart, Franz Steiner Verlag (coll. Prähistorische Bronzefunde, XX, 14), p. 311–344.

Stockhammer P. 2004 : *Zur Chronologie, Verbreitung und Interpretation urnenfelderzeitlicher Vollgriffschwerter*, Rahden, Verlag Marie Leidorf (coll. Tübinger Texte, 5), 310 p.

Tomedi G., Egg M. 2014 : On the chronology of Bronze and Early Iron Age crested helmets, *Archäologisches Korrespondenzblatt*, 44, p. 41–57.

Uckelmann P. 2004–2005 : Schutz, Prunk und Kult – Zur Funktion bronzezeitlicher Schilde, *Anodos. Studies of the Ancient World*, 4–5, p. 243–249.

Uckelmann M. 2011a : Protection, apparat et culte. De la fonction du bouclier à l'Âge du Bronze, *in* Baray L., Honegger M., Dias–Meirinho M.-H. (dir.), *L'armement et l'image du guerrier dans les sociétés anciennes. De l'objet à la tombe*, Dijon, EUD (Art, Archéologie et Patrimoine), p. 271–278.

Uckelmann M. 2011b : The function of Bronze Age shields, *in* Uckelmann M., Mödlinger M. (dir.), *Bronze Age Warfare: Manufacture and Use of Weaponry*, Oxford, Archaeopress (coll. BAR International Series, 2255), p. 187–200.

Uckelmann M. 2012 : *Die Schilde der Bronzezeit in Nord–, West– und Zentraleuropa*, Stuttgart, Franz Steiner Verlag (coll. Prähistorische Bronzefunde, III, 4), 243 p.

Uckelmann M., Mödlinger M. (dir.) 2011 : *Bronze Age Warfare: Manufacture and Use of Weaponry*, Oxford, Archaeopress (coll. BAR International Series, 2255), 219 p.

Vachta T. 2008 : *Studien zu den bronzezeitlichen Hortfunden des oberen Theissgebietes*, Bonn, Rudolf Habelt (coll. Universitätsforschungen zur prähistorischen Archäologie, 159), 127 p.

Vogt E. 1942 : Der Zierstil der späten Pfahlbaubronzen, *Zeitschrift für schweizerische Archäologie und Kunstgeschichte*, 4, p. 193–206.

Vuaillat D. 1969 : Les épées d'Auvernier et de Tachlovice, leur répartition en France. État de la question en 1968, *Bulletin de la Société préhistorique française*, 66–9, p. 283–288.

Winiker J. 2015 : *Die bronzezeitlichen Vollgriffschwerter in Böhmen*, Stuttgart, Franz Steiner Verlag (coll. Prähistorische Bronzefunde, IV, 19), 110 p.

Wirth M. 2003 : *Rekonstruktion bronzezeitlicher Gießereitechniken mittels numerischer Simulation, gießtechnologischer Experimente und werkstofftechnischer Untersuchungen an Nachguss und Original*, Thèse de doctorat, Rheinisch–Westfälische Technische Hochschule Aachen, 136 p.

Wirth S. 2007 : Tombé dans l'eau ? Les découvertes de casques en milieu humide, *in* Barral P., Daubigney A., Dunning C., Kaenel G., Lambert M.-J. (dir.), *L'âge du Fer dans l'arc jurassien et ses marges. Dépôts, lieux sacrés et territorialité à l'âge du Fer. Actes du XXIXe colloque international de l'AFEAF, Bienne, 5–8 mai 2005*, Besançon, Presses universitaires de Franche–Comté, p. 449–461.

Wüstemann H. 2004 : *Die Schwerter in Ostdeutschland*, Stuttgart, Franz Steiner Verlag (coll. Prähistorische Bronzefunde, IV, 15), 356 p.

3

L'armement défensif en Égée aux XIVᵉ et XIIIᵉ s. av. J.–C. : fonction militaire et expression symbolique

Quentin Zarka
Doctorant en archéologie, Université Paris 1, Panthéon–Sorbonne,
UMR 7041 ArScAn, Protohistoire Egéenne

Résumé : Cet article attire l'attention sur l'armement défensif à l'époque des palais mycéniens (1400–1200 av. J.–C.), époque durant laquelle de nombreux indices archéologiques montrent que la guerre est omniprésente dans la vie et la mort des Mycéniens et des Minoens. Les progrès dans le domaine de la métallurgie ont poussé à transformer l'équipement des combattants et la manière de faire la guerre. Notre attention se portera en premier lieu sur les fonctions militaires et symboliques des armes défensives puis, nous tenterons d'établir une distinction entre le guerrier et le soldat tandis que le premier se rattache à un individu, le second appartient à un groupe. Dans la mesure où le contexte funéraire est celui dans lequel les armes sont le plus souvent découvertes, il apparaît essentiel de mener une étude comparative qui prend en compte les sources iconographiques et écrites. Par cette approche pluridisciplinaire, nous tenterons de mesurer les propriétés fonctionnelles des équipements découverts sur le terrain.

Mots clés : Âge du Bronze égéen, Mycéniens, Minoens, Armement, Guerriers, Soldats, linéaire B, Sceaux, Impressions.

Abstract: The following paper draws attention to the defensive weapons in the Mycenaean palatial period (1400–1200 BC), when considerable archaeological evidence attests that war was omnipresent in the life and death of Mycenaeans and Minoans. Major advances in the field of metallurgy acted as a force to transform fighters' equipment and their way of practising warfare. Our focus will turn primarily on the military and symbolic function of defensive weapons. Then, we will attempt to make a distinction between warrior and soldier: whereas the first refers to an individual, the second belongs to a group. Given that the funerary context is that in which weapons are most often found, it is essential to make a comparative study that takes into account the depictions in art and written sources. Through this multidisciplinary approach we attempt to measure the functional properties of the equipment found in situ.

Keywords: Aegean Bronze Age, Mycenaean weaponry, Minoan, weaponry, Warriors, Soldiers, Linear B, Seals, Sealing

3.1 Présentation de l'étude

L'armement défensif égéen de l'âge du Bronze Récent fut principalement étudié par le biais de l'évolution typologique des pièces. Les armes et les artefacts avec des représentations d'armes découverts (vases peints, sceaux et reliefs en ivoire) proviennent majoritairement de tombes prestigieuses soulignées par une architecture monumentale ou un assemblage funéraire riche[1]. Ces témoignages archéologiques montrent que l'identité guerrière occupait une place importante dans les sociétés égéennes (Molloy 2010, p. 426).

Cependant, certains décalages se font jour entre les armes réelles et celles attestées à partir d'autres sources archéologiques. La première question que nous soulevons dans cet article repose sur les fonctions symboliques de certains types d'armes défensives aux dépens de leurs fonctions pratiques.

Cette étude a également pour objectif de mieux cerner certaines évolutions morphologiques et technologiques de l'armement défensif par l'intermédiaire des tablettes en linéaire B et la petite glyptique.

3.2 Les sources archéologiques retenues

Ce travail s'articule autour de deux types d'artefacts à fonctions administratives et attestées dans les civilisations minoenne et mycénienne pendant l'époque des palais mycéniens dès 1400 jusqu'à 1190 av. J.–C. En premier lieu, les sceaux et bagues–cachets à représentations d'armes, découverts principalement en contexte funéraire

---
[1] Assemblages funéraires composés d'armes, objets en métal, vases, sceaux, bagues-cachets et parures.

(Fig. 3.1)[2], puis, les documents en linéaire B (tablettes et nodules inscrits) à représentations et mentions d'armes, entreposés dans des salles d'archives palatiales (Fig. 3.2).

Toutefois, les données issues de ces deux sources archéologiques seront mises en regard avec les pièces d'armement découvertes sur le terrain.

3.2.1 Les casques

Les exemplaires de casques découverts en Égée au Bronze Récent sont de forme conique. Ils se distinguent en deux grands types : les casques en défenses de sangliers et les casques en bronze (Fig. 3.3) (Geogarnas 2010, p. 309–310).

En revanche, les casques inscrits sur les documents en linéaire B sont exclusivement coniques et sans défenses de sangliers (Fig. 3.4). Le terme syllabique *ko–ru–to* et le pictogramme du casque ne sont jamais associés avec les termes qui désignent le sanglier ou l'ivoire.

Dans la petite glyptique, les représentations de casques sont moins courantes à la période considérée qu'à la période néopalatiale minoenne (1600–1450 av. J.–C.) (Fig. 3.5). Néanmoins, on y distingue des casques en défenses de sangliers, des casques coniques sans défenses et des couvre–chefs de forme écrasée ornés d'une plume[3].

Les casques en défenses de sangliers trouvés en contexte funéraire montrent que la pratique de la chasse au sanglier faisait partie intégrante des marqueurs des élites égéennes. Ce type de casque, bien que majoritaire dans les dépôts archéologiques, semble éloigné de la réalité militaire. Les documents administratifs privilégient les casques en bronze ou éventuellement des casques en matériaux périssables.

À l'issue de ces observations, nous pouvons nous interroger sur le coût économique et l'investissement technique requis pour la fabrication des casques en défenses de sangliers, vis-à-vis des casques en bronze ou en matériaux périssables. Les résultats dégagés permettraient d'émettre des hypothèses sur le type de casque le plus adapté à une unité d'infanterie.

3.2.2 Les cuirasses

Les premiers exemplaires de cuirasses en bronze en Égée datent du XVe siècle av. J.–C.[4] (Fig. 3.6) (Åstrom, 1977). Les pièces découvertes en Grèce continentale et

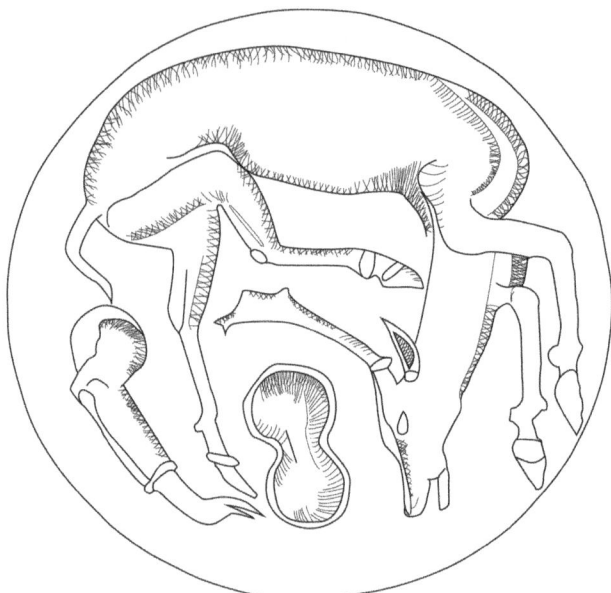

Fig. 3.1. Sceau à représentation de bouclier en forme de huit (DAO © Quentin Zarka).

en Crète illustrent leur essor pendant le Bronze Récent[5] (Andrikou 2007, p. 402–403). Néanmoins, les documents en linéaire B suggèrent l'utilisation de cuirasses fabriquées en matériaux périssables (cuir et lin) (Fig. 3.7) :

• Le pictogramme *TUN+TAL* représente une cuirasse recouverte par une peau de bœuf et qui pourrait être interprétée comme du cuir.
• Le pictogramme *TUN+KI* (*ki–to* / χιτών) qui s'identifie comme une tunique.
• Le pictogramme *TUN+RI* (*ri–no*/ λίνον, traduit par lin) connu dans l'Iliade par λινοθώρηξ, « cuirasse en lin »

La cuirasse est la pièce d'armement la mieux représentée sur les tablettes avec 109 occurrences (96 en Crète et 15 en Grèce continentale)[6]. Elle se présente principalement sous la forme de trois grands types de pictogrammes (Fig. 3.7).

Les données des tablettes contrastent beaucoup avec celles des sceaux, puisqu'il est très difficile d'identifier une cuirasse sur les sceaux qui appartiennent à la période étudiée. De plus, les tablettes de la « Room of the Chariots Tablets » de Cnossos associent régulièrement les cuirasses à des chevaux et des chars, ce type d'association n'est pas attesté sur les sceaux.

Si la cuirasse de Dendra demeure l'une des plus anciennes découvertes, il est possible que des améliorations ayant

---

[2] Résultats obtenus dans une étude en 2019 : *Les sceaux égéens à représentation d'armes en contexte funéraire* publié sur ArchéoOrient – Le Blog.
[3] Voir le sceau CMS.V.608 pour ce type de casque à plume.
[4] La cuirasse massive en bronze découverte dans la Tombe 12 de Dendra est la pièce la mieux conservée et l'une des plus ancienne identifiée en Égée.
[5] Il produit une analyse d'une cuirasse en bronze découverte dans l'Arsenal Thèbes (HR IIIA – HR IIIB, Béotie), de plaques de bronze qui proviennent de Mycènes (HR IIIA– HR IIIB, Péloponnèse) et Phaistos (MR III, Crète). De plus, 117 plaques découvertes sur le site de Nichoria pourraient appartenir à des cuirasses (McDonald et Wilkie, 1992, 255 et Tab 5–8).
[6] Les palais de Cnossos en Crète et de Pylos en Grèce continentale sont les deux principales sources de données sur les cuirasses.

L'armement défensif en Égée aux XIVe et XIIIe s. av. J.–C.

Fig. 3.2. Tablette à représentation de cuirasse, de char et de cheval. «Room of the Chariots» Tablets de Cnossos, KN.SC.230, Musée Archéologique d'Héraklion (DAO © Quentin Zarka).

Fig. 3.3. Casque conique en bronze avec couvre–joues, Musée Archéologique d'Héraklion (DAO © Quentin Zarka).

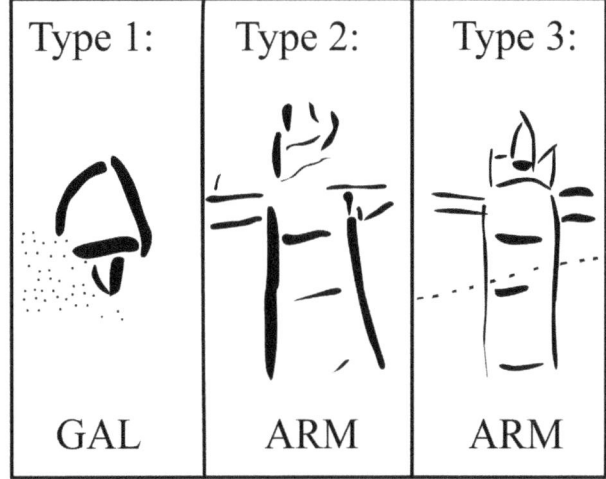

Fig. 3.4. Typologie simplifiée des casques représentés sur les tablettes en linéaire B (DAO © Quentin Zarka, d'après Vandenabeele F. et Olivier J-P. 1979.

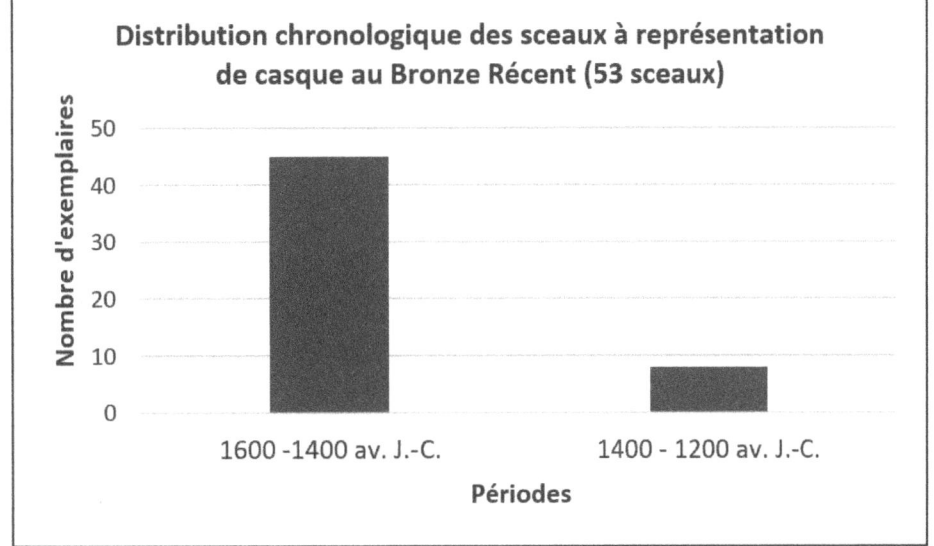

Fig. 3.5. Distribution chronologique des sceaux à représentation de casque à l'âge du Bronze (DAO :© Quentin Zarka).

porté sur le poids et la maniabilité aient été apportées par la suite et en particulier pour des unités d'infanteries plus légères. Si des armures imposantes pouvaient avoir leur place sur des champs de bataille en plaines, nous pouvons également nous interroger sur le type de cuirasse employé par l'infanterie dans le cadre d'une guerre de siège.

3.2.3 Les boucliers

Les boucliers égéens de l'âge du Bronze Récent étaient principalement fabriqués en matériaux périssables (bois et peaux de bœufs). Les rivets métalliques utilisés pour fixer le manipule ou la peau de bœuf sont les seuls témoins archéologiques susceptibles de nous parvenir. C'est pourquoi l'iconographie est la principale source qui nous renseigne sur leurs apparences, en forme de huit ou de tour (Fig. 3.8).

Curieusement, ils sont absents des tablettes en linéaire B. La petite glyptique est le principal support iconographique pour les représentations de boucliers avec 102 occurrences. Les boucliers représentés au cours de cette période sont tous en forme de huit. Ceux en forme de tour disparaissent du répertoire des sceaux pendant la période du Minoen/Helladique Récent III (1400–1200 av. J.–C), alors qu'ils sont attestés sur quelques sceaux de l'époque néopalatiale minoenne (1700–1430 av. J.–C.).

Pour la période considérée, aucun des boucliers représentés n'est montré en position fonctionnelle, ni porté par un guerrier. Ils sont de petites tailles et flottent dans la composition en compagnie d'animaux ou de créatures fantastiques (Fig. 3.9; Fig. 3.10). À partir de ces observations, on peut supposer que le petit bouclier en forme de huit constitue un objet symbolique lié au monde animal et aux créatures fantastiques.

Les boucliers en forme de huit utilisés en Crète depuis la fin de l'âge du Bronze Moyen, puis sur le continent au

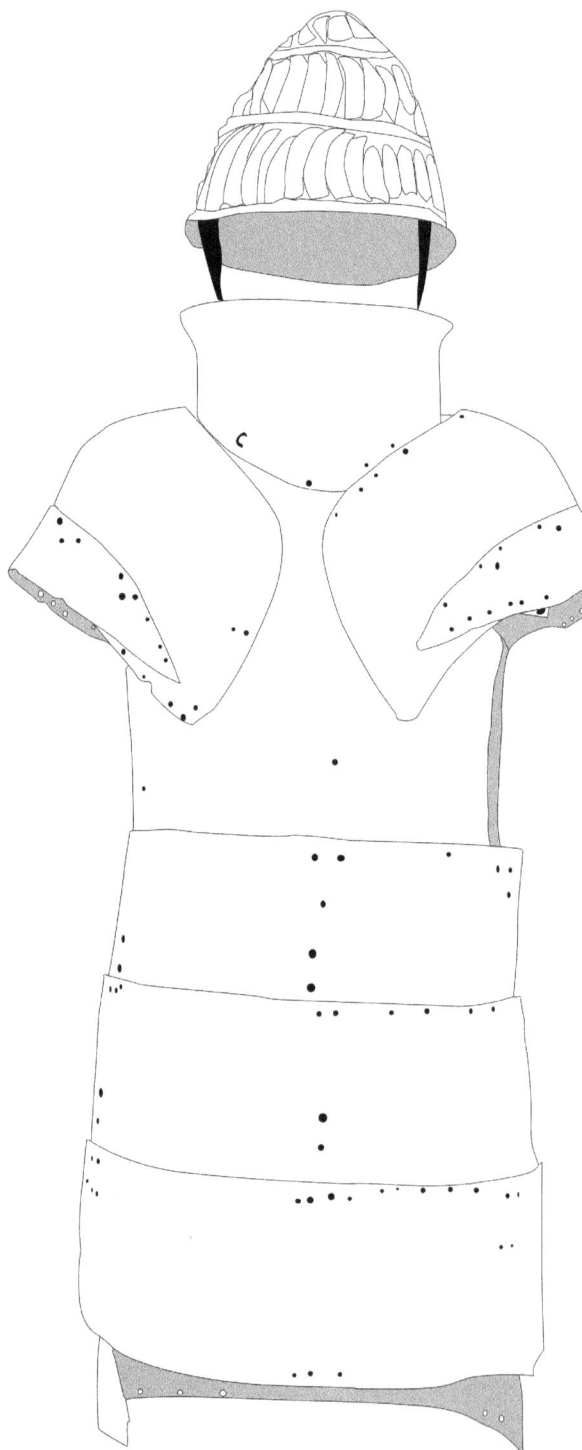

Fig. 3.6. Armure en bronze découverte dans la tombe 12 de Dendra, Musée de Nauplie (DAO : Quentin Zarka).

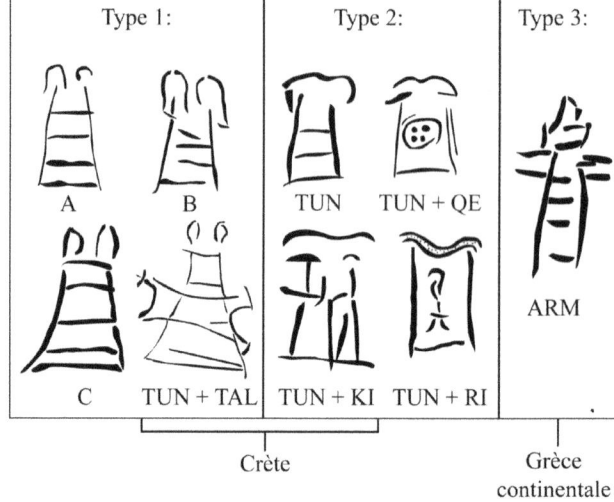

Fig. 3.7. Types de cuirasses représentées sur les tablettes en linéaire B (DAO © Quentin Zarka, d'après Driessen J. 2000, p. 136).

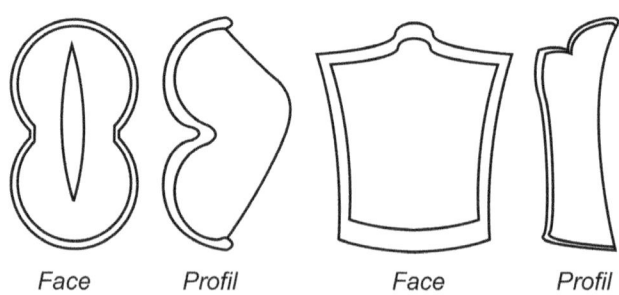

Fig. 3.8. Boucliers en forme de huit et de tour attestés en Égée au Bronze Récent (DAO : Quentin Zarka).

cours de la période palatiale mycénienne, disparaissent à la fin du XIIIe siècle av. J.–C. À la fin du Bronze Récent, les boucliers ronds remplacent ceux en forme de huit et de tour, comme l'attestent les représentations sur les vases à décors figuratifs.

3.3 Identité guerrière versus pratique militaire

La majeure partie des données sur l'armement défensif proviennent de tombes, directement sous forme d'armes ou par des représentations sur sceaux ou vases qui renvoient à l'identité de leur propriétaire. Cependant, cet article a montré que ces données, rattachées aux individus, contrastent avec celles d'une administration palatiale collective (tablettes en linéaire B).

En complément de l'aspect fonctionnel, il est nécessaire de prendre en compte plusieurs pistes sur les aspects symboliques que portent certaines armes défensives et notamment les casques en défenses de sangliers ou les boucliers en forme de huit. Le choix des défenses de sangliers pour les casques n'est pas anodin puisqu'il renvoie à la pratique de la chasse, activité exercée par l'élite mycénienne et qui met en valeur les attributs physiques et la bravoure des chasseurs. Contrairement aux casques, il est délicat d'établir un lien entre les boucliers en forme de huit et la pratique de la chasse à partir de la scénographie des sceaux. Malgré leur association récurrente à des animaux, on note une absence de lances, de flèches et de chasseurs sur les sceaux à représentations de boucliers en forme de huit. Néanmoins, une étude approfondie sur d'autres supports iconographiques (céramiques décorées, fresques, ivoires et bijoux) permettrait de mieux cerner leur valeur symbolique.

En définitive, sur certains points, l'identité idéalisée du guerrier semble éloignée d'un équipement militaire fonctionnel. Les scènes de combats et de chasses représentées sur les sceaux illustrent des guerriers dévêtus dans des combats « héroïques ». Inversement, les documents administratifs en linéaire B font état d'un équipement défensif important et normalisé pour des soldats. S'il est possible d'admettre l'existence d'un équipement fabriqué en matériaux périssables (cuir et textiles), il est cependant plus délicat de mesurer la place qu'il devait occuper au cours de l'âge du Bronze Récent.

Bibliographie

Andrikou E. 2007 : New Evidence on Mycenaean Bronze Corselets from Thebes in Boeotia and the Bronze Age Sequence of Corselets in Greece and Europe, in Galanaki, I., Thomas H., Lafffineur R. (dir.), *Between the Aegean and Baltic Seas: Prehistory across Borders. Proceedings of the International Conference, Bronze and Early Iron Age Interconnections and Contemporary Developments between the Aegean and the Regions of the Balkan Peninsula, Central and Northern Europe, University of Zagreb, April 11–14, 2005*, Liège, Université de Liège (coll. Aegaeum, 27), p. 401–409.

Fig. 3.9. Sceau à représentation de bouclier en forme de huit, CMS.VI.409, d'après A. Evans, 1935 : 588, Fig. 585.

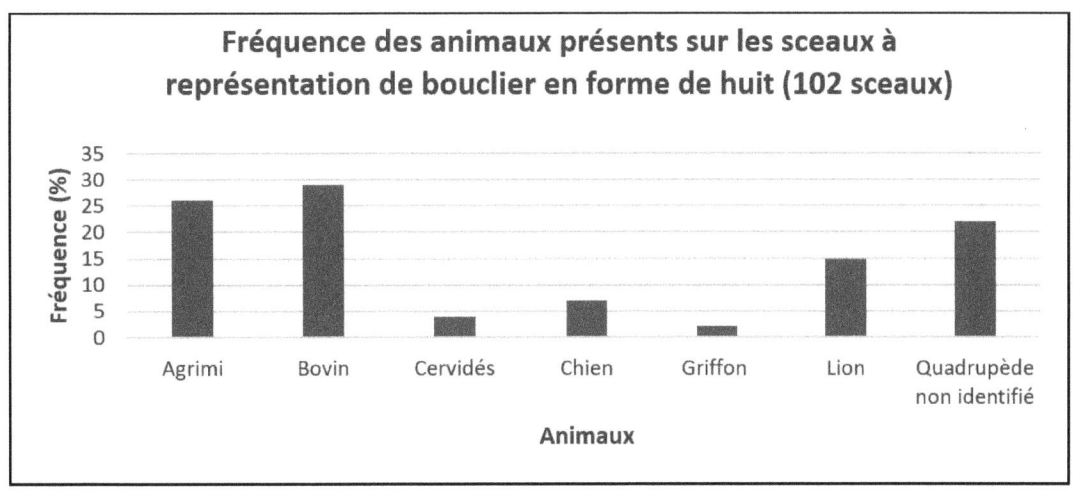

Fig. 3.10. Fréquence des animaux présents sur les sceaux à représentation de bouclier en forme de huit (© Quentin Zarka).

Åström P. 1977 : *The Cuirass tomb and other finds at Dendra*, Göteborg, Paul Åströms förlag (coll. Studies in Mediterranean archaeology, 4).

Buchholz H.-G., Wiesner J. (dir.) 1977 : *Kriegswesen, Teil 1, Schutzwaffen un Wehrbauten* Göttingen, Vandenhoeck und Ruprecht (coll. Archaeologia Homerica, Bd. 1, Kapitel E), 228 p.

Buchholz H.G., Wiesner J. (dir.) 2010 : *Kriegswesen, Teil 3*, Göttingen, Vandenhoeck und Ruprecht (coll. Archaeologia Homerica, Band 1, Kapitel E), 370 p.

Driessen J. 1996 : The Arsenal of Knossos (Crete) and Mycenaean Chariot Forces, in Lodewijckx M. (dir.), *Archaeological and Historical Aspects of West–European Societies*, Louvain, Leuven University Press (coll. AAL Monographiae, 8), p. 481–498.

Driessen J. 2000 : *The Scribes of the Room of the Chariot Tablets at Knossos : Interdisciplinary Approach to the Study of a Linear B Deposit*, Salamanca, Université de Salamnca (coll. Minos, Supplément 15), 391 p.

Evans A. 1930 : *The Palace of Minos at Knossos, a Comparative Account of the Succesive Stages of the Early Cretan Civilization as Illustrated by the Discoveries at Knossos, Volume III*, Londres, Macmillan and Co., Limited St. Martin'Street.

Evans A. 1935 : *The Palace of Minos: A Comparative Account of the Successive Stages of the Early Cretan Civilization as Illustrated by the Discoveries at Knossos, Volume IV, Part II*, London, Macmillan and Co, Limited St. Martin'Street.

Geoganas I. 2010 : Weapons and warfare, in Cline E.H. (dirs.), *The Oxford Handbook of the Bronze Age Aegean (ca. 3000–1000 BC)*, Oxford, Oxford University Press, p. 305–317.

Greco A. 2006 : La Grecia tra il Bronzo Medio e il Bronzo Tardo : L'armamento di aiace e il duo guerriero, in Morandi Bonacossi D., Di Filippo Balestrazzi E. (dir.), *Tra Oriente e Occidente : studi in onore di Elena Di Filippo Balestrazzi*, 1. edPadova, S.A.R.G.O.N, 506 p.

Greco A. et Cultraro M. 2006 : When tradition proceeds with innovation: some reflections on Mycenaean warfare, in Kuzmová K., Trnavská Univerzita (dir.), *Arms and armour through the ages: (from the Bronze Age to the Late Antiquity) ; proceedings of the international symposium, Modrá–Harmónia, 19th – 22nd November 2005*, Trnava, Trnavská Univ (coll. Anodos, 4/5.2004/2005), 262 p.

Lafffineur R. et al. 1999 : *Polemos, le contexte guerrier en Égée à l'âge du Bronze : actes de la 7e Rencontre égéenne internationale, Université de Liège, 14–17 avril 1998 (2 vol.)*, Liège, Peeters Publishers.

Le Guen B., D'Ercole M.C., Zurbach J. (dir.) 2019 : *Naissance de la Grèce : de Minos à Solon : 3200 à 510 avant notre ère*, Paris, Belin (coll. Mondes anciens), 686 p.

Mödlinger M. 2014: European Bronze Age cuirasses. Aspects of chronology, typology, manufacture and usage, *Jahrbuch des Römisch–Germanischen Zentralmuseums*, vol. 1, 59, p. 1–49.

Mödlinger M. 2017: *Protecting the body in war and combat: metal body armour in Bronze Age Europe*, Vienna, Austrian Academy of Sciences Press (coll. Oriental and European Archaeology, volume 6), 378 p.

Molloy B. 2010 : Swords and Swordsmanship in the Aegean Bronze Age, *American Journal of Archaeology*, 114, 3, p. 403–428.

Molloy B. 2013 : The Origins of Plate Armour in the Aegean and Europe, in Papadopoulos A. (dir.), *Recent research and perspectives on the Late Bronze Age eastern Mediterranean, Talanta XLIV*, Amsterdam, Dutch archaeological and historical society, p. 273–294.

Nosch M.-L. 2012 : The Textile Logograms in the Linear B Tablets, in Carlier P. (dir.), *Études mycéniennes 2010: actes du XIIIe Colloque international sur les textes égéens : Sèvres, Paris, Nanterre, 20–23 septembre 2010*, Pisa, Fabrizio Serra editore (coll. Biblioteca di Pasiphae, X), p. 611.

Phialon L. 2016 : Les armes aux premiers temps de la Grèce Mycénienne : marqueurs de pouvoir et de hiérarchie sociale, in Brunet O., Sauvin C.-É. (dir.), *Les marqueurs archéologiques du pouvoir*, Paris, Éditions de la Sorbonne (coll. Archéo. doct), p. 27–47.

Vandenabeele F. et Olivier J.-P. 1979 : *Les idéogrammes archéologiques du linéaire B*, Paris, Ecole Française d'Athènes (coll. Études Crétoises, XXIV), 360 p.

4

La « harpé » en Égypte antique : de l'arme étrangère à l'insigne du pouvoir royal (1400 av. J.–C. à 30 apr. J.–C.)

Nathalie Couton–Perche
Documentaliste scientifique, département des antiquités égyptiennes, Musée du Louvre.

Résumé : Utilisée dès le milieu du IIIe millénaire à Sumer et en Élam, la harpé est une arme à mi–chemin entre la hache et le sabre. Elle a connu un incroyable destin durant le Nouvel Empire égyptien où les échanges belliqueux avec le Proche–Orient sont au centre de l'histoire égyptienne. Reconnue comme une arme redoutable, la harpé devient un élément essentiel de l'iconographie relatant les hauts faits guerriers. Les bas–reliefs des temples égyptiens illustrant le pharaon massacrant les ennemis relaient ce thème jusqu'à l'époque gréco–romaine. Son nom égyptien ḫpš est aussi le nom de l'offrande funéraire égyptienne essentielle de la patte antérieure de taureau (ḫpš). Ce terme serait à rapprocher d'une racine hittite, même si le nom hittite de cette arme est inconnu. En Égypte, la harpé donne une forme tangible à la vaillance au combat et au courage. Les dieux l'accordant au pharaon confirment par ce geste sa capacité à régner sur le pays et repousser les ennemis de l'Égypte. Cette scène est un motif récurrent sur les murs des temples.

Mots-clés : Harp, ḫpš,, arme, pharaon, offrande, vaillance, Égypt, Proche–Orient

Abstract : A particular weapon type was named the 'sickle sword' by authors. Half axe, half curved sword, it was used from the middle of the 3rd millennium BC in Sumer and Elam. In Egypt, during the New Kingdom, the khopesh was adopted in this period, in which conflicts were long and numerous between Egypt and the Near East. Known as an impressive weapon, it became a crucial part of the Egyptian military iconography. Reliefs depicting the king smiting his enemies adorned temples until the Greco-Roman period. Its Egyptian name, ḫpš, which is also the name of the major funerary offering of the bull foreleg, must be close to a Hittite root, even if the Hittite name of the sickle sword is not known. In Egypt, this weapon gives a tangible shape to bravery as well as courage and is perceived, for this reason, as a gift bestowed on the king by the gods. With this gesture, they testify to the king's capacity to rule the land and repel all the enemies of Egypt.

Keywords : Sickle sword, Khopesh, weapon, pharao, offering, bravery, Egypt, Near East

Connue à Sumer dès le milieu du IIIe millénaire av. J.–C sous le nom de *gamlu* (bâton crochu), puis en Élam, la harpé est une arme hybride entre la hache et le sabre. De l'une, elle possède un tranchant extérieur avec un décrochement par rapport au manche, et de l'autre une poignée qui vient terminer la longue courbe générale de sa lame. À partir du milieu du IIe millénaire av. J.–C. elle a connu un destin remarquable en Égypte (Couton–Perche 2021, p. 62–65).

4.1 Typologie et origine du nom

Son évolution typologique fait état d'une lame métallique rapportée et insérée dans un manche, pour les exemplaires les plus anciens, puis, à partir du Bronze Récent, d'une fonte unique associant dans une même coulée la lame et l'âme de la poignée (Massafra 2012 ; Vogel 2006, p. 271–286). Cette particularité technique, même si elle alourdit l'arme, lui confère aussi une plus grande solidité. Les parties creuses de la poignée étaient ensuite comblées par des matériaux tels que l'ébène, l'ivoire ou d'autres matières précieuses dont nous n'avons plus la trace.

Nous connaissons actuellement cette arme sous le nom du terme grec ἅρπη, harpé, en référence à l'arme courbe que tenait Persée pour tuer la Gorgone. Appelée *khepech* (ḫpš) chez les Égyptiens, nom qui correspond aussi à l'offrande funéraire importante de la patte avant du taureau (Erman, Grapow 1953, p. 268–270), son appellation n'est pas identifiée chez les Hittites. Elle est pourtant bien présente en tant qu'arme équipant chacun des douze dieux de l'immortalité, représentés en défilé sur un relief mural de la chambre B du sanctuaire hittite de Yazilikaya (Masson 1989, p. 76 ; Yadin 1963, p. 205). Nous pouvons signaler, cependant, qu'une racine hittite ḫ–p–š concerne une hampe de flèche *ḫāpūša (šš)* (Kloekhorst 2008, p. 299). Au Levant, les mots *ḥrmtt* (faucille) et *ktp* (arme de bronze) pourraient être associés à la harpé (Matoïan, Vita 2019, p. 113–136.). Sa diffusion territoriale traduit tant les conflits, les combats et les tributs que les cadeaux diplomatiques et les échanges commerciaux entre les différents protagonistes de cette aire géographique.

4.2 Iconographie égyptienne

À partir du Nouvel Empire (vers 1550 av. J.–C.), sur les bas–reliefs des temples, le pharaon arbore la harpé bras levé contre des ennemis vaincus, prouvant par ce geste sa bravoure et sa force. Il est alors appelé *nb ḫpš*, le « maître de la vaillance » (Roeder 1938, p. 15). Sur un fragment de linteau découvert à Éléphantine, le pharaon Mérenptah, pharaon héroïque, est récompensé. Porteur lui–même d'une harpé abaissée devant la triade divine, il reçoit une deuxième harpé tendue par Khnoum suivi de ses parèdres, Satet et Anouket (Delange 2019, n° 18 p. 72–75) (Fig. 4.1).

En Égypte, elle deviendra à côté de la massue blanche, qui elle, est connue et représentée dès le IVe millénaire av. J.–C., un emblème du pouvoir royal sur le monde terrestre. Les dieux confirment la mission du pharaon en lui donnant cet instrument puissant.

Les soldats égyptiens de la troupe du pharaon la portent au combat ou lors des fêtes dédiées aux dieux (Fig. 4.2).

Dans les textes de la XVIIIe et XIXe dynastie, un lieu appelé *p3 ḫpš* désignait l'armurerie où bon nombre d'artisans fabriquaient cuirasses, chars, arcs, flèches, sous contrôle administratif (Sauneron 1954, p. 7–12). Cet arsenal équipait les soldats de pharaon et sa distribution orchestrée et enregistrée par des scribes (Breasted 1930, p. 4, 48, pl. 29).

Le Musée du Louvre conserve un exemplaire portant le nom du souverain conquérant par excellence, Ramsès II (Vandier 1968, p. 103–105, fig. 11 ; Couton–Perche 2021, p. 64–65). Possession personnelle ou arme distribuée à la garde rapprochée du pharaon, le contexte de découverte inconnu ne permet pas de choisir entre ces deux hypothèses (Fig. 4.3).

Une harpé datée de la XIXe dynastie a été mise au jour dans une tombe à Ez–Zuma (Soudan) (Davies 2004, p. 108, n° 82). Cette découverte accroît l'aire géographique de sa

Fig. 4.1. Monument de Mérenptah, Musée du Louvre in. AF 10010 (© Musée du Louvre, Dist.RMN–Grand Palais/Hervé Lewandowski).

La « harpé » en Égypte antique

Fig. 4.2. Temple de Louxor (colonnade) soldats escortant la procession de la barque lors de la fête d'Opet. XVIIIe dynastie (© Nathalie Couton–Perche).

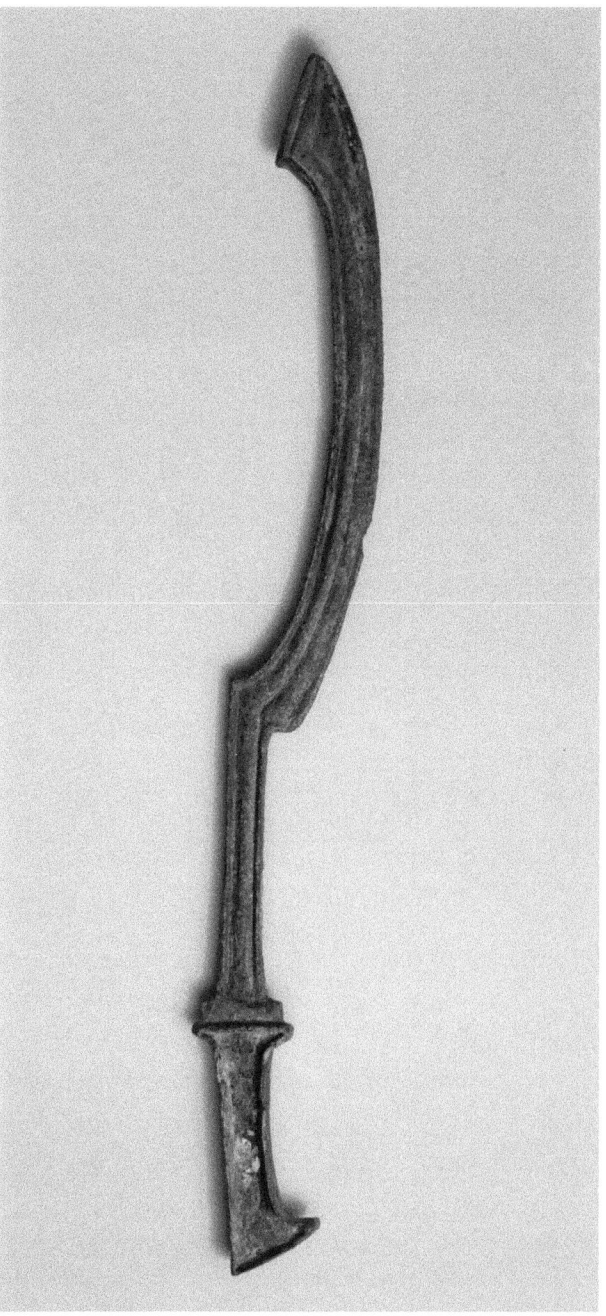

diffusion. La harpé, arme d'origine étrangère importée à partir du début du Nouvel Empire, a rapidement occupé une place hautement symbolique et a perduré dans l'iconographie jusqu'à l'époque gréco–romaine.

Nul autre exemple d'arme récemment importée n'a fait l'objet d'un succès aussi rapide. Seul le char, qui n'est pas à proprement parler une arme, s'est imposé comme vecteur essentiel de l'image du pharaon combattant, mais il n'a pas eu de longévité iconographique comparable. Cette ascension et ce prestige particuliers sont dus sans nul doute à une efficacité et une singularité morphologique qui l'ont distinguée parmi les autres armes employées sur les champs de bataille. Elle devient, à ce titre, l'attribut spécifique du dieu guerrier égyptien Montou.

4.3 Les lames courbes antiques

Des lames courbes de taille et d'estoc comme la *kopis* grecque (Fig. 4.4) la *machaira* étrusque (Fig. 4.5) ou la *falcata* ibérique (Quesada Sanz 1991, p. 48) se sont développées dans le bassin méditerranéen aux époques postérieures. Leur forme générale de faucille, le dos de la lame et la position de la main sur la poignée les apparentent plutôt à un sabre (un seul tranchant) à courbure inversée qu'à une épée à double tranchant du type *xiphos* qui armait les hoplites ou du *gladius* du soldat romain (Feugère, 2002 p. 108–114). Elles ne peuvent non plus

Fig. 4.3. Harpé au nom de Ramsès II, Musée du Louvre inv. E 25689 (© Musée du Louvre, Dist.RMN–Grand Palais/ Christian Décamps).

relever une filiation directe avec la harpé qui est une arme essentiellement de taille et non d'estoc, son extrémité ne pouvant percer de façon efficace. Le cimeterre quant à lui est un sabre oriental à lame courbe dont l'extrémité est large et tranchante. Toutes ces différences justifient des appellations distinctes.

Plus récemment encore, sur le continent africain, il serait tentant de voir dans la forme de certains *kipingas* d'Afrique centrale des descendants modernes de la fameuse harpé. Ces bâtons de jet métalliques, à tranchant simple en forme de faucille ou à tranchants multiples étagés, manifestent l'intérêt porté sur ce type d'armement tant utilitaire que

Fig. 4.4. Bès guerrier, Musée du Louvre inv. E 20695 (© Musée du Louvre, Dist.RMN–Grand Palais/Christian Décamps).

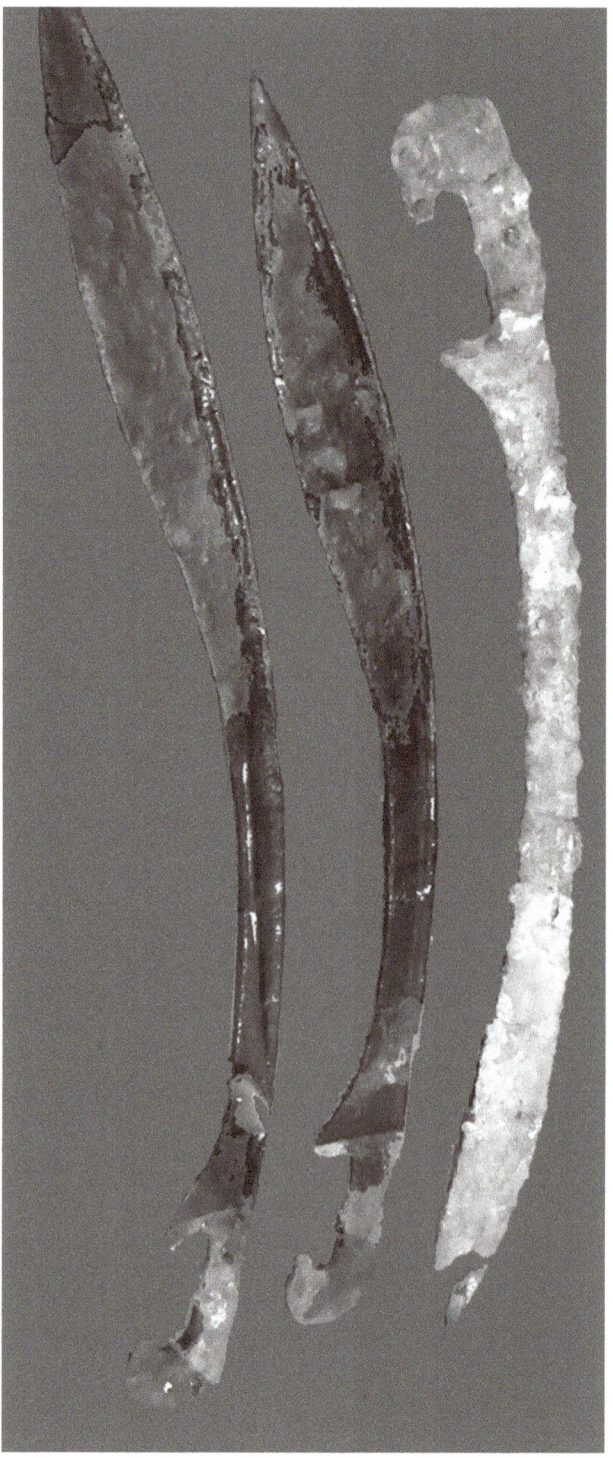

Fig. 4.5. Machaira étrusque, Musée d'Aléria (© Nathalie Couton–Perche).

prestigieux (Félix 1990). Mais là encore, ces armes ne peuvent être associées en ligne directe à la harpé, ni par leur emploi ni par leur typologie.

Il est aussi intéressant de noter que la harpé ne figure pas dans le recensement ethnographique des armes tranchantes, connues de l'antiquité à nos jours, que réalisa André Leroi–Gourhan dans son ouvrage encyclopédique (Leroi–Gourhan 1945 et 1973, p. 36–43).

4.4 Conclusion

La harpé (*khepech*) est donc une arme très spécifique d'origine Moyen–orientale et qui connut une diffusion occidentale au gré des mouvements de population et guerriers du Bronze récent. Des artefacts ont été mis au jour en Égypte et plus au sud, au Soudan. Objet efficace et redouté, la harpé devient ensuite la matérialisation de la bravoure dans l'iconographie royale et dans les textes égyptiens du Nouvel Empire. Dans un contexte religieux, elle est un objet d'intercession entre le pouvoir divin et royal : par la harpé accordée au roi, le divin conforte la puissance terrestre du pharaon. Cette arme de taille, hybride entre la hache et le sabre, n'a pas eu de prolongements directs. Les armes de poing courbes de l'antiquité telles les *kopis/machaira/falcata* combinent l'estoc et la taille en adoptant une extrémité pointue.

Enfin, au terme harpé ou harpè fréquemment utilisé et véhiculé par la mythologie grecque et qui associe visuellement plutôt une *kopis/machaira/falcata* que l'arme réelle ou figurée dans un contexte initial proche–oriental égyptien, nous préférons, à défaut d'équivalent oriental, désigner cette arme sous son vocable égyptien bien identifié de *khepech* ou par le terme courant le plus approchant de cimeterre.

Abréviations

BIFAO   Bulletin de l'Institut français d'archéologie orientale (Le Caire)

OIP   Oriental Institute Publications. University of Chicago (Chicago, Illinois)

ROSAPAT   Rome «La Sapienza» Studies on the Archaeology of Palestine et Transjordan (Rome)

RSO   Ras Shamra–Ougarit (Louvain)

Bibliographie

Couton–Perche 2021 : *Les armes de l'Égypte ancienne – La collection du Musée du Louvre*, Éditions Khéops, 304 p.

Breasted 1930 : *Medinet Habu I, Earlier Historical Records of Ramses III* (OIP 8), Chicago: The University of Chicago Press, 138 p.

Davies W. V. 2004 : "Scimitar", in D. A. Welsby, J. R. Anderson (éd.), *Sudan : ancient treasures : an exhibition of recent discoveries from the Sudan national museum*, Catalogue d'exposition, British Museum, Londres, 9 Septembre 2004–9 Janvier 2005, Londres, British Museum Press.

Delange É. 2019 : *Reliefs égyptiens du Nouvel Empire*, Paris, Musée du Louvre, Éditions Khéops, 526 p.

Erman A., Grapow, H. (éd.) 1953 : *Das Wörterbuch der* ägyptischen *Sprache. Zur Geschichte eines großen wissenschaftlichen Unternehmens der Akademie*, Berlin, Akademie–Verlag (coll. Deutsche Akademie der Wissenschaften zu Berlin : Vorträge und Schriften, 51), 80 p.

Félix M. L. 1991 : *Kipinga :throwing Blades of Central Africa*, München, Verlag F. Jahn, 205 p.

Feugère M. 2002 : *Weapons of the Romans*, Trans. by G. Smith, , Stroud, Gloucestershire, Tempus, 224 p.

Kloekhorst A. 2008 : *Etymological Dictionary of the Hittite Inherited Lexicon*, Leiden, Brill (coll. Leiden Indo–european etymological dictionary series, 5), 1162 p.

Leroi–Gourhan A.   1945 : *Milieu et technique : 622 dessins de l'auteur*, Paris, Albin Michel (coll. Sciences d'aujourd'hui : Évolution et techniques, 2), 512 p.

Leroi–Gourhan A. 1973 : *Évolution et techniques : Milieu et techniques 2*, Paris, Albin Michel (coll. Sciences d'aujourd'hui, 2), 475 p.

Quesada Sanz F. 1991 : En torno al origen y procedencia de la falcata ibérica, in J. Remesal, O. Muso (éd.) *La presencia del material etrusco en el* ámbito *de la colonización arcaica en la Península Ibérica*, Barcelona, Universitat de Barcelona Publicacions, p. 475–542.

Massafra A. 2012 : *Le harpai nel Vicino Oriente antico. Cronologia e distribuzione*, ROSAPAT, 9, 225 p.

Masson É. 1989 : *Les douze dieux de l'immortalité : croyances indo–européennes à Yazilikaya*, Paris, Les Belles lettres (coll. Vérité des mythes, 4), 227 p.

Matoïan V., Vita J.–P. 2019 : Les harpés d'Ougarit, in V. Matoïan (éd.), *Archéologie, patrimoine et archives, Les fouilles anciennes à Ras Shamra et à Minet el–Beida, II*, Leuven, Peeters (coll. Ras Shamra–Ougarit, 26), p. 113–136.

Roeder G. 1938 : *Les temples immergés de la Nubie : der Felsentempel von Bet el–Wali*, Le Caire, Institut Français d'Archéologie Orientale, 180 p.

Sauneron S. 1954 : La manufacture d'armes de Memphis, *BIFAO*, 54, p. 7–12.

Vandier J. 1968 : Nouvelles acquisitions. Musée du Louvre. Département des Antiquités égyptiennes, *RevLouvre* 2, p. 103 et 105.

Vogel C. 2006 : Hieb–und stichfest? Überlegungenzur Typologie des Sichelschwertes im Neuen Reich, in D. Bröckelmann, A. Klug (éd.), *Pharaos Staat, Festschrift für Rolf Gundlach zum 75. Geburtstag,* Wiesbaden, Harrassowitz, p. 271–287.

Yadin Y. 1963 : *The Art of Warfare in Biblical Lands in the Light of Archaeological Study*, New–York, Toronto, Londres, Mc Greaw–Hill Bosk Company, 484 p.

Partie 2

Âge du Fer

5

Le casque de Métaponte : Réflexions sur un chef–d'œuvre archaïque

Raimon Graells i Fabregat
Universitat d'Alacant, Dept. Prehistoria, Arqueología, Hª. Antigua, Fª. Griega y Fª. Latina

Résumé : Le casque le plus spectaculaire du monde grec vient de Metaponto, mais est conservé à Saint Louis aux États–Unis. L'étude de ce casque, daté de la fin de la période archaïque (510–490 av. J.–C.), a été conditionnée par une restauration agressive qui a déformé l'image réelle de ce chef–d'œuvre. La publication du tombeau et de son mobilier funéraire a permis de faire un examen critique du casque et de proposer une reconstitution de son aspect original. Les pages suivantes présentent les points critiques de ce casque et de sa restauration, ainsi que les principaux indicateurs chronologiques pour sa datation.

Mots–clés : Période Archaïque, Grande Grèce, panoplie, hoplite, arme de parade

Abstract : The most spectacular Greek helmet to have been discovered comes from Metaponto but is preserved in Saint Louis in the US. The study of this helmet, dated to the end of the archaic period (510–490 BC), has been shaped by an aggressive restoration that has distorted the real image of the masterpiece. The publication of the tomb and its grave goods has allowed a critical review of the helmet and a proposal of a reconstruction of its original appearance. The following pages present the critical points of this helmet and its restoration, as well as the main chronological indicators for its dating.

Keywords : Archaic Period, Magna Graecia, array, hoplite, parade weapon

5.1 Introduction

Fin août ou début septembre 1942, une nécropole archaïque a été découverte accidentellement lors de travaux d'extraction de gravier au nord de la *polis* archaïque de Métaponte sur la propriété de Giacovelli. Comme on pouvait s'y attendre, les pilleurs de tombes qui avaient déjà détruit le patrimoine culturel du sud de l'Italie et qui avaient rendu si difficile sa reconstruction historique sont rapidement apparus.

Ils ont alors pillé une tombe « *a camera* », c'est–à–dire faite en dalles de pierre. La construction de ce type de sépulture, comme l'ont montré des fouilles récentes, s'est produite à plusieurs reprises entre le milieu du VIᵉ siècle et le milieu du Vᵉ siècle av. J.–C. Par chance, le pillage n'a été que partiel, bien que parmi le matériel volé il y ait eu un casque spectaculaire de forme unique (Kunze 1967, Abb. 61–62). Fort heureusement, la nouvelle de cette découverte sans précédent a conduit la *Soprintendenza* de Tarente à agir rapidement au début du mois de septembre 1942, localisant la tombe et récupérant le reste des vestiges associés au casque (Lo Porto 1977–1979) qui étaient passés inaperçus aux pilleurs de tombes pour des raisons inexplicables à ce jour. Ainsi, l'arme la plus célèbre du monde grec occidental, le casque pillé en 1942 à Métaponte, commença un long voyage à travers le commerce de l'art et des antiquités qui dura sept ans.

D'abord, dans une collection privée et inconnue en Suisse, il a ensuite été mis en vente dans une boutique de Los Angeles–Malibu, et en 1949, T.T. Hoopes l'acheta pour le Musée Saint Louis (SLAM).

Le casque est ensuite apporté à New York pour y être restauré puis être montré au public dans l'exposition permanente du Musée Saint Louis dès 1952 (Hoopes 1952, 1953 ; Ternbach 1952).

Mais ce que la plupart des chercheurs ignorent, c'est que ce casque n'a pas voyagé seul aux États–Unis, mais avec une boîte de fragments de tôle de bronze et d'argent.

En 2016, j'ai reçu une invitation inhabituelle de la part des derniers *soprintendenti* de Métaponte, M. Angelo Bottini et M. Antonio de Siena. L'invitation impliquait la permission d'examiner les fragments d'une tombe de guerrier trouvée à Métaponte : la tombe du célèbre casque de Saint Louis. C'était d'une part, pour moi, une surprise, mais en même temps une responsabilité. Cela m'a de ce fait incité à revoir fondamentalement toute cette question (Graells i Fabregat 2018, 2019, 2021 b, à paraître a). Bien sûr, j'ai posé diverses questions, mais la plus importante était la suivante : « Pourquoi personne ne s'est–il intéressé aux objets trouvés dans la tombe jusqu'à présent ? », plusieurs publications et hypothèses ayant déjà été consacrées au guerrier de cette tombe.

En effet, si l'on parcourt la littérature concernant la colonie achéenne de Métaponte, on s'aperçoit que seulement une poignée de personne a travaillé sur la tombe et que presque toutes se sont appuyées sur des hypothèses fondées sur une documentation partielle (Hoopes 1953 ; Lo Porto 1979).

La seule façon de reconstituer le mobilier de la tombe est, aujourd'hui, de regarder ensemble, le casque, les fragments de tôle présents à Saint Louis et les fragments trouvés pendant la fouille de sauvetage et conservés à Métaponte.

Cette procédure logique avait été tentée en 1979 par F. G. Lo Porto (Lo Porto 1979), mais sans reconnaître toutes les pièces et avec peu de réactions positives de la communauté scientifique. L'explication, comme nous le verrons, concerne tous les discours suggérés par l'iconographie et le caractère exceptionnel du casque, puisqu'il a permis de le relier aux tyrannies qui ont émergé à Métaponte et dans toute la Grande Grèce. Par conséquent, nous avons une vision limitée du porteur du casque. L'examen des documents permet de tirer des conclusions assez différentes et nouvelles.

L'étude des fragments du Musée National de Métaponte me permet de discuter ces hypothèses acritiques qui ne résultent généralement que de propositions désuètes et qui ont pour but de concilier les données historiques et archéologiques, ou qui sont structurées sur la base de comparaisons iconographiques. J'expliquerai bien sûr en détail les raisons de mes critiques.

5.2 Le casque

Par cohérence avec le titre, je commencerai par l'analyse du casque, une sorte de casque chalcidien (Kunze 1967, 1994 ; Frielinghaus 2011) exagérément décoré et qui montre un splendide protomé zoomorphe sur la calotte (Graells i Fabregat 2019, p. 216–233 ; Graells i Fabregat 2021b, p. 83–96). Le tout est réalisé d'une seule pièce avec un certain nombre d'éléments supplémentaires attachés de différentes manières. Mais l'apparence de ce casque a beaucoup changé depuis sa découverte (Kunze 1967, Abb. 62 ; Hoopes 1953, Pl. 81 ; Emiliozzi 2011, Fig. III.9). Nous pouvons observer l'évolution de son apparence, de gauche à droite, avant la restauration ; après la première restauration, où le casque est dominé par un grand *lophos* en tôle d'argent ; et dans l'état actuel, sans le grand *lophos* retiré en raison d'une remarque critique de E. Kunze publiée au début des années 1990.

Le changement est remarquable, et il affecte la chronologie et la compréhension des autres fragments associés au casque, puisque durant la restauration faite entre 1949 et 1950, le restaurateur J. Ternbach avait copié et ajouté des pièces de la décoration qui n'étaient pas conservées parmi les fragments achetés par le musée américain. Pendant la restauration, Ternbach avait aussi inventé des éléments inexistants qui exagéraient la décoration. Les plus extraordinaires sont les cornes dont la présence avait été envisagée suite à l'observation d'une série de marques de soudure sur le protomé zoomorphe. En tout cas, cette invention n'était pas le résultat de la créativité du restaurateur, mais de la comparaison avec la scène de la remise des armes à Achille dans la partie principale du char étrusque de Monteleone di Spoleto, au Metropolitan Museum de New York[1]. Il est important de noter que le restaurateur ne s'est pas soucié du fait qu'il s'agit d'un casque corinthien et que le char est une exceptionnelle production étrusque et non grecque.

Pour copier le casque de la représentation étrusque, la restauration de l'exemplaire de Métaponte tient compte, pour la première et la dernière fois, du grand nombre de feuilles d'argent achetées avec le casque au Musée de Saint Louis. Il a été possible de reconstituer deux plaques similaires, qui, en raison de la nature spectaculaire du casque et de la scène du char, étaient censées être les deux côtés d'un énorme *Lophos*. Peu après, E. Kunze a réinterprété ces plaques comme parties d'un épisème de bouclier (Kunze 1967, p. 163). Bien que Kunze n'ait suggéré aucune interprétation, Lo Porto – qui n'avait certainement pas considéré deux feuilles de forme identique, mais une seule – a présenté une reconstruction qui combinait la feuille avec un fragment de tôle d'argent repoussé en forme de tête de bélier trouvé pendant les fouilles de sauvetage de septembre 1942 et qui était resté inconnu jusqu'en 1979 dans les réserves du Musée National de Métaponte[2]. Malheureusement, il a fait plusieurs erreurs, en partie causées par les travaux de restauration invasifs de Ternbach (Ternbach 1952). En tout cas, la présentation publique du casque avec le cimier a connu un grand succès et de nombreux passionnés anonymes ont envoyé au musée des propositions alternatives pour l'assemblage de cette pièce d'argent (Fig. 5.1). Il s'agissait surtout de propositions fantasques et erronées.

Lorsque Ternbach vit la forme des couvre joues, il reconnut une décoration avec des appliques en forme de protomé de bélier, qu'il a supposé être en bronze (Fig. 5.2a). Comme aucun fragment de la décoration appliquée n'a été trouvé parmi ceux conservés au Musée de Saint Louis, il a décidé de reconstruire quelques pièces en bronze et a pris comme modèle un casque chalcidien du Metropolitan Museum[3], qui, en plus d'appartenir chronologiquement à un type plus ancien, s'est révélé être un faux qui reproduisait le célèbre exemplaire trouvé à Locri Epiziforoi (Calabre), conservé au Musée Archéologique National de Naples[4].

Cependant, lorsque le dépôt votif de Scrimbia–Vibo Valentia (Calabre)[5] a été découvert, on a trouvé un casque chalcidien très semblable à celui de Saint Louis – sans le

---

[1] N. Inv. 03.23.1 (Emiliozzi 2011, *passim*)
[2] MAN-Metaponto N. Inv. 54.121 (LoPorto 1977-1979, p. 180-183, Tav. LXV.b.7, fig. 4, Nr. 9)
[3] Metropolitan Museum NY N. Inv. 17,230,26 (Kunze 1967, p. 160, n. 38)
[4] Synthèse et étude dans Graells i Fabregat 2020
[5] MAN V. Capialbi a Vibo Valentia N.Inv. 124508 (Sabbione 1992, p.215 ; Cardosa 2014, Nr. 47 ; Cardosa 2018)

Le casque de Métaponte : Réflexions sur un chef–d'œuvre archaïque

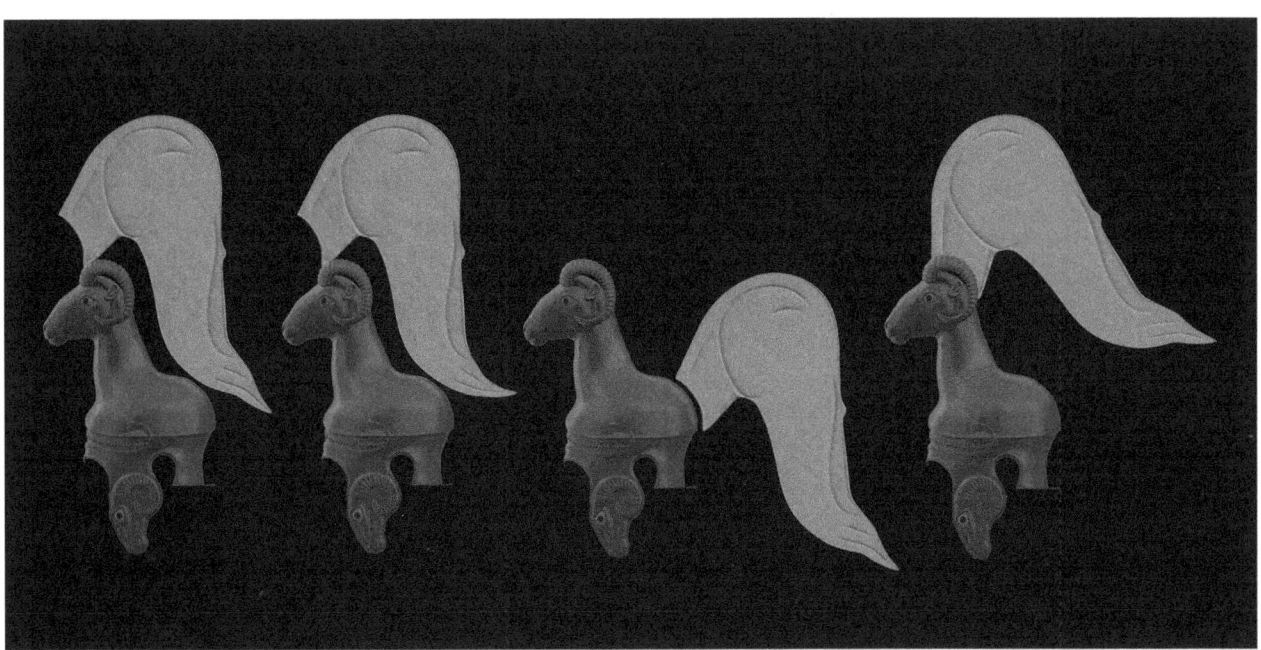

Fig. 5.1. Reconstruction 3D des différentes propositions de placement de la crête selon des passionnés anonymes après la présentation de la première restauration du casque. Dessins de M. Sánchez.

a.   b.

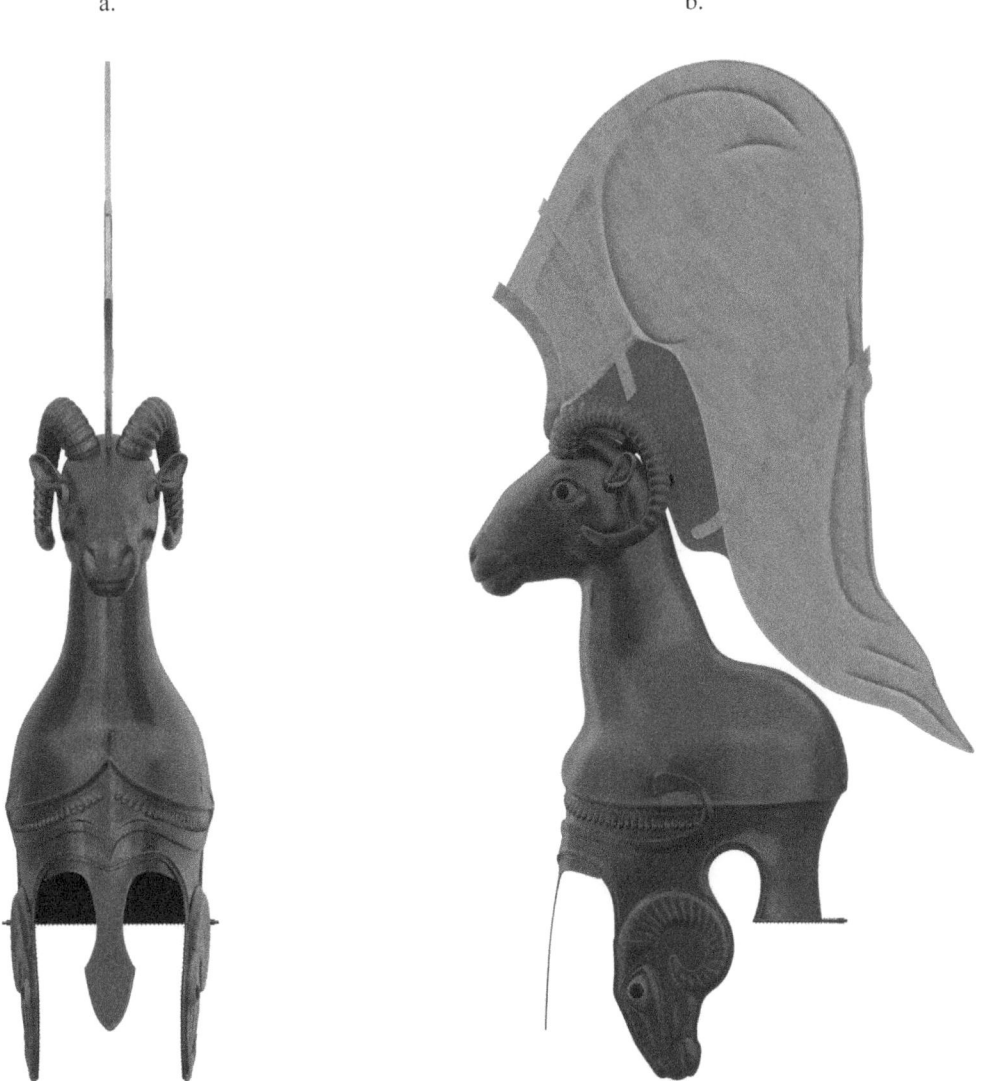

Fig. 5.2. Reconstruction 3D idéale du casque reconstruit par Ternbach : Vue frontale (a), vue latérale gauche (b). Dessins de M. Sánchez.

protomé supérieur, avec des plaques de joues décorées en forme de protomé de bélier, mais en argent et non pas en bronze, et plus spectaculaire encore, avec des cornes en or. Ce parallèle a permis de corriger la restauration et d'identifier le protomé d'argent du Musée National de Métaponte que Lo Porto utilisait pour décorer l'épisème du bouclier (Lo Porto 1977–1979, fig. 4 ; Graells i Fabregat 2019, p. 239, fig. 2–21 ; Graells i Fabregat 2021b, p. 96–98), auquel était également fixée une corne d'or (très fragmentaire parmi les matériaux conservés) (Graells i Fabregat 2019, Tav. IX).

Quant à la reconstruction du nasal (Fig. 5.2b) inspirée par le faux casque du Metropolitan Museum, elle devrait être revue, car celui-ci est caractéristique d'un type de casque chalcidien antérieur (type Kunze IIIa) (Graells i Fabregat 2019, p. 228 fig. 2–14.), d'autant plus si l'on tient compte de l'exemplaire de Scrimbia et d'un plus grand nombre de *prometopidia* (type BB) datés de la même période que la tombe de Métaponte (525–500 av. J.–C.) (Bottini, Graells i Fabregat 2019, p. 845–847, fig. 16 ; Graells i Fabregat 2019, p. 286–294).

Pour cette raison, le casque doit être encore démonté pour éliminer toutes les adjonctions qui ont modifié son image réelle (Fig. 5.3a–c). En tout cas, cette nécessaire restauration n'altérera nullement son caractère unique et spectaculaire, même si nous ne sommes pas sûrs du type de cornes qui compléteraient le protomé (Fig. 5.4a–b).

5.3 Les autres armes

Parmi les fragments de bronze restants, il est facile d'y voir les morceaux d'un bouclier argive avec un bord orné d'une bande comprenant une tresse et huit points (Graells i Fabregat 2019, p. 233–238 ; Graells i Fabregat 2021b, p. 96–103). Il s'agit d'un cas unique dans l'Italie du sud où l'on trouve normalement des boucliers à cinq, six ou sept points[6].

En plus de cette pièce défensive de bronze, d'autres fragments suggèrent la présence exceptionnelle d'un deuxième exemplaire. C'est la présence des deux plaques d'argent de l'épisème qui me fait penser cela. En effet, ces plaques ne peuvent pas être fixées sur un bouclier métallique, mais sur un bouclier possédant une calotte en bois ou couverte d'un matériel organique[7]. De plus, la décoration des plaques ne correspond pas à une petite partie d'un animal, mais à la sélection volontaire d'une partie d'un quadrupède pour décorer la totalité du bouclier. Après avoir envisagé différentes options, je suis convaincu que cette décoration représente les pattes postérieures d'un quadrupède, comme il est fréquent de retrouver au début du Ve siècle av. J.–C.

D'autres fragments de tôle conservés à Métaponte ont été ajoutés à la décoration du bouclier et pourraient appartenir à des pièces du même animal, qui a été assemblé comme un puzzle à partir de plusieurs feuilles d'argent, dont certaines ont des marques pour faciliter l'assemblage (Graells i Fabregat 2019, p. 239–240, fig. 2–22 Tav. 2–1D ; 2–16.1–2).

Mais ce second bouclier est orné aussi d'une série d'éléments en argent doré et d'une paire de palmettes qui ont des parallèles en bronze à Olympie (Bol 1989, p.119, D21–26, Taf. 18) et font partie du système de suspension interne ; et d'une bande repoussée ornée avec une série de fleurs de lotus d'environ 40 cm[8].

Cette combinaison décorative sur les boucliers (avec une figure sur une bande) se retrouve dans un petit groupe de représentations peintes sur vases du premier quart du Ve siècle av. J.–C.[9] et sur certaines (très peu nombreuses) *realia* de la même époque (Philipp 2014, *passim*).

De plus, Lo Porto a présenté en 1979 un fragment décoré d'une cnémide gauche conservée au Musée National de Métaponte[10], mais il n'a rien dit sur ceux conservés au musée de Saint Louis (Fig. 5.5). Je ne m'arrêterai pas sur ce fragment, ni sur son décor, car cela nécessiterait une longue discussion et de complexes réflexions au sujet de la production d'armes défensives en Grande Grèce (Bottini, Setari 2003, p. 100–101, Tav. XXX ; Bottini 2012, p. 178 ; Bottini, Graells i Fabregat 2019 ; Graells i Fabregat 2019, p. 258–260).

La panoplie est complétée par deux fragments difficiles à identifier, traités comme des restes d'une protection pour le pied (Hoopes 1953, p.834) sur la base des deux exemplaires connus : à Ruvo di Puglia (Apulie)[11] et à Olympie (Graells i Fabregat 2019, p.265–266, fig. 2–42).

Depuis le pillage, on a toujours évoqué la présence d'une cuirasse de forme inconnue, jusqu'en 1960 quand K. Schefold –probablement pour des raisons commerciales– attribua à cette tombe la partie frontale d'une armure musculaire provenant d'une collection privée suisse (Schefold 1960, p. 216, N. 242). Dès lors, beaucoup de chercheurs ont cru que l'identification était correcte, et c'est à partir de cette seule cuirasse que le début de la production de ce type a été attribué au VIe siècle av. J.–C. Mais cette identification était fausse et a entraîné une confusion généralisée sur les débuts de l'armure anatomique. La vérité est que, depuis la première publication des objets achetés par le musée de Saint Louis, en 1952, T. T. Hoopes

---

[6] SLAM Nr. Inv. 282:1949 ; MAN-Metaponto, N. Inv. 54125-54126 (Hoopes 1953, p. 833–834, Pl. 82a-b ; Lo Porto 1977-1979, p. 174, Tav. LXV.b.3-4, Nr. 1 ; Graells i Fabregat 2019, p. 233-238 fig. 2-18 Tav. 2-1)
[7] N. Inv. 54127 (Lo Porto 1977-1979, p.178, Tav. LXV.b.1, Nr. 5 ; Graells i Fabregat 2019, p. 239-244 Tav. 2-2)
[8] N. Inv. 54128 (Lo Porto 1977-1979, p. 178, Tav. LXV.b. 2, Nr. 6)
[9] Péliké dal mercato antiquario (*LIMC* s.v. Achilleus 832, pl. 138 ; Lissarrague 2008, p. 10, fig. 7) ; Péliké BM E 363 (ARV2 586/36. – *LIMC* s.v. Achilleus 515. – Lissarrague 2008, p.11, fig. 8) anfora di Myson Louvre G 197 (Myson, ARV2 238/1. – Lissarrague 2008, p. 12, fig. 9)
[10] MAN-Metaponto N. Inv. 54120 (Lo Porto 1979, p. 175-178, Nr. 4, Tav. LXVI.a, fig. 3 ; Graells i Fabregat 2019, p. 256-265 Tav. XVI, Tav. 2-3)
[11] BM B2870. Montanaro 2007, p.457-458, fig. 351, Nr. 103.12

Le casque de Métaponte : Réflexions sur un chef–d'œuvre archaïque

a.   b.   c.

Fig. 5.3. Reconstruction 3D du casque sans le protecteur nasal, sans les cornes et avec les couvre joues en argent et or : Vue frontale (a), vue latérale gauche (b) et vue en oblique (c). Dessins de M. Sánchez.

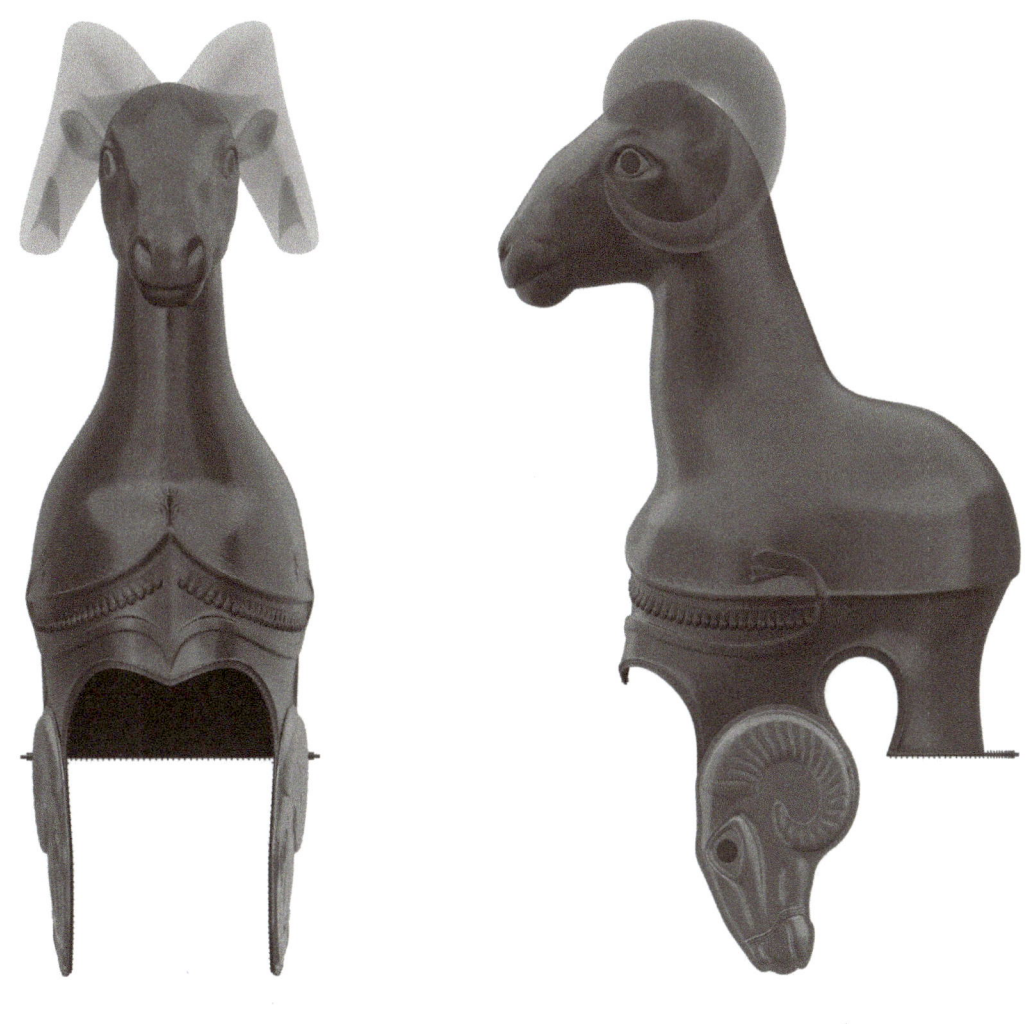

a.   b.

Fig. 5.4. Reconstruction 3D du casque avec proposition de cornes de bélier : Vue frontale (a), vue latérale gauche (b). Dessins de M. Sánchez.

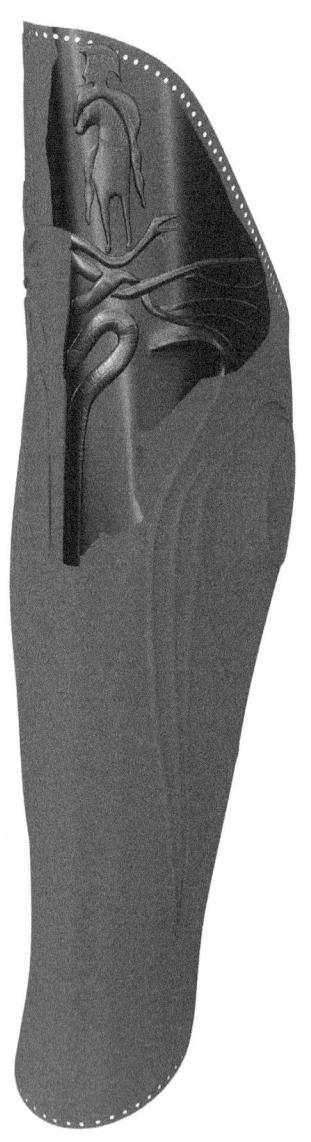

Fig. 5.5. Reconstruction 3D de la cnémide décorée conservée à Metaponto. Dessin de J. Quesada.

a publié une minuscule photographie d'une série de fragments en tôle de bronze interprétée comme des parties d'une cuirasse (Hoopes 1953, Taf. 82.c). Heureusement, les responsables actuels du musée m'ont fourni des photographies de ces fragments et j'ai eu l'occasion de les étudier directement à Saint–Louis, ce qui a permis de résoudre ce problème. Il s'agit de l'exemplaire de cuirasse en cloche le plus récent (Fig. 5.6a–b), contemporain des dernières représentations de ce type d'arme (autour de 480 av. J.–C.)[12] et non la première cuirasse anatomique.

La seule arme offensive connue, mais que le musée américain n'a pas pu acquérir est un *Sauroter* à section carrée en bronze (conservé dans une collection privée inconnue), qui a été mentionné à tort comme un fer de lance, mais décrit et comparé à une pièce similaire au Metropolitan Museum[13].

5.4 La chronologie

D'après l'analyse du mobilier, la tombe peut être datée entre la fin du VIe siècle av. J.–C. et le début du Ve siècle av. J.–C., sur la base de la réidentification de certaines armes qui avaient été mal interprétées auparavant, comme le bouclier à bord orné d'une bande de huit points, le *Sauroter* (Baitinger 2001, p. 54–64) ou les modèles les plus avancés de casques chalcidiens sans protection nasale et avec des plaques sur la joue ornées de protomés en forme de tête de bélier, ou encore le bouclier avec l'épisème.

5.5 L'hoplite ?

Si les armes se sont révélées essentielles pour reconstituer l'exceptionnelle panoplie, leur identification en tant qu'équipement de la panoplie hoplitique a nécessité de considérer la technique autant que la typologie, d'effectuer des comparaisons iconographiques, d'étudier le contexte historique et le rapport avec la structure sociale. C'est ainsi qu'une reconstruction archéologique est rendue possible permettant d'étudier l'objet au–delà du simple point de vue de l'histoire de l'art qui est incomplet et ne fournit aucun discours historique fiable (Graells i Fabregat, 2021a).

Même s'il n'existe à ce jour aucune étude archéologique spécifique sur la panoplie hoplitique (critique dans Graells i Fabregat 2019 ; Graells i Fabregat, 2021a), on apprendra que l'exemple discuté ici est absolument atypique et, qu'il est de surcroît d'une grande importance historique pour comprendre qu'elle est la panoplie archaïque et le développement des productions d'armement en Grande Grèce (sur la question *cf.* Graells i Fabregat, à paraître b), ainsi que la structure sociale des derniers grands chefs–guerriers archaïques en Italie méridionale (Graells i Fabregat 2019, p. 314–323 ; Graells i Fabregat 2021b, p. 104–108).

Vous serez probablement surpris d'apprendre que tous ceux qui, jusqu'à ce jour, ont fait des recherches sur la panoplie hoplitique se sont appuyés sur des sources écrites du Ve siècle avant J.–C. ou plus récentes et ont extrapolé les résultats à l'époque archaïque en y joignant parfois quelques références iconographiques (synthèse dans Kagan, Viggiano 2013 ; Graells i Fabregat 2019, p. 297–300). Cette méthode de travail[14] qui a prévalu jusqu'à nos jours dans les études classiques, est également problématique en ce qui concerne la manière dont les armes archaïques grecques ont été étudiées, notamment par type (c'est–à–dire casques, cuirasses, boucliers...)[15] et non par unités fonctionnelles (parade, haut rang, commandement militaire, infanterie lourde, infanterie légère, cavalerie...).

Quoi qu'il en soit, je dois dire que le traitement thématique de l'hoplite et de la guerre gréco–archaïque

---
[12] Graells i Fabregat 2016, 2019, p.244-256, Fig. 2-29 Tav. 2-6, 2-7, 2-8, 2-9, 2-10, 2-11, 2-12, 2-13, Tav. XIV, Graells i Fabregat à paraître d.
[13] Metropolitan Museum NY Acc. N. 38.11.7 (Hoopes 1953, p.834, n.3)
[14] Utilisé également pour expliquer le développement de la guerre dans l'antiquité (Bettalli 2019)
[15] Notamment à partir des travaux allemands faits sur le dossier d'armes d'Olympie

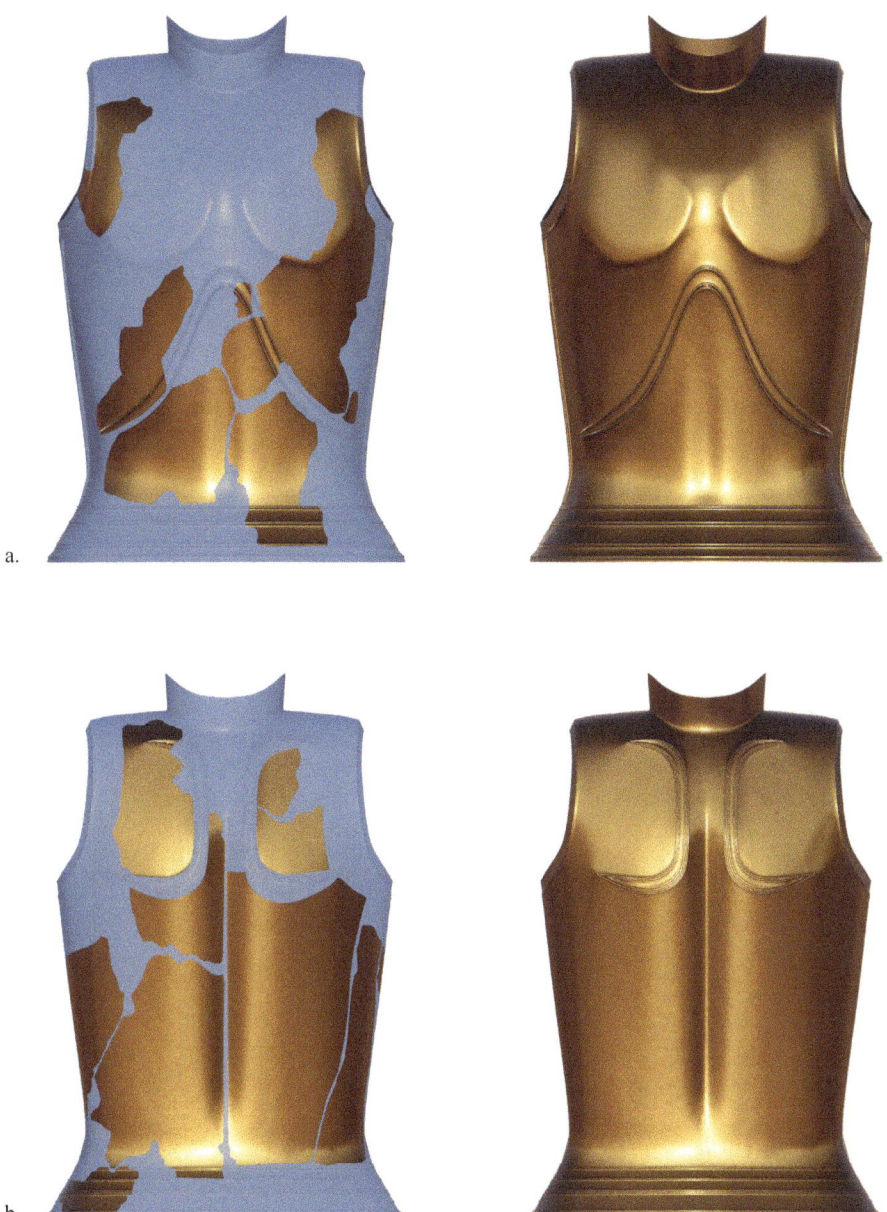

Fig. 5.6. Reconstruction 3D de la partie frontale de la cuirasse à cloche (a) et de la partie dorsale (b). Dessins de J. Quesada.

n'est absolument pas facile, car comme on le sait, les coutumes funéraires s'opposent à l'enterrement du guerrier avec ses armes. Les anciens Grecs consacraient leurs armes dans les sanctuaires ou les faisaient fondre par nécessité économique[16]. Agir de cette façon a empêché les chercheurs actuels de reconstruire la panoplie. Nous sommes maintenant contraints de procéder à la reconstruction de la panoplie archaïque sur la base des sources écrites et de l'iconographie, deux domaines qui sont problématiques. Sans aller plus loin, je soutiens que l'iconographie est « problématique » parce qu'elle est codifiée, c'est-à-dire avec un système symbolique constitué de sigles et de conventions variant au cours du temps et selon les périodes étudiées. Par exemple, pour l'époque archaïque, le lion est pris comme symbole de

l'aristocratie, Héraclès comme héros civilisateur adopté par l'élite urbaine, etc. Il a été démontré que ce code doit d'abord être interprété avant d'être accepté comme point de référence valable pour l'analyse archéologique. De ce fait, il ne peut être considéré comme une photographie de la réalité (D'Acunto 2013).

Si, par exemple, nous rappelons le cas de l'*olpe* Chigi, qui a été maintes fois utilisée pour expliquer la naissance ou l'émergence de la phalange hoplitique peu après le milieu du VIIe siècle avant J.-C., nous y voyons un monde idéalisé par l'aristocratie corinthienne représentée aux côtés d'éléments mythologiques. Les armes des guerriers qui y sont représentées reflètent pour la première fois la combinaison : cuirasse, casque, cnémides, bouclier et lance, considérée comme la panoplie classique de l'Hoplite. Mais on ne connaît aucun contexte archéologique avec une telle panoplie complète, et cela, même dans les sanctuaires

---

[16] *Cf.* synthèses avec bibliographie précédente dans Graells i Fabregat, Longo, Zuchtriegel 2017 ; Scarci 2020.

qui ont délivré des combinaisons d'armes différentes pour chaque période chronologique. Aucune tombe ne montre une panoplie constituée de ces cinq éléments, sauf dans le cas de la tombe du Guerrier de Métaponte.

Pour cette raison, cette sépulture représente une occasion exceptionnelle d'explorer un ensemble d'armes d'une tombe de *polis* grecque et une occasion unique de comprendre la panoplie hoplitique de la fin du VIe siècle av. J.–C., même si au début de l'étude, seuls le casque, une cnémide et des fragments de bouclier étaient connus.

5.6 L' ἀριστεία

La reconstitution montre un guerrier avec une extraordinaire panoplie d'armes, dans laquelle, non seulement la riche décoration de ses éléments exprime un message, mais aussi chaque objet individuel. La panoplie est l'expression d'un programme soigneusement réfléchi dans lequel on observe un jeu entre lectures opposées qui s'éloigne de la logique grecque et italique et, paradoxalement, est compréhensible par les deux cultures. La quantité importante d'armes est principalement destinée à transmettre les valeurs du leadership militaire sur le territoire grec. L'extrême richesse des armes conduit à la même conclusion si l'on se place du point de vue de la logique italique. Ensuite, les formes tout à fait exceptionnelles éloignent le guerrier de la logique « Hoplite » et semblent être à la recherche de l'exceptionnalité. Par conséquent, la seule panoplie que les historiens de la Grande Grèce croient correspondre à un hoplite correspond en fait à un personnage hors norme.

La cuirasse et le bouclier documentent la volonté de souligner l'importance politique du porteur dans un jeu d'approches et de distances, dont les armes et leurs décorations (dans le cas du casque ou de la cnémide) répètent cette symbiose entre les formes ou modèles grecs et les ateliers qui produisent des pièces pour les élites locales italiques répondant aux nouveaux besoins sociaux locaux.

Si l'on considère le moment chronologique (510–490 av. J.–C.), la *polis* où cette panoplie a été retrouvée (Métaponte), et si l'on y ajoute le contexte historique, alors on peut dire que c'était le théâtre principal des changements politiques en Grande Grèce, avec la participation active dans les batailles, la destruction de Siris, de Sybaris et (probablement) de nombreux autres conflits (bataille de la Sagra[17], etc.) avec les populations locales. Dans ce contexte, il ne semble pas absurde de penser que ce personnage était très probablement un de leurs précurseurs et l'exceptionnel casque un élément distinctif et identitaire.

Remerciements

Ce travail a été réalisé dans le cadre du projet Ramón y Cajal RYC2018–024523–I et avec l'aide du département du Früh – und Vorgeschichte du Römisch–Germanisches Zentralmuseum de Mayence de 2016 à 2020.

Je voudrais remercier G. Bardelli, A. Bottini, L. Çakmak, A. Dell'Aglio, A. D'Antonio, A. De Siena, M. Egg, J. Quesada, M. Sánchez, A. Scarci, R, Senff, S. Verger et M.S. Vullo.

Bibliographie

Baitinger H. 2001 : *Die Angriffswaffen aus Olympia*, Berlin, New York, Ed. W. de Gruyter (coll. Olympische Forschungen, 29), 257 p.

Bettalli M. 2019 : *Un mondo di ferro. La guerra nell'Antichità*, Bari, Editori GLF Laterza, 512 p.

Bol P. C. 1989 : *Argivische Schilde,* Berlin – New York, Ed. W. de Gruyter (coll. Olympische Forschungen 17), 176 p.

Bottini A. 2008 : Nuovi Schildbänder in contesti italici della Basilicata, *Ostraka,* 17, 1–2, p. 11–24.

Bottini A. 2012 : Nuove ricerche sulla Basilicata indigena di VI sec. a.C.: gli Schildbänder, *in* Osanna M., Cappozzoli V. (ed.), *Lo spazio del potere II. Nuove ricerche nell'area dell'anaktoron di Torre di Satriano, Atti del terzo e quarto convegno di studi su Torre di Satriano (Tito, 16–17 ottobre 2009 ; 29–30 settembre 2010)*, Venosa, Osanna, p. 177–186.

Bottini A., Graells i Fabregat R. 2019 : Armi ed armamento nella mesogaia fra VI e IV secolo, *in* de Cazanove O., Duplouy A. (dir.) *La Lucanie entre deux mers : archéologie et patrimoine*, Actes du colloque international (Paris 5–7 novembre 2015), Napoli, Collection du Centre Jean Bérard, 50, p. 831–863.

Bottini A., Setari E. 2003 : *La necropoli italica di Braida di Vaglio in Basilicata. Materiali dallo scavo del 1994*, Roma, Ed. G. Bretschneider (coll. Monumenti Antichi dei Lincei, VII,LX della Serie generale), 136 p.

Cardosa M. 2014 : Le armi in bronzo dalla stipe in località Scrimbia, *in* Iannelli M. T. (ed.) *Hipponion, Vibo Valentia, Monsleonis. I volti della città*, Reggio Calabria, Laruffa, p. 87–93.

Cardosa M. 2018 : Armi dai santuari di Locri Epizefiri, Hipponion e Medma, *in* Graells i Fabregat R., Longo L. (dir.) *Armi votive in Magna Grecia, Atti del Convegno Internazionale di Studi, Salerno–Paestum, 25–27 novembre 2017*, Mainz, RGZM Tagungen 36, p. 127–140.

---

[17] La bataille de la Sagra est la plus ancienne bataille connue qui se soit déroulée en Italie méridionale. Locri Epizephyrii (avec le soutien de Rhegion) a vaincu l'armée, fort supérieure, de Kroton. Ce fut un des événements militaires les plus importants en Grande-Grèce avant la chute de Sybaris en 510 av. J.-C., mais est tout à fait surprenant si on considère l'absence de sources sur ce conflit et la méconnaissance du lieu de la bataille, dont nous savons seulement qu'elle s'est déroulée sur une rivière. Il est maintenant accepté que cette bataille a été motivée par la fondation des sous-colonies locriennes à Medma et Hipponion. La datation la plus probable est *ca.* 560 avant J.-C. Sur la bataille : Parra 2006, p.233, 2017, p. 6-7 ; Parra, Scarci 2018, p. 97-98 ; Giangiulio 1989, p. 253 ; Visonà, Jansson 2017 ; *Cf.*, Lombardo 2010, p. 10-11.

Emiliozzi A. 2011 : The Etruscan Chariot from Monteleone di Spoleto, *Metropolitan Museum Journal*, 46, p. 9–132.

Frielinghaus H. 2011 : *Die Helme von Olympia. Ein Beitrag zu Waffenweihungen in griechischen Heiligtümern*, Berlin–New York, Ed. W. de Gruyter (coll. Olympische Forschungen 33), 599 p.

Giangiulio M. 1989 : *Ricerche su Crotone arcaica*, Pisa, Pubblicazioni della Classe di Lettere e Filosofia / Scuola Normale Superiore 6, 334 p.

Graells i Fabregat R. 2016 : Destruction of votive offerings in Greek sanctuaries. The case of the cuirasses of Olympia, in H. Baitinger (Hrsg.), *Materielle Kultur und Identität im Spannungsfeld zwischen mediterraner Welt und Mitteleuropa (Mainz, 22nd - 24th of October 2014)*, Mainz, RGZM Tagungen 27, p. 149–160.

Graells i Fabregat R. 2018 : Il Signore dell'Interregno: il guerriero della cd. tomba dell'elmo di Saint Louis, *Forma Urbis,* Aprile – Maggio 2018, Nr. XXIII.4, p. 20–26.

Graells i Fabregat R. 2019 : La tumba de la armadura de 1942 y la panoplia defensiva arcaica en Magna–Grecia, in Bottini A., Graells i Fabregat R., Vullo M.S. (dir.), *Metaponto: tombe arcaiche della necropoli urbana nord–Occidentale*, Venosa, Polieion 7, p. 193–379.

Graells i Fabregat R. 2020 : A proposito dei due elmi calcidesi da Locri (MANN Inv. 5736–5737), in Malacrino C., Giulierini P., Costanzo D. (dir.) *Tesori dal Regno. La Calabria nelle collezioni del Museo Archeologico Nazionale di Napoli*, Reggio Calabria, MArRC Cataloghi 22, p. 225–241.

Graells i Fabregat R. (2021a): Greek Archaic and Classical Panoplies: A Diachronic Approach, *in* Bardelli G. , Graells i Fabregat R. (eds.), *Ancient Weapons. New Research Perspectives on Weapons and Warfare. Tagung Mainz 2019,* Mainz, RGZM–Tagungen 44, p. 161–189.

Graells i Fabregat R. (2021b): The archaic warrior from Metaponto, *STUDIA HERCYNIA* XXIV/1, 2020 [2021] p. 78–113.

Graells i Fabregat R. *(à paraitre a)* : Metaponto 1942: la cd tomba dell'elmo di Saint Louis, *in Tra Bradano e Sinni : Greci e popolazioni locali nell'arco jonico (VIII – V sec. a.C.), Atti del 56° Convegno Internazionale di Studi Sulla Magna Grecia (Taranto, 29 settembre – 1 ottobre 2016.*

Graells i Fabregat R. *(à paraitre b)*: Le bardature equine tra VI e IV sec. a.C. Un esempio della discontinuità nello sviluppo delle panoplie dell'Italia meridionale, *in* Gouy A., Nazarian M. (dir.) *Corps, objets, images en action. La performativité du rituel funéraire dans l'Italie préromaine,* ENS–Université Paris–Nanterre 11– 12.04.2018, Bordeaux, Scripta Antiqua.

Graells i Fabregat R. *(à paraitre d)* : *Die Panzer von Olympia,* Olympische Forschungen.

Graells i Fabregat R., Longo F. (dir.) 2018 : *Armi votive in Magna Grecia, Atti del Convegno Internazionale di Studi, Salerno–Paestum 2017*, Mainz, RGZM Tagungen 36, 342 p.

Graells i Fabregat R., Longo F., Zuchtriegel G. (dir.) 2017 : *Le armi di Athena. Il santuario settentrionale di Poseidonia–Paestum. Catalogo della mostra (Paestum, 25 novembre 2017 – 30 giugno 2018)*, Napoli, Arte'm, 256 p.

Hoopes T.T. 1952 : Crested Helmet from Italy, *American Journal of Archaeology*, 56, 3, July, p. 174.

Hoopes T.T. 1953 : The Greek Helmet In the City Art Museum of Saint Louis*, in* Mylonas G. E., Raymond D. (eds.), *Studies Presented to David Moore Robinson on His Seventieth Birthday*, vol. 2, Saint Louis, Washington University, p. 833–839.

Iannelli M. T., Sabbione C. (dir.) 2014 : *Le spose e gli eroi. Offerte in bronzo e in ferro dai santuari e dalle necropoli della Calabria Greca*, Vibo Valentia, Adhoc edizioni, 166 p.

Kagan D., Viggiano G.F. (eds.), 2013 : *Men of Bronze. Hoplite Warfare in Ancient Greece*, Princeton, Oxford, Princeton University Press, 286 p.

Kunze E. 1967 : Helme, *Olympia Bericht*, VIII, Berlin, p. 111–183.

Kunze E. 1994 : Chalkidische Helme IV–VII. Mit Nachträgen zu I und II, *OlBer* 9, p. 27–100.

Lissarrague F. 2008 : Le temps des boucliers, *Images Revues*, Hors–série 1, [URL : http://imagesrevues.revues.org/850, mis en ligne le 21 avril 2011].

Lo Porto F. G. 1977–1979: Una tomba metapontina e l'elmo di Saint Louis nel Missouri, *Atti e memorie della Società Magna Grecia*, 18–20, p. 171–187.

Lombardo M. 2010 : Caulonia: tradizioni letterarie e problemi storici, in Lepore L., Turi P. (eds*.) Caulonia tra Crotone e Locri, Atti del Convegno Internazionale (Firenze, 30 maggio–1 giugno 2007)*, Firenze, Firenze University Press, p. 7–16.

Montanaro A. C. 2007 : *Ruvo di Puglia e il suo territorio, le necropoli. I corredi funerari tra la documentazione del XIX secolo e gli scavi moderni,* , Roma, L'Erma" di Bretschneider (coll. Studia Archeologica 160), 1090 p.

Parra M.C. 2006 : Armi per una dea, in Magna Grecia: alcune considerazioni, a proposito di nuove testimonianze kauloniati, *in* Ampolo C. (ed.) *Guerra e pace in Sicilia e nel Mediterraneo antico (VIII–III sec. a.C.). Arte, pressi e teoria della pace e della guerra, Atti delle quinte giornate internazionali di studi sull'area elima e la Sicilia occidentale nel contesto mediterraneo (Erice, 12–15 ottobre 2003),* vol. I, Pisa, Edizioni della Normale, p.227–240

Parra M.C. (dir.) 2017 : *Kaulonia, Caulonia, Stilida (e oltre). Contributi storici, archeologici e topografici. IV: Il santuario di Punta Stilo. Studi e ricerche*, Pisa, Edizioni della Normale, Studi 38, 380 p.

Parra M.C., Scarci A. 2018 : Armi dal santuario di Punta Stilo a Kaulonia (Monasterace Marina), *in* Graells i Fabregat R., Longo F., (dir.), *Armi votive in Magna Grecia, Atti del Convegno Internazionale di Studi, Salerno–Paestum 2017*, Mainz, RGZM Tagungen 36, p. 95–114.

Philipp H. 2014 : *Glanzvolle Silhouetten. Meisterwerke archaischer Toreutik im Badischen Landesmuseum Karlsruhe*, München, Lindenberg im Allgäu, Kunstverlag Josef Fink, 160 p.

Sabbione C. 1992 : Intervento, *in La Magna Grecia e i grandi santuari della Madrepatria, Atti del trentunesimo convegno di studi sulla Magna Grecia (Taranto 4–8 ottobre 1991)*, Taranto, Istituto per la storia e l'archeologia della Magna Grecia, p. 214–217.

Scarci A. 2020 : *Kaulonía, Caulonia, Stilida (e oltre), V. Offerte di armi dal santuario urbano di Punta Stilo, con una nota introduttiva di Maria Cecilia Parra*, Pisa, Edizioni della Normale 43, p.

Schefold K. 1960 : *Meisterwerke griechische Kunst*, Basel, Holbein–Verl, 190 p.

Ternbach J.J. 1952 : The archaic greek helmet in St. Louis, *Archaeology*, 5.1, p. 40–46.

Visonà P., Jansson J. R. 2017 : A Greek battleground in southern Italy: new light on the ancient Sagra, *JGA* 2, p. 131–154.

6

Introduction, diffusion et emploi des *thyréos* dans les armées hellénistiques (IVe – Ier siècle av. J.–C.)

Amaury Confais
Professeur certifié d'histoire–géographie

Résumé : Au fil des batailles hellénistiques, on voit apparaître des nouveaux soldats. Nombre d'entre eux portent une nouvelle catégorie de boucliers : le *thyréos* (θυρεός). Il s'agit de comprendre comment cette nouvelle arme a été intégrée et quelle a été sa diffusion à travers les armées hellénistiques depuis Philippe II de Macédoine et celles de son fils, Alexandre le Grand, jusqu'à la chute du dernier royaume hellénistique en 30 av. J.–C. Ce bouleversement dans l'armement a eu des conséquences sur le reste de la panoplie des soldats concernés qu'il convient de mesurer. L'arrivée des *thyréos* a donc transformé, pour partie, les pratiques combattantes de ces soldats et l'organisation des armées. L'étude part de l'arme comme objet pour répondre à ces enjeux. Le corpus rassemble de nombreuses représentations de *thyréos*. Ainsi, il est possible de commencer à écrire l'histoire de cette arme singulière qui sort de la traditionnelle panoplie hoplitique et celle du phalangite.

Mots–clés : période hellénistique, armes, *thyréos*, boucliers, acculturation, Galates

Abstract : Through the course of the Hellenistic period, we can see new types of soldiers appear. Many of them carry a new type of shield: the thureos (θυρεός). This chapter focuses on understanding how that new piece of equipment was integrated and spread widely by Philip II of Macedon's Hellenistic armies and those of his son, Alexander the Great, until the fall of the last Hellenistic kingdom in 30 BC. This transformation in armaments had tremendous consequences on the rest of the panoply of the soldiers concerned. The arrival of the thureos therefore transformed, in part, the combat practices of these soldiers and the organization of their armies. The study starts from the weapon as an object, to address these issues. The corpus brings together many representations of the thureos. By examing these, it is possible to begin writing the history of this particular weapon which emerges from the traditional hoplite panoply and that of the phalanx.

Keywords : Hellenistic period, weapons, thureos, shields, acculturation, Galatians

6.1 Introduction

Le modèle du soldat à l'époque hellénistique est celui du phalangite « macédonien » portant des protections individuelles et surtout une sarisse de 5 m de moyenne (Markle 1977) ainsi qu'un petit bouclier circulaire. L'équipement du phalangite a été très utilisé, toutefois, on constate que d'autres types de boucliers, non circulaires, ont coexisté. Le plus important d'entre eux est le *thyréos*. Ce bouclier ovale est davantage connu chez les soldats romains et surtout celtes. Il s'agit donc d'étudier cette famille de boucliers en soi, mais également mesurer son importance au sein des armées hellénistiques.

6.2 Introduction et diffusion des *thyréos* dans les armées hellénistiques d'après les sources anciennes

Les premiers contacts entre les Celtes et le monde hellénistique sont précoces. Une première rencontre est attestée dès 335, sous le règne d'Alexandre le Grand :

« Ptolémée, fils de Lagos, rapporte qu'au cours de cette campagne, des Celtes des bords de l'Adriatique rencontrèrent Alexandre afin d'établir avec lui des rapports d'amitié et d'hospitalité. Le roi, qui les avait accueillis avec cordialité, leur demanda, dans les fumées du vin, ce qu'ils craignaient le plus, persuadé qu'ils allaient le désigner lui–même ; mais ils répondirent qu'ils n'avaient peur de personne, qu'ils craignaient seulement la chute du ciel sur leur tête, mais qu'ils plaçaient plus haut que toute l'amitié d'un homme comme lui » (Strabon, *Géographie*, VII, 3, 8).

Ce premier contact ne permet pas d'affirmer que des Celtes équipés de leurs *thyréos* ont intégré les armées du grand roi. Il faut attendre 279, période d'arrivée importante de Celtes en Méditerranée orientale, pour voir des mercenaires dans les rangs des armées grecques. Un tyran nommé Apollodore régnait à Cassandreia en Macédoine. Selon Diodore de Sicile, il recruta des mercenaires celtes (Diodore de Sicile, *Bibliothèque Historique*,

XXII, 8)[1]. La référence la plus ancienne concernant le royaume lagide fait état d'une lutte intestine. Le roi égyptien, Ptolémée II Philadelphe avait recruté 4000 mercenaires celtes pour lutter contre son demi–frère Magas selon Pausanias (Pausanias, *Description de la Grèce*, I, 7, 2). Ces mercenaires ont vraisemblablement cherché à piller le trésor royal. Une rébellion que Ptolémée II réprima. C'est pour célébrer sa victoire que le roi fit ajouter un *thyréos* sur la monnaie d'or à partir de 273 (Baray 2015) (Fig. 6.1). C'est en 246 qu'ils sont signalés par Polyen dans les armées séleucides. Ils formaient une garde rapprochée pour Bérénice, la femme du roi Antiochos II (Polyen, *Stratagèmes*, VIII, 50). Par la suite les mercenaires ont progressivement pris une place plus stable dans les armées hellénistiques soit par un recrutement régulier (Antiogone Dôson en emploie un nombre inconnu selon Plutarque en 222 (Plutarque, *Vies, Aratos*, XXXVIII, 6)), soit en facilitant leur installation grâce à des concessions de terres[2]. On retrouve ces soldats lors d'une bataille particulièrement célèbre : la bataille de Raphia en 217 qui a opposé deux des monarchies hellénistiques : Séleucides et Lagides. Ils sont mentionnés dans les rangs égyptiens et on peut supposer la présence de soldats armés de *thyréos* également dans les rangs séleucides.

L. Baray (Baray 2015) a compilé toutes les références littéraires de Celtes entre le Ve et le Ier siècle av. J.–C. en Méditerranée. Pour ce qui concerne ce sujet, il a dénombré 52 occurrences entre 279 et 30 av. J.–C. Le IIIe av. J.–C. concentre plus de la moitié de ces références. Elles sont localisées principalement autour de la mer Égée et plus particulièrement en Anatolie (Fig. 6.2).

On peut supposer que tous ces soldats employaient systématiquement un *thyréos*, mais rien ne permet de prouver cette hypothèse grâce aux sources. En effet, dans les différents passages mentionnés ci–dessus, rares sont ceux qui explicitent le terme *thyréos*. C'est le cas néanmoins dans le récit de la vie de Pyrrhos lors de son affrontement avec Antigone Gonatas. Ce dernier a embauché des mercenaires gaulois qui ont été détruits en 273. Pyrrhos, victorieux dresse un trophée avec les boucliers gaulois :

« 10. Le Molosse Pyrrhos a suspendu comme présent en l'honneur d'Athéna Itonia ces boucliers [θυρεούς] pris aux hardis Gaulois, après avoir détruit toute l'armée d'Antigone » (Plutarque, *Vies, Pyrrhos*, XXVI, 10).

Il est donc réducteur de s'en tenir à la référence de Galate/Celte pour évaluer l'importance de l'usage de ce bouclier dans les armées hellénistiques. En effet, ces *thyréos* n'ont probablement pas été portés uniquement par des mercenaires celtes. On peut facilement supposer qu'avec le temps, des troupes ont été formées à l'usage des *thyréos* après leur introduction par les mercenaires. Nous savons que les armées hellénistiques se sont transformées à plusieurs occasions. Des éléphants ont été introduits dans les armées séleucides et lagides par exemple. De même, grâce à Polybe, nous savons que des soldats séleucides ont commencé à adopter l'équipement romain lors du défilé militaire à Daphné (Polybe, *Histoires*, XXX, 25).

6.3 Essai de typologie et maniement des *thyréos*

6.3.1 Présentation du corpus et premiers résultats

Le corpus comporte 337 boucliers (artefacts et représentations) : 223 boucliers circulaires, 12 boucliers aux formes diverses et 102 *thyréos*. Ces derniers représentent 30,27 % des boucliers. Ce sont presque exclusivement des représentations iconographiques. Ainsi, les informations qui en découlent doivent être considérées avec la précaution nécessaire liée à l'iconographie.

La plus ancienne représentation date de la fin du IVe – début du IIIe siècle av. J.–C. Si un tiers des *thyréos* a été mal daté, on constate que la moitié des boucliers étudiés a été datée du IIe siècle av. J.–C. Le IIe siècle av. J.–C. constitue alors la période d'utilisation la plus importante de ces boucliers à double titre. D'une part 44 des 102 *thyréos* sont datés du seul IIe siècle av. J.–C. (soit 43,13 %). D'autre part, lorsque l'on compare le nombre de boucliers circulaires et de *thyréos*, on constate que la proportion la plus forte de *thyréos* est atteinte durant cette même période (41,90 %). La tendance s'inverse au Ier siècle. L'état de la documentation explique probablement l'écart entre le IIe et le Ier siècle av. J.–C. Lorsque l'on regarde la répartition chronologique des armes sur l'ensemble du corpus, on constate que les armes datées sur le seul Ier siècle av. J.–C. représentent seulement 2 % du total[3]. Il s'agit, alors, de relativiser cette baisse. De plus, la proportion entre *thyréos* et boucliers circulaires baisse très peu (40 %) (Tabl. 6.1).

Les boucliers proviennent majoritairement d'Anatolie, mais aussi d'Égypte et de Grèce. Les représentations des *thyréos* sont donc largement concentrées autour du bassin méditerranéen, et plus particulièrement sur la partie la plus orientale (Anatolie, Proche–Orient et Égypte) (Fig. 6.3). Les cités–États, les confédérations, mais surtout les royaumes attalide, séleucide et lagide ont vu leurs armées se transformer. À l'inverse, le royaume antigonide ne semble pas avoir été particulièrement affecté par cette transformation de l'équipement militaire. Sa disparition plus rapide, après la bataille de Pynda en 168, peut expliquer la situation. C'est–à–dire au début du développement de ces nouveaux boucliers. Au–delà des usages plus ou moins importants dans ces régions, cette répartition tient aussi de l'état de la documentation actuelle. Elle est particulièrement disparate et inégale selon les régions. On ne compte plus les publications de stèles en Anatolie, tout comme celles sur l'Égypte. Par exemple,

---

[1] On doit à Antigone Gonatas, l'enrôlement des premiers Celtes dans l'armée antigonide en 277 (Polyen, Stratagèmes, IV, 6, 17)
[2] C'est le cas en Égypte durant le règne de Ptolémée II et/ou de son successeur au IIIe av. J.-C. (*katoikoi*)

[3] Le IIe siècle av. J.-C. représente 16 % des objets du corpus.

Fig. 6.1. Tétradrachme en or issu du trésor de Gaza, 258/7 – 250/249 av. J.–C. (A. Clairand, S. Desrousseaux et ali., 2005, p. 34 ; CGB Numismatique Paris - www.cgb.fr).

P. Perdrizet a rédigé un double volume sur les objets en terre cuite en Égypte, en 1921 (Perdrizet 1921). Parmi ces objets, j'ai pu recenser des statuettes de guerriers. À l'inverse, le royaume séleucide est globalement moins documenté, hormis pour la numismatique.

6.3.2 Une variété de modèles pour des usages différenciés

Pour comprendre comment il était possible de se battre avec un *thyréos*, il faut reprendre de plus près les représentations et isoler celles qui montrent un soldat avec son bouclier. 69 soldats figurent au corpus : 1 est indéterminé[4], 3 sont des cavaliers et donc 65 sont des fantassins. Manifestement le *thyréos* était une arme largement plus utilisée par les corps d'infanterie que par ceux de la cavalerie. À croire N.V. Sekunda, les corps de cavaliers portant des thyréos, à partir du IIIe siècle av. J.–C., étaient plus importants (Sekunda 2008).

Les *thyréos*, quels que soient leurs tailles, ne pouvaient servir efficacement à protéger les phalangites « macédoniens ». En effet, la forme circulaire du bouclier du phalangite lui permet de bouger son bras sans craindre de rompre son équilibre et il est toujours protégé de la même manière. C'est pourquoi ce bouclier aurait pu être utilisé par des soldats légers ou demi–légers pour reprendre les termes d'E. Foulon (Foulon 1996). Auparavant, M. Launey faisait déjà référence à un type de soldat qu'il nomme le thyréophore béotien et il le caractérise comme un soldat d'infanterie légère (Launey 1950). La situation est en réalité plus complexe.

Les boucliers oblongs forment une grande catégorie de boucliers utilisés dans les armées hellénistiques. Il existait six modèles différents, un seul de ces modèles est véritablement convexe. Traditionnellement les *thyréos* sont composés de trois renforts : la *spina* verticale, l'*umbo* central et l'orle intégral (gouttière). Ils permettaient de consolider le bouclier, de dévier les impacts des différentes armes. À quelques exceptions près, les *thyréos* sont équipés d'un orle intégral[5]. Cela marque une différence avec les conclusions d'A. Rapin concernant les boucliers laténiens. Il a expliqué que les *thyréos* celtes ont perdu progressivement cette protection afin d'être allégé à partir du IIIe siècle av. J.–C. (Rapin 1999). Par ailleurs, ces renforts avaient très certainement une fonction offensive. L'*umbo* pouvait également servir à frapper l'ennemi. Ces *thyréos* étaient des armes offensives par destination. La présence d'un *umbo* et/ou d'une *spina* verticale est probablement le critère principal pour classer ou non un bouclier dans la catégorie *thyréos* plus que sa forme. C'est un dénominateur commun qui exclut les boucliers circulaires.

Le manque d'artefacts empêche de comprendre les méthodes de fabrication et la composition de ces boucliers. Il en va de même pour la préhension. Nous avons montré que ces boucliers étaient d'origine celte. C'est donc dans cette direction qu'il faut aller pour répondre à ces énigmes. T. Lejars explique que « le mode de préhension est ordinairement constitué par une poignée fixée derrière l'umbo, suivant une direction perpendiculaire à l'arête » (Couissin 1927). Les panneaux, comme la *spina*, étaient fabriqués à partir de diverses essences comme le tilleul, le bouleau ou le chêne. L'*umbo* et l'orle étaient en métal, probablement du fer. Le tout était assemblé à l'aide de rivets. Existait–il une protection, de type cuir, sur le panneau de bois ? On peut le supposer. Nous sommes confrontés à des matériaux globalement périssables ce qui limite les recherches. Enfin, si l'on y rajoute les renforts

---

[4] Statuette en terre cuite, trouvée en Égypte, datée du IIIe-IIe siècle av. J.-C. Elle représente Arès en arme, seulement seul son buste est visible.

[5] Dans de nombreux cas, la qualité de la représentation ne permet pas de déterminer la présence ou l'absence d'un orle.

Amaury Confais

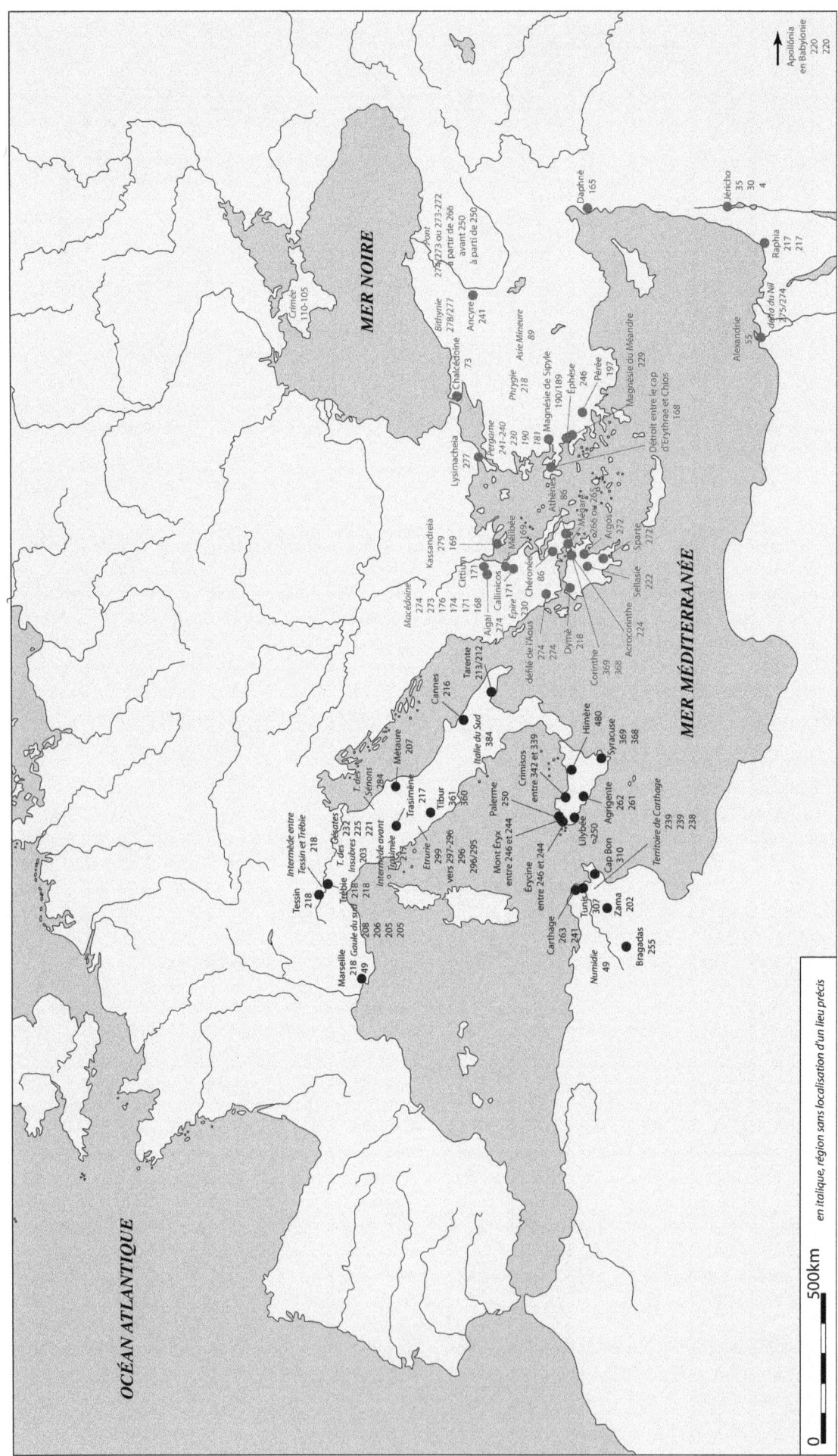

Fig. 6.2. Répartition des mentions de mercenaires et/ou d'auxiliaires celtes citées dans les sources littéraires antiques entre le Ve et le Ier siècle av. J.–C. (d'après L. Baray, 2015, carte 1).

Tabl. 6.1. Comparaison chronologique entre les boucliers circulaires et les thyréos (tableau personnel réalisé à partir des données du corpus)

Comparaison chronologique entre les boucliers circulaires et les thyréos						
	Datation	**Boucliers circulaires**		**Thyréos**		**Pourcentage de thyréos par rapport aux boucliers circulaires**
Vème - IVèmes.		0	**0**	0	**0**	0%
IVème s.	IVe s.	19	**69**	0	**0**	0%
	1ère moitié du IVe s.	1		0		
	2ème moitié du IVe s.	49		0		
IVème - IIIèmes.		15	**15**	1	**1**	6.25%
IIIème s.	IIIe s.	2	**15**	2	**5**	25%
	1ère moitié du IIIe s.	9		3		
	2ème moitié du IIIe s.	4		0		
IIIème - IIèmes.		7	**7**	5	**5**	**41.67%**
IIème s.	IIe s.	31	**61**	30	**44**	**41.90%**
	1ère moitié du IIe s.	24		4		
	2ème moitié du IIe s.	6		10		
IIème - Iers.		7	**7**	6	**6**	**46.15%**
Ier s.	Iers.	2	**9**	1	**6**	40.00%
	1ère moitié du Ier s.	7		5		
	2ème moitié du Ier s.			0		
Indeterminé		40	**40**	35	**35**	46.67%
Total			**223**		**102**	31.38%

Vème - IVèmes.	0%
IVes.	0%
IVème - IIIèmes.	6.25%
IIIes.	25%
IIIème - IIèmes.	41.67%
IIe s.	41.90%
IIème - Iers.	46.15%
Iers.	40.00%
Indeterminé	46.67%
Moyenne	31.38%

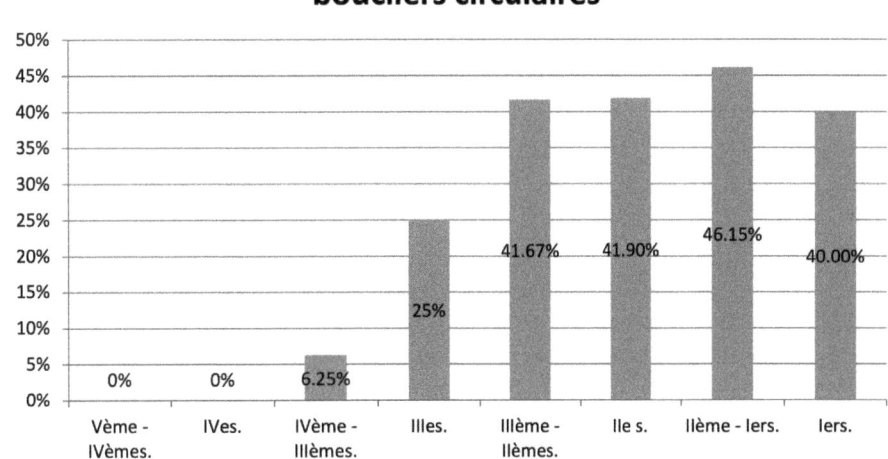

(*umbo*, *spina*, et les gouttières (*orles*)), le bouclier devait peser entre 4 et 8 kg (Baray 2015).

6.3.2.1 Le thyréos *ovale*

Ce modèle est incontestablement le plus répandu des *thyréos*. Il est représenté 84 fois. Il ressemble donc à un ovale, de forme plane et toujours composé d'un *umbo* central et d'une *spina* verticale. Deux modèles ont coexisté, à parts égales, à partir du IIIe siècle av. J.–C. et surtout au IIe siècle av. J.–C.

6.3.2.1.1 Grand format

Le *thyréos* de grande taille mesurait entre 1,10 et 1,20 m selon P. Couissin (Lejars 2007 ; Brunaux, Rapin 1988). Il

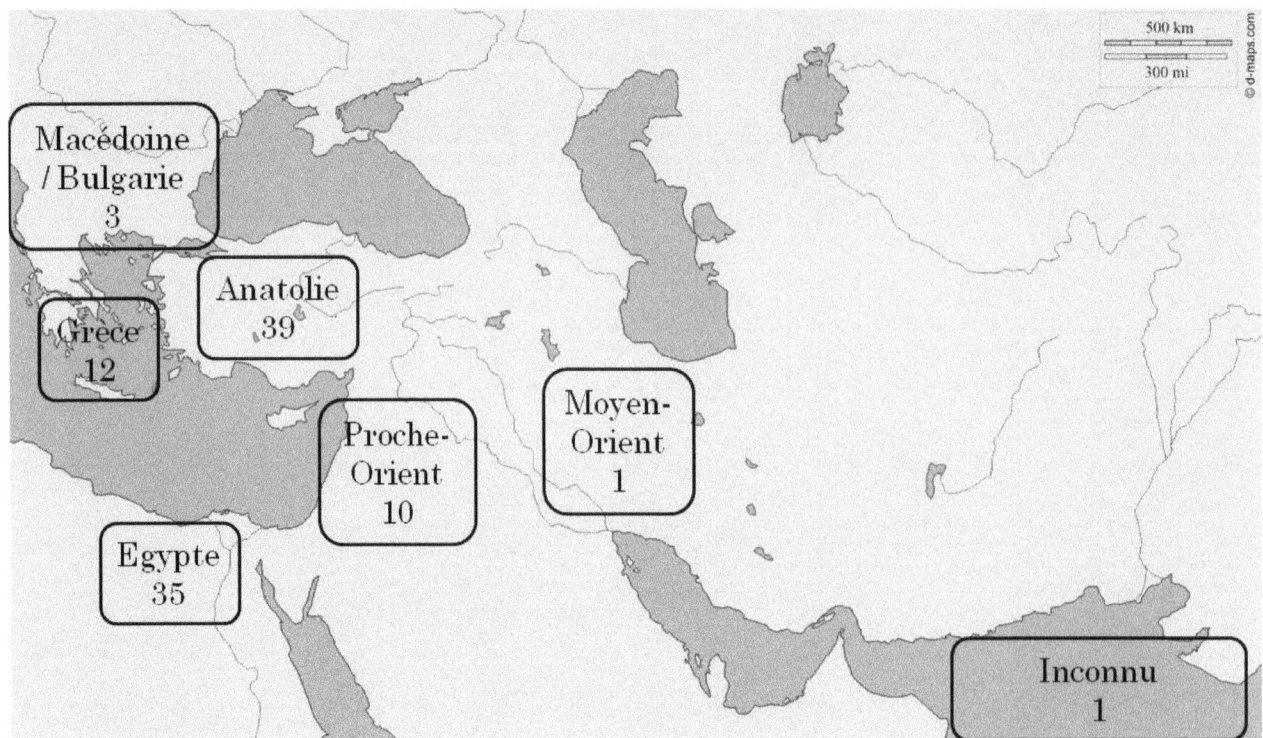

Fig. 6.3. Répartition géographique des thyréos dans le monde hellénistique (© Amaury Confais réalisée à partir des données du corpus ; fonds de carte : www.d–maps.com).

est probable que certains exemplaires étaient encore plus longs. Comme on peut le voir par endroits, le *thyréos* couvrait une large partie du corps du soldat. La zone allant des pieds aux épaules était couverte. Les plus longs modèles devaient mesurer autour de 1,45 m environ[6]. Une telle taille de bouclier n'est pas compatible avec l'usage de la sarisse pour des raisons de poids et certainement de préhension. De la même manière, c'est une arme utilisée par l'infanterie. Un cavalier n'a pas besoin d'un bouclier si grand, car il a une posture légèrement courbée. Un bouclier si grand permet donc de protéger presque intégralement son porteur. Celui–ci peut aisément s'avancer en étant protégé des projectiles. Pour combattre, le porteur d'un grand *thyréos* était équipé d'une épée et/ou d'une lance voire de javelines. Si le port d'un casque était attendu, on peut voir sur certaines représentations, un thyréophore portant une cuirasse anatomique. Cela confirme l'existence d'un corps de soldats lourdement armé, au moins en Asie Mineure. Il s'agit sans doute des soldats séleucides qui étaient placés sur les flancs de la formation en phalange pour la protéger dont parle B. Bar–Kochva (Bar–Kochva 1976)[7].

6.3.2.1.2 Petit format

Le second modèle de *thyréos* ovale protégeait en règle générale le soldat du cou au genou ou jusqu'à mi–cuisse. En somme, il devait mesurer entre 85 et 95 cm. Le reste de l'équipement offensif comme défensif est le même : lance ou épée et parfois un casque, une cuirasse ou une cotte de mailles. Par contre, on ne voit pas de cnémides. C'est une certaine surprise, car le bouclier ne protège pas les mollets. La taille du bouclier et l'absence de cnémides indiquent que ces soldats étaient bien plus mobiles que les précédents. Ils devaient être employés lors d'embuscades, sur des terrains plus difficiles que la traditionnelle plaine, pour assister les corps d'armées plus lourdement armés, telle que la phalange, dès que la brèche est créée. Ce modèle convenait également à la cavalerie séleucide, *a minima*[8].

6.3.2.2 Le *thyréos convexe*

Ce modèle de *thyréos* est moins usité. Sept exemplaires du corpus permettent de le décrire. C'est un bouclier de forme ovoïdale allongé. Il ressemble donc beaucoup au modèle précédent. Toutefois, ses rebords sont convexes. Cela lui donne la forme d'une coque, un peu comme le bouclier circulaire convexe. Le bouclier trouvé en Égypte (Kasr el Harit) possède un *umbo* central et une *spina* verticale. On ne peut que regretter que le système de préhension soit absent sur le seul bouclier complet mis au jour. Celui probablement représenté sur la frise de la Téléphie à Pergame est figuré de dos, sans fournir

plus d'informations. Toutefois, sur la frise, on voit que le bouclier est en cours de fabrication. Il se pourrait que l'on ne voie pas sa forme définitive, contrairement au bouclier

---

[6] La taille moyenne des hommes dans l'Antiquité grecque étant de 1,65 m (Kagan, Viggiano 2013)

[7] Voir par exemple la figurine en terre cuite trouvée à Myrina, datée de 130-60 av. J.-C. (Sekunda N.V., 1994, n°23).

[8] Voir par exemple le cavalier en terre cuite trouvé en Cilicie, daté des IIe-Iers. av. J.-C (Sekunda N.V., 1994, n°46 et 47).

égyptien. Ces deux boucliers sont datés du IIe siècle av. J.–C. L'aspect convexe et donc plus englobant laisse penser qu'il était utilisé plus par une infanterie lourde afin de mieux se protéger. Il ne devait pas mesurer beaucoup plus qu'un mètre lorsque l'on regarde une stèle, datée du Ier siècle av. J.–C., trouvée à Nicomédie, en Anatolie (à condition qu'il ne s'agisse pas d'un soldat romain) et un trophée athénien de la même période. Il s'apparente au *scutum* romain[9].

6.3.2.3 Le thyréos *hexagonal*

Le *thyréos* hexagonal apparaît quatre fois au sein du corpus. On le trouve en Égypte, on le voit sur une des balustrades du temple d'Athéna à Pergame par exemple. Celui-ci est fragmentaire. Il possède six côtés, un profil allongé et il est composé d'un orle intégral, d'un *umbo* et d'une *spina* verticale. Les rares représentations complètes nous montrent un bouclier de petite taille. Il semble couvrir uniquement le buste, soit à peine plus de 60 cm. Son utilisation dans l'infanterie est ainsi confirmée. Les soldats visibles portent des casques pseudo-attiques, donc plutôt protecteurs. Offensivement, ils portent une épée ou une lance. Cela fait d'eux des soldats lourdement armés (Fig. 6.4).

6.3.2.4 Le thyréos *carré*

Les 5 *thyréos* carrés ont été presque tous mal datés. Le seul bien daté provient d'une reproduction d'une mosaïque qui pourrait représenter Alexandrie au début du Ier siècle av. J.–C. Il est donc difficile de tirer des conclusions pour le moment, si ce n'est que la majorité de ces boucliers proviennent d'Égypte et qu'ils servaient à des soldats à pied. Là encore, il peut s'agir de soldats romains. S. Thion a estimé que la cavalerie légère lagide du IIe siècle av. J.–C. aurait pu en être équipée[10]. Au moins un corps de cavalerie en était équipé, la datation reste incertaine[11].

6.3.2.5 Le thyréos *à « oreilles »*

Le *thyréos* à « oreilles » est visible uniquement sur une balustrade du temple d'Athéna à Pergame. Une balustrade qui peut avoir eu une fonction de trophée après une victoire militaire attalide contre les Galates au IIe siècle av. J.–C. Par conséquent, il peut s'agir d'une prise de guerre et donc il n'a jamais été employé par les soldats hellénistiques. Quoi qu'il en soit, on doit cette appellation aux deux protubérances sur les côtés de ce bouclier qui ressemblent à des « oreilles » (Couissin 1927, II).

Le bouclier a une forme ovoïdale, mais qui est bien moins allongée que celle du *thyréos* ovale. Sa forme s'approche de celle d'un cercle. Il est renforcé par une *spina* verticale, mais il n'y a pas d'*umbo* central. Elle pourrait provenir du mélange entre savoir grec et celte. Un bouclier qui pourrait très bien convenir pour un hoplite. La plus grande question est de savoir à quoi pouvaient bien servir ces « oreilles » ? On peut envisager deux hypothèses. La première traduit un aspect purement décoratif. La seconde est que ces « oreilles » permettaient de poser la hampe de la lance du soldat pendant une charge ou en l'attendant. Il y a un vrai gain de stabilité. Pourquoi alors mettre deux « oreilles » alors que l'on sait que, traditionnellement en formation serrée, le bouclier était tenu par le bras gauche et la lance par la main droite ? Soit, il s'agit d'une question d'équilibre afin de préserver le parallélisme de l'arme, soit le porteur pouvait choisir librement de porter ce bouclier à gauche ou à droite en combat individuel (Fig. 6.5).

6.4 Conclusion

Face au manque d'artefacts existants, les résultats présentés ici sont donc à considérer avec précaution. Il est difficile de mesurer la part de réalité et la part artistique dans les représentations d'armes. En l'état on peut en conclure que cette multiplicité de types de boucliers ne débouche pas systématiquement sur leurs usages respectifs. Ce renouvellement dans l'équipement a permis d'étoffer les divers corps de soldats pour les opérations militaires (Fig. 6.6). Ils ont pris une place importante sans toutefois devenir majoritaires, autant qu'on puisse en juger. Globalement ces boucliers ont été utilisés par l'infanterie et il s'agit autant de soldats légers que de soldats lourdement armés. Les dimensions des boucliers sont semblables à celles constatées sur les boucliers connus dans le monde celte : ils varient de 70 à 150 cm de long pour 60 cm de large (Quesada Sanz 2010).

Ils ont coexisté depuis la fin du IIIe siècle av. J.–C. et surtout à partir du IIe siècle av. J.–C. Il apparaît clairement qu'ils ont été introduits dans les armées hellénistiques à la suite d'arrivées de Celtes dans l'Orient méditerranéen. Le premier siècle demeure une période encore imprécise. C'est pourquoi il reste aventureux de s'avancer sur les dernières années d'utilisation du *thyréos* au sein des armées hellénistiques. Il est probable que les *thyréos* ont remplacé les boucliers circulaires pour imiter l'armement romain en s'appuyant sur des témoignages comme celui de Plutarque sur les guerres mithridatiques (88–63 av. J.–C) :

Mithridate VI « fit forger des épées pareilles à celles des Romains et façonner de lourds boucliers, rassembla des chevaux bien exercés plutôt que richement parés ; il eut ainsi cent vingt mille fantassins rangés en corps de bataille à la romaine, seize mille cavaliers » (Plutarque, *Vies, Lucullus*, 7,5).

Bibliographie

Sources anciennes

Diodore de Sicile : *Bibliothèque Historique, Livres XXI–XXVI*, trad. par P. Goukowsky, Paris, Les Belles Lettres, 2006.

---
[9] Voir par exemple le trophée trouvé à Athènes, daté de 88-86 av. J.-C. (British Museum; Inv. 1802,0806.1.).
[10] Thion 2012. Il se fonde sur une stèle peinte sidonienne, celle d'Eunostides, fils de Nicanor. Celle-ci montre pourtant un soldat à pied.
[11] Voir par exemple la reproduction romaine d'une mosaïque hellénistique, datée du Ier s. av. J.-C. (Fröhlich P., 2005, transparent 8.).

Amaury Confais

Fig. 6.4. Pygmées se battant contre une grue, Égypte, période hellénistique (P. Perdrizet, 1921, n° 364, pl. 98.).

Fig. 6.5. Balustrade du temple d'Athéna à Pergame, IIe siècle av. J.–C. (E. Polito, 1998, p. 92).

Introduction, diffusion et emploi des thyréos dans les armées hellénistiques (IVe – Ier siècle av. J.–C.)

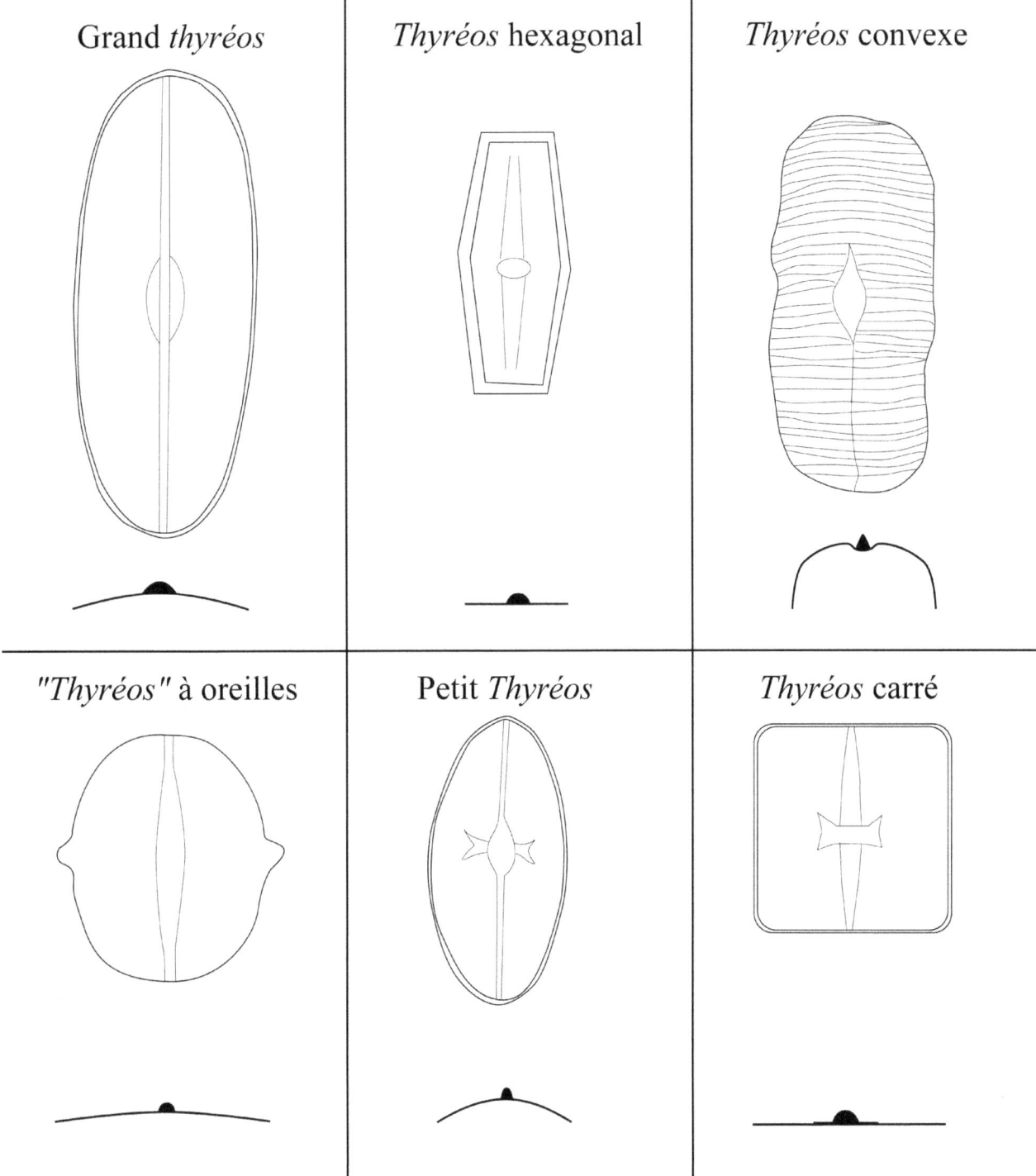

Fig. 6.6. Essai de typologie des thyréos dans les armées hellénistiques (dessin : Amaury Confais).

Pausanias : *Description de la Grèce, tome I*, trad. et comm. M. Casevitz, J. Pouilloux, F. Chamoux, Paris, Les Belles Lettres, 1992.

Plutarque : *Vies, Tome VI, Pyrrhos*, trad. E. Chambry, R. Flacelière, Paris, Les Belles Lettres, 1971.

Plutarque : *Vies, Tome VII, Lucullus*, trad. E. Chambry, R. Flacelière, Paris, Les Belles Lettres, 1972.

Plutarque : *Vies, Tome XV, Aratos*, trad. E. Chambry, R. Flacelière, Paris, Les Belles Lettres, 1979.

Polybe : *Histoires*, trad. F. Hartog, Paris, Quarto Gallimard, 2003.

Polyen: *Stratagèmes, volumes I et II*, P. Krentz, E.L. Wheeler, Chicago, Ares publishers, 1994.

Strabon : *Géographie, Tome IV (Livre VII)*, R. Baladié, Paris, Les Belles Lettres, 1989.

Références modernes

Baray L. 2015 : *Les mercenaires celtes en Méditerranée. Ve–Ier siècles avant J.-C.*, Paris, Lemme edit (coll. Illustratoria, HA22), 115 p.

Baray L. 2017 : *Celtes, galates et gaulois. Mercenaires de l'Antiquité*, Paris, Picard, 214 p.

Bar–Kochva B. 1976 : *The Seleucid Army. Organization and Tactics in the Great Campaigns*, Cambridge, Cambridge University Press, 305 p.

Brunaux J.–L., Rapin A. 1988 : Gournay II, boucliers et lances, dépôts et trophées, *Revue archéologique de Picardie*, numéro spécial, p. 13–84.

Clairand A., Desrousseaux S. *et al.* 2005 : *Trésors. Mythe et réalités*, Paris, Éditions les Chevau–Légers, 383 p.

Couissin P. 1927 : Les armes gauloises figures sur les monuments grecs, étrusques et romains, *Revue Archéologique*, II, p. 301–325.

Cremer M. 1992 : Hellenitsich–römische Grabstelen im nordestlichen Kleinsaien 2. Bithynien, *Asia Minor Studien*, 4–2.

Foulon E. 1996 : Hypaspistes, peltastes, chyrsaspides, argyraspides, chalcaspides, *Revue des études anciennes*, 98, p. 53–63.

Fröhlich P. 2005 : Les Grecs en Orient. L'héritage d'Alexandre, *La documentation photographique*, 8040, 63 p.

Hatzopoulos M.B. 2001 : *L'organisation de la l'armée macédonienne sous les Antigonides. Problèmes anciens et documents nouveaux*, Athènes, Centre de recherche de l'antiquité grecque et romaine, Fondation nationale de la recherche scientifique (coll. ΜΕΛΕΤΗΜΑΤΑ, 30), 196 p.

Jalabert L. 1904 : Nouvelles stèles peintes de Sidon, *Revue Archéologique*, II, p.1–16.

Kagan D., Viggiano G.F. 2013: *Men of Bronze: hoplite warfare in ancient Greece*, Princeton, Princeton University Press, 286 p.

Launey M. 1950 : *Recherches sur les armées hellénistiques*, Vol. I et II, 1949–50 (nouvelle édition), Paris, Éditions de Boccard, 1314 p.

Lejars T. 2007 : Caractères originaux de l'armement celtique. Contraintes idéologiques et choix techniques, *in* Sauzeau P., Van Compernolle T., *Les armes dans l'Antiquité : de la technique à l'imaginaire, actes du colloque international du SEMA, Montpellier, 2003*, Montpellier, Presses universitaires de la Méditerranée, p. 139–182.

Markle M.M. 1977: The Macedonian sarissa, Spear and related armour, *American Journal of Archeology*, 81, p.323–339.

Miller S.G. 1993 : *The Tomb of Lyson and Kallikles : A painted Macedonian Tomb*, Mainz am Rhein, Ed. Verlag Philipp von Zabern, 129 p.

Perdrizet P. 1921 : *Les terres cuites grecques d'Égypte de la collection Fouquet*, Nancy, Berger–Levrault, 180 p.

Quesada Sanz F. 2010: La evolución de la panoplia y de las tácticas galas, *Desperta Ferro*, 2.

Rapin A. 1999 : L'armement celtique en Europe, chronologie de son évolution technologique du Ve au I^{er}s. av. J.–C., *Gladius*, 19, p. 33–67.

Reinach A.–J. 1908 : Les mercenaires et les colonies militaires de Pergame, *Revue Archéologique*, p. 174–218.

Reinach A.–J. 1911 : *Les Galates dans l'art alexandrin*, Paris, Ernest Leroux, 81 p.

Sekunda N.V. 1994 : *Seleucid and Ptolemaic reformed armies: 168-145 BC. Vol. 1, The Seleucid army under Antiochus IV Epiphanes*, Montvert Publ, Stockport, 80 p.

Sekunda N.V. 2008 : Chapter 11, Military forces, *in* Sabin P., Van Wees H., Whitby M., *The Cambridge history of Greek and Roman Warfare. Vol. 1. Greece, the Hellenistic world and the rise of Rome*, Cambridge, Cambridge University Press, p. 325–367.

Snodgrass A.M. 1967 : *Arms and Armours of the Greeks*, Londres, Thames and Hudson, 151 p.

Thion S. 2012 : *Le soldat lagide. De Ptolémée Ier Sôter à Cléopâtre*, Auzielle, LRT Ed. (coll. Tenues du passé), 63 p.

Will E. 2003 : *Histoire politique du monde hellénistique (323–30 av. J.–C.)*, 3° éd., Paris, Éditions du Seuil, 650 p.

7

De taille, d'entaille et (un peu) d'estoc : un entr'aperçu du combat celtique à partir des traces sur les épées du site de La Tène

Guillaume Reich
Docteur en archéologie, ingénieur de recherche, MSHE Ledoux –
UAR 3124, CNRS, UBFC, Besançon

Résumé : Une méthode de tracéologie permettant de distinguer les traces de destruction sur les armes de La Tène afférentes à l'utilisation martiale, c'est–à–dire produites fortuitement dans le cadre de combats (à la guerre, lors de batailles) et les traces de destruction survenant lors de rituels de mutilation volontaire (un phénomène fréquent en contexte gaulois), a été récemment développée. Le concours de différentes disciplines peu ou pas utilisées d'ordinaire en protohistoire – l'archéologie expérimentale, les sciences forensiques, la biomécanique, l'ethnoarchéologie, l'ingénierie des matériaux, les mathématiques appliquées, l'anthropologie, la médecine légale et l'archéologie des champs de bataille –, le développement d'une terminologie adaptée et la prise en compte de procédés de restauration font ressortir des témoignages inédits sur les techniques martiales des Celtes anciens et permettent de mieux comprendre l'art de la guerre celtique. Nous proposons ici un focus sur les usages de l'épée.

Mots–clés : La Tène, armement celtique, épée, techniques de combat, guerre, tracéologie, archéologie expérimentale

Abstract : Use-wear analysis has recently been called upon to disambiguate marks of destruction on the Celtic weapons of La Tène (Switzerland). Traces relating to martial use, i.e. produced incidentally in the course of fighting (at war, during battles), and traces resulting from voluntary mutilations during religious rituals (a frequent phenomenon in the Gallic context) can indeed be distinguished. Results have been reached thanks to various disciplines that are very rarely or not usually used in Iron Age studies: experimental archaeology, forensic sciences, biomechanics, ethnoarchaeology, materials engineering, applied mathematics, anthropology, forensic medicine and battlefield archaeology. The elaboration of a new lexical field and the consideration of restoration techniques bring to light new evidence on the fighting techniques of the ancient Celts and provide a better understanding of Celtic warfare. We here propose to focus on the uses of swords.

Keywords : La Tène, Celtic weaponry, sword, fighting techniques, war, use–wear analysis, experimental archaeology

'Pleraque Gallia duas res industriosissime persequitur, rem militarem et argute loqui.'
– Caton, *Origines*, II.

Le site archéologique de La Tène (Suisse), situé au niveau du déversoir septentrional du lac de Neuchâtel, là où la Thielle reprend son cours, est identifié dès 1857. Investigué par des générations de préhistoriens, le gisement a livré environ cinq mille artefacts dans un état de conservation variable, mais pour une large part présentant une surface d'origine exceptionnellement préservée en raison d'un abandon du mobilier en atmosphère anaérobie. Les remarquables conditions taphonomiques ne constituent pas le seul atout du site, puisque le volume du matériel retrouvé, qu'il s'agisse d'éléments organiques ou métalliques, en fait l'un des lots les plus emblématiques de la Protohistoire récente.

Objet d'un intérêt croissant au sein des sciences historiques, notamment à compter de sa désignation en tant que site éponyme du Second âge du Fer en Europe tempérée lors du 7e Congrès international d'archéologie et d'anthropologie préhistoriques à Stockholm en 1874, ce célèbre ensemble n'en a pas moins fait l'objet d'âpres débats quant à sa nature et ses fonctions (Kaeser 2013), justifiant de nouvelles fouilles en 2003 (Reginelli 2007). Les structures architecturales subsistantes, entérinées dans le vocabulaire archéologique comme étant les piles du pont Vouga et du pont Desor, ont été respectivement interprétées comme les vestiges d'une station palafittique ou d'un *oppidum*, les ruines d'un village lacustre, d'un refuge ou d'un magasin d'armes, les traces d'une forteresse, d'un arsenal ou d'un poste militaire, les décombres d'un péage ou d'un habitat muni d'un port.

Émise dès 1898 par Sophus Müller sans rencontrer l'engouement de ses contemporains, l'hypothèse que ce site auréolé de mystère soit un lieu de culte est vite délaissée (Müller 1898). Il faut attendre la proposition de Klaus Raddatz en 1952 pour que le site soit considéré, à l'instar des dépôts nordiques en milieu humide, comme un *« Opferstätte »*, c'est–à–dire un lieu de sacrifice (Raddatz 1952). En 1954, René Wyss se rallie volontiers à l'hypothèse cultuelle et interprète La Tène comme une « offrande à la divinité guerrière Mars Caturix » (Wyss 1955). Dès 1959, José Maria de Navarro adhère à cette interprétation « cultuelle » (De Navarro 1959); puis l'idée de « dépôts rituels » est reprise par Herbert Jankuhn (Jankuhn 1966), Renate Rolle (Rolle 1970) et Walter Torbrügge (Torbrügge 1970–71) à des degrés variables. Richard Pittioni conteste l'hypothèse cultuelle, et insiste tout particulièrement sur la différence entre les lieux de culte connus (Duchcov, Moritzing, Roquepertuse et Entremont) et le site de La Tène (Pittioni 1968). C'est la découverte du site de Gournay–sur–Aronde (60), fouillé dès 1977 sous l'impulsion de Jean–Louis Brunaux, qui apporte les arguments les plus tangibles à l'épineux dossier (Brunaux, Méniel, Rapin 1980). Interprété comme un sanctuaire, ce site picard a permis de renouveler de manière significative les connaissances sur l'armement celtique et sur les croyances des Gaulois. Le site français et le site suisse présentent d'étonnantes similitudes, avec des accumulations de centaines d'armes présentant des traces de destruction, des ossements humains et animaux, rendant la piste cultuelle plus probante. À la suite des travaux d'Andres Furger Gunti en 1984 (Furger–Gunti 1984) et surtout de Felix Müller en 1992 (Müller 1992), la fonction cultuelle du site de La Tène semble s'imposer au sein de la communauté scientifique. Plus récemment, Thierry Lejars, à travers son étude de la collection La Tène conservée à Bienne (Lejars 2013, p. 428), a proposé d'y lire les vestiges architecturaux et mobiliers d'un trophée militaire érigé sur les bords de la Thielle pour commémorer un ou des événements guerriers survenu(s) à l'intervalle La Tène C1b/début La Tène C2 (fin IIIe siècle/début IIe siècle av. J.–C.).

Nonobstant, pour accréditer cette interprétation, il manquait au dossier un élément crucial : la compréhension des traitements précédant le dépôt de la principale catégorie d'artefacts enregistrée sur le site, en l'occurrence les armes. Ces dernières – fers, talons et hampes d'armes d'hast ; épées, fourreaux et éléments de suspension ; umbos, rivets, renforts de manipules de boucliers ou rares boucliers complets – représentent la part la plus significative du corpus laténien et confèrent au site un indéniable caractère guerrier. Pour les seules collections suisses de Neuchâtel, Bienne, Berne et Genève, le NMI d'armes laténiennes est de 329 (106 épées). L'attention s'est portée sur la plus vaste collection d'armes de La Tène, au Laténium (Neuchâtel).

Nombre des armes de l'ensemble laténien semblent présenter des traces de destruction altérant leur morphologie initiale. C'est dans ce registre des causes justifiant l'abandon des armes que nous avons proposé d'enquêter (Reich 2018). Il s'agissait de déterminer s'il était possible de distinguer les traces afférentes à l'utilisation martiale, c'est–à–dire produites fortuitement dans le cadre de combats (à la guerre, lors de batailles), des destructions survenant lors de rituels de mutilation volontaire, un phénomène fréquent en contexte celtique. Corollaire : si la distinction entre destructions dans le cadre du combat et dans le cadre du rituel est envisageable, est–il possible de remonter en amont de la trace, donc à la gestuelle initiale ? En d'autres termes, peut–on, à partir des stigmates lus sur les armes, mieux appréhender les techniques de combat laténiennes ou espérer comprendre les rites relevant des croyances spirituelles ? Nous avons pu répondre par l'affirmative aux principales problématiques soulevées. Ce court article livre quelques résultats obtenus à partir de l'analyse des épées et expose succinctement les moyens méthodologiques mobilisés pour les obtenir.

7.1 Méthode d'analyse des traces de destruction sur les armes en fer

L'état de conservation caractérisant l'essentiel des armes du gisement éponyme, nous l'avons dit, demeure remarquable : nombre d'entre elles offrent une surface simplement recouverte d'une fine patine, proche de leur aspect d'origine. Toutefois, le *limitos* de ce mobilier militaire n'est pas toujours directement observable, reflet en cela de dépôts affectés par des phénomènes taphonomiques variables et de divers traitements des artefacts après leur découverte. Ainsi, certaines armes du corpus laténien sont morcelées à l'extrême ou piégées dans d'importantes concrétions sédimentaires au point que la morphologie de l'arme en pâtisse. D'autres sont sujettes à des altérations diverses, comme des attaques acides (sulfures) ou la formation de gangues de corrosions pulvérulentes boursouflant la surface de l'arme. D'autres encore ont fait l'objet d'interventions de restauration excessives, par divers procédés physico–chimiques mettant le métal à nu, à l'instar de l'électrolyse. Malgré tout, il est apparu pertinent de développer une méthode de tracéologie originale, susceptible d'éclairer les traitements destructeurs subis par les armes avant leur abandon. Si son emploi n'a pas été jugé nécessaire pour les armes de La Tène, il faut souligner, pour d'autres collections moins bien conservées, l'intérêt de l'imagerie 3D et RX comme la tomographie, une méthode d'investigation non destructrice particulièrement adaptée à la collecte d'informations sous les enveloppes corrodées.

Un enregistrement systématique de la documentation archéologique s'est avéré être un prérequis indispensable. Données métriques et descriptions précises ont constitué la prime ossature de ce catalogage tendant à l'exhaustivité. Dessins et photographies macroscopiques (vues d'ensemble des armes, traces les plus patentes) comme microscopiques (menues traces, détails ténus liés à la conception ou à la conservation–restauration) ont donc supporté une réflexion typo–chronologique classique. Cette dernière permet d'appréciables comparaisons, qui rappellent le rayonnement de ces *militaria* sur des territoires variés, depuis les centres névralgiques de la culture laténienne jusqu'aux marges de la *koinè* celtique.

L'étude ne s'est pas contentée de cette approche conventionnelle. Afin de mener à bien l'investigation tracéologique, il a fallu faire ressortir – et donc comprendre – de prime abord les marques liées à la fabrication des armes (notions conceptuelles et pratiques de paléométallurgie), les déformations physico–chimiques imputables aux processus post–dépositionnels et les transformations causées par les procédés de restauration (empiriques ou calibrés, anciens ou récents; identifiés grâce à l'observation et aux rares archives disponibles). L'identification des traces a nécessité l'établissement d'une sémantique normée. *In fine*, cette terminologie adaptée a permis assez rapidement d'isoler et de classer les traces en fonction de leurs caractéristiques principales.

Pour la constitution d'un champ lexical cohérent (perception de la trace), mais aussi pour l'enregistrement des traces de destruction, les sciences forensiques ont été d'une assistance solide. Amenés à travailler sur des traces pour lesquelles les enjeux sont capitaux (la culpabilité ou l'innocence d'une personne dans le cadre d'un délit ou d'un crime), les services de la police scientifique déploient un arsenal sémantique (par exemple le classement des traces en gammes : traces moulées, traces glissées ou traces superposées) et technique (comme le moulage précis d'une trace ou le recours à différents angles d'incidence dans l'examen optique des traces : lumières rasante, frisante ou zénithale), transposable pour partie à l'étude de l'armement laténien.

Condition *sine qua non* de son efficacité, l'analyse tracéologique a été doublée d'une approche morpho–fonctionnelle de l'armement. C'est ainsi que l'examen de l'usage qui a pu être fait de ces armes s'est fondé sur et a été nourri par une conjonction de différentes disciplines, parfois éloignées les unes des autres.

L'archéologie expérimentale constitue le socle privilégié de la démarche. Elle a le mérite de permettre d'établir un constat à partir de ce qui a été observé : le geste préalable à la création d'une trace est connu ; le lien entre la cause et la conséquence demeure évident. À juste titre bridée pour des raisons éthiques, l'expérimentation martiale avec des répliques d'armes vulnérantes ne peut souffrir l'insuffisance de préparation matérielle, physique et psychologique. Avant d'employer une arme – initialement destinée à blesser et/ou à tuer un adversaire – en cherchant à préserver son intégrité corporelle et celle de son partenaire sans pour autant nuire à la fluidité gestuelle, une longue période d'entraînement est souhaitable, pour les hommes comme pour les chevaux servant de monture. Des simulateurs neutralisés en diverses matières (bois et polymères) ont été employés pour cette phase de familiarisation. Cette étape a autorisé les divers individus sollicités (du néophyte au combattant confirmé) à se concentrer sur l'harmonie gestuelle, les coups pouvant alors être effectivement portés sans craindre de blesser irrémédiablement son camarade (Fig. 7.1).

Pour qu'elle ne soit pas trop onéreuse (et donc impossible à mettre en œuvre avec des moyens personnels), l'expérimentation a justifié, en amont de l'usage de fac–similés réalistes, d'écarter certaines limites théoriques. En effet, d'aucuns arguent que pour qu'une expérimentation archéologique soit scientifiquement validée, elle doit user d'armes parfaitement identiques aux exemplaires

Fig. 7.1. Expérimentation martiale avec des simulateurs sécurisés en polymères (photographie G. Reich).

originaux. S'il est possible et évidemment nécessaire de respecter les données métriques (dimensions, poids, angles), les caractéristiques morphologiques et les propriétés physico–chimiques fondamentales de l'arme, tendre à une égale ductilité, à une similaire microdureté, à une composition et à une structure interne strictement équivalentes relève de la gageure. C'est un idéal, qu'on peut souhaiter, mais à ce titre, il reste inatteignable : jamais une réplique ne peut être copie conforme. Et quand bien même le serait–elle grâce à la monopolisation de ressources considérables, une infime déviation dans l'emploi de ce fac–similé pourrait réduire les efforts à néant. On le constate : le mieux est parfois l'ennemi du bien. Il appartient en revanche de définir, selon les problématiques soulevées, à partir de quels critères une réplique peut être reconnue comme acceptable pour les besoins de l'expérience. Pour y parvenir, nous avons imaginé la fabrication d'échantillons–témoins soumis à une batterie de tests identiques (Fig. 7.2).

Ces échantillons, reproduisant une même demi–section de fragment longitudinal de lame d'épée laténienne, ont été conçus avec divers procédés techniques, répondant tant aux critères de la métallurgie protohistorique que moderne, avec des alliages ferreux composés de teneurs variables en carbone et en phosphore, et finis avec différents types de procédés (trempes, recuits, *etc.*). Des chocs coupants ont ensuite été assénés grâce à un même couperet coulissant dans de petites guillotines où les échantillons–témoins remplaçaient des nuques ; lame tombant de plusieurs hauteurs préalablement définies, rigoureusement identiques d'un échantillon–témoin à l'autre. Il en ressort qu'à la condition de respecter des gammes d'alliages ferreux proches, il n'est nul besoin d'atteindre la similitude absolue entre l'artefact et sa réplique.

Ces indispensables préliminaires consommés, le recours aux fac–similés est alors envisageable. Afin de ne pas écarter la possibilité que les armes de La Tène aient pu être détruites intentionnellement, des armes reconstituées pour l'occasion ont été volontairement mutilées avec des outils : marteaux, gourdins, haches, cisailles, pinces, pierres, *etc*. En parallèle, des répliques satisfaisantes d'armes laténiennes ont été employées pendant de nombreuses sessions de combat (Fig. 7.3). Pour se prémunir de malheureuses blessures, les combattants ont revêtu des protections corporelles idoines devant coupler résistance à l'efficience des armes métalliques dans leurs diverses sollicitations potentielles et légèreté maximale des corps des combattants afin de conserver des conditions optimales d'exercice. Le mariage salvateur de ces divers éléments s'est parfois avéré visuellement rocambolesque : masques d'arts martiaux historiques européens 1600N ou camails médiévaux combinés à des casques couvrants de gladiateurs, cottes de mailles, gambisons et vêtements anti–coupure adaptés au bûcheronnage, gants de boucherie traditionnelle, *manicae* et *ocreae*, *etc*. Ces expériences, pour être valables et reproductibles, ont été enregistrées dans des protocoles permettant la diffusion des conditions de l'expérimentation, de la description de la gestuelle convoquée et des résultats observés (Fig. 7.4 ; Fig. 7.5).

Pour les techniques de combat, le recours à différentes sources a permis de déterminer les gestes les plus vraisemblables. L'iconographie ancienne, indigène comme allogène, observée tant sur la statuaire et les reliefs que sur les monnaies ou d'autres supports, est d'un secours précieux. Il faut simplement garder à l'esprit que ce type d'image, de par sa nature même, est la sélection d'un instant T d'une séquence motrice complexe. Interpréter l'amont et l'aval de ce moment figé soulève le problème de la parataxe : il faut combler les vides. D'autres informations (*cf.* ci–dessous) peuvent alors secourir *a minima* le lecteur du dessin soucieux de reproduire la gestuelle, sans pour autant répondre à toutes ses interrogations. L'interprète se confronte effectivement à une autre limite : il doit passer d'un support matériel bidimensionnel à une réalité spatiale tridimensionnelle. En sus, les actions techniques reconstituées, pour être décrites intelligiblement, supposent le développement d'une terminologie *ad hoc*, souvent absconse pour le non–initié (c'est l'un des enjeux de la science de la praxis motrice ou praxéologie motrice).

De manière extrêmement sommaire, des témoignages par le verbe portant sur ces actions martiales nous ont été légués.

Echantillon n°1 :

	Désignation	Objet	C	Si	S	P	Mn	Ni	Cr	Mo	V	Cu	Fe
n°1	Fer de bas-fourneau	Echantillon témoin	0,15	0,25	0,0101	0,0099	0,4564	0,0207	0,022	0,0052	0,041	0,0312	99,0035

 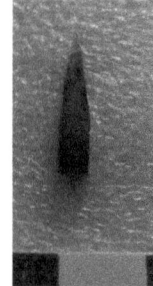

Longueur : 105 mm
Largeur : 18,5 mm
Epaisseur : 4 mm
Poids : 45 g

Fig. 7.2. Exemple d'échantillon–témoin soumis à une batterie de tests dans une guillotine (infographie G. Reich, 2018, 455).

De taille, d'entaille et (un peu) d'estoc

Fig. 7.3. Utilisation expérimentale de fac–similés : coup d'épée asséné par un cavalier sur le bouclier d'un fantassin (photographie G. Reich).

Une relecture de la littérature antique s'avère profitable, bien qu'il faille naturellement se défier des inévitables *topoï* véhiculés par les textes. Un appareil critique reste de mise. Ces sources écrites dégagent malgré tout un fil conducteur, ne serait–ce que par le reflet négatif qu'elles peuvent parfois renvoyer (signalement des usages martiaux qui sont étrangers à la culture émettrice). Paradoxalement, si les Hellènes et les Latins ont été diserts au sujet des mœurs des Celtes, pour lesquels les récits d'affrontements abondent, ce ne sont pas tant leurs techniques martiales barbares qui suscitent l'étonnement, mais plutôt les prolégomènes au combat, leurs conceptions tactiques ou les us après la bataille. Il y a donc vraisemblablement, au cours des derniers siècles précédents notre ère, des ponts entre ces cultures, au moins pour ce qui relève de la façon de manier les armes (machélogie).

Suivant cette même logique, le recours à l'ethnoarchéologie s'est montré du plus vif intérêt. Cette démarche offre l'avantage majeur de fournir un référentiel comparatif, valable dans un cadre culturel déterminé, mais parfois transposable, au moins sur certains aspects, aux sociétés celtiques. Ces parallèles permettent de passer de l'objet inanimé à l'arme en mouvement, grâce à des informations d'une autre nature que sont les témoignages directs ou indirects, oraux ou écrits, constitués par des anthropologues et des ethnographes auprès de populations « traditionnelles » vivant actuellement ou de cultures fraîchement disparues. Ils sont un support de réflexion pour comprendre les divers traitements auxquels l'armement a pu être soumis, de sa conception à son abandon : techniques de fabrication ou de réparation, usages au combat, pratiques cultuelles. Les rapprochements avec d'autres cultures anciennes ont pu pareillement s'avérer fructueux, notamment dans la description du cadre d'une bataille ou l'énoncé d'un rite religieux.

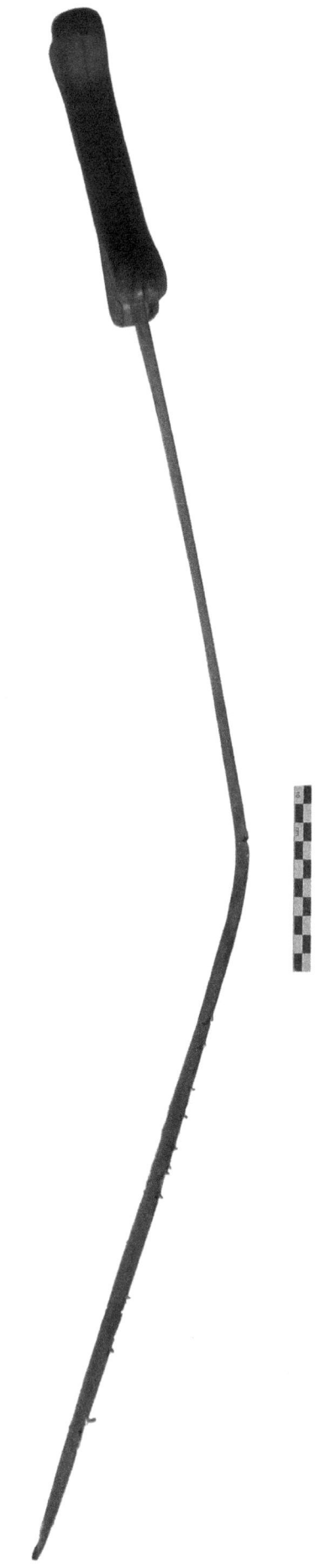

Fig. 7.4. Ploiement en zone médiane d'une épée reconstituée (photographie G. Reich).

Fig. 7.5. Ébréchures avec gauchissements sur la région médio–distale d'une réplique d'épée laténienne (photographie G. Reich).

La mise en branle de l'armement a été instinctive, appuyée par trois axes essentiels au développement d'une « archéologie du geste ». Premier axe : la prise en compte de lois biomécaniques. Les aptitudes et les limites du corps humain sont similaires chez l'expérimentateur contemporain (à condition d'être physiquement préparé) et le guerrier laténien. Deuxième axe : l'usage des mathématiques appliquées et les considérations liées à l'ingénierie des matériaux. En d'autres termes, les propriétés dynamiques et les caractéristiques intrinsèques des armes peuvent être appréciées. Répondant à des lois physiques, elles n'ont pas bougé depuis la Protohistoire. Troisième axe : l'emploi de l'anthropologie et de la médecine légale. Certains sites du Second âge du Fer, à commencer par La Tène ou Ribemont–sur–Ancre, ont fait l'objet d'investigations ostéologiques poussées permettant d'identifier les zones préférentiellement atteintes (blessures mortelles ou incapacitantes) sur les squelettes humains (Jud, Alt 2009 ; Ricard 2014 ; Thiol 2002). La médecine légale disponible pour des périodes plus récentes offre un aperçu des réactions des tissus mous face à des armes blanches et fournit des comparaisons pertinentes avec les lésions susceptibles d'être produites par des armes laténiennes.

Une fois les armes employées, il reste à récolter les fruits de l'expérimentation, c'est–à–dire comparer les traces macroscopiques et microscopiques produites sur les fac–similés aux traces observées sur des armes issues de contextes archéologiques. Les ensembles funéraires (tombes individuelles ou nécropoles) sont ici d'un intérêt restreint. Les sites considérés comme des « sanctuaires » sont déjà plus intéressants, mais aussi plus problématiques, car après tout, leur caractérisation n'est pas si évidente. C'est à ce stade qu'intervient l'archéologie des champs de bataille, dont l'avantage nous paraît indéniable : les armes retrouvées sur un théâtre d'opérations identifié (par exemple Alésia ou Kalkriese), si elles sont sujettes à des altérations, ont de fortes chances d'avoir été altérées accidentellement par leur simple usage au combat. Si les armes expérimentales présentent des traces de destruction proches de celles observées sur les champs de bataille, cela permet de confirmer que l'usage qui en a été fait est plausible. Il ne reste alors plus qu'à confronter l'ensemble de ces armes, dans des contextes connus (expérimentalement : combat ; archéologie des champs de bataille : guerre), aux artefacts originaux du site de La Tène. Si les traces sont comparables – et elles le sont ! – c'est un indicateur précieux sur la fonction et la nature du gisement éponyme.

Notable avantage de cette démarche pluridisciplinaire : la possibilité de dégager des pistes plausibles à partir de faisceaux d'indices convergents ; c'est–à–dire que si plusieurs chemins, relevant notamment de procédés rationnels variés (strictement factuels, mesurables, vérifiables et objectifs), amènent au (x) même(s) constat(s), il est probant que cela puisse être établi en règle applicable. Plus concrètement : des résultats confirmés simultanément, par l'expérimentation grâce à des fac–similés, l'ingénierie des matériaux et les mathématiques appliquées, sont plutôt sous de bons augures et favorisent la projection de l'hypothèse de travail initiale sur les artefacts originaux. Sans nier qu'il puisse survenir marginalement à un moment ou à un autre de l'entreprise, l'empirisme est ici globalement gommé par la multiplication des approches, tout comme le sont d'ailleurs les fantasmes et autres paradigmes culturels. Trois biais potentiels ont naturellement été redoutés : le lissage excessif des données (*i. e.* croire que parce que trois chats d'une portée sont gris, le quatrième l'est nécessairement), le raisonnement circulaire (c'est–à–dire justifier d'un même élan causes et conséquences) et la faiblesse potentielle de l'interdisciplinarité (l'addition de deux compétences maîtrisées à moitié ne donne pas une maîtrise complète). Il nous semble qu'ils ont été évités par trois moyens : *primo*, une rigoureuse prudence, parfois peut–être excessive, se contentant d'élaborer des scénarios minimalistes dans certains cas (amenant par ailleurs son lot de frustrations); *secundo*, la généralisation d'une idée uniquement à partir de la réunion d'une majorité de données tangibles, ou *a minima* étayée par la combinaison d'arguments « empiriques » et de solides témoignages; *tertio*, le concours de multiples personnes aux compétences affirmées (ingénieurs, mathématiciens, restaurateurs, forgerons, paléométallurgistes, *etc.*).

7.2 Les traces de destruction sur les épées de La Tène

Le cadre restreint de cette communication ne permet pas de résumer l'intégralité d'une recherche menée académiquement depuis plus d'une décennie sur un site clé du Second âge du Fer. Le lecteur voudra bien nous pardonner de focaliser sur quelques aspects succincts et d'en livrer une brève exégèse; pour les démonstrations complètes, nous renvoyons à notre thèse de doctorat susmentionnée et à nos travaux déjà publiés (par exemple Reich 2020).

Cinq familles de traces ont été repérées sur le matériel laténien : 1. les bris et les fragmentations; 2. les ébréchures; 3. les perforations; 4. les écrasements; 5. les courbures. Un vocabulaire descriptif normalisé a été établi de façon à préciser la morphologie exacte d'un sous–type de trace à la seule mention de son nom. Notons que les expérimentations effectuées avec des objets précis (armes ou outils) déposent une signature caractéristique sur les alliages ferreux. Le bilan comparatif entre les marques issues du corpus expérimental et celles visibles sur les *militaria* originaux nous permet de préciser qu'aucune trace de destruction sur les armes de La Tène (à part sur un fer d'arme d'hast de provenance douteuse) n'est une mutilation rituelle. Les traces d'origine anthropique apposées sur l'armement sont produites par d'autres armes; et l'on ne peut envisager sérieusement un simulacre de combat à seule fin de détériorer légèrement les armes.

1. Le constat est sans appel : seuls les processus taphonomiques liés à l'abandon ou les produits de corrosion réactivés depuis la découverte de l'arme justifient la fragmentation des épées.

2. Si certaines ébréchures peuvent avoir être créées par la corrosion suite à l'abandon des épées, tout porte à interpréter ces marques comme produites accidentellement par la rencontre de deux armes dans le cadre d'un combat. En effet, un premier point essentiel, c'est que les ébréchures s'observent quasi exclusivement sur les armes offensives (épées et armes d'hast). Un second aspect primordial, c'est que ces marques ont tendance à se répartir sur les parties « attendues » selon la logique martiale. Ainsi, il apparaît nettement que les stigmates sur les lames d'épées sont majoritairement concentrés dans les zones médio–distales à distale (région où les coups peuvent être assénés avec le plus de force et où le matériau encaisse les chocs sans être fragilisé) (Fig. 7.6; Fig. 7.7). Ces ébréchures sont, dans la majeure partie des cas, d'une faible profondeur :

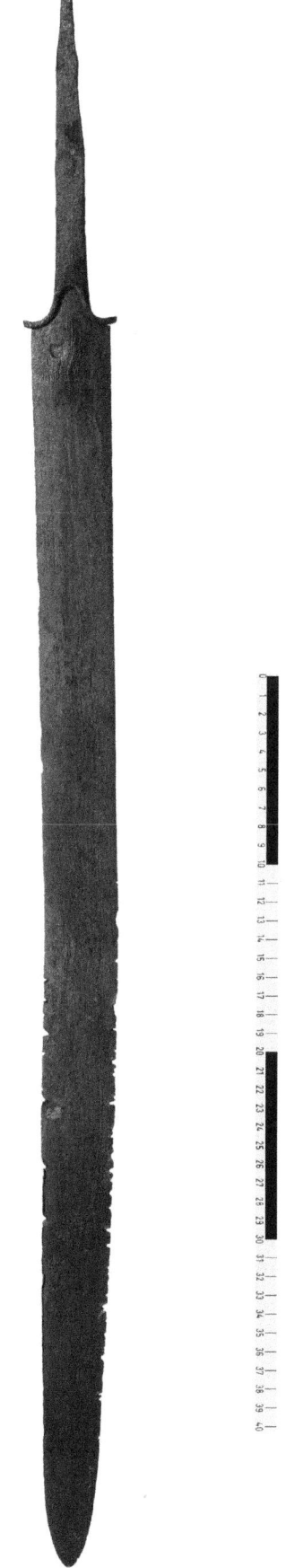

Fig. 7.6. (à gauche). Épée n° 2745 de La Tène avec série d'ébréchures concentrées dans la partie médio–distale de la lame, NMB Nouveau Musée Bienne, collection Musée Schwab (photographie Service archéologique du canton de Berne, B. Redha).

Fig.7.7. (à droite). Zoom sur les ébréchures avec gauchissements de l'épée n° 2745 de La Tène, NMB Nouveau Musée Bienne, collection Musée Schwab (photographie Service archéologique du canton de Berne, B. Redha).

il s'agit surtout d'encoches inférieures à 2 millimètres ou d'entailles inférieures à 5 millimètres.

De manière générale, nous restons dubitatifs face à l'interprétation de telles traces comme marques produites volontairement. En effet, ces traces fugaces ne neutralisent aucunement l'arme dans ses usages martiaux. Ainsi, au-delà d'être localisées dans les parties actives des armes offensives, les ébréchures n'ont pas grand-chose en commun avec les cas les plus manifestes de destructions rituelles observés sur d'autres sites archéologiques, tant en termes d'intensité qu'en termes de fréquence.

Le repérage de menues ébréchures sur des épées logées dans des fourreaux (au moment de la découverte du site) est un argument de poids dans l'interprétation de ces épées comme armes fonctionnelles utilisées dans au moins un combat avant le dépôt, même plusieurs années auparavant. Les gauchissements qui devaient ourler ces traces ont disparu dans de nombreux cas, supposant un entretien et une réparation des épées, notamment par l'affûtage. En effet, l'ajustement précis des plaques du fourreau directement sur la lame de l'épée empêche de replacer dans la gaine une épée présentant un débord, même délicat.

3. Aucune arme de La Tène, *a fortiori* nulle épée du site suisse, n'est affectée par une perforation.

4. Les écrasements sur les armes de poing semblent présenter une origine anthropique. Quelques épées présentent des écrasements avec tassements faibles de matière, répartis entre des enroulements, des froissements et des ondulations, associés à des ébréchures. Ces traces font penser aux marques produites par des chocs contondants, contre une hampe de lance ou le pourtour d'un bouclier (éventuellement doté d'orles métalliques).

5. Les destructions volontaires apparaissent comme très peu probantes au regard de la faible intensité des altérations. Il n'y a rien de l'acharnement constaté sur d'autres sites, où les courbures peuvent être extrêmement prononcées, avec des enroulements complets. Il n'y a pas le caractère systématique des déformations sciemment infligées aux artefacts. Des altérations liées à la taphonomie (chute après exposition, corrosion, compression sédimentaire) sont envisageables. Toutefois, ce qui semble prévaloir dans cet ensemble, ce sont des déformations trop subtiles pour être le fruit d'un acharnement délibéré sur les armes, mais trop prononcées pour être le résultat du seul abandon des armes. Rien ne permet d'écarter définitivement ces causes, mais elles apparaissent comme peu plausibles.

Le corpus invite plutôt à lire les courbures sur les armes comme résultant de l'utilisation « normale ». Dans la plupart des cas, les plis visibles sur les épées peuvent résulter de différents phénomènes survenant fréquemment dans le cadre de l'utilisation martiale des armes, s'expliquant aisément par des coups et des piégeages dans un corps physique, par exemple en se fichant dans un bouclier. La translation rapide du bouclier par l'adversaire est de nature à ployer ou à vriller la lame. Dans quelques cas, une chute a pu provoquer le ploiement d'une épée placée dans son fourreau. Lors du ploiement, la lame a pu légèrement se retirer de la gaine. Plusieurs épées semblent avoir fait l'objet de redressements anciens, sans qu'il soit toujours possible de préciser si ces derniers ont été effectués à l'époque laténienne ou à leur découverte.

Il résulte de ces observations que toutes les traces de destruction sur les épées du site de La Tène peuvent être produites accidentellement dans le cadre d'un combat. C'est d'ailleurs un constat similaire qui est effectué pour les autres composantes de l'armement : fourreaux, fers et talons d'armes d'hast, boucliers.

7.3 Des traces aux gestes : proposition de restitution de quelques techniques de combat à l'épée

Soulever la question des utilisations des épées, c'est tenir compte des contraintes qui ont prévalu à leur élaboration et comprendre que des variations *a priori* minimes sont importantes, comme la forme de la croisière, la taille de la poignée, la physionomie de l'extrémité distale ou encore la présence d'une nervure médiane. C'est identifier le rôle du fourreau et du système de suspension dans le cadre du combat, comprendre l'articulation conjointe de l'épée avec les autres armes (notamment le bouclier) ou percevoir le rôle de l'épéiste au sein d'un groupe de combattants. Plus globalement, apprécier l'efficacité de cette arme de poing, c'est entr'apercevoir l'évolution des techniques martiales et repérer l'existence de « types de guerriers » dont les panoplies sont confortées par l'analyse typo–chronologique.

Relativement longue, on concède volontiers que l'épée laténienne soit pensée pour frapper de taille en faisant usage franc de ses deux tranchants parallèles (symétrie axiale de l'arme). Lorsque l'épée est tenue à la verticale, pointe vers le haut, le taillant tourné vers l'adversaire est nommé vrai tranchant, tandis que le fil de la lame orienté vers l'escrimeur est le faux tranchant. Le plat étroit et la section fréquemment lenticulaire de sa lame favorisent l'aérodynamisme : l'épée n'a qu'une prise à l'air réduite lors des mouvements rotatifs. Cette impression d'une arme prévue pour la taille est confortée par la prise en compte des propriétés dynamiques de l'épée (Fig. 7.8). Ces dernières rendent compte de son usage appliqué : l'arme n'est pas conçue comme un objet immobile.

La masse globale de l'épée a un impact sur sa mobilité ainsi que sur son efficacité dans la défense et l'attaque. La répartition de la masse est plutôt homogène sur les épées laténiennes mesurées. Le point d'équilibre se trouve approximativement au milieu de la longueur totale de l'épée, soit en région médiane, entre le faible et le fort de la lame. Cela permet de confirmer que les épées de La Tène sont des armes adaptées aux frappes de taille, mais dont l'emploi requiert une force importante et beaucoup d'énergie. Le meilleur moyen de combler ce défaut énergivore est d'adopter un style de combat dynamique avec d'amples gestes « lancés ». L'inertie rotationnelle emporte l'arme. L'épée sollicite un peu de force lors du premier coup, puis une fois mise en mouvement, la lame se manie aisément.

Les points de pivot, ou plutôt les centres d'oscillation associés à un point se produisent par paires et sont une conséquence de l'inertie rotative de l'épée. Un point mesuré sur la longueur de la poignée possède un point correspondant dans la lame. En d'autres termes, si la poignée est déplacée latéralement d'avant en arrière, un endroit de la lame reste immobile. Les emplacements de ces centres d'oscillation associés à un point fournissent des informations importantes sur la façon dont l'épée réagit aux changements de mouvements. Un point de pivot avant placé en région médio–distale à distale, assez proche de la pointe, comme c'est le cas sur les exemplaires laténiens, favorise l'usage de la taille. La partie distale est maintenue dans une même zone lors d'un mouvement rotatif de la main. Ainsi, lors d'un déplacement latéral de la poignée, le fort de l'épée dessine un cône dont la pointe en est le sommet, couvrant ainsi les ouvertures et maintenant l'adversaire sous la menace d'une estocade, tout en permettant à l'épéiste de ramener rapidement sa lame en cas de besoin.

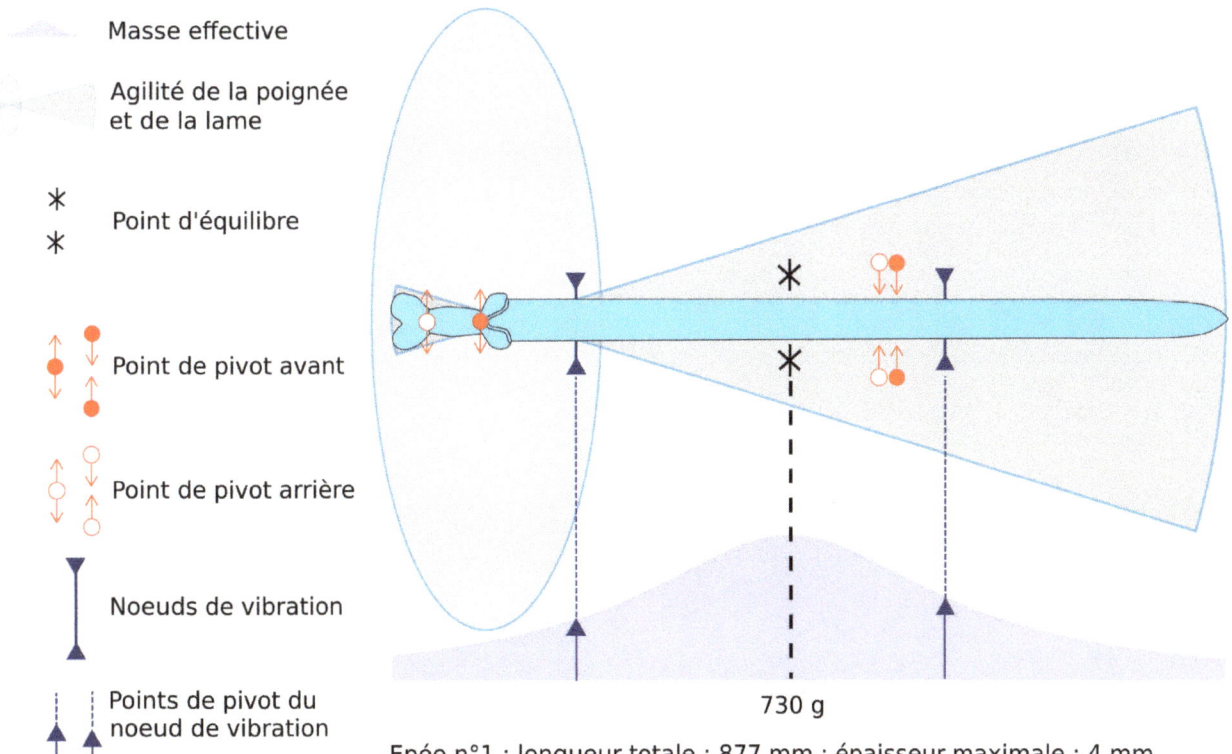

Épée n°1 : longueur totale : 877 mm ; épaisseur maximale : 4 mm.

Fig. 7.8. Propriétés dynamiques mesurées sur une réplique d'épée réalisée d'après un exemplaire de La Tène (infographie G. Reich, 2018, 418).

Quand une épée frappe ou est entrechoquée, elle vibre. Il y a deux endroits principaux dans l'épée où les vibrations sont annulées. Ces zones sont appelées « nœuds de vibration ». Sur les épées de La Tène, le nœud vibratoire de la lame est situé en région médio–distale, soit environ aux trois quarts de l'épée. Il correspond sur le plan physique à la zone de résilience, c'est-à-dire l'emplacement sur la lame où la matière absorbe le mieux l'énergie d'un choc. Un emploi optimal de l'arme, pour asséner des coups particulièrement puissants, privilégie le positionnement de la main au niveau du nœud vibratoire de la poignée. Cela s'accorde dans le cas présent avec notre proposition de saisie de l'épée avec un doigt placé dans le creux de la croisière; une préhension justifiant le développement de ces croisières en « chapeau de gendarme » (Fig. 7.9).

De même, la zone de frappe privilégiée correspond à la zone de résilience. Pour frapper de taille, c'est le tranchant de la région médio–distale qui est employé. C'est peu ou prou la distance qu'estiment les yeux et le bras lors d'une frappe instinctive avec n'importe quel objet contondant.

Les caractéristiques physiques de l'épée laténienne confirment son utilisation presque instinctive. Les coups de taille à l'épée laténienne se répartissent au minimum

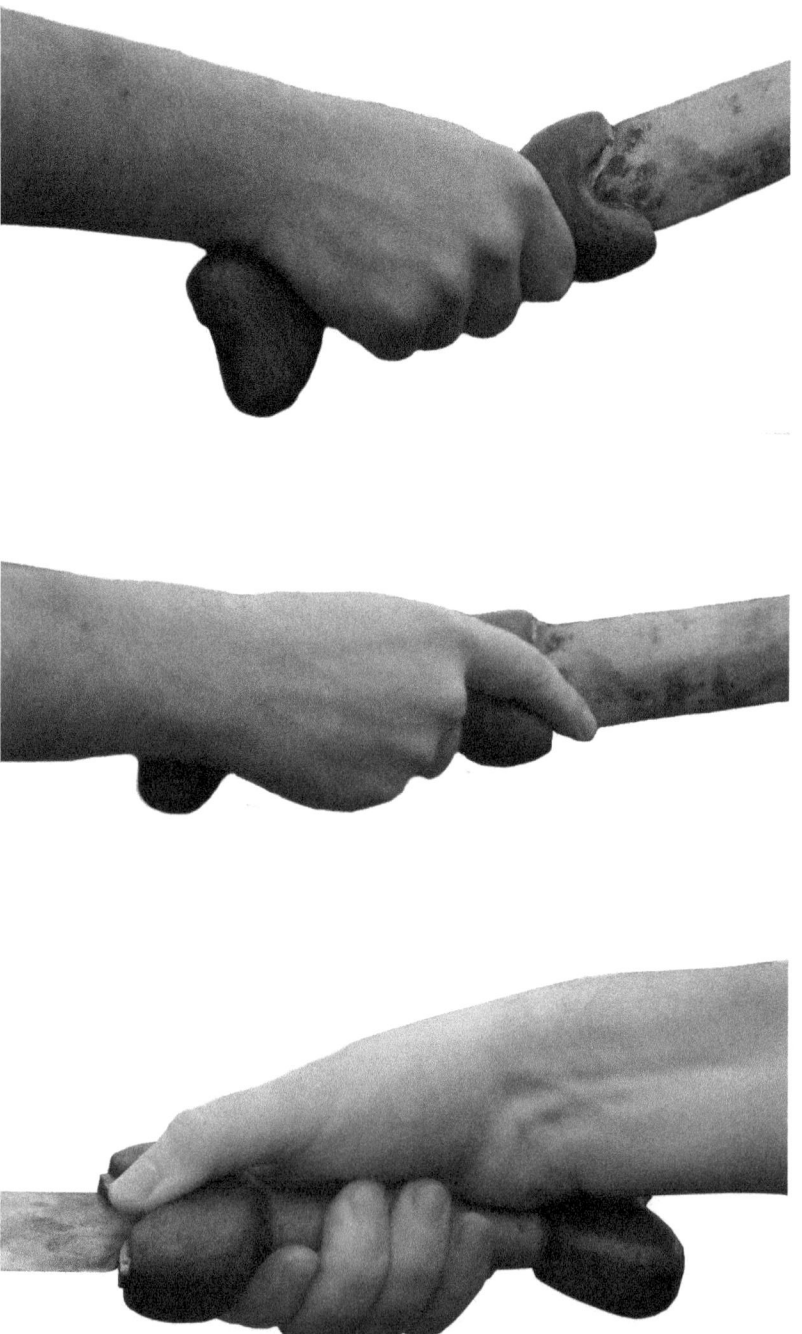

Fig. 7.9. Différentes hypothèses de préhension de l'épée laténienne. En haut, préhension normale ou classique. Au milieu, préhension avec index sur la croisière. En bas, préhension avec pouce sur la croisière (infographie G. Reich, 2018, 419).

sur quatre axes, dont chacun est défini par deux trajectoires (de haut en bas et de bas en haut). Ces frappes circulaires correspondent donc à une base d'au moins huit coups offensifs.

Avec sa croisière frêle, d'ailleurs pas systématique, l'épée laténienne n'est vraisemblablement pas utilisée dans le cadre d'une escrime de liage. Si elle ne comporte pas de véritable garde, cela ne peut toutefois pas permettre d'exclure le recours à la parade – occasionnelle ou fréquente – avec le fort de la lame d'un coup porté par un adversaire muni d'une épée ou d'une arme d'hast. Néanmoins, le rôle défensif semble être surtout assuré par le bouclier et le choc d'une lame contre une autre épée n'a rien de systématique. L'usage de l'épée se fait donc selon une gestuelle fluide et naturelle, classique en escrime, avec la seule main droite. Ces mouvements amples se heurtent à une difficulté : la présence du bouclier. Cette complexité martiale que constitue le cône de protection du bouclier peut être contournée par la préhension particulière de l'épée déjà mentionnée, c'est-à-dire en plaçant le pouce ou l'index dans le creux de la croisière. La lame peut ainsi être davantage inclinée que dans une simple saisie en « marteau », c'est-à-dire avec les doigts repliés autour de la poignée. La préhension est également plus souple. Ainsi, dans les mouvements amples, le passage du vrai tranchant au faux tranchant se fait aisément et l'épée peut véritablement tournoyer autour des bords du bouclier.

Il faut préciser ici que tous les éléments coïncident pour une utilisation optimale de la partie médio–distale de la lame. C'est donc assez logique que cette zone, la plus efficiente de l'épée laténienne (c'est-à-dire l'endroit où la lame est la plus vulnérante et la moins vulnérable), soit préférentiellement affectée par les altérations relevées plus haut (ébréchures et courbures).

L'extrémité distale de l'épée est pointue sans être acérée. Ce profil n'empêche pas la pénétration efficace dans les chairs. Sur les exemplaires standards du gisement éponyme, l'utilisation occasionnelle de l'estoc ne peut être écartée, mais son recours n'a rien d'une action systématique ou préétablie. L'estocade linéaire peut être exceptionnellement placée quand l'occasion se présente : une frappe axiale visant le corps sur une ligne « centrale », soit à l'horizontale, soit du bas vers le haut, soit du haut vers le bas crée la surprise chez l'adversaire.

En fait, cette pointe globalement « ogivale », avec ses contours curvilignes, peut s'expliquer par le fait que l'épée soit également une arme d'entaille, c'est-à-dire destinée à frôler, à zébrer, à balafrer l'adversaire. Cette morphologie la prédisposant à entailler est particulièrement adaptée à la gestuelle ample de l'épéiste.

En prenant en considération ces caractéristiques de l'épée laténienne, le principe général de la conception du fourreau apparaît clairement. Stabilisé lors du déplacement – marche ou course – grâce à un système de suspension semi–rigide, ce fourreau correspond à une spécificité et un avantage martial du guerrier gaulois. L'étui métallique est placé sur le flanc droit du guerrier pour que le dégainement de l'épée avec la main droite ne soit pas perturbé par la présence du bouclier tenu dans la main gauche. Cependant, l'action de dégainer est plus qu'un simple retrait de l'arme de sa gaine : elle nous semble être la phase préliminaire à l'offensive, une sorte de « rampe de lancement » pour mettre en mouvement l'arme de poing (Fig. 7.10).

À cheval, les mouvements à l'épée sont plus limités en raison de l'assise du cavalier. Les coups sont surtout assénés du haut vers le bas en visant les membres supérieurs de l'adversaire. Des coups de bas en haut, très amples, peuvent aussi être donnés par le cavalier, ainsi que des « fauchages » latéraux. À ce titre, il faut signaler que, juché sur une monture dont la hauteur au garrot est proche de celle des poneys contemporains, le guerrier n'a aucun mal, en se penchant de quelques degrés, à atteindre le sol avec la pointe de son épée (le risque de déséquilibre est quasiment nul, surtout pour des hommes entraînés). Un rappel est aussi nécessaire : ce sont les membres supérieurs et le tronc de l'adversaire, protégeant les organes vitaux, qui sont prioritairement ciblés lors des frappes. Le classement suivi depuis plus d'un siècle,

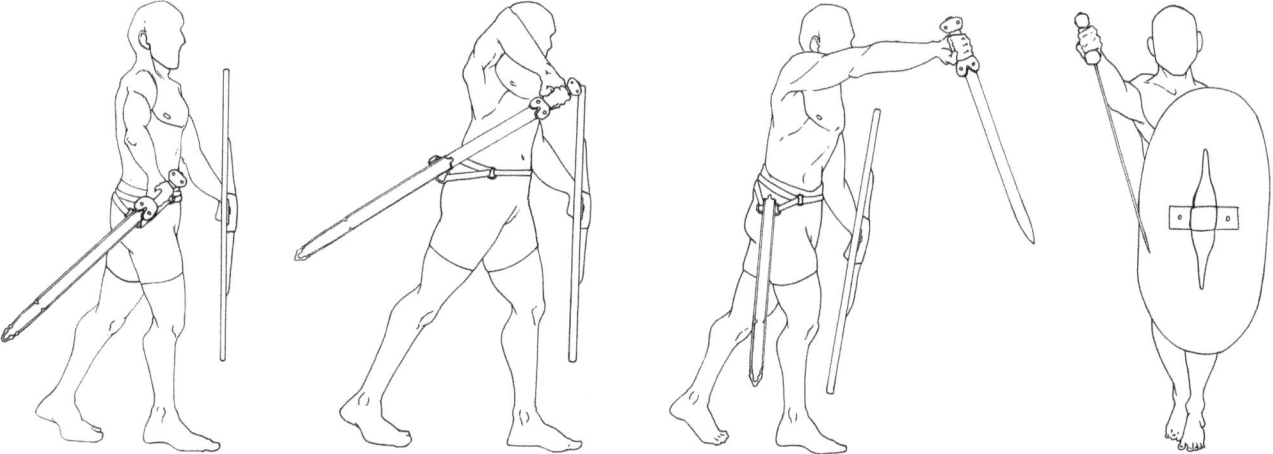

Fig. 7.10. Propulsion de l'épée hors du fourreau lors du dégainement de l'arme et emploi du faux tranchant pour un coup dynamique du bas vers le haut (dessin A. Le Tiran/G. Reich ; infographie G. Reich).

affectant quasi systématiquement les épées longues aux cavaliers, n'offre pas entière satisfaction. Les longueurs plus importantes d'épées nous semblent dénoter davantage des variations dans l'usage (potentiellement équestre) qui en est fait plutôt qu'affirmer leur utilisation par les seuls cavaliers. À ce titre, rappelons que les armes de poing des cavaliers antiques sont loin d'être toujours très allongées.

Ces armes de poing semblent profilées pour un art martial ample, dynamique, véloce, presque aérien, mais exempt de précipitation. Leur maniement instinctif, *a priori* très simple, est optimisé par les vertus de l'entraînement, notamment dans l'articulation technique de l'épée avec les autres composantes de la panoplie – surtout le bouclier à manipule central, actif dans le combat d'infanterie, qui n'oblige pas à avancer l'épée de manière excessive – et le dialogue tactique entre le jeu de l'épéiste et la gestuelle martiale de ses compagnons d'armes. La conception souple de l'épée laténienne lui impose des limites, notamment d'éviter de se ficher dans le bouclier du combattant adverse pour ne pas se fausser – le coup gratuit n'a aucun sens et la frappe enclenchée doit atteindre son but avec certitude. C'est dans la dynamique collective que les carences potentielles de l'épée sont palliées. En effet, il nous semble que c'est en laissant à un lancier le soin de ménager une ouverture dans la défense de l'adversaire par une importante phase proprioceptive avec son arme d'hast que l'épée peut révéler tout son potentiel dans une formation d'infanterie. L'agencement réfléchi des combattants, les espacements entre les guerriers ne cédant rien à l'arbitraire et l'esprit de corps jouent ainsi un rôle capital, qui laisse entrevoir la spécialisation de ces troupes.

Pour conclure, précisons que l'identification et la caractérisation d'un tel site sont un enjeu heuristique majeur (Kaenel 2007) pour d'autres ensembles d'armes laténiennes dont les natures exactes restent encore à définir, à l'instar des lots de Gournay-sur-Aronde et de Ribemont-sur-Ancre. L'analyse tracéologique des armes a permis de confirmer que le site de La Tène est bien un trophée militaire érigé pour commémorer un ou des événements guerriers à l'intervalle LTC1b–LTC2a. Loin d'être un simple festin pour les corbeaux, il s'agit d'une offrande à une ou des divinités celtiques, consacrant par cette opération rituelle une partie ou la totalité des corps des guerriers morts dans la bataille, des armes utilisées au combat prélevées sur les dépouilles et du butin pris dans les bagages de l'ennemi vaincu.

De manière générale, ces résultats sont du plus vif intérêt pour la polémologie, puisqu'ils apportent de nouveaux éléments à la compréhension de l'art de la guerre (éléments techniques et tactiques). Il semble de plus en plus tangible que les principes de la guerre occidentaux ne découlent pas que du modèle hellénistique, comme cela est parfois affirmé, mais héritent aussi de conceptions celtiques, dont les apports réels doivent encore être évalués dans une lecture holistique du fait guerrier.

Bibliographie

Brunaux J.-L., Méniel P., Rapin A. 1980 : Un sanctuaire gaulois à Gournay-sur-Aronde, *Gallia*, 38-1, p. 1–25.

Furger-Gunti A. 1984 : *Die Helvetier : Kulturgeschichte eines Keltenvolkes*, Verlag Neue Zürcher Zeitung, Zürich et Einsiedlen, 180 p.

Hanson V. D. 1990 : *Le modèle occidental de la guerre. La bataille d'infanterie en Grèce classique*, Paris, Les Belles Lettres, 298 p.

Jankuhn H. 1966 : Zur Deutung der Tierknochenfunde aus La Tène, in Degen R. *et al.* (éd.), *Festschrift Emil Vogt. Beiträge zur Prähistorie und Archäologie der Schweiz*, Zürich, Conzett et Huber, Helvetia Antiqua, p. 155–158.

Jud P., Alt K. W. 2009 : Les ossements humains de La Tène et leur interprétation, in Honegger M., Ramseyer D., Kaenel G., Arnold B., Kaeser M.-A. (dir.), *Le site de La Tène : bilan des connaissances – état de la question, Actes de la Table ronde internationale de Neuchâtel, 1–3 novembre 2007, Archéologie neuchâteloise*, 43, Neuchâtel, Office et musée cantonal d'archéologie, p. 57–64.

Kaenel G. 2007 : La Tène : un site archéologique d'envergure européenne, in Betschart M. (dir.), *La Tène. Die Untersuchung – die Fragen – die Antworten / La recherche – les questions – les réponses*, Die Publikation zum Stand der Forschung und ihrer Geschichte, Museum Schwab Biel in Zusammenarbeit mit dem Landesmuseum Zürich, La publication sur l'état de la recherche et son histoire, Musée Schwab Bienne en collaboration avec le Landesmuseum Zurich, Musée Schwab Bienne, Laténium Neuchâtel, Landesmuseum Zürich, Verlag Museum Schwab, Biel, p. 12–16.

Kaeser M.-A. 2013 : Les interprétations du site de La Tène : Des interférences et des parasitages significatifs, in Testart A. (dir.), *Les armes dans les eaux. Questions d'interprétation en archéologie*, Paris, Arles, Errance (Coll. Archéologie aujourd'hui), p. 53–72.

Lejars T. 2013 : *La Tène : la collection Schwab (Bienne, Suisse), La Tène, un site, un mythe, 3*, Lausanne, 2 tomes (Coll. Cahiers d'archéologie romande, 141), 495 p. et 407 p.

Müller S. 1898 : *Nordische Altertumskunde nach Funden und Denkmälern aus Dänemark und Schleswig, 2 : Eisenzeit*, Strassburg, Karl J. Trübner, 557 p.

Müller F. 1992 : La Tène (canton de Neuchâtel) et Port (canton de Berne) : les sites, les trouvailles et leur interprétation, *in* Curdy P., Kaenel G. (éd.), *L'Âge du fer dans le Jura, Actes du XVe colloque de l'Association pour l'Étude de l'Âge du Fer, Pontarlier (France) et Yverdon-les-Bains (Suisse), mai 1991, Cahiers d'archéologie romande*, 57, Lausanne, p. 323–328.

De Navarro J. M. 1959 : Zu einigen Schwertscheiden aus La Tène, in *Berichte der Römisch-Germanischen Kommission*, 40, p. 79–119.

Pittioni R. 1968 : Zur Interpretation der Station La Tène, in Schmid E., Berger L., Bürgin P. (éd.), *Provincialia, Festschrift für Rudolf Laur–Belart*, Basel, Schwabe et Co., p. 615–618.

Raddatz K. 1952: Zur Deutung der Funde von La Tène, *Offa*, 11, p. 24–28.

Reginelli G. 2007 : La Tène revisitée en 2003 : résultats préliminaires et perspectives, in Barral P. *et al.* (dir.), *L'Âge du Fer dans l'arc jurassien et ses marges. Dépôts, lieux sacrés et territorialité à l'âge du Fer. Actes du XXIXe colloque international de l'Association Française pour l'Étude de l'Âge du Fer, Bienne, 5–8 mai 2005*, Besançon, Presses Universitaires de Franche–Comté (Coll. Annales Littéraires de l'Université de Besançon, 826, Série «Environnement, sociétés et archéologie», 11), p. 373–390.

Reich G. 2018 : *Traces d'utilisations et mutilations sur les armes laténiennes* : l'exemple des armes du site de La Tène conservées au *Laténium*, Thèse de doctorat, co–tutelle Université de Strasbourg/Université de Neuchâtel, 1285 p.

Reich G. 2020 : De l'utilisation expérimentale du bouclier laténien : un bref aperçu du bel art de guerre celtique, in *De facto*, 2, p. 23–29.

Ricard J. 2014 : *Représentation du guerrier gaulois à travers les restes osseux découverts dans le sanctuaire de Ribemont–sur–Ancre*, Thèse de doctorat, Université Lumière Lyon 2, 284 p.

Rolle R. 1970 : Zum Problem der Menschenopfer und Kultischen Anthropologie in der vorrömischen Eisenzeit, in *Neue Ausgrabungen und Forschungen in Niedersachsen*, 6, p. 46–52.

Thiol S. 2002 : *Les guerriers gaulois de Ribemont–sur–Ancre (IIIe siècle av. J.–C., Somme). Blessures au combat et traitement du cadavre*, Thèse de doctorat, Université de Bordeaux, 402 p.

Torbrügge W. 1970–1971 : Vor– und frügeschichtliche Flussfunde. Zur Ordnung und Bestimmung einer Denkmälergruppe, in *Bericht der Römisch–Germanischen Kommission*, 51–52, p. 1–146.

Wyss R. 1955 : Funde aus der alten Zihl und ihre Deutung, *Germania*, 33, p. 349–355.

8

Iron spear- and javelinheads from the Archaic sanctuary at Monte Casale, the ancient Kasmenai (prov. Syracuse, southeastern Sicily)

Azzurra Scarci

Post-doc researcher at Römisch–Germanisches Zentralmuseum (Mainz, Germany)

Résumé : L'assemblage le plus important de pointes de lance et de javelots pour la partie occidentale du monde grec a été mis au jour lors des fouilles entreprises en 1929 dans le sanctuaire urbain de Monte Casale (anciennement *Kasmenai*), deuxième *apoikiai* de Syracuse au sud–est de la Sicile. L'objectif de ce court article est de proposer une nouvelle typologie de ces armes offensives en fer et de présenter les résultats préliminaires des analyses du mobilier. La comparaison typologique avec des découvertes provenant du sud de l'Italie, de la Grèce et même de la région danubienne a permis de situer ces pointes de lance et de javelot entre le VIIIe et le Ve siècle av. J.–C.

Mots–clés : Fer de lances et de javelots, Typologie, Armes votives, Sanctuaires, Sicile (sud–est), Période Archaïque

Abstract: The biggest assemblage of iron spear- and javelinheads in all the western Greek world was unearthed during the excavations in 1929 within the urban sanctuary at Monte Casale (ancient Kasmenai), second apoikiai of Syracuse in southeastern Sicily. The aim of this short report is to propose a new typology of these iron offensive weapons and to present the preliminary results of the material analysis. Typological comparisons found in specimens from southern Italy, Greece and even from the Danube area allow us to set these spear- and javelinheads typologically between the 8th and 5th centuries BC.

Keywords: iron spears and javelins, typology, votive weapons, sanctuary, south–eastern Sicily, Archaic time

8.1 Introduction

The development of iron spear- and javelinheads in Archaic and Classical times in southern Italy has not been sufficiently analysed yet. There are few typological studies on this topic, which are based on the analysis of a small number of items (Bottini 1982, p. 51–52; Bottini, Fresa 1991, p. 247–252; La Torre 2002, p. 285–298). On the contrary, this issue has been extensively analysed in the case of specimens from Greece (Snodgrass 1964, p. 115–139; Vokotopulou 1986, p. 300–304; Baitinger 2001, p. 42–53; Kilian–Dirlmeier 2002, p. 135–146; Schmitt 2007, p. 426–466), although no unique typology has been developed so far. These studies provide a large base for comparison with the huge amount of iron spear- and javelinheads recovered within the urban sanctuary at Monte Casale, the ancient city of Kasmenai, in southeastern Sicily (Fig. 8.1).

8.2 The urban sanctuary at Monte Casale and its assemblage of iron spear- and javelinheads

The site on Monte Casale is placed in a strategic position on one of the highest elevations (820 m above sea level) of the Hyblaean Mountains and was founded by Syracuse in 643 BC (Thuc. VI, 5, 2) (Fig. 8.2).

During summer 1929, the excavations in the urban sanctuary in the north–western part of the site recovered the biggest assemblage of iron spear- and javelinheads in all the western Greek world, which is only comparable to the assemblage of the Greek sanctuaries of Kalapodi, Olympia and Philia (Scarci 2021, p. 17).

The weapons were found in three different contexts: inside the temple, all around the temple and inside one or more deposits discovered at the southeastern corner of the so–called *temenos* wall (Orsi, Taccuini 142, 1928; Orsi 1931), (Fig. 8.3) (Scarci 2017, p. 17–18). Unfortunately, the available documentation (inventories and excavation notebooks) hardly allows to identify the original context of each weapon. The quantitative analysis carried out on the assemblage let me to identify more than 300 iron spear- and javelinheads. Since most of these items are in a poor state of preservation, it was impossible to classify them according to typologies based on selective parameters and criteria, which have been previously used for the publication of the Archaic spear- and javelinheads from

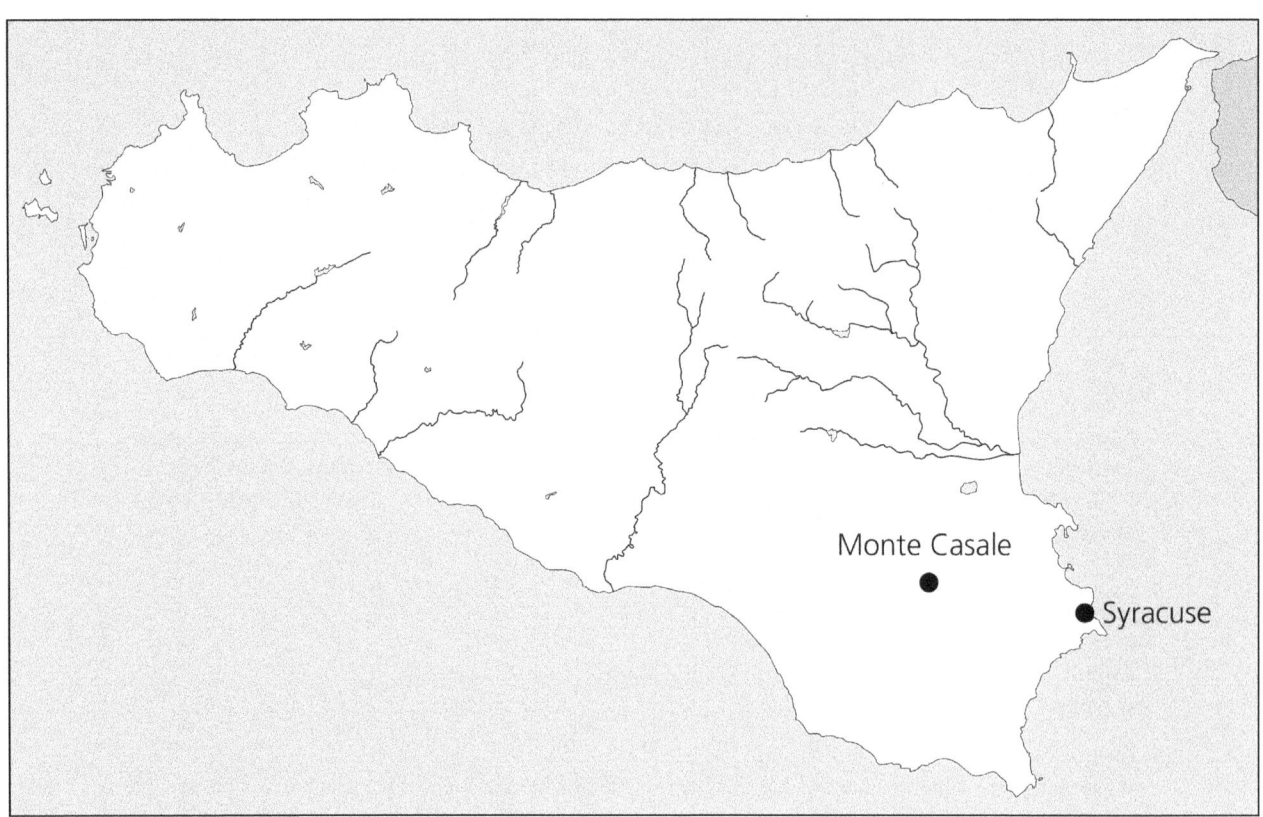

Fig. 8.1. Location of the site of Monte Casale (Map: A. Scarci).

Fig. 8.2. View of Monte Casale during the excavation in 1929 (Photo: R. Carta, Property of Regione Siciliana, Assessorato dei Beni Culturali e dell'Identità siciliana – Department of Cultural Heritage and Sicilian Identity – Superintendence for Cultural and Environmental Heritage of Syracuse – publication granted).

the Greek world. Therefore, a new typology was created based both on Beylier's and Schmitt's typologies. The first dealt with Archaic iron spear- and javelinheads from the north–western Mediterranean (Beylier 2012, p. 72), and on Schmitt's typology, the secon worked on Archaic and Classical iron spear- and javelinheads from the sanctuary of Kalapodi (Schmitt 2007, p. 428–458).

8.3 Typological classification of spear- and javelinheads of Monte Casale

The conservation problems of the iron spear- and javelinheads led me to create a simplified typology based on three criteria: size, shape of the blade and cross–section (Fig. 8.4)

The outcome of this three–criteria combination is a simple and functional code that is easy to read and understand (e.g. 1A1= 1 size – A shape – 1 cross–section).

1) Size:
  1. **small** (7–20 cm) **medium** (21–35 cm)
  2. **large** (36–60 cm)

A. 2) <u>Shape of the blade</u>: **leaf–shaped blade**. The widest part of the blade is located in its lower half. The blade

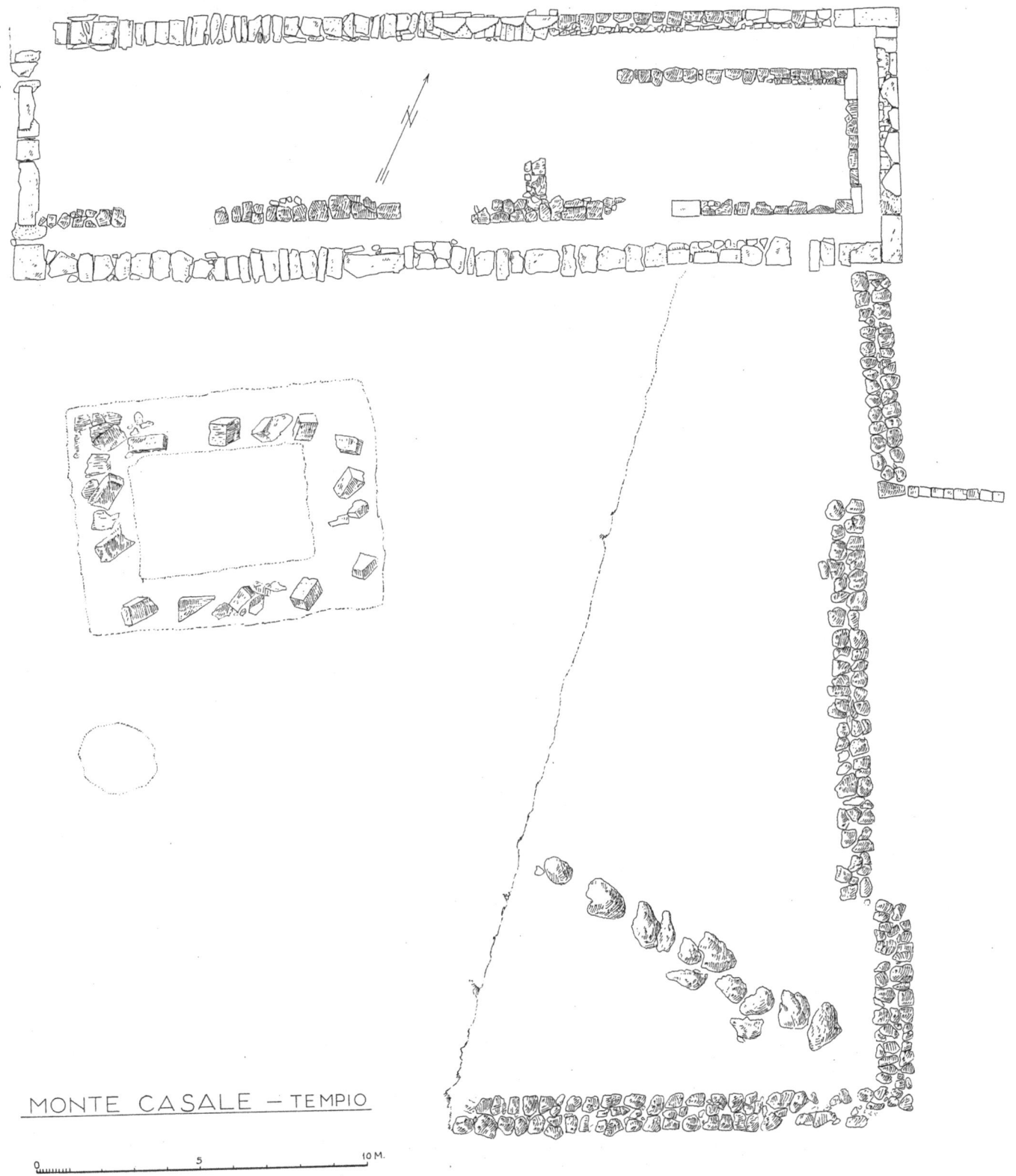

Fig. 8.3. Plan of the urban sanctuary (Drawing: R. Carta, Property of Regione Siciliana, Assessorato dei Beni Culturali e dell'Identità siciliana – Department of Cultural Heritage and Sicilian Identity – Superintendence for Cultural and Environmental Heritage of Syracuse – publication granted).

edges are straight. *Variant 1*: two specular holes at the bottom of the blade

B. **willow leaf–shaped blade**. The widest part of the blade is located in the middle of its length. The blade edges are convex

C. **sub–triangle–shaped blade**. The widest part of the blade is located in its lower half. The blade edges are slightly convex. *Variant 1*: two specular holes at the bottom of the blade

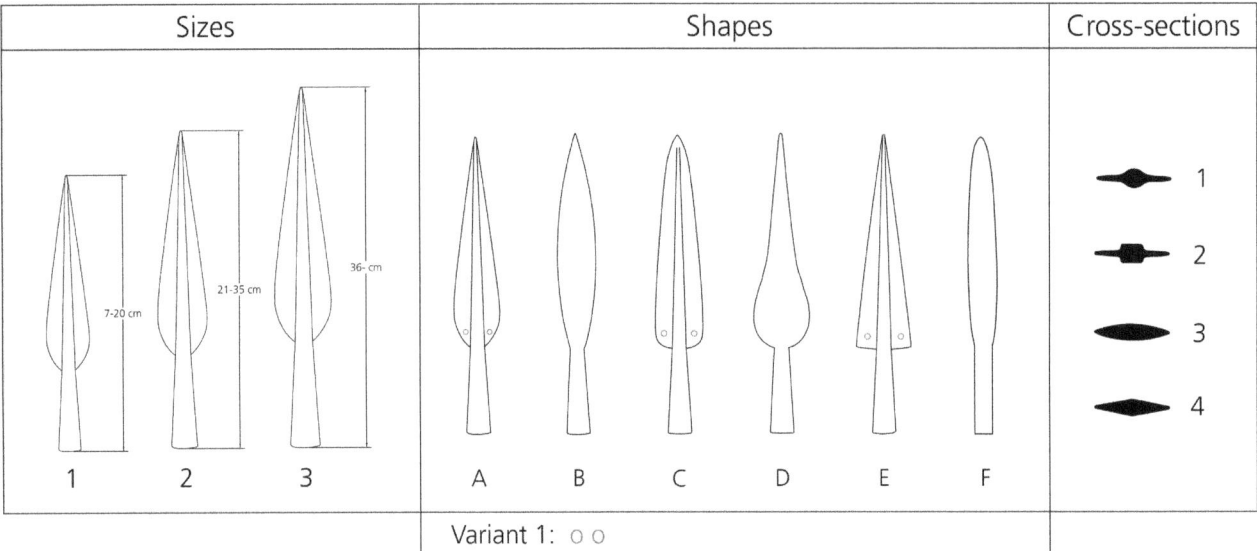

Fig. 8.4. Typological classification of iron spear- and javelinheads from the sanctuary of Monte Casale (Drawing: A. Scarci).

D. **flame–shaped blade**. The widest part of the blade is located in its lower half. The blade edges are convex and concave
E. **triangle–shaped blade**. The widest part of the blade is located in its lower half. The blade edges are straight. *Variant 1*: two specular holes at the bottom of the blade
F. **reed–shaped blade**. The widest part of the blade is located in its lower half. The blade edges are slightly convex.

3) Cross–section:

- Blade with midrib: 1. **round – shaped**; 2. **square – shaped**
- Blade without midrib: 3. **oval – shaped**; 4. **diamond – shaped**

8.4 Preliminary results

The typological analysis of iron spear- and javelinheads from the sanctuary of Monte Casale has showed that more than two hundred specimens are small size, less than a hundred are medium size and about twenty large size.

The shapes A, B and F are the most common and representative: the first usually has a midrib with a round–shaped cross–section (1 A 1 or 2 A 1), sometimes it has no midrib with an oval–shaped cross–section (1 A 3 or 2 A 3), such as the shapes B (1 B 3 or 2 B 3) and F (1 F 3).

These three shapes are very widespread across the Greek world between 6th and 5th century BC according to contextual and stratigraphic analysis (Baitinger 2001, p. 49; Schmitt 2007, p. 433, 438, 441).

On the contrary, shapes C – E are attested in the sanctuary of Monte Casale in less than thirty specimens (e.g. 1 C 3; 2 D 3 or 3 E 1), most of all of medium size. These three shapes find comparisons in central and southern Italy in both bronze and iron specimens, which can be dated to the EIA (Kilian 1970, p. 129–136; Albanese Procelli 1993, *passim*; Chiartano 1994, p. 43–45; Pacciarelli 1999, p. 134 fig. 36; Bietti Sestieri 2006).

Shapes A and C of *variant 1*, which are characterised by two specular holes at the bottom of the blade, are very close to the bronze spearheads found in numerous burials and hoards of Iron Age in Campania, Basilicata, Calabria and Sicily (Baitinger 2013, p. 232–234 notes 604–609).

Particularly interesting are 10 iron specimens (shapes A, C and E) belonging to *variant 1* (Fig. 8.5), which were found in the sanctuary. They currently find only three iron comparisons in southern Italy: one spearhead from an EIA burial in Santa Maria d'Anglona (Basilicata), (Frey 1991, p. 26 pl. 27B, n. 1), and two spearheads from the Punic necropolis in Palermo (the specimens are sporadic and therefore not datable) (Tisseyre 1998, p. 361, 369–369 nn. Z8 – Z9).

Other few iron specimens belonging to *variant 1* have been discovered in the surroundings and within the sanctuary of Olympia in Greece, these are certainly to be considered imports from southern Italy (Baitinger 2001, 48 pl. 28, n. 748; Deicke 2011, p. 151 nn. 22 fig. 64, nn. 11–12). Much more numerous are the locally produced iron spear- and javelinheads (shape A) of the Danube area in the Urnfield period (Deicke 2011, p. 151 fig. 64), (Fig. 8.6), which proves that such variant was also known and used outside Italy and in an earlier period. The link between the Danube area and southern Italy as well as the function of the two holes will be the subject of future investigations.

In conclusion, based on this quick typological analysis it appears that the assemblage of spear- and javelinheads from the urban sanctuary of Monte Casale can be chronologically placed between the 8th and 5th century BC.

Iron spear- and javelinheads from the Archaic sanctuary at Monte Casale

Fig. 8.5. Some iron spear- and javelinheads belonging to variant 1 (Photo: A. Scarci).

Fig. 8.6. Distribution map of iron spear- and javelinheads belonging to variant 1 (Map: A. Scarci. The sites in the map are mentioned in the text).

Bibliography

Albanese Procelli R. M. 1993 : *Ripostigli di bronzi della Sicilia nel Museo Archeologico di Siracusa*, Palermo, Accademia Nazionale di Scienza, Lettere e Arti, 344 p.

Baitinger H. 2001 : *Die Angriffswaffen aus Olympia.*, Berlin, W. de Gruyter, (Olympische Forschungen, 29), 257 p.

Baitinger H. 2013 : Sizilisch–unteritalische Funde in Griechischen Heiligtümern. Ein Beitrag zu den Votivsitten in Griechenland in spätgeometrischer und archaischer Zeit, *JRGZM*, 60, 153–296.

Beylier A. 2012 : *L'armement et le guerrier en Méditerranée nord–occidentale au premier âge du fer*, Lattes, UMR 5140 du CNRS « Archéologie des Sociétés Méditerranéennes » (coll. Monographies d'archéologie méditerranéenne, 21), 500 p.

Bietti Sestieri A. M. 2006 : Fattori di collegamento interregionale nella prima età del Ferro: indizi di un'ideologia condivisa, legata alle armi, dal Lazio meridionale alla Puglia, *rivista di Scienze Preistoriche*, 56, p. 505–533.

Bottini A. 1982 : *Principi guerrieri della Daunia del VII secolo. Le tombe principesche di Lavello*, Bari, De Donato, 125 p.

Bottini A., Fresa M. P. 1991 : *Forentum II. L'acropoli in età classica*, Venosa, Edizioni Osanna, 144 p.

Chiartano B. 1994 : *Le necropoli dell'età del Ferro dell'Incoronata e di S. Teodoro (scavi 1978–1985)*, Galatina, Congedo, 123 p.

Deicke A. J. E. 2011 : Studien zu reich ausgestatteten Gräbern aus dem urnenfelderzeitlichen Gräberfeld von Künzing (Lkr. Deggendorf, Niederbayern), *JRGZM*, 58, p. 1–188.

Frey O. –H. 1991 : *Eine Nekropole der frühen Eisenzeit bei Santa Maria d'Anglona*, Galatina, Congedo, (Deputazione di Storia Patria per la Lucania. Quaderni di archeologia e storia antica, 1), 106 p.

Kilian K. 1970 : *Archäologische Forschungen in Lukanien, III. Früheisenzeitliche Funde aus der Südostnekropole von Sala Consilina (Provinz Salerno)*, Heidelberg, F. H. Kerle, 303 p.

Kilian–Dirlmeier I. 2002 : *Kleinfunde aus dem Athena Itonia–Heiligtum bei Philia (Thessalien)*, Bonn, R. Habelt, (Monographien des Römisch–Germanischen Zentralmuseum, 48), 291 p.

La Torre G. F. 2002 : *Un tempio arcaico nel territorio dell'antica Temesa. L'edificio sacro in località Imbelli di Campora San Giovanni*, Roma, Bretschneider, (Corpus delle stipi votive in Italia 14. Archaeologica, 133), 388 p.

Orsi P. 1931 : Notiziario archeologico sulla Sicilia orientale, *Mondo Classico I*, p. 50–51.

Pacciarelli M. 1999 : *Torre Galli. La necropoli della prima età del Ferro (scavi Paolo Orsi 1922–23)*, Soveria Mannelli (CT), Rubettino, 415 p.

Scarci A. 2017 : Ergasteria e produzione di armi nei santuari greci, in Graells i Fabregat R., Longon F., Zuchtriegel G. (dirs), *Le armi di Athena : il santuario settentrionale di Paestum*, Catalogue d'exposition, Paestum, Parco Archeolgico di Paestum, 2017–2018–25 novembre–31 mars, Paestum, Arte'm, p. 197–206.

Scarci A. 2021 : Iron and bronze weapons from the sanctuary at Monte Casale (Syracuse) as' ex voto par transformation, ex voto par destination, in Bardelli G., Graells i Fabregat R. (ed.), *Ancient weapons. New research perspectives on weapons and warfare. Proceedings of the Internation Conference – Mainz, September 20th–21th 2019*, Mainz, Verlag des Römisch–Germanischen Zentralmuseums p. 13–29.

Schmitt H. –O. 2007 : Die Angriffswaffen, in Felsch R. C. S. (ed.), *Kalapodi II. Ergebnisse der Ausgrabungen im Heiligtum der Artemis und des Apollon von Hyampolis in der antiken Phokis*, Mainz, von Zabern, p. 423–551.

Snodgrass A. M. 1964 : *Early Greek Armour and Weapons from the End of the Bronze Age to 600 B.C.*, Edinburg, University Press, 280 p.

Tisseyre P. 1998 : Armi, in *Palermo punica. Museo Archeologico Regionale Antonino Salinas, 6 dicembre 1995–30 settembre 1996*, Palermo, Sellerio, p. 360–370.

Votokopoulou I. 1986 : *Vitsa. Ta Nekrotapheia mias Molossikis Komis Athina*. Tomos A, Athina, Tameio Archaiologikon Poron kai Apallotrioseon, 397 p.

9

Réflexions autour des armes de Colle del Forno

Rita Solazzo
Doctorante à l'Université Paris 1 Panthéon Sorbonne, UMR 8215, Trajectoires

Maria Luisa Agneni
Directrice scientifique et administrative du musée Fara in Sabina (RI, Italie)

Résumé : Le site de Colle del Forno est une nécropole associée à l'habitat d'*Eretum* dans la vallée du Tibre méridionale en Italie centrale, territoire des sabins. Elle a livré près de 200 sépultures datées de la création de la cité jusqu'à la période orientalisante et constitue la dernière demeure de dix générations d'habitants. Le but de ce travail est de présenter un ensemble d'armes composé de quatre épées et d'une pointe de lance, mises au jour lors des fouilles réalisées entre 2003 et 2008. Ces armes, sans doute liées aux figures des guerriers sabins, constituent des éléments caractéristiques de la panoplie militaire du guerrier sabin. Toutefois, la présence d'un trône et d'un char associée au dépôt témoigne d'un certain statut social bien éloigné de celui de simple soldat. Au travers de ces quelques lignes, les auteures présentent l'importance de leur contexte de découverte dont l'état de conservation interdit, pour l'instant, d'en réaliser l'étude morphologique.

Mots–clés : Sabins, Italie centrale, guerriers, armes, nécropole

Abstract : The site of Colle del Forno, associated necropolis of the Eretum settlement in the southern Tiber valley in central Italy, territory of the Sabines, has yielded 200 burials linked with the city since its creation in the Eastern period and constituting the last remains of ten generations of inhabitants. The aim of this work is to present a set of weapons made up of four swords and a spear point, coming from the excavations of the years 2003–2008. These weapons – undoubtedly linked to the figure of the Sabine warrior –constitute characteristic elements of the military panoply of the Sabine warrior, but the presence of throne and chariot associated with the deposit testifies to a certain social status, far removed from that of a simple soldier. Throughout these few lines, the authors present these weapons, the state of conservation of which, for the moment, prohibits carrying out a morphological study, as well as the importance of their context of discovery. This article aims to present these weapons while recalling the importance of the context of discovery.

Keywords : Sabines, central Italy, warriors, weapons, necropolis

9.1 Introduction

Le musée de Fara Sabina, après plusieurs années de silence, a décidé de rendre public une partie du mobilier découvert à l'occasion des deux campagnes de fouilles réalisées en 1971 et en 2003. Les investigations ont permis de mettre au jour un vaste ensemble d'objets parmi lesquels des pièces d'armement attestent de la présence d'élite guerrière au sein de la communauté. L'organisation du colloque « Armes et Guerriers » a été l'occasion de redécouvrir ces armes et de lancer l'initiative de leur restauration. En effet, pour l'instant, le mauvais état de conservation de ces armes n'autorise pas d'en proposer une datation, ni même une véritable étude typologique, cette dernière étant reportée à la phase suivant leur restauration. Cet article présente donc ces quatre épées, auxquelles s'ajoute une pointe de lance, actuellement conservées au musée de Fara Sabina (Rieti Italie). L'intérêt pour ce site est motivé par le fait que Colle del Forno accueille la nécropole la plus ancienne du centre de Sabine *Eretum* et les traces d'habitations remontant au Paléolithique (60 000–30 000 av. J.-C.). Nous avons également l'intention d'approfondir les connaissances entre la dynamique d'occupation des tombes et l'étude d'un *facies* culturel *central italique*[1] à travers l'analyse attentive des sépultures et la composition des dépôts funéraires.

Actuellement, ce que nous savons des faciès archéologiques de la Sabina est dû à l'étude de ces principaux sites de Sabine ; Eretum, Cures, Poggio Sommavilla et Magliano Sabina, d'où l'importance de reprendre l'étude de cette

---

[1] Autrement appelé « Medio-italica » ou « paleo-sabellica ».

nécropole. Enfin la publication de ces armes doit attirer l'attention sur la figure du guerrier présent à Colle del Forno et son importance dans le cadre historique.

9.2 Contexte historique et géographique

Les fouilles archéologiques de la nécropole sabine dirigées par Paola Santoro et son équipe de recherche ont débuté en 2003 et se sont poursuivies jusqu'en 2008. La nécropole a été étudiée par Enrico Benelli (Benelli, Santoro 2006) de l'Institut d'Études Étrusques du Conseil National des Recherches (CNR) (Santoro 1977 ; 1977a ; 1985 ; 1986 ; 1996).

La ville d'*Eretum* s'étendait sur une colline surplombant le Tibre, presque en face du site de *Lucus Feronia*, dans une position d'une importance stratégique considérable, puisqu'elle contrôlait à la fois la *Via Salaria* et les routes qui conduisaient d'*Etruria* à *Tiberine Preneste* et *Tivoli*. Sa nécropole, Colle del Forno, occupe une colline au sud du plateau où se trouvait le centre habité de la Sabine Tiberina (Piro, Santoro 2001). L'utilisation de cette nécropole débute dans un moment historique particulier, la période Orientalisante[2] qui commence dans la deuxième phase du VIIIe siècle av. J.–C. et est caractérisée par l'émergence de l'aristocratie et d'une élite guerrière, avec des importations massives de matières premières, et une fréquente mobilité des marchands et des artisans en Méditerranée (Boardman 1993). Ces déplacements entraînent l'adoption de modèles extérieurs visibles dans la production artisanale, par exemple l'utilisation de pierres précieuses gravées ou l'utilisation de motifs végétalisants, faunistiques ou abstraits (*palmette, lotus, lion et sphinx*). Les familles aristocratiques font venir des produits de luxe, comme les vases grecs à figures noires, provenant du Proche Orient et de Grèce et que l'on retrouve ensuite dans le mobilier funéraire des tombes de Colle del Forno. Par ailleurs, la découverte du *lituus*, indique la pratique de la prise des augures dans la Sabine, rite également repris à Rome.

La plus ancienne sépulture remonte au début du VIIe siècle av. J.–C. et reprend un modèle planimétrique (large *dromos*, chambre trapézoïdale avec une niche, deux cellules latérales) caractéristique de la ville étrusque voisine, *Veio*. Dans les premières décennies du VIe siècle av. J.–C., la nécropole avait déjà atteint son développement définitif. Depuis lors, les familles d'*Eretum* ont continué à utiliser les tombes existantes, même pendant de nombreuses générations.

9.3 Colle del Forno : une nécropole de guerriers

Colle del Forno est un site majeur pour la connaissance du sud de la région *Sabine Tibérine*. L'occupation de cette nécropole avec ses 200 sépultures (250 individus) est datée de la fin du VIIIe siècle av. J.–C. jusqu'au milieu du IIIe siècle av. J.–C.

Les fouilles ont été menées en deux périodes, les premières campagnes, de 1971 à 1979, au cours desquelles 23 tombes à chambre ont été mises au jour, tandis que les secondes, de 2003 à 2008, ont permis la découverte de 15 tombes à chambre supplémentaires (Benelli 2014). À la fin des investigations, en 2008, ce sont quarante tombes à chambre qui ont donc été mises au jour.

Cette nécropole, avec celle de *Cures* (Rieti), proche de Eretum, répond aux règles des rituels funéraires typiques du faciès du sud de la vallée du Tibre caractérisé par l'absence presque complète de *anforette* et d'*impasti*[3] décorées avec des inscriptions italiques et latines. Pour rappel, les dépôts funéraires sont composés d'objets personnels tels que des fibules, des *vaghi* de pâte de verre, des bagues en bronze, des colliers d'ambre, des poignards avec crochets et ceintures, ainsi que le service associé à la préparation de la nourriture offerte au défunt.

Le mobilier semble indiquer que la Sabine interne soit un axe commercial entre la région du Tibre et l'Adriatique (Benelli, Santoro 2006).

Au nombre de ces objets figure un ensemble restreint d'armes (épées, poignards, lances, et chars). Cette quantité nous amène à penser qu'il s'agit d'une nécropole capable d'accueillir des guerriers, possédant pour certains un statut relativement élevé, comme l'atteste la présence du trône de la tombe 36, symbole de la présence d'une élite guerrière et rappelle le rôle qu'a joué Eretum, théâtre de batailles entre les Romains et les Sabins proches de Cures (Benelli, Santoro 2009).

9.4 Le corpus d'objets

L'état de ces armes et leur nombre limité ne permet pas de réaliser une typologie, nous en proposons donc une brève présentation. Tous ces exemplaires sont en cours de restauration. Du mobilier provenant des fouilles à Colle del Forno, quatre épées, morphologiquement bien distinctes, et une pointe de lance sont conservées au musée de Fara Sabina. La partie qui suit en propose une brève analyse, avant restauration.

Épée, tombe 3
N° inventaire : non renseigné
Description : Épée complète, mais fracturée au niveau de la lame. Cette dernière, longue, est associée à une poignée plate, biconcave, de quelques millimètres d'épaisseur et dont le point le plus large est localisé dans sa partie centrale.
État de conservation : Fortement corrodé
Datation de la tombe : Indéterminée
Longueur totale : 53 cm
Largeur totale : 4,5 cm
Longueur poignée : 9,7 cm
Largeur poignée : 4,03 cm
Matériaux : fer

---

[2] 750-580 av. J.-C.

[3] Céramique étrusque à usage domestique ou funéraire

Épée, tombe 10 (Fig. 9.1)
N° inventaire : 00787788
Description : épée complète composée de deux fragments. L'arme est de dimensions considérables et semble composée d'une fusée plate, de quelques millimètres d'épaisseur et large.
État de conservation : Fortement corrodé
Datation de la tombe : Indéterminée
Longueur totale : 76 cm
Largeur de la lame : 4,03 cm
Longueur de la lame : 65,1
Longueur poignée : 11 cm
Longueur garde : 1,5 cm
Largeur garde : 6 cm
Longueur fusée : 8,1
Largeur de la fusée : 3 cm
Matériaux : fer

Épée, tombe 37 (Fig. 9.1)
N° inventaire : non renseigné
Description : l'exemplaire est incomplet et brisé en 3 morceaux. L'arme est de grandes dimensions, composée d'une garde large et d'un pommeau qui semble fragmentaire. Une partie du métal qui compose ce dernier élément semble par ailleurs avoir été rabattue, esquissant une « boucle ».
État de conservation : Fortement corrodé
Datation de la tombe : VIIe s. av. J.–C.
Longueur totale : 67 cm
Largeur max. de la lame : 4,8 cm
Fragment de poignée : 5 cm
Largeur garde : 6 cm
Matériaux : fer

Épée, tombe 38 (Fig. 9.1)
N° inventaire : non renseigné
Description : L'exemplaire semble complet et de petites dimensions. Si la poignée apparaît entière sur le dessin, elle a depuis subi quelques dégradations et se divise désormais en deux fragments. Cet élément dont l'extrémité supérieure est constituée de deux antennes est tordu. Les antennes sont montées sur une fusée étroite de section quadrangulaire. La forte couche de corrosion qui recouvre la lame rend sa lecture difficile. Néanmoins, ses contours convexes laissent à penser que celle–ci est encore prisonnière de son fourreau et qu'une bouterolle en protège l'extrémité inférieure. La restauration de la pièce devrait permettre d'affirmer ou au contraire d'infirmer cette dernière hypothèse.
État de conservation : Fortement corrodé
Datation de la tombe : Indéterminée
Longueur totale : 43,5 cm
Largeur max. lame : 4,2 cm
Longueur lame : 30,9 cm
Longueur poignée : 12,3 cm
Longueur fusée : 9,3 cm
Largeur fusée : 0,9 cm
Longueur antennes : 2,7 cm
Matériaux : fer, Bois (?)

Pointe de lance, tombe 47 (Fig. 9.1)
N° inventaire : non renseigné
Description : Exemplaire complet composé d'une lame biconvexe qui semble de faible épaisseur relativement étroite et montée sur une douille circulaire plus longue que la lame.
État de conservation : Fortement corrodé
Datation de la tombe : Indéterminée
Longueur totale pointe de lance : 54 cm
Largeur totale pointe de la lance : 4,5 cm
Longueur lame : 25,5 cm
Longueur de la douille : 28,5 cm
Diamètre max. de la douille : 3,3 cm
Matériaux : fer

9.5 Aperçu de l'assemblage mobilier des tombes à armes

Les quatre sépultures ayant livré des armes sont toutes des tombes à chambre, exception faite du numéro 27 qui est une tombe à fosse constituée d'un double fossé qui accueille deux individus enterrés et retrouvés avec un mobilier qui, à l'exception de l'anneau en fer, ne peut être daté.

Dans la tombe 10, on constate la présence d'un casque (*holmos*), de céramique de cuisine brisée, de vases grecs (un *dinos*), d'un *lituus* utilisé dans l'art de l'haruspicine et dans la prise des augures. Il s'agit donc d'objets en lien avec le repas funéraire d'une famille probablement immigrée et en relation avec la pratique religieuse (Benelli 2011). L'épée de la tombe 10 montre une fracture au milieu de la lame qui peut être le fruit d'un bris intentionnel.

La tombe 11, bien que violée, a livré un mobilier sans égal, de la céramique attique à figures noires, un *presentatoio*, une épée, de la vaisselle métallique étrusque, trois boucliers, un disque en fer, et un char (un deuxième char a été trouvé dans la tombe 38). Le char presque complet, recouvert de disques en bronze, est l'élément le plus exceptionnel de la tombe. Il peut être attribué à la personnalité distinguée et définie du « prince », interprétation renforcée par la pratique de l'incinération, peu courante en Italie centrale à cette période (Benelli, Santoro 2009). Cette tombe comme d'autres de la nécropole a été utilisée plusieurs fois. Le premier dépôt est daté du VIe siècle av. J.–C.

La tombe 23 attire plus particulièrement l'attention. Elle a livré un exemplaire d'*anforette*, caractéristique du nord de la Sabine, mais relativement rare au sud de cette région. Elle constitue un indice déterminant pour dater la tombe dans le courant du VIe siècle av. J.–C.

La sépulture 31 contient elle aussi un *lituus*, ainsi que deux amphores de *bucchero*, une épée, un poignard et une lance, qui datent les tombes à un moment avancé du VIe siècle av. J.–C.

La tombe 36 semble avoir été volontairement saccagée, peu de temps après la déposition du défunt, peut–être

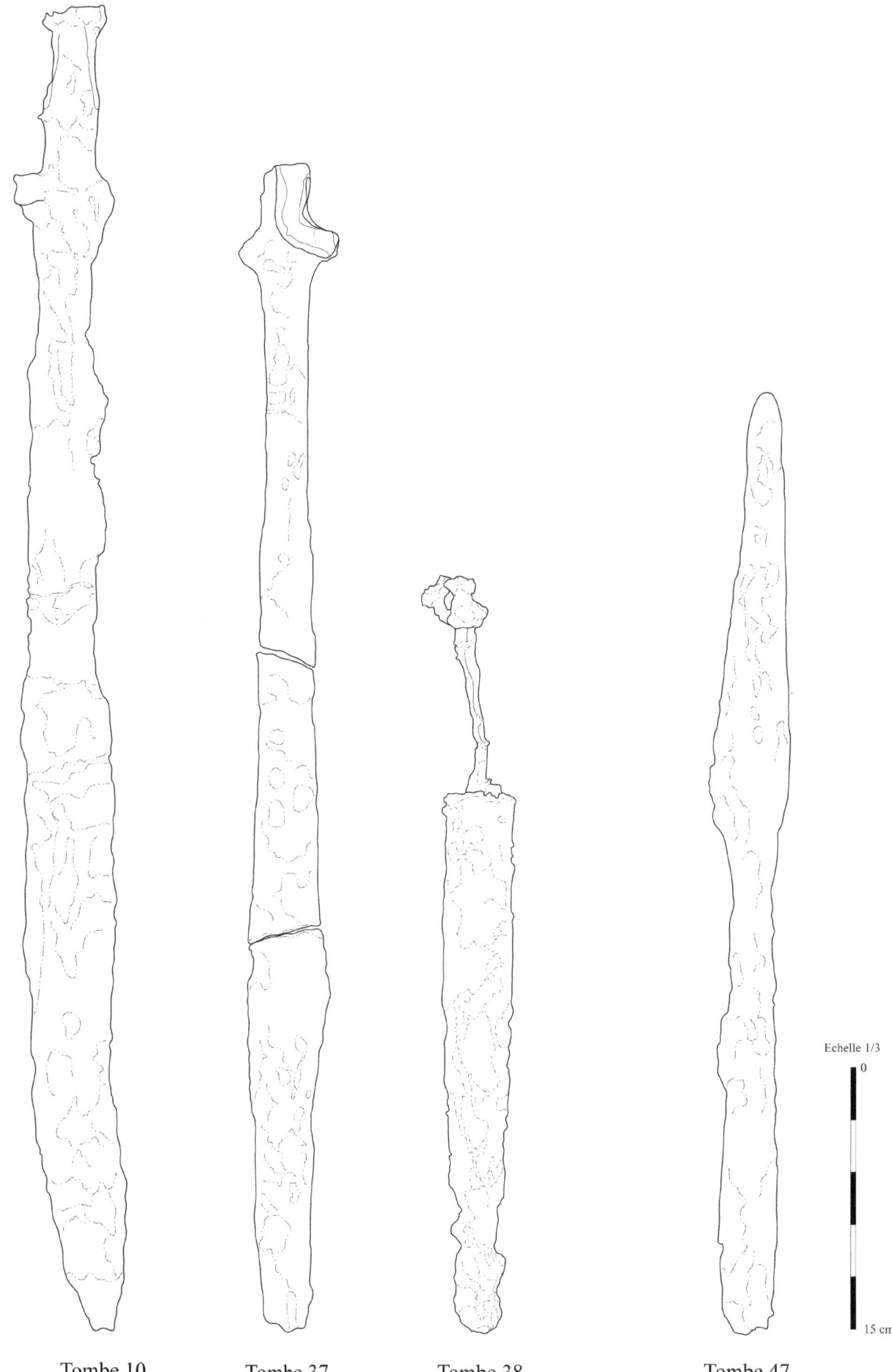

Fig. 9.1. Planche des épées, tombes 37, 10, 38 et de la pointe de lance tombe 47 (© Pauline Bombled)

afin d'en effacer la mémoire. Elle se distingue des autres sépultures par les dimensions considérables qu'elle adopte. Elle a été construite vers 500 av. J.–C., à l'attention, très certainement d'un personnage singulier auquel des honneurs exceptionnels ont été accordés. Elle a livré un important mobilier composé d'une épée, d'un trône, d'un char, de fibules en fer, d'anneaux en bronze et d'un collier d'ambre.

Comme Enrico Benelli et Paola Santoro le suggèrent, il s'agit d'un mobilier à la valeur fortement symbolique indiquant le rôle qu'occupait le défunt au sein de la communauté (Benelli, Santoro 2014). Le simple fait d'avoir le droit à un enterrement formel devait être un signal suffisant pour montrer l'appartenance à une classe sociale dominante, suivant un code strict qui ne laissait aucune place aux manifestations individuelles ou familiales de richesse. Au moment de l'abandon de la nécropole, au début du IIIe siècle av. J.–C., un rite imposant de désacralisation de la tombe 36 a été effectué, les restes des animaux sacrifiés ont ensuite été enterrés dans une fosse avec la vaisselle utilisée pour l'occasion.

Enfin la tombe 40 montre également un mobilier funéraire riche comprenant, en outre, de la céramique à figures rouges révélatrices des influences de provenance *falisca*[4].

9.6 Conclusion

L'état de conservation de ces armes à l'ouverture des réserves du musée n'a pas permis une analyse morphologique précise des exemplaires. Les objets ont subi une altération, notamment due à un manque d'attention ayant engendré des problèmes de conservation, les conduisant à la dégradation.

Pour conclure, nous sommes contraintes de nous limiter, pour l'instant, à une simple présentation, visant à dépoussiérer le sujet après tant d'années de silence, en espérant pouvoir publier prochainement l'étude concernant les armes de la nécropole sabine de Colle del Forno.

Bibliographie

Benelli E. 2011 : 1970–2010 : quaranta anni di scavi a Colle del Forno (Montelibretti, Roma), *Lazio e Sabina. Atti del convegno «Settimo incontro di studi sul Lazio e la Sabina», Roma, 9–11 marzo 2010,* Roma, Quasar, p. 107–109.

Benelli E. 2014 : I Sabini prospettiva archeologica, in Aberson M., Biella M. C., Di Fazio M., Wullschleger M. (eds), *Entre archéologie et histoire : dialogues sur divers peuples de l'Italie préromaine*, Bern, Peter Lang, 362 p.

Benelli E., Santoro P. 2006 : Nuove scoperte dalla necropoli di Colle del Forno, in *Lazio et Sabina, 3. Atti del convegno «Terzo incontro di studi sul Lazio e la Sabina», Roma, 18–20 novembre 2004,* Roma, De Luca Editori d'Arte Roma, p. 97–106.

Benelli E., Santoro P. 2009 : Colle del Forno, (Montelibretti, Roma) Nuovi dati dalle ultime campagne di scavo, in *Lazio e Sabina, 5. Scoperte scavi e ricerche : atti del convegno, Quinto incontro di studi sul Lazio e la Sabina, Roma 3–5 dicembre 2007,* Roma, L'Erma» di Bretschneider, (coll. Lavori e studi della soprintendenza per i beni archeologici del Lazio, 5), p. 59–62.

Boardman J. (éd.) 1993 : *The Oxford History of Classical Art*, New–York, Oxford University Press, 396 p.

Piro S., Santoro P. 2001 : Analisi del territorio di Colle del Forno (Montelibretti, Roma) e scavo nella necropoli sabina arcaica, in *Orizzonti, 2*, p. 197–212.

Santoro P. 1977 : Colle del Forno (Roma) Loc. Montelibretti. Relazione di scavo sulle campagne 1971–1974 nella necropoli, in *Notizie degli Scavi Archeologici*, p. 211–298.

Santoro P. 1977a : *Civiltà arcaica dei Sabini nella valle del Tevere, III. Rilettura critica della necropoli di Poggio Sommavilla*, Roma, Consiglio nazionale delle ricerche, Centro di studio per l'archeologia etrusco–italica, p. 139.

Santoro P. 1985 : Sequenza culturale della necropoli di Colle del Forno in Sabina, in *Studi Etruschi*, 51, p. 13–37.

Santoro P. 1986 : Colle del Forno (Roma) Loc. Montelibretti. Relazione preliminare di scavo della campagna settembre – ottobre 1979 nella necropoli, in *Notizie degli Scavi Archeologici*, p. 105–140.

Santoro P. 1996 : Nuove evidenze archeologiche da Colle del Giglio, in *Identità e civiltà dei Sabini. Atti del XVIII Convegno di studi etruschi ed italici, Rieti – Magliano Sabina 30 maggio – 3 giugno 1993*, Firenze, Leo S. Olschki, p. 207–214.

---

[4] Civilisation du premier âge du Fer, la population occupe la région Nord-Est de Rome. Falerii Veteres est la ville la plus importante de ce centre culturel.

10

Un exemple d'archéologie du geste martial : Les guerriers de Paestum

Stéphane Salvan
Doctorant en Histoire ancienne à l'université Paul Valéry de Montpellier – laboratoire EA4424
CRISES

Florence Maqueda
Étudiante en M2 Ingénierie des Systèmes Complexes à l'École Normale Supérieure de Rennes

Charles Pontonnier
Enseignant–chercheur à l'École Normale Supérieure de Rennes, Institut de
Recherche en Informatique et Systèmes Aléatoires (IRISA, UMR6074)

Résumé : Les fresques des tombes de Paestum réalisées au cours du IVe siècle av. J.–C. décrivent des scènes de duels qui ne sont pas sans rappeler le chant XXIII de l'Iliade. Les représentations proposent un ensemble de gestes martiaux qui semblent indiquer que les combattants employaient un panel technique complexe. Ainsi, la comparaison des représentations a permis de développer des hypothèses sur la cinématique des frappes depuis la position de garde jusqu'à la blessure. Afin de pouvoir tester ces hypothèses, il est nécessaire de mettre en place des protocoles expérimentaux permettant à la fois de vérifier la plausibilité biomécanique des postures représentées, la plausibilité des blessures représentées et l'efficacité des protections en regard des attaques réalisées avec les armes de l'époque. Cet article illustre l'usage possible de tels protocoles dans un cadre d'analyse historique.

Mots–clés : IVe siècle av. J.–C., archéologie du geste martial, biomécanique, force, protection, fresques

Abstract : The frescoes in the tombs of Paestum, painted during the 4th century BC, depict duelling scenes that are reminiscent of the twenty-third book of the Iliad. The representations propose a set of martial gestures that seem to indicate that the fighters employed a complex technique. Thus, the comparison of the representations allowed the development of assumptions on the kinematics of the strikes from the guard position to the wound. In order to test these assumptions, it is necessary to set up experimental protocols allowing the verification of the biomechanical plausibility of the postures represented and at the same time the plausibility of the wounds represented and the effectiveness of the protections with regard to the attacks. This article illustrates the possible use of such protocols in a historical analysis framework.

Keywords : 4th century BC., archaeology of martial gesture, biomechanics, strength, protection, frescoes

10.1 Introduction

Au cours du IVe siècle av. J.–C., les artistes de la ville campanienne de Paestum ont illustré les parois des tombes de scènes en référence à la vie des défunts. Des scènes de chasse côtoient des rites funéraires, mais aussi des combats singuliers. Les fresques de Paestum (*Poseidonia*) présentent des duels en lien avec un événement de l'Iliade. L'héritage culturel hellénique est très présent dans la production artistique des peuples italiotes. Ces influences sont perceptibles au travers des thèmes abordés dans le contexte funéraire, mais aussi des disciplines et les éléments qui les encadrent. Les combats entre les rois et les princes grecs et troyens ont véhiculé des modèles de références pour les guerriers influencés par la culture hellénique. Les funérailles de Patrocle organisées par Achille constituent la matrice des sujets peints par les artistes campaniens. Les colonies de la Grande Grèce ont bénéficié de l'apport martial théorique et matériel de leur patrie d'origine pour assurer leur sécurité face aux armées italiotes, celtes et romaines. Si le massacre des Troyens est plus rare dans le répertoire artistique funéraire *paestan* que dans celui des Étrusques, les combats singuliers (en arme) sont plus récurrents. Ces derniers semblent indiquer une connaissance poussée des techniques martiales du combat singulier en armes (monomachie).

Ces affrontements dépassent les règles fixées par Achille lors de la célébration de la mort de son ami. Les combattants ne s'arrêtent pas au premier sens, bien au contraire, des combats se finissent avec la mort d'un des deux participants. Cet engagement est visible au travers de la répartition et de la gravité des blessures occasionnées. Le sang versé semble être un tribut, un don réalisé au profit du défunt pour honorer sa mémoire. Ce rituel est souligné par la présence de musiciens, de représentations des étapes du processus mortuaire, mais aussi de personnages mythologiques comme des chimères ou des sphinx.

Le réalisme des combats représentés peut tromper le spectateur sur la compréhension de la scène représentée. Il ne suffit pas de mimer une scène pour en comprendre le sens et la plausibilité. L'étude du geste martial nécessite l'élaboration d'un protocole scientifique (répétable et critiquable) afin de statuer sur la pertinence des informations mentionnées lors de ces affrontements. La licence artistique employée par les auteurs des fresques peut induire des biais de représentations qui faussent les perspectives et empêchent le chercheur de saisir les éléments nécessaires à la reconstitution de la mécanique gestuelle.

L'établissement du corpus iconographique doit ainsi se réaliser à partir de pièces sélectionnées selon des critères définis par des historiens, mais aussi par des spécialistes issus d'autres disciplines. Chaque pièce retenue fait l'objet du regard croisé des chercheurs pour s'assurer qu'elle contienne les informations indispensables à l'établissement du protocole. Il s'agit de décomposer les techniques martiales suggérées en séquence pour les analyser à travers le prisme de la biomécanique, de la traumatologie (sciences médico–légales) et de la tracéologie. La biomécanique est nécessaire pour critiquer les postures et les articulations (musculaires et squelettiques) mentionnées sur les représentations. Le recours à la traumatologie et aux sciences médico–légales est nécessaire pour connaître la létalité des blessures engendrées par les frappes. Ces lésions rendent aussi possible la constitution d'une chronologie des traumatismes à partir de la létalité des frappes. Enfin, la tracéologie est pertinente pour l'étude des armes et des protections représentées et leur rôle lors des combats. Les dégâts occasionnés aux jambières (cnémides) et aux boucliers (*aspis koilé*) ont également fait l'objet de séances d'expérimentations instrumentées afin de connaître le comportement des armes face à ces protections.

Des essais menés au mois de décembre 2018 ont permis d'ouvrir ce champ d'études expérimentales à des travaux sur l'instrumentalisation des armes (javelines et lances courtes) afin de connaître les forces déployées lors des combats. Ces données ont été comparées à celles recueillies par des spécialistes en traumatologie et en sciences médico–légales. Ces premiers résultats encourageants ont amené un développement de protocoles plus complexes en 2019 et en 2020. L'objet de cette courte présentation est d'expliquer la méthodologie employée et les premiers résultats obtenus.

10.2 Approche par l'expérimentation

10.2.1 *Étude du geste*

10.2.1.1 Protocole

Dans son étude sur la préhension de la lance, P. Connolly et ses collaborateurs proposent une étude instrumentée des trois hypothèses expérimentées (Connolly *et al.* 2001). Les résultats obtenus permettent de mesurer les forces mises en œuvre selon les techniques martiales employées. Le protocole employé permet de dissocier la conséquence réelle des frappes de la licence artistique employée au IVe siècle av. J.–C à l'image de celui employé dans Milks *et al.* (2016).

Ces études ont constitué le point de départ de la rédaction du protocole expérimental présenté dans cette partie de l'article. L'idée poursuivie ici était de proposer une grille de lecture objective de l'iconographie présente dans les tombes paestanes. Dans ce protocole, déjà partiellement publié (Pontonnier et al. 2020), un ensemble de postures d'attaque supposées comme étant les plus proches des représentations iconographiques et biomécaniquement plausibles ont été extraites du corpus des fresques lucaniennes de Paestum. Les fresques des tombes de Paestum mentionnent trente–quatre représentations de monomachies notamment (Pontrandolfo *et al.* 2004). Elles ont été classifiées en regard du type d'attaque (posture haute ou basse), du type d'armes utilisées (lance ou javeline) et de la zone visée (haut ou bas du corps, correspondant respectivement à une attaque au tronc ou aux cuisses sur un combattant de la même taille que l'assaillant).

Un sujet a reproduit l'ensemble des postures choisies pour réaliser des attaques sur un dispositif de frappe permettant de mesurer la force développée par l'attaquant lors de l'impact (capteur MC3A, AMTI). De surcroît, le mouvement du sujet était mesuré à l'aide d'un dispositif de capture de mouvements (VICON, 24 caméras). L'orientation de l'arme était également mesurée à l'aide du même dispositif.

Le sujet mesurait 1m69 pour 88 kg, et était un pratiquant régulier des arts martiaux antiques (deux heures par semaine en moyenne sur les huit dernières années). Le sujet devait répéter cinq attaques par condition, mixant posture, zone visée et type d'arme de manière aléatoire. Les armes étaient représentatives des artefacts trouvés dans les tombes (javelines de 120 cm et 310 g, lances de 150 cm et 350 g). Le sujet était libre de se placer à une distance jugée confortable pour viser la cible avec force et précision.

L'ensemble des données obtenues a été traité à la fois pour récupérer la force à l'impact (en Newtons), l'angle d'incidence de l'arme vis–à–vis de la cible (en degrés, l'angle nul étant obtenu pour une arme frappant à la perpendiculaire de la surface de la cible), ainsi que l'ensemble des angles articulaires au cours du mouvement, en respectant les standards d'analyse du mouvement en biomécanique (standards ISB, Wu et coll. 2005) et à l'aide d'une méthode d'analyse cinématique avancée (Muller *et al.* 2019).

10.2.1.2 Résultats et discussion

Comme le montre la figure 3, l'étude des forces d'impact et des incidences de frappe obtenues à partir des données expérimentales permettent d'aider l'historien à comprendre et interpréter les représentations des fresques. Dans l'exemple qui est montré, on voit que l'usage des données d'angle d'incidence des armes permet de juger partiellement de la plausibilité des blessures infligées.

Nous ne détaillerons pas ici les résultats de l'étude de la cinématique du sujet, qui a été développée dans Pontonnier, Salvan (2020). Néanmoins une telle approche permet de caractériser les articulations les plus sollicitées ou encore la séquence d'activation des articulations pour une frappe donnée.

Les données obtenues à l'aide du protocole proposé ici permettent de connaître la force et l'incidence de frappe dans des conditions optimales d'attaque. Il s'agit d'une preuve de concept montrant tout le potentiel de l'étude objective du geste martial. Néanmoins, de nombreuses limites restent à vaincre afin de rendre de telles approches réellement exploitables par des historiens de manière systématique.

Fig. 10.1. (gauche) Exemple de peinture représentative d'une attaque basse, en posture basse, réalisée à l'aide d'une lance. (droite) Posture initiale d'un essai expérimental, basée sur la représentation de gauche. Le sujet frappe un capteur de force, et est équipé de marqueurs de capture du mouvement. Crédit : Charles Pontonnier.

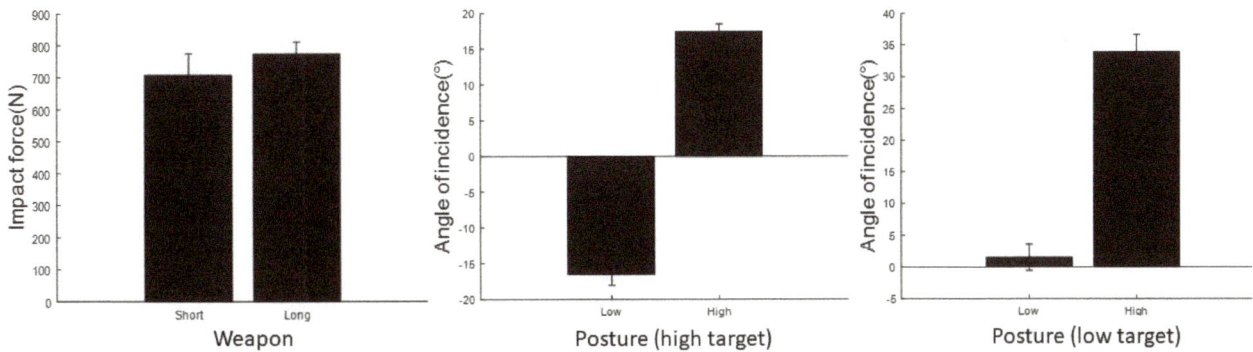

Fig. 10.2. gauche) Influence du type d'arme sur la force d'impact. La lance (Long) permet de développer plus de force d'impact que la javeline (Short) pour les mêmes conditions expérimentales de frappe. (centre) Influence de la posture sur l'angle d'incidence de l'arme sur les cibles hautes. Une posture basse génère un angle d'incidence d'environ –16,5° tandis qu'une posture haute génère un angle d'environ 17,5°. (droite) influence de la posture sur l'angle d'incidence de l'arme sur les cibles basses. Une posture basse génère un angle d'incidence d'environ 1,5° tandis qu'une posture haute génère un angle d'environ 33,9 degrés. Diagrammes issus de Pontonnier et al. 2020.

Tout d'abord, les moyens de mesure mis en œuvre (capteur de force, capture de mouvement optoélectronique) sont coûteux et rarement accessibles aux historiens. De surcroît, la mise en œuvre de tels systèmes et le traitement des données pour en extraire des informations biomécaniques pertinentes nécessite une expertise importante. Afin de rendre de telles approches efficaces pour standardiser l'étude du geste martial antique, il est nécessaire de proposer des protocoles plus accessibles, que ce soit en termes financiers ou en termes d'utilisabilité. C'est pourquoi nous avons proposé une version dégradée de ce protocole. Pour réaliser la capture du mouvement, des marqueurs blancs en polystyrène sont placés sur des points d'intérêts (repères articulaires) du sujet, en supposant que son mouvement reste dans un plan d'attaque. Le geste est alors filmé avec une caméra haute vitesse (on cherchera généralement, pour caractériser des mouvements dynamiques, à avoir plus de 120 images par seconde). Il existe ensuite de nombreuses solutions de suivi de trajectoire de marqueurs dans une vidéo, comme Kinovea ou Tracker. Le traitement à partir de ces logiciels pour récupérer des informations de mouvement est alors simplifié et accessible à des personnes sans expertise aiguë de l'analyse du mouvement. L'exploitation des points d'intérêt permet alors d'estimer les angles articulaires pris au cours de l'attaque et de les comparer aux représentations historiques. Pour mesurer les forces associées, de simples capteurs à 1 degré de liberté peuvent s'avérer suffisants, et peuvent être mis en œuvre à l'aide d'outils très intégrés pour un coût relativement faible (quelques centaines d'euros).

Une autre limite importante de la preuve de concept présentée plus haut réside dans le fait que l'on ait un seul sujet étudié. Les mouvements étudiés évoluent en efficacité avec l'entraînement et l'expertise, et la morphologie des sujets aura également un impact important sur les forces et les incidences des frappes. C'est pourquoi il est nécessaire d'étendre le protocole à une cohorte plus conséquente, afin d'obtenir des effets statistiques significatifs sur les grandeurs observées. Pour ramener ces considérations à la problématique de l'historien, on pourra choisir une cohorte proche des standards anthropométriques de l'époque considérée, et on cherchera à varier les niveaux d'entraînement afin de vérifier l'évolution des quantités observées avec ces critères.

Le dernier point fondamental à traiter réside dans l'adéquation des conditions expérimentales standardisées avec les conditions réelles de combat. Lors des combats en déplacement avec des gestes altérés par le stress et les aléas du combat, les niveaux de force et la répétabilité dans la frappe observée dans l'étude seront certainement impossibles à obtenir, même pour un combattant très aguerri. C'est pourquoi il est nécessaire d'également développer des outils de mesure embarquée de la performance du combattant, en reproduction de duel. De telles données permettraient de compléter les approches de laboratoire comme celle présentée ci-dessus, et ainsi mieux accompagner l'historien dans son interprétation des iconographies et leur véracité biomécanique.

10.2.2 Études des protections

L'étude du réalisme des fresques passe par l'étude des blessures représentées. Les travaux de Christian Swinney (Swinney 2016) associés à ceux de Nikitas Nomikos (Nomikos 2018) consacrés à l'étude des blessures dans l'œuvre d'Homère permettent de comprendre la répartition des traumatismes occasionnés par le combat singulier. Même si l'armement défensif diffère entre la période homérique et l'époque étudiée, ces analyses confèrent un socle sur lequel il est possible de disposer les spécificités du IVe siècle av. J.–C. La dynamique du combat générée à partir des techniques martiales associées aux distances du combat singulier est très semblable entre les deux périodes.

L'étude des protections face aux frappes d'estoc à la lance et à la javeline peut alors être une source d'informations pour l'historien. L'étude qui a été menée ci–après est une approche expérimentale permettant, à partir d'un protocole simple, d'évaluer la résistance des protections de l'époque. Après le recensement des matériaux employés pour les protections mentionnées dans les sources archéologiques et iconographiques, il a été nécessaire de réaliser des répliques des armes et protections mentionnées dans le corpus iconographique. Les têtes de lances et de javelines ont été forgées à la main par trois artisans à partir de mesures prises sur des pièces archéologiques retrouvées sur le site de Paestum ou dans la Campanie. Afin de compléter les résultats des expérimentations, des armes fabriquées selon des procédés industriels ont été acquises. Des modèles de protection ont été fabriqués en bronze (plaque de 5 mm d'épaisseur simulant la cuirasse trilobée et les cnémides)) et en lin (linothorax composée de douze, dix–huit et vingt–quatre couches de lin collées).

Les pièces de protection ont été montées sur un mannequin et le sujet (taille 1,78 m, poids 70kg, pratique de l'art martial antique 2 h par semaine) avait pour consigne de frapper avec la meilleure efficacité possible les pièces de protection à l'aide des répliques de lance présentées ci–dessus. Une illustration du protocole expérimental peut être trouvée figure 4. La main du sujet a été équipée d'un accéléromètre permettant d'estimer, à l'aide du poids de la lance et du poids estimé du bras du sujet, la quantité d'accélération de l'ensemble en mouvement. L'équilibre dynamique global du sujet nous permet alors d'estimer que cette quantité d'accélération est égale à la force à l'impact en première approximation.

10.2.2.1 Résultats et discussion

La table 1 résume les résultats de l'étude des protections. On peut constater que la force d'impact varie grandement d'un essai à l'autre, ce qui laisse à penser que le sujet avait moins de maîtrise de son geste que pour l'étude précédente (où la force d'un essai à l'autre était relativement répétable). Néanmoins, les ordres de grandeur des efforts développés

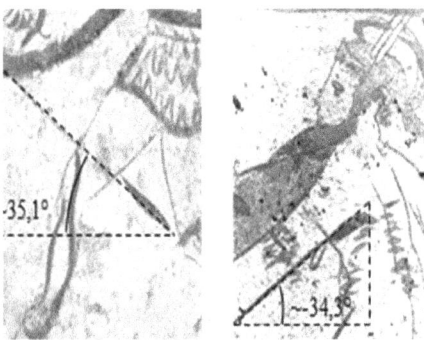

Fig. 10.3. (gauche) Blessure à la cuisse possiblement due à une attaque haute. L'angle d'incidence est proche de celui obtenu expérimentalement (droite) La blessure au tronc est peu plausible. Aucun des résultats expérimentaux ne montre une telle incidence pour une frappe au tronc (cible haute). Diagrammes issus de Pontonnier et al. 2020.

Fig. 10.4. Protocole expérimental d'étude des protections. Le sujet était placé à une distance de frappe optimale de la pièce de protection, et frappait avec le maximum de précision et d'efficacité possible la pièce en respectant les postures d'attaque issues du corpus de Paestum. Crédit : Florence Maqueda.

sont similaires, avec des valeurs plus élevées ici. L'estimation de la force par la quantité d'accélération reste relativement peu précise par rapport à une mesure directe, et il est probable que la force d'impact soit surestimée à l'aide de cette méthode (masse du bras mal estimée, accélération moindre avant l'impact, engagement du reste du corps dans l'attaque, dissipation de l'impact...). Il faudrait pouvoir directement instrumenter la lance afin d'avoir une meilleure estimation de l'effort généré par le combattant. Ainsi ces valeurs doivent être prises comme des ordres de grandeur, sans en attendre une précision absolue.

La combinaison des données médico–légales et celles issues de cette expérimentation peut offrir un cadre objectif à la critique de l'iconographie et ainsi établir un degré de vraisemblance des informations transmises par les artistes paestans du IVe siècle av.–J.C.

La létalité des blessures occasionnées par des armes blanches a été étudiée par des spécialistes de la médecine légale. Les recherches menées par Knight (Knight 1975) ont indiqué qu'une force de 5N était nécessaire pour percer la peau. D'autres chercheurs (O'Callaghan et al. 1999) ont démontré qu'une force inférieure à 50N était suffisante pour percer les tissus adipeux et les muscles. Ces données sont utiles pour étalonner les frappes simulées lors des phases d'expérimentations, mais aussi pour critiquer l'iconographie de référence. On peut voir par exemple que ces valeurs rendent très plausibles les lances et javelines traversant les corps sur les fresques paestannes. On remarque par ailleurs que les ordres de grandeur de force pour traverser le linothorax ou le bronze sont largement supérieurs (environ 20 à 30 fois supérieurs), ce qui en fait des pièces de protections plutôt efficaces. Évidemment, l'affûtage et le matériau de la pointe ont également une influence importante sur la pénétration de l'arme dans la protection, et il serait nécessaire de mieux maîtriser ces paramètres dans de prochaines études. Il en va de même pour les protections elles–mêmes, qui peuvent présenter des défauts d'assemblage (pour le linothorax) menant à des résultats aberrants.

Les limites de l'étude, en plus de son aspect exploratoire sur un unique sujet, se situent au niveau du manque de maîtrise de la manière dont est frappée la pièce de protection (angle de frappe, force générée) et la mesure de la force d'impact. Ainsi, afin d'étudier la résistance des protections portées par les proto–gladiateurs à une frappe réalisée par une lance ou une javeline de manière plus systématique et maîtrisée, il serait possible de s'inspirer d'autres protocoles de médecine légale. En reproduisant des pièces de protection comme nous avons pu le faire dans l'exemple précédent, nous pouvons les associer à une matière reproduisant la texture de la chair humaine. La plasticine (Roma Plastililina) est par exemple un très bon substitut (Nayak et al. 2019). On peut alors monter une pointe de la lance dans une machine permettant de connaître la force développée à chaque instant. Une machine de traction peut convenir pour réaliser cette tâche. La pointe de la lance est alors en appui contre la protection avec une force croissante de façon quasi statique ou dynamique. La machine de traction permet d'obtenir la courbe de la force développée en fonction du temps. À partir de ce moment, il est possible de retrouver la force nécessaire pour percer la protection. Cette force doit pouvoir être comparée à la force développée par un expérimentateur, estimée comme nous avons pu le faire (mesure directe ou accéléromètre).

Tabl. 10.1. Résultats de l'expérimentation sur protection. La force d'impact a été estimée à partir de la quantité d'accélération (masse de la lance et du bras du sujet * accélération maximale mesurée par l'accéléromètre au cours de la frappe). Seules deux pièces de linothorax ont été traversées. Pour le bronze la force d'impact maximale estimée était de 1500N, mais aucune frappe n'a traversé. Crédit : Florence Maqueda

Force d'impact estimée (kN)	0.68	0.74	0.66	1.5	0.68	0.67	1.1	0.58	1.21	0.92	1.18
Linothorax traversé (Oui/Non)	N	N	N	O	N	N	N	N	P	N	N

Finalement, faire passer des cohortes de sujets sur de tels essais permettrait de mieux appréhender l'impact de l'anthropométrie et du niveau de pratique du sujet sur le résultat.

10.3 Conclusion

L'étude du geste martial requiert l'élaboration d'un protocole pluridisciplinaire à même de cerner les difficultés inhérentes au corpus iconographique. La sélection des scènes de combats doit permettre de garantir la présence de critères communs en nombre suffisant afin de garantir la faisabilité et la qualité des expérimentations. Ainsi, il est nécessaire de prendre en compte la représentation des corps, le sens des articulations des membres et le respect de leurs propositions.

Dans un second temps, la présence de blessures doit être recherchée afin de connaître les parties visées par les frappes. Ces traumatismes peuvent fournir deux types d'informations. Si l'arme est encore présente, elle peut indiquer l'angle de pénétration. De ce fait, il devient possible de remonter à la source de la blessure par rétro–ingénierie. La cinématique de l'arme renseigne sur sa tenue depuis la posture de garde ou de l'amorce de l'attaque. La seconde information transmise concerne la pénétration de la tête de l'arme et la force employée pour porter l'attaque.

Sur cet aspect, l'expérimentation instrumentée permet de critiquer les représentations iconographiques. Les forces nécessaires pour transpercer les protections puis les corps peuvent être mesurées en laboratoire comme les études mentionnées précédemment le précisent. Ces données servent de premier filtre pour la sélection d'un premier corpus de sources. Ce dernier doit être ensuite confronté à une base de données élaborée à partir d'un recueil dynamique des forces mises en œuvre lors de combats simulés. La difficulté du recueil est double. Cela nécessite dans un premier temps de disposer des capteurs sur les simulateurs (armes sécurisées). La recherche des capteurs nécessaires et leur positionnement a fait l'objet de plusieurs essais qui se sont traduits par l'instrumentalisation de l'arme sécurisée. Afin de garantir le réalisme des frappes et la sécurité des expérimentateurs, il a été nécessaire de les protéger par des protections corporelles. L'emploi de matériel sécurisé issu de l'escrime olympique (norme FIE 800N pour les vestes et 1800N pour les masques) suffit à préserver les combattants des risques de blessures. Les données obtenues doivent être comparées avec celles recueillies en position statique comme cela a été réalisé en décembre 2018 lors de la phase initiale de l'étude afin de comprendre l'incidence des mouvements du combat sur les frappes. Il est nécessaire de réaliser une série de combats pour établir une base de données cohérente qui peut servir de références pour des recherches sur les pratiques martiales d'autres époques. Cet outil peut être employé pour développer des modèles informatiques au profit des chercheurs spécialisés dans le domaine de l'iconographie comme les historiens d'art. Les critères présents dans la base de données constituent une grille de lecture supplémentaire disponible pour comprendre les thèmes représentés. Il est de ce fait possible de séparer la licence artistique de la véracité de l'information.

Cette étude et sa diffusion auprès de la communauté s'intéressant à la problématique des gestes martiaux antiques permet d'ouvrir le champ des possibles en termes d'expérimentations. Le recours à des données chiffrées autorise des discussions sur des bases communes à même de lutter contre les approximations et préjugés véhiculés par le temps. Ainsi, les éléments obtenus définissent des frontières plus tangibles de ces pratiques en assurant une sélection des pièces pertinentes pour l'étude. Cette dernière peut dans un second temps faire appel aux neurosciences pour comprendre les motivations des combattants et leur comportement au cours de l'affrontement. Cette phase qui repose sur une étude du contexte sensoriel fait partie intégrante de l'analyse de la genèse de la gladiature romaine.

Bibliographie

Bleetman A., Watson Ch., Horsfall I., Champion SM. Dec 2003 : Wounding patterns and human performance in knife attacks: optimising the protection provided by knife–resistant body armour, *J Clin. Forensic Med.*, 10, 4, p. 243–248.

Connolly P., Sim D. N., Watson C. 2001 : An Evaluation of the Effectiveness of Three Methods of Spear Grip used, *Antiquity. Journal of battlefield technology*, 4.2, p. 49–54.

Chadwick E.K., Nicol A.C., Lane J.V., Gray T.G. 1999 : Biomechanics of knife stab attacks, *J. Forensic Science International*, 105, 1, p. 35–44.

Green M.A. 1978 : Stab wound dynamics—a recording technique for use in medico–legal investigations, *Forensic Science International*, 3–4, p. 161–163.

Hermann R., Crellin R.J., Uckelmann M., Wang Q., and Dolfini A. 2020 : *Bronze Age Combat: an experimental approach*, Oxford, BAR Publishing (Coll. BAR International series, 2967), 139 p.

Hunt A.C., Cowling R.J. 1991 : Murder by stabbing, *Forensic Science International*, 52, 1, p. 107–112.

Knight B. 1975 : The dynamics of stab wounds, *Forensic Science International*, 6, 3, p. 249–55.

O'Callaghan P.T., Jones M.D., James D.S., Leadbeatter S., Holt C.A., Nokes L.D. 1999 : Dynamics of stab wounds: force required for penetration of various cadaveric human tissues, *Forensic Science International*, 104, 2–3, p. 173–178.

Milks A., Champion S., Cowper E., Pope M., Carr D. 2016 : Early spears as thrusting weapons: Isolating force and impact velocities in human performance trials, *Journal of Archaeological Science: Reports*, 10, p. 191–203.

Pontonnier C., Salvan S. 2020 : Biomechanical plausibility of the lucanian fresco tomb proto–gladiators paintings of Paestum : a pilot study, *Computer Methods in Biomechanics and Biomedical Engineering*, 23, supl. 1, p. 229–231.

Muller A., Pontonnier C., Puchaud P., Dumont G. 2019 : CusToM: a Matlab toolbox for musculoskeletal simulation, *Journal of Open Source Software*, 4, 33, p. 1–3.

Mylonas A.I., Tzerbos F.H., Eftychiadis A.C., Papadopoulou E.C. 2008 : Cranio–maxillofacial injuries in Homer's Iliad, *Journal of Cranio–Maxillofacial Surgery*, 36, 1, p. 1–7.

Nayak R., Crouch, I., Kanesalingam S., Wang L., Ding J., Tan P., Lee B., Miao M., Ganga D., Padhye R. 2019 : Body armor for stab and spike protection, Part 2: a review of test methods, *Textile Research Journal*, 89, 16, p. 3411–3430.

Pontrandolfo A., Rouveret A., Cipriani M. 2004 : *The painted tombs of Paestum*, Salerno, Pandemo, 79 p.

Nomikos N. 2018 : Injuries in the Greek epics of Homer, *Chinese journal of traumatology (Zhonghua chuang shang za zhi)*, 21, 2, p. 109–112.

Rouse D.A. 1994 : Patterns of stab wounds: a six year study, *Medicine, Science and the Law*, p. 67–71.

Swinney C. 2016 : Helmet Use and Head Injury in Homer's Iliad, *World Neurosurg.*, 90, p. 14–19.

Wu G., Van der Helm F. C., Veeger H. D., Makhsous M., Van Roy P., Anglin C., Buchholz B. 2005 : ISB recommendation on definitions of joint coordinate systems of various joints for the reporting of human joint motion – Part II: shoulder, elbow, wrist and hand, *Journal of biomechanics*, 38, 5, p. 981–992.

11

Discussion autour de la découverte d'une épée dans un contexte d'habitat de La Tène moyenne/finale sur le site de Dourges (FR–Pas–de–Calais)

Delphine Cense–Bacquet
Archéopole, Adjointe responsable scientifique, Responsable d'opérations
médiéviste et moderniste en contexte urbain et rural, HALMA–UMR 8164

Avec la collaboration de :

Jean–Patrick Duchemin
Chargé de recherche NuméArc ; HALMA–UMR 8164 (CNRS, Univ. Lille, MCC)

Tarek Oueslati
Responsable du laboratoire BioArchéologie animale Université de Lille –
HALMA–UMR 8164 (CNRS, Univ. Lille, MCC), Chargé de Recherche CNRS

Résumé : Sur le site de Dourges, une occupation à première vue à vocation agricole et résidentielle est implantée durant La Tène moyenne, dans la continuité d'installations attribuées à La Tène ancienne. Un enclos quadrangulaire et partitionné délimite plusieurs espaces au sein desquels se développent deux bâtiments et de rares fosses, auxquels s'ajoutent, quelques autres structures situées à l'extérieur. La fouille de la portion de fossé qui longe le bâtiment principal d'habitation a permis de recueillir un mobilier particulier et de toute évidence, déposé intentionnellement, qui pose la question du statut des occupants et de la fonction de ces dépôts. Il concerne surtout des restes animaux notables en relation avec une épée morphologiquement rattachable à La Tène C2/D1. Les nombreuses altérations et pliures relevées ne laissent aucun doute sur le caractère volontaire des mutilations que cette dernière a subi. Si la présence d'épées est récurrente dans les tombes de guerriers et dans les sanctuaires de cette époque, les découvertes en contexte d'habitat sont rares et ne concernent généralement que des fragments de très petite taille ce qui rend d'autant plus remarquable la mise au jour de notre spécimen.

Mots–clés : La Tène moyenne/finale, France, Pas–de–Calais, épée, habitat

Abstract : On the site of Dourges, a settlement that at first sight appears to be dedicated to farming and housing, was established during middle La Tène period, following on from installations attributed to early La Tène. A quadrangular, partitioned enclosure delimits several spaces within which appear two buildings and a few pits, in addition to some other structures located outside. Excavation of the portion of the ditch that runs alongside the main residential building has made it possible to collect particular and obviously intentionally deposited artefacts, which raises the question of the status of the occupants and the function of these deposits. It mainly concerns singular animal remains in relation to a sword morphologically attributable to La Tène C2/D1. The numerous alterations and folds noted leave no doubt about the deliberate nature of the mutilations to which the latter was subjected. Although the presence of swords is recurrent in tombs of warriors and in sanctuaries of this period, finds in rural settlements remain rare and generally concern only very small fragments, which makes the discovery of our specimen all the more remarkable.

Keywords : middle/late La Tène, France, Pas–de–Calais, sword, settlement

Delphine Cense–Bacquet, Jean–Patrick Duchemin, Tarek Oueslati

11.1 Le contexte d'intervention

L'opération archéologique est située sur le territoire de la commune de Dourges, au nord–est du département du Pas–de–Calais (62), en région Hauts–de–France. Le site est localisé en zone périphérique rurale, au nord–est du centre–ville de Dourges, au lieu–dit *Bouvache de Wavrechin* et à l'emplacement de l'extension de la plate–forme multimodale Delta 3.

D'un point de vue géologique, la zone investiguée se trouve à la jonction entre la vallée de la Deûle et la plaine de la Scarpe, sur le bassin versant de la première. Ce secteur particulier marque de même le contact entre les reliefs de la Pévèle, constitués de sables (Sables d'Ostricourt) et d'argiles (Argile de Louvil) de l'Éocène, et de la Gohelle reposant sur la craie du Crétacé supérieur recouverte de limons quaternaires.

L'intervention archéologique s'est déroulée en 2015, sur une surface de 12 000 m² environ. L'étude diachronique de l'occupation du sol s'est attachée à caractériser les différentes installations humaines à travers les modalités de création, de développement et de disparition ainsi que l'évolution spatiale et chronologique de chacune d'entre elles depuis La Tène ancienne jusqu'aux périodes moderne et contemporaine.

11.2 Évolution et transformation de l'occupation à La Tène moyenne/finale

À La Tène moyenne, le site, occupé jusqu'alors par une installation structurée à vocation agro–pastorale encadrée par des fossés, est réinvesti par la mise en place d'un nouvel enclos fossoyé comprenant quelques bâtiments et des fosses (Fig. 11.1).

Plusieurs indices nous laissent supposer qu'une certaine continuité existe entre l'abandon de la première occupation datée de La Tène ancienne et l'installation de cet établissement. En revanche, la dévolution de l'enclos de La Tène moyenne et finale évolue vers une primauté de l'habitat au regard des caractéristiques du bâtiment principal et des vestiges recueillis.

Chronologiquement, la phase d'implantation intervient autour du IIIe siècle avant J.-C. (céramique, datations radiocarbones, mobilier métallique) et l'occupation se développe et perdure jusqu'à la fin du IIe siècle ou le début du Ier siècle avant J.-C. (mobilier métallique, datations radiocarbones).

Ainsi, un enclos quadrangulaire et partitionné délimite plusieurs espaces au sein desquels se développent deux bâtiments et de rares fosses. L'ensemble est accompagné à l'extérieur par une autre construction et quelques structures. Une des particularités de cette implantation est la présence d'un grand édifice d'habitation d'une superficie de 74 m², construit dans l'espace restreint de l'angle nord–est de l'enclos, selon un axe légèrement nord–est/sud–ouest (Fig. 11.2).

Le mobilier recueilli concerne essentiellement la présence de tessons de céramique et de restes animaux. Une fusaïole en terre cuite, 47 éléments de torchis et 9 fragments de moules à sel, retrouvés en position résiduelle pour ces derniers, mais typologiquement rattachables à La Tène moyenne, complètent le corpus. Le bâtiment principal et la portion de fossé longeant ce dernier concentrent plus de 75 % du mobilier céramique récolté (94 tessons sur 123), du mobilier métallique d'importance, l'ensemble des fragments de torchis ainsi que des os animaux ne correspondant pas aux rejets habituels de déchets culinaires.

Cette période a en effet livré un petit assemblage de 22 restes caractérisé par la présence majoritaire du bœuf accompagné de quelques ossements de porc, de chien et de cheval, l'absence de restes de gibier et d'oiseaux étant notable. Le fossé d'enclos a livré une connexion anatomique comprenant le tibia et le calcanéum d'un petit équidé avec des traces de découpe réalisées au couteau relevées sur le tibia, marques également observées sur un humérus et un radius de cheval, permettant de considérer l'existence de la pratique de l'hippophagie à cette période. Les restes de chevaux font ainsi partie des déchets de consommation avec des traces incontestablement liées au désossage et d'autres stries semblant être plutôt en rapport avec le dépouillement de l'animal. En ce qui concerne le chien, un seul reste est attesté avec une vertèbre cervicale ce qui ne permet pas de se prononcer sur la pratique de la cynophagie. Pour le porc, une demi–tête d'un porcin âgé de 24–30 mois (Sondage 80) est attestée ainsi qu'une tête quasiment entière d'un verrat (Sondage 81) légèrement plus jeune (20–22 mois). Des impacts de couteau ont été relevés sur l'os temporal des deux individus probablement liés à la désarticulation de la mandibule. L'excellent état de conservation et l'absence de destruction par les chiens impliquent qu'il s'agit, dans le cas de ces deux têtes de porc, d'un dépôt volontaire (Fig. 11.3). Enfin, une tête complète de bovin en connexion avec l'atlas, d'un individu âgé de plus de 11,5 ans, a été identifiée. L'atlas est marqué par des stries de désarticulation sur la face ventrale, traces retrouvées également sur les condyles occipitaux. Les restes de bovins comprennent également un métatarse et un ulna ainsi que des vestiges d'adultes de petite taille avec un os coxal droit de vache, fortement dégradé par les chiens, un fémur gauche et un métatarse droit. Les dépôts de tête pourraient être de nature symbolique évoquant l'immolation des animaux (Méniel 1992, p. 20). Il s'agirait alors du trophée commémorant le sacrifice (Méniel 1992, p. 22). Les pratiques sacrificielles connues à l'âge du Fer attestent aussi bien pour les animaux que pour les hommes et le mobilier, de longue période d'exposition des carcasses avec la décomposition des parties fragiles (chairs, connexions anatomiques labiles) avec ensuite un prélèvement des parties destinées à l'enfouissement dans le fossé (Méniel 1992, p. 63 ; Delattre, Auxiette 2018).

Fig. 11.1. Plan de La Tène moyenne et finale (DAO : Delphine Cense–Bacquet).

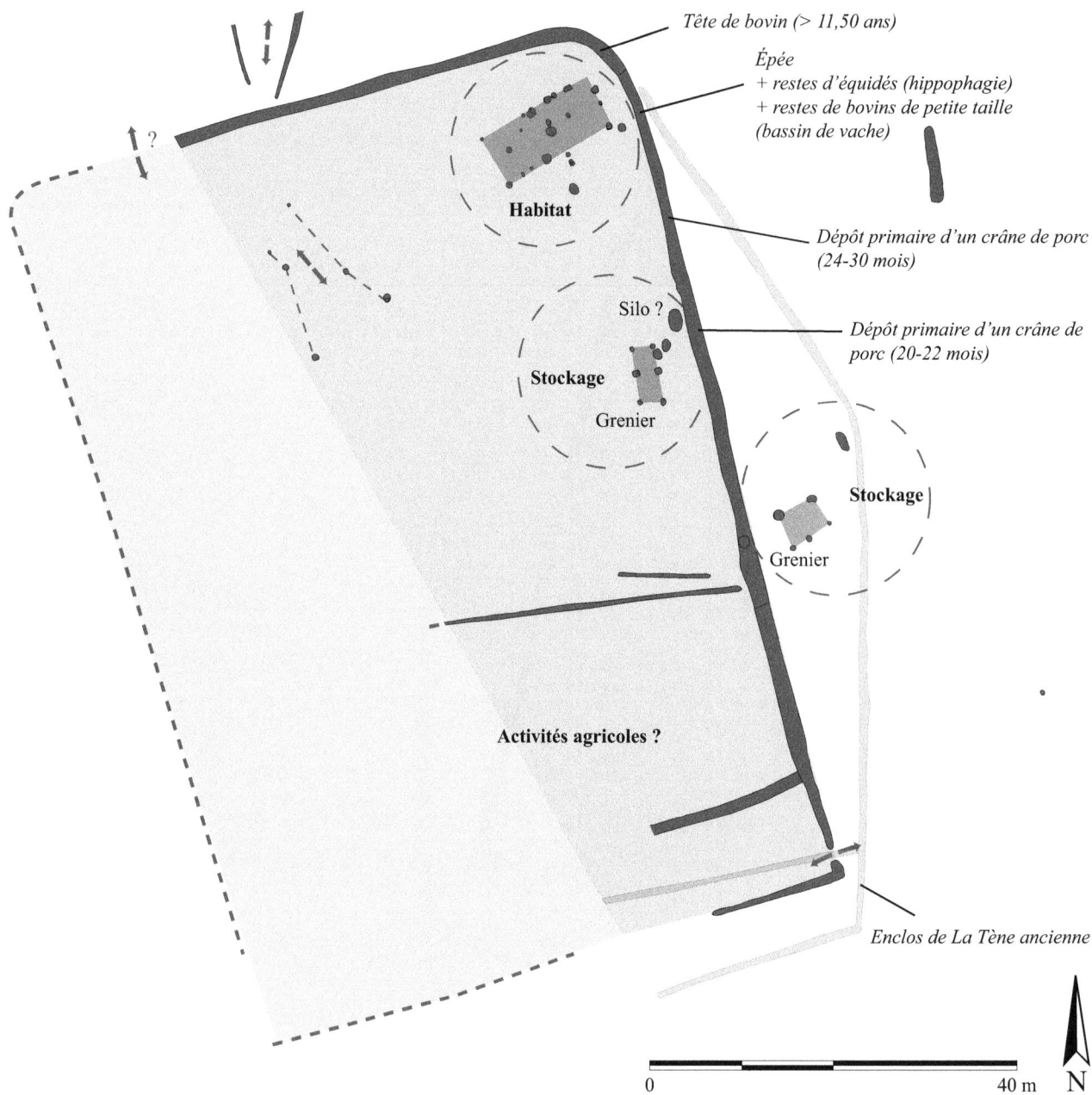

Fig. 11.2. Hypothèses de restitution de l'occupation datée de La Tène moyenne/finale (DAO : Delphine Cense–Bacquet).

11.3 La découverte d'une épée

La découverte remarquable pour cette occupation concerne la mise au jour d'une épée dans son fourreau au fond du tronçon du fossé d'enclos longeant l'unité d'habitation. Elle présente les stigmates d'une violente destruction avec les extrémités proximale et distale rabattues de façon à plier l'arme au minimum en quatre parties (Fig. 11.4). Les portions latérales ont de même subi des coups qui ont laissé plusieurs marques d'impacts, au moins deux ou trois profondes entailles voisines. L'ensemble de ces altérations et pliures ne laissent pas de doute sur le caractère volontaire de ces dégradations qui correspondent aux témoignages destructeurs recensés sur les épées de sanctuaires à quelques exceptions près (Bataille 2015).

Malgré l'état très fragmentaire, il a été possible de déterminer que cette épée a été déposée dans son fourreau (Fig. 11.5). Ce dernier, de grande taille, présente une gouttière latérale sur l'ensemble de son pourtour et une extrémité cintrée « en U » formant une bouterolle aux bords parallèles. Seule la partie basse de celle–ci est marquée par de légers renflements latéraux, la séparant nettement du corps de la bouterolle. La lame est de section losangée, sans nervure. Les tranchants présentent une convergence légère, mais continue, plus marquée au niveau de la pointe. La jonction entre la lame et la soie (croisière) est de type « campaniforme », marquée par une croisière métallique sous la forme d'un épaississement et deux excroissances latérales. La soie, bien que brisée, semble plate. Des éléments métalliques correspondant au système de suspension sont conservés à l'arrière d'un

Discussion autour de la découverte d'une épée dans un contexte d'habitat de La Tène moyenne

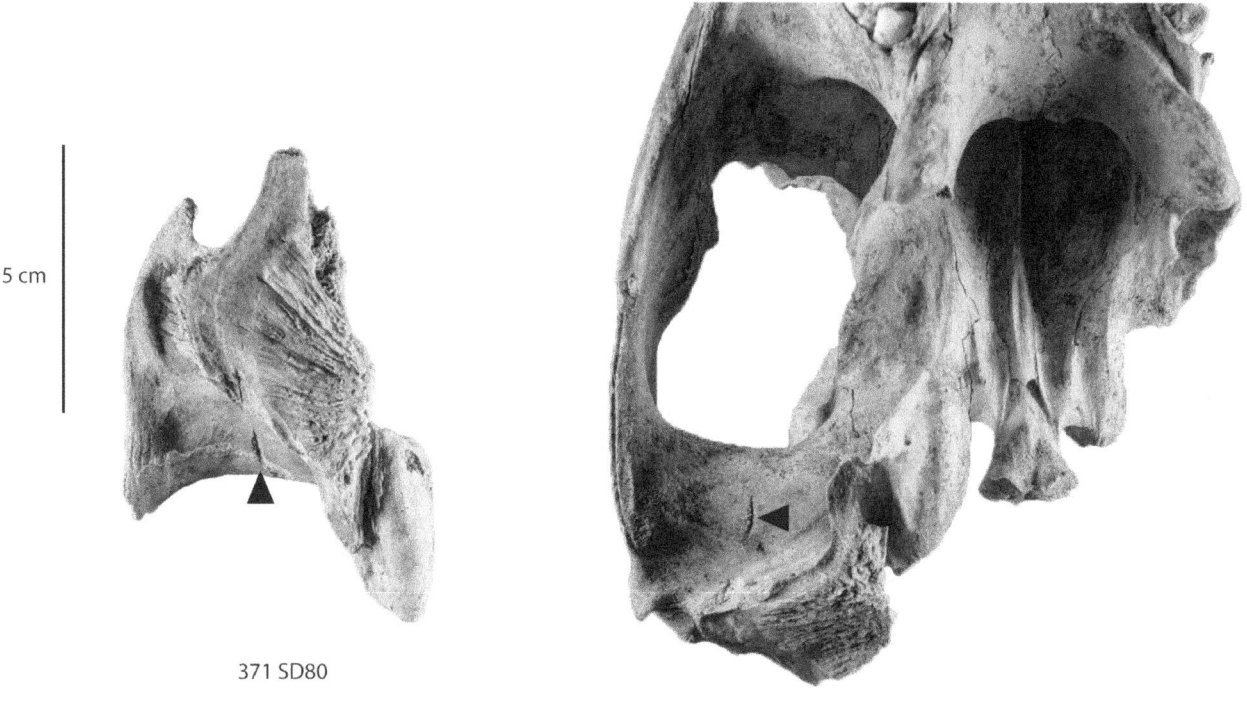

Fig. 11.3. Crânes de porc issus de 371 SD80 et SD81 avec homogénéité dans la technique de désarticulation de la mandibule par passage d'une lame de couteau à partir de la face caudale entre le tubercule articulaire de l'os temporal et le processus condylaire de la mandibule (photographie : Tarek Oueslati).

Fig. 11.4. Vues de profil d'une pliure et d'une torsion de la lame (photographie : Sandrine Fiévet, Archéopole).

des fragments de la lame. Il s'agit de toute évidence d'un pontet simple relativement bas, du moins pas directement au contact de la croisière, certainement pour permettre de remonter sur la hanche cette arme de grande dimension (L. totale : > 80 cm ; L. lame : > 70 cm ; l. lame : 3,5 cm à 5,40 cm sous la croisière ; ép. 1,40 cm ; L. bouterolle : 12 cm) et limiter son encombrement au niveau des chevilles. De part et d'autre, des frettes consolident cette pièce de suspension soumise à de fortes contraintes. Une chaîne métallique à anneaux simples, de forme oblongue est également conservée (L. : 41 cm env.).

Cette épée possède des caractéristiques morphologiques des exemplaires rattachables à la phase La Tène C1/C2

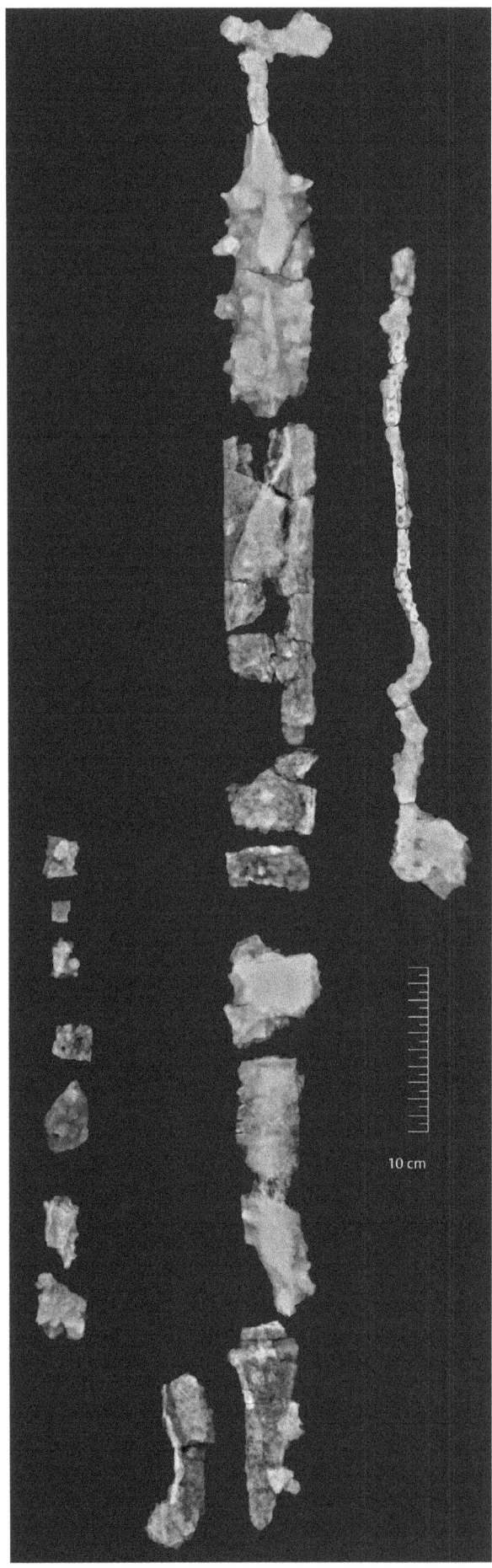

Fig. 11.5. Radiographie de l'épée fragmentée de Dourges (radiographie : Imanord).

(section losangée, pointe effilée et bouterolle massive à pointe étroite)[1]. Les changements morphologiques de cette épée sont liés à l'évolution de l'usage de ce type d'arme (Fig. 11.6). L'importante longueur de la lame et la relative rigidité liée à l'emploi d'une chaîne métallique, peu compatibles avec l'équipement d'un fantassin, pourraient plutôt permettre de l'attribuer à un cavalier. L'extrémité de l'épée est effilée, car celle–ci n'est plus utilisée seulement comme arme de taille, mais aussi d'estoc. L'arme portée très haut est également conçue pour résister à des contraintes mécaniques importantes. Ces éléments peuvent être considérés comme révélateurs du développement progressif d'une cavalerie plus offensive.

Les dépôts d'armes sont fréquents en milieu funéraire, l'épée, la plupart du temps intact avec son fourreau et les éléments d'attache du ceinturon ou du baudrier, étant déposée le long du défunt. Le passage à la crémation à partir du milieu du IIIe siècle avant J.–C. marque une évolution avec une raréfaction des éléments d'armement qui peuvent être alors « brisés, pliés ou simplement représentés par un fragment » (Desenne et al 2009, p.178). Il convient, de même, de rappeler une coutume, qui peut apparaître lors du rituel funéraire, qui consiste à « plier les armes avant de les ensevelir avec leur propriétaire [...] L'arme symbole de prestige, de victoire, ne devait plus servir après la mort de son propriétaire. Elle le suit dans la tombe et, pour plus de sûreté, elle était pliée plusieurs fois et même cassée » (Lambot 1974, p.223). Ce type de dépôt est également courant en contexte cultuel comme à Gournay–sur–Aronde (Oise) ou à Ribemont–sur–Ancre (Somme) où les armes, qui peuvent être déposées et même jetées, apparaissent rarement intactes et sont, le plus souvent, pliées ou brisées (Lejars 2011, p.136). De fait, dans les sanctuaires, une certaine homogénéité est perceptible laissant présager l'existence de pratiques codifiées et de règles communes (Bataille 2015, p.150–151). Une des hypothèses expliquant ces gestes serait la « désacralisation » de l'offrande suite à la dégradation naturelle des parties ligneuses et métalliques (Brunaux et al. 2003, p.25.). Suite à une longue période d'exposition comme « trophée », la perte de valeur de ces armes rouillées entraînerait les dégradations opérées et leur relégation dans les fossés. Les découvertes en contexte d'habitat sont rares et concernent généralement des fragments souvent de très petites tailles ce qui permet de mettre en lumière le caractère exceptionnel de notre exemplaire par sa découverte, mais surtout par le dépôt de ce dernier dans le fond du fossé d'enclos, c'est–à–dire dans un cadre qu'il est possible d'interpréter comme rituel.

11.4 Conclusion

Au regard des différentes caractéristiques mises en évidence et malgré le caractère lacunaire de certaines données, l'occupation rattachée à La Tène moyenne/finale sur le site de Dourges peut être définie comme un enclos

---

[1] La croisière campaniforme peu marquée est une caractéristique qui perdure jusqu'au milieu du Ier siècle av. J.-C., mais le remplacement par des croisières rectilignes est toutefois plus fréquent (Lejars 1996, p. 81-82, 2011)

d'habitat plutôt classique au niveau morphologique. Ce type d'installation a été identifié sur de nombreux sites archéologiques pour cette période chronologique, puisqu'il constitue le nouveau modèle qui se développe à partir du IIIe siècle avant J.–C. En effet, un archétype dénommé « ferme » semble se dessiner sous la forme d'établissements structurés et clos au sein desquels un bâtiment principal, des greniers et des fosses se développent. Toutefois, sur les autres sites appartenant à ce groupe, la présence de multiples témoins d'une activité agro–pastorale (couteaux, forces, fusaïoles, pesons, meules...) est récurrente alors que notre site, bien que fouillé partiellement, n'a livré qu'une fusaïole. De plus, la découverte de l'épée et des restes animaux caractéristiques nous invite à envisager d'autres fonctions à cette occupation.

Faut–il voir, pour cette épée, un dépôt d'abandon ou une « offrande » à mettre en corrélation avec la présence de deux crânes de porc et d'un crâne de bœuf en position primaire ? Cette hypothèse difficile à démontrer à partir de nos vestiges lacunaires mérite tout de même d'être avancée, même s'il pourrait également s'agir de vestiges liés à une pratique particulière (décoration symbolique, gestes en lien avec la sphère religieuse…) (Brunaux et al. 2003, p.39). De même, il est délicat de statuer sur l'importance des occupants (aristocratie ?) à travers la structuration du site et de son bâtiment principal et du mobilier recueilli à proximité immédiate, dans le fossé d'enclos. Ces questionnements restent ouverts même si les spécificités mises en lumière nous permettent d'envisager la présence d'un habitat d'importance.

Bibliographie

Bataille G. 2015 : Approches des pratiques rituelles. Proposition de restitution à partir des dépôts terrestres non funéraires à composante métallique, *in* Kaurin J., Marion S., Bataille G. (dir.), *Décrire, analyser, interpréter les pratiques de dépôt à l'âge du fer. Actes de la table ronde tenue à Bibracte les 2 et 3 février 2012*, Glux–en–Glenne, Bibracte – Centre Archéologique européen (Collection Bibracte 26), p. 145–164.

Brunaux J.–L., Malagoli C., Lambot B., Bataille G. 2003 : Cultes et sanctuaires en France à l'âge du Fer. La France du Nord (Champagne–Ardenne, Île–de–France, Nord, Basse–Normandie, Pas–de–Calais, Picardie), *Gallia – Archéologie de la France antique* 60, p. 9–73.

Delattre V., Auxiette G. 2018 : Hommes Vs animal : une même intention cultuelle dans les dépôts domestiques du second Âge du Fer dans le Bassin Parisien ?, *in* Costamagno S., Gourichon L., Dupont C., Dutour O., Vialou D. (dir.), *Animal symbolisé, animal exploité : du paléolithique à la Protohistoire*, Paris : Éditions du Comité de travaux historiques scientifiques, p. 309–325.

Desenne S., Auxiette G., Demoule J.–P., Gaudefroy S., Henon B., Thouvenot S., Lejars T. 2009 : Dépôts, panoplies et accessoires dans les sépultures du second âge du Fer en Picardie, *Revue archéologique de Picardie*, 3/4, p. 173–186.

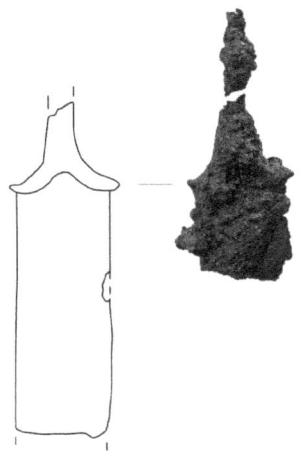

Épée (371.1)

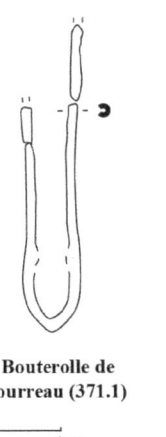

Bouterolle de fourreau (371.1)

Fig. 11.6. Dessin et photographies des principales composantes typologiques de l'épée de Dourges (dessin : Jean–Patrick Duchemin ; photographie : Sandrine Fiévet, Archéopole).

Lambot B. 1974 : Épée de La Tène avec marque estampée découverte dans les Ardennes, *Bulletin de la Société préhistorique française, Comptes rendus des séances mensuelles*, 71/7, p. 218–224.

Lejars T. 1996 : L'armement des Celtes en Gaule du Nord à la fin de l'époque gauloise, *Revue archéologique de Picardie*, 3/4, p. 79–103.

Lejars T. 2011 : L'armement celtique en fer, *in* Giardino C. (dir.), *Archeometallurgia : dalla conoscenza alla fruizione, Atti del Workshop, 22–25 maggio 2006, Cavallino, Convento dei Domenicani*, Bari, Edipuglia, p. 133–147.

Méniel P. 1992 : *Les sacrifices d'animaux chez les Gaulois*, Paris, Errance, 147 p.

12

Du guerrier au soldat. L'armement du second âge du Fer dans la moitié nord de la France : l'exemple des fourreaux

Prune Sauvageot
Doctorante en archéologie, Université Paris 1 Panthéon–Sorbonne,
UMR 7041 ArScAn – UMR 8546 AOrOc

Résumé : Cet article aborde la question du passage du guerrier au soldat en Gaule septentrionale à partir de l'évocation des sources textuelles, dans lesquelles César est le premier à parler d'une véritable armée privée, et des sources matérielles. Pour ces dernières, l'attention porte plus particulièrement sur l'armement daté du second âge du Fer (450–25 BCE), issu des sanctuaires et des sépultures mis au jour dans la région considérée. Les analyses statistiques et cartographiques permettent, d'une part, de conforter l'idée d'une tendance à la standardisation autant que de préciser l'évolution typologique de l'armement (illustré ici par l'exemple des fourreaux) et, d'autre part, de mettre en évidence des zones privilégiées de dépôts d'armes funéraires et non funéraires. L'estimation du nombre d'armes par génération montre ainsi l'évolution de l'équipement du guerrier durant le second âge du Fer, notamment sa faiblesse numérique durant le LT D (150–25 BCE), au cours duquel s'est déroulée la Guerre des Gaules. Les résultats obtenus permettent de formuler des hypothèses sur ce que peuvent recouvrir les pratiques alors en usage, notamment sur le passage du guerrier, enterré armé, au soldat, enterré sans armes puisqu'elles ne lui appartenaient probablement plus.

Mots–clés : armes, La Tène, moitié nord de la France, guerrier, soldat, tombe, sanctuaire

Abstract : This article addresses the question of the transition from warrior to soldier in northern Gaul by evoking textual sources, in which Caesar is the first to speak of a real private army, and material sources. For the latter, particular attention is paid to the weaponry dated to the Second Iron Age (450–25 BC), from weapon sanctuaries and graves excavated in northern France. Statistical and cartographic analyses have made it possible, on the one hand, to reinforce the idea of a tendency towards standardization as well as to specify the typological evolution of the weaponry (illustrated here by the example of the scabbards), and on the other hand, to highlight privileged areas of funerary and non-funerary weapon deposits. The estimated number of weapons by generation thus shows the evolution of the warrior's equipment during the Second Iron Age, particularly its numerical weakness during the LT D (150–25 BC), the period during which the Gallic War took place. The results obtained make it possible to formulate hypotheses on what the practices in use at the time may have covered, particularly on the transition from the warrior, who was buried armed, to the soldier, who was buried without weapons since they probably no longer belonged to him.

Keywords : weapons, La Tène, northern half of France, warrior, soldier, grave, sanctuary

12.1 Introduction

Depuis le XIXe siècle, les découvertes d'armes datées du second âge du Fer sont nombreuses. Elles proviennent pour l'essentiel de contextes funéraires, mais la fouille du sanctuaire de Gournay–sur–Aronde dans l'Oise, au milieu des années 1970, a relancé les débats sur l'armement d'une part et sur les lieux de culte et la religion gauloise d'autre part. Depuis lors, les découvertes ou redécouvertes se sont multipliées sur tout le territoire français, et particulièrement dans le nord. Les études sur les différents types d'armes composant la panoplie militaire se sont ainsi développées ces 40 dernières années (Brunaux, Rapin 1988 ; Lejars 1994 ; 2013 ; Bataille 2001 ; 2008 ; Pernet 2010). Plus récemment, la recherche s'est intéressée à des problématiques plus sociétales, à la fonction des sanctuaires et à l'évolution des pratiques de dépôts (Bataille 2008), ainsi qu'à la question du mercenariat (Baray 2016) et de la guerre (Bataille *et al.* 2014).

Cette période, qui connaît d'importantes transformations tant sociétales que territoriales, est notamment marquée par l'émergence de l'État (Brun 1993; 1999; 2015; Ruby 1999). Cette forme d'organisation politique s'accompagne généralement de l'apparition de la ville, de l'écriture, de la monnaie dite fiduciaire et encore d'une force armée permanente (Brun 2015). Ainsi, le second âge du Fer est marqué par la modification et la diversité du statut du porteur d'armes : noble, guerrier, mercenaire, auxiliaire, soldat.

Il apparaît nécessaire de définir ce qui est entendu par les termes «guerrier» et «soldat». Le dictionnaire de l'Académie Française[1] paru en 1986 définit le guerrier comme une «personne qui fait la guerre et qui en a le goût». Le Centre National des Ressources Textuelles et Lexicales (CNRTL)[2] donne quant à lui la définition suivante : « personne dont le métier est de faire la guerre ». Concernant le terme « soldat », la définition donnée par le CNRTL est celle-ci : «homme qui sert dans une armée (comme mercenaire ou comme engagé volontaire) au service d'un prince, d'un État qui lui verse une solde». Le dictionnaire de l'Académie Française dit simplement «celui qui sert dans une armée». Les propositions faites ici s'appuient sur ces définitions en les précisant et les adaptant au contexte historique. La différence entre le guerrier et le soldat tient principalement à l'entité pour laquelle il se bat. Le guerrier combat pour un membre de l'élite et fait partie d'une suite armée, il se bat pour son groupe, son lignage, sa tribu, sa chefferie. Le soldat combat pour un État, et fait partie d'une armée. La distinction entre «suite armée» et «armée» repose sur l'autorité à laquelle elle répond, et probablement aussi sur son organisation (nombre d'hommes, standardisation de l'armement, type de paiement, etc.). La différence entre le guerrier et le soldat réside également dans leur niveau de spécialisation selon la périodicité et leur niveau de technicité (Sauvageot 2017). Avant l'apparition de l'État, il est probable que tous les hommes, et possiblement aussi des femmes, partaient en guerre afin de défendre (dans tous les sens du terme, autant contre une attaque, que pour répondre à un besoin, quel qu'il soit) leur clan, leur lignage, leur tribu, leur chefferie. Progressivement des suites militaires sont apparues, réunissant des combattants professionnels, mais les paysans devaient sans doute être mobilisables au besoin (Guilaine, Zammit 2001).

Cette étude[3] vise à vérifier si l'évolution de l'armement permet de saisir les modalités du passage du guerrier au soldat et d'en préciser les facteurs et les conséquences. Elle s'inscrit dans un espace défini, celui de la moitié nord de la France, durant la période de La Tène, du LT A au LT D, entre 450 et 25 BCE[4].

L'analyse s'appuie essentiellement sur les armes provenant de sanctuaires (dépôts non funéraires) et de sépultures.

Les connaissances acquises sur l'armement laténien depuis plusieurs décennies ont permis d'établir un schéma évolutif de l'armement et de mettre en avant l'existence d'un phénomène d'uniformisation des armes pour les cinq siècles en question (Rapin 1999; Lejars 2003).

La panoplie militaire type se compose durant cette période d'une épée, accompagnée de son fourreau et de son système de suspension, d'une lance et d'un bouclier (Fig. 12.1).

Seul l'exemple des fourreaux sera présenté dans le cadre de cet article. En effet, cette pièce de l'équipement, qui n'est pas à proprement parler une arme, est un des éléments les mieux étudiés de l'équipement guerrier (Lejars 1994; Guillaumet, Szabo 2000; Pernet 2010).

12.2 Présentation du corpus d'étude[5]

Le corpus se compose de 217 sites répartis sur l'ensemble de la moitié nord de la France, sur lesquels a été découvert de l'armement pour les quatre étapes de la période de La Tène (Fig. 12.2). On comptabilise 170 sites funéraires, qui représentent un total de 256 tombes à armes, allant de la sépulture isolée à la nécropole. Le nombre de tombes à armes dans les nécropoles est très variable. Parmi les ensembles qui en livrent le plus, on trouve celui d'Avicenne à Bobigny (Seine–Saint–Denis) qui compte 10 tombes de guerriers sur un total de 500 sépultures (Marion *et al.* 2007) ou celui de Bucy–le–Long «La Héronière» et «La Fosse Tounise» (Aisne) pour lequel 20 tombes à armes sur 233 sépultures ont été mises au jour (Demoule *et al.* 2009).

On recense 47 sites identifiés comme des sanctuaires, pour lesquels les quantités de pièces d'armement sont très inégales, allant d'un seul élément à plus de 1500. Le plus connu, celui de Gournay-sur-Aronde (Brunaux *et al.* 1985; Quatrelivre 2016), a permis à lui seul la découverte de plus de 1550 objets ou fragments d'objets.

Le corpus total d'armes en Nombre Minimum d'Individus (NMI), tel que défini par ailleurs (Bataille 2008), est estimé à 4607 objets. Les sanctuaires en livrent la majorité avec 3785 pièces, contre 822 pour les sépultures à armes.

Le corpus enregistré correspond à un total de 1230 objets pour l'ensemble de la période. Sur ce total, seuls 561 sont complets. Malheureusement, les dimensions ne sont pas mentionnées pour tous les objets complets : seuls 55 % possèdent une longueur renseignée.

---

[1] Ressource en ligne [URL : https://www.dictionnaire-academie.fr/]
[2] Ressource en ligne [URL : https://www.cnrtl.fr/definition/]
[3] Cet article présente les données de mon mémoire de Master 2 (Sauvageot 2017). Ce travail doit donc être considéré comme une étude préliminaire, une première approche du sujet, que je poursuis actuellement dans mon travail de thèse.
[4] La période laténienne est subdivisée en quatre étapes :
LT A : 450-400
LT B : 400-250
LT C : 250-150
LT D : 150-25

[5] Le corpus présenté ici correspond à l'ensemble des données enregistrées dans le cadre de mon mémoire (Sauvageot 2017)

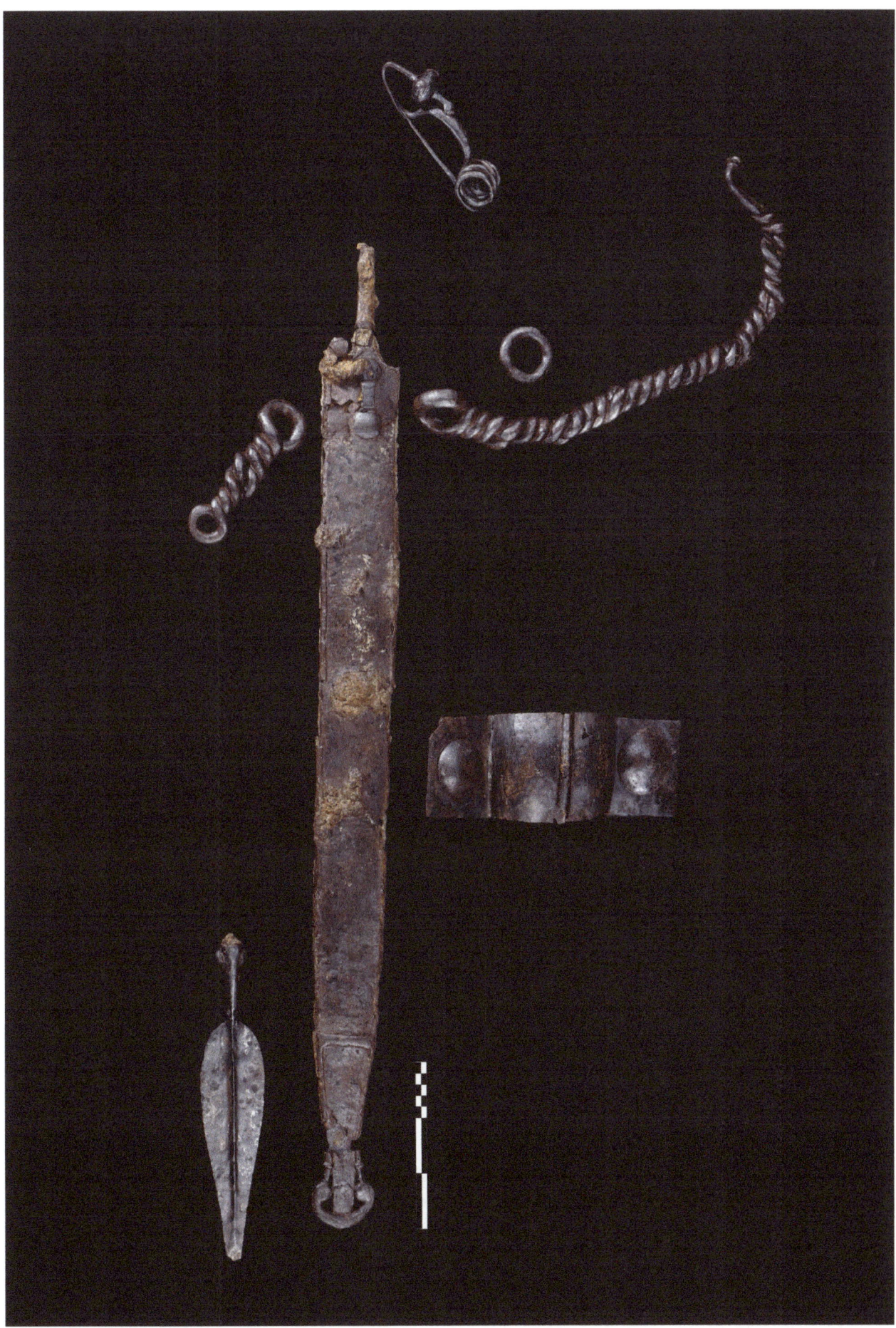

Fig. 12.1. Exemple de panoplie datée du IIIe siècle BCE (S.47, nécropole, Hôpital Avicenne, Bobigny) © Photo Emmanuelle Jacquot, Doc. Département de la Seine–Saint–Denis.

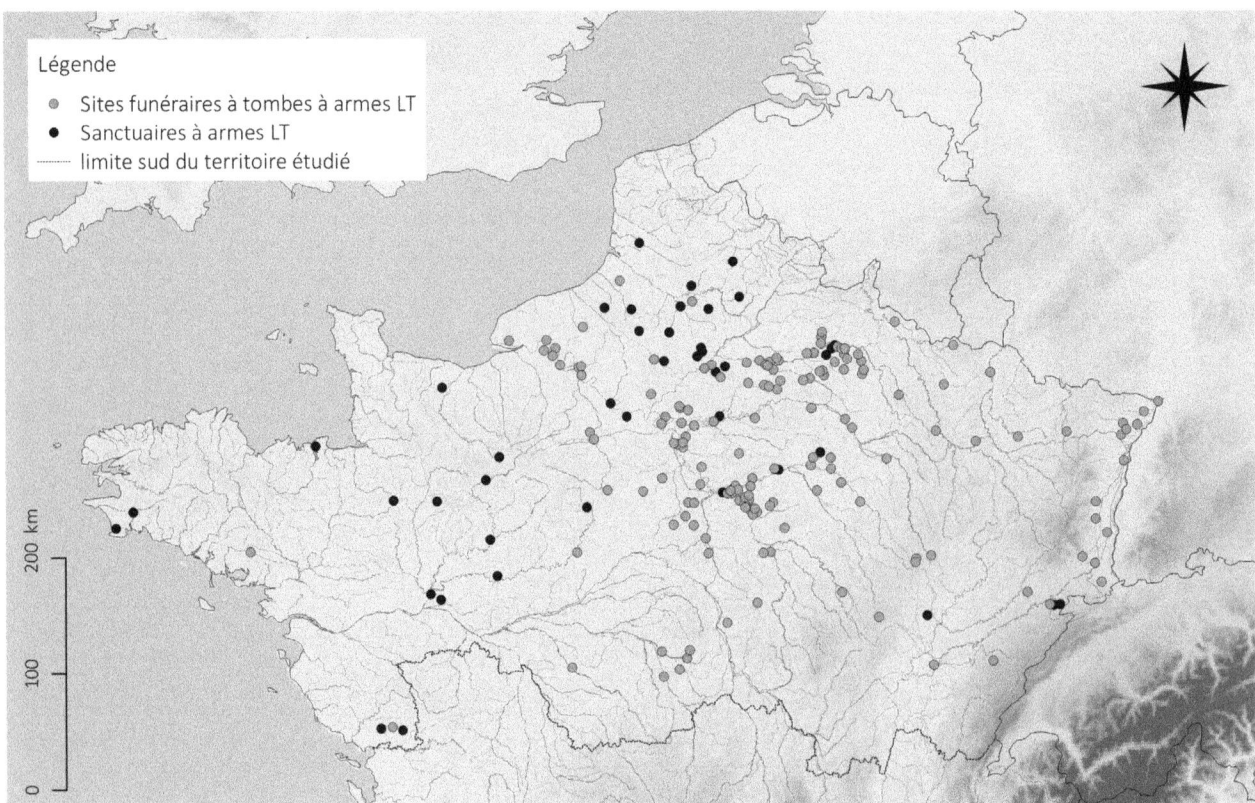

Fig. 12.2. Carte de répartition des dépôts funéraires et non funéraires durant la période laténienne dans la moitié nord de la France © P. Sauvageot.

12.3 L'évolution de l'armement : le cas des fourreaux

La découverte fréquente de fourreaux d'épée et son évolution typo–morphologique fine ont permis la réalisation de plusieurs études d'importance (Lejars 1994 ; Guillaumet, Szabo 2000 ; Pernet 2010) qui ont largement fait progresser la recherche. Les informations disponibles dans la bibliographie sont relativement nombreuses, mais manquent souvent d'exhaustivité. Comme évoquée plus haut, l'absence de données métriques est importante. Ainsi, pour les fourreaux, sur un NMI de 1260, on ne dispose d'informations et d'une documentation précises (datation, dimensions, matériaux, description, photo/dessin, etc.) que pour 408 pièces. Sur ce total, on compte seulement 87 fourreaux complets. Seuls 67 d'entre eux ont une longueur et une largeur renseignées ainsi qu'une datation précise. C'est sur la base de ce corpus que les analyses statistiques ont été effectuées. On remarque l'absence de pièces pour les périodes du LT A et du LT D2, qui s'explique à la fois par le manque de données dans la bibliographie et par un corpus de découvertes moins important. Les analyses statistiques, à savoir celles qui reposent sur l'évolution de la longueur maximale (Fig. 12.3) et sur le rapport entre la longueur et la largeur (Fig. 12.4), prennent donc en compte la période comprise entre 400 et 50 BCE[6].

[6] L'absence de données ne permet pas d'intégrer le LT A et le LT D2 dans la présente étude

Il convient évidemment de nuancer les résultats, le corpus de fourreaux étant relativement faible, mais cela permet de saisir une tendance. En effet, les analyses statistiques réalisées sur les fourreaux tendent à confirmer les critères métriques des groupes typologiques établis, ainsi que le schéma évolutif désormais connu (Rapin 1999 ; Lejars 2003), à savoir un allongement progressif de l'arme (Fig. 12.3), qui passe d'une longueur maximale de 730 mm au LT B1 à 944 mm au LT D1. En revanche, le rapport entre la longueur et la largeur ne semble pas significatif si l'on part du postulat que l'allongement de l'arme va de pair avec son élargissement. En l'état actuel des données, on ne voit pas de corrélation entre l'allongement et l'élargissement de l'arme pour la période considérée (Fig. 12.4).

L'ensemble des données, portant sur chacune des pièces de la panoplie, étudié dans le cadre du mémoire (Sauvageot 2017), et qui ne peut être présenté ici, tend également à confirmer les groupes typologiques connus et les schémas évolutifs associés (Rapin 1999 ; Lejars 2003). Cependant, l'absence de données typologiques et typo–chronologiques précises concernant notamment les armes d'hast et les épées, n'a permis que d'esquisser l'évolution de l'armement au second âge du Fer et ce que cela implique, à savoir une modification de l'équipement en lien avec des changements dans les modes de combats et les manières de faire la guerre (Rapin 1999 ; Deyber 2009 ; Baray 2011).

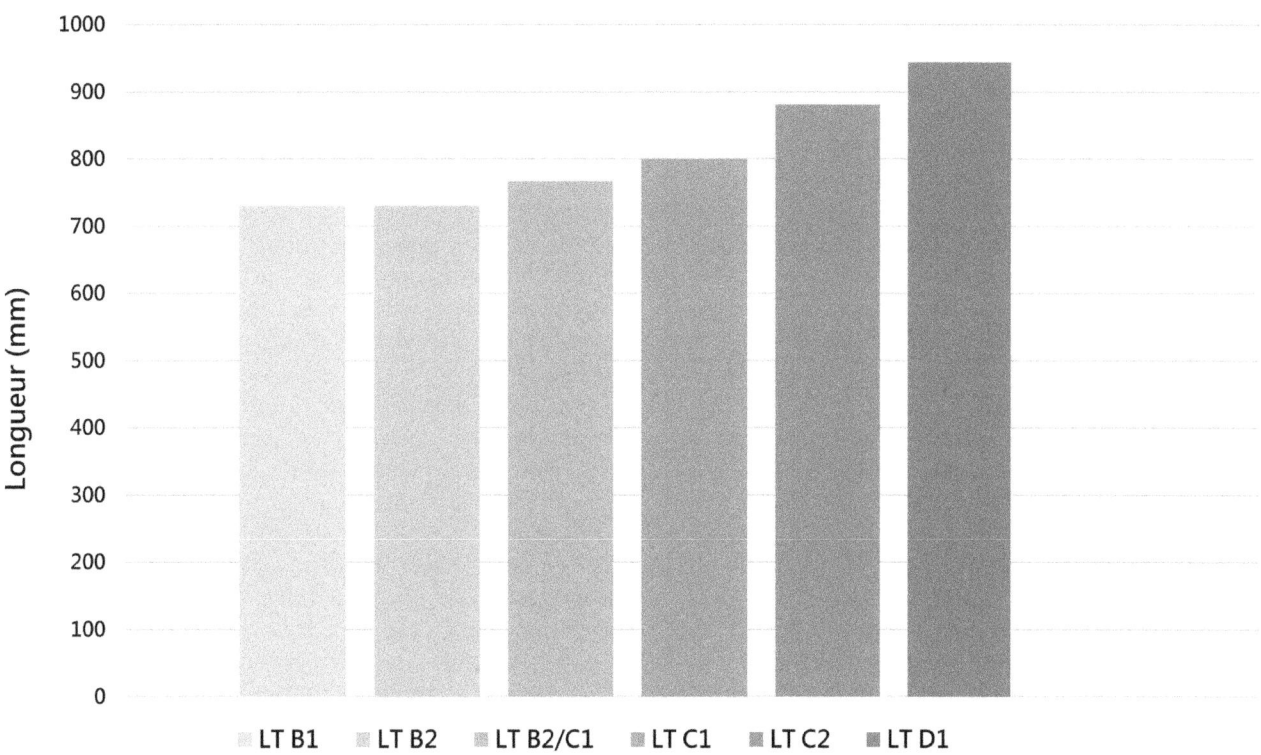

Fig. 12.3. Histogramme de l'évolution de la longueur maximale des fourreaux © P. Sauvageot.

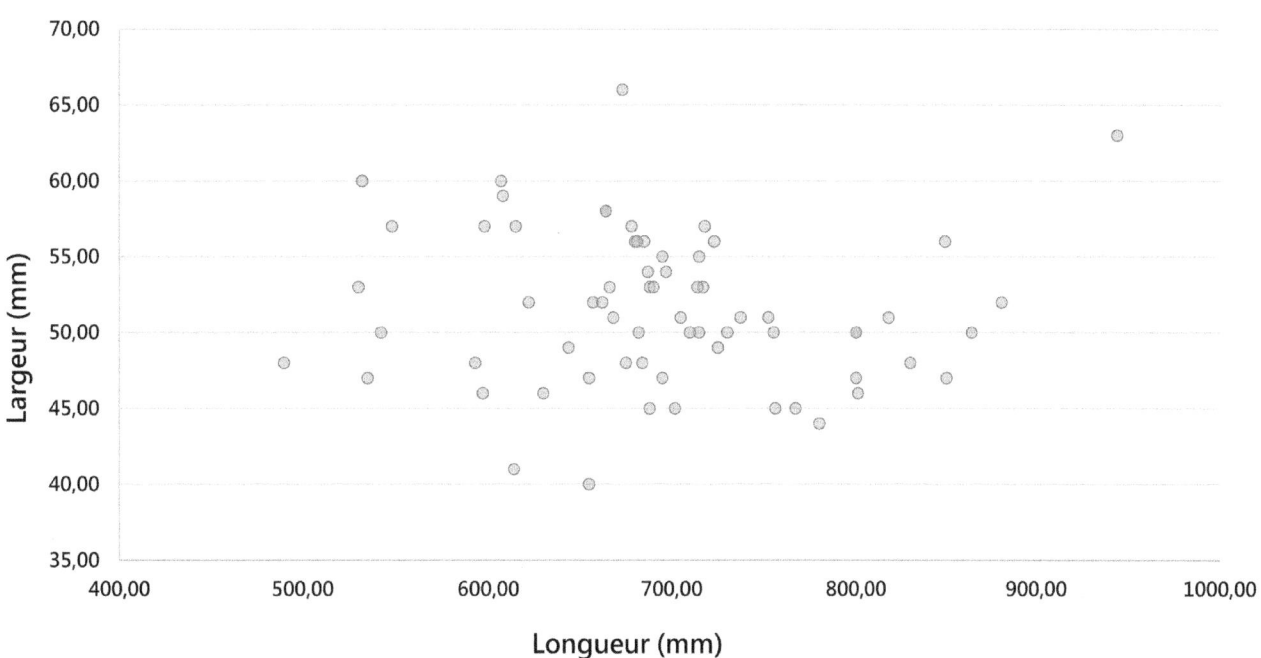

Fig. 12.4. Graphique du rapport entre la longueur et la largeur des fourreaux © P. Sauvageot.

12.4 Dépôts funéraires et non funéraires : quelle répartition ?

Les analyses cartographiques mettent en évidence des zones de dépôts privilégiées (Fig. 12.2). On constate, sur l'ensemble de la période laténienne, que les dépôts d'armes dans les tombes se concentrent plutôt dans les parties sud et est de la zone étudiée, avec toutefois une extension dans la basse vallée de la Seine. Les dépôts non funéraires intervenant en contexte de sanctuaire se trouvent quant à eux dans le nord et l'ouest de la zone étudiée. Ce clivage géographique entre ces deux catégories de dépôts suggère l'existence de deux traditions culturelles distinctes (Brun *et al.* 1997).

Ces analyses demandent encore à être affinées, notamment par un découpage chronologique plus fin, en tenant compte des subdivisions des quatre étapes du La Tène.

12.5 Du guerrier au soldat

La standardisation de l'armement depuis le IVe siècle av. n. ère (Rapin 1999) ajoutée à la militarisation de la société gauloise touchant les « roturiers », guerriers d'extraction « ordinaire » (Baray 2011), nous interroge sur la chronologie et le contexte politique de l'émergence d'armées privées composées de soldats combattant pour le compte de membres de l'élite sociale (Baray 2015) et décrites par César (Livre VI, 15).

L'étude de l'évolution de l'armement, tant par le nombre de pièces que par la standardisation de celles-ci, permet de proposer quelques éléments de réponse. Afin de mesurer ce changement de statut, ce passage du « guerrier aristocrate » au « combattant roturier », il apparaît nécessaire d'estimer un nombre de guerriers (théorique) d'après le nombre moyen d'armes ou de panoplies pondéré par génération théorique de 25 ans, afin de rendre comparables des périodes dont la durée n'est pas la même[7] (Fig. 12.5).

Les recherches menées depuis plusieurs décennies sur l'armement et la guerre ont mis en évidence une modification du statut et de la représentation du guerrier pour la période laténienne (Deyber 2009 ; Baray 2011). Durant le LT A, les guerriers sont uniquement visibles en contexte funéraire. L'étude de ces ensembles, les assemblages mobiliers (parures, armes, vaisselle, parfois métallique ou importée) placés dans ces tombes, ainsi que la présence d'un char et/ou d'éléments de harnachement, parfois luxueux, invitent à penser qu'il s'agit alors exclusivement de membres de l'élite (Lambot 2018).

Cependant les données prises en compte ici ne permettent pas de saisir la place et l'importance des guerriers composant les suites armées à la solde de ces membres de l'élite. Le LT B, et plus particulièrement la seconde partie (LT B2), voit l'émergence des sanctuaires à dépôts d'armes. Ces dépôts effectués dans un cadre collectif, ajoutés à un plus grand nombre de sépultures à armes, identifiées comme celles de guerriers d'extraction « ordinaire » (Baray 2011), évoquent une augmentation du nombre des hommes armés, phénomène qui atteint son apogée au LT C. La fonction d'homme de guerre ne semble plus réservée aux « nobles » ou membres de l'élite, mais s'élargir à une nouvelle catégorie sociale de statut plus ordinaire. Alors que le LT D est marqué par la conquête romaine et que César dans ses commentaires sur la *Guerre des Gaules* mentionne des centaines de milliers de combattants[8] (chiffres peut–être largement surévalués), ces derniers restent paradoxalement invisibles archéologiquement. Cela pourrait induire une transformation de la symbolique de l'arme, passant d'un objet symbolique du statut personnel au début du La Tène, à un objet symbolique de la fonction de son porteur, et dont la possession et la fourniture étaient contrôlées par une autorité centrale à la fin de la période. Cette modification sémiotique pourrait correspondre à un passage du guerrier au soldat, ces combattants composant désormais les effectifs de troupes professionnelles.

Cette mutation visible à travers les données matérielles et textuelles s'effectue au cours du LT C. Il semble que l'équipement militaire alors uniformisé, probablement produit en série, ait perdu sa valeur symbolique, le combattant professionnel, soldat équipé par un organisme supérieur, est alors enterré sans armes puisque l'équipement ne lui appartient pas.

12.6 Conclusion

La conception d'une typologie pour l'ensemble des pièces de la panoplie permet d'ores et déjà l'enregistrement des données, à l'échelle, cette fois, de l'ensemble de la Gaule. Dans la continuité, la reprise de la typo–chronologie devrait permettre d'affiner l'analyse des armes afin d'en mieux comprendre l'évolution. La réalisation d'analyses métallographiques, permettant d'interroger d'une part la qualité des matériaux, et d'autre part la provenance des métaux, devraient apporter des résultats intéressants, permettant de confirmer la tendance à la standardisation de l'armement, mais également de questionner la production en série des armes. Cette réflexion, sur le passage du guerrier au soldat, ébauchée lors de mon mémoire, se poursuit actuellement dans le cadre de ma thèse, qui porte sur l'émergence des États gaulois au prisme de l'armement entre le Ve et le Ier siècle av. n. ère. L'objectif étant de confirmer l'émergence d'armées professionnelles et permanentes.

---

[7] Par exemple, LT A = 450 -400 av. n. è. soit 50 ans
On estime une génération à 25 ans
La catégorie d'armes la mieux représentée, ici les épées, s'élève à 110 pièces
On divise la durée de la période par 25 (50 : 25 = 2), on divise alors le nombre d'armes par 2 (110 : 2 = 55)
Le nombre d'armes au LT A pondéré par génération est égal à 55, on obtient donc 55 guerriers.

[8] César, *La Guerre des Gaules,* Livre VII, 21 ; 64 ; 71 ; 76

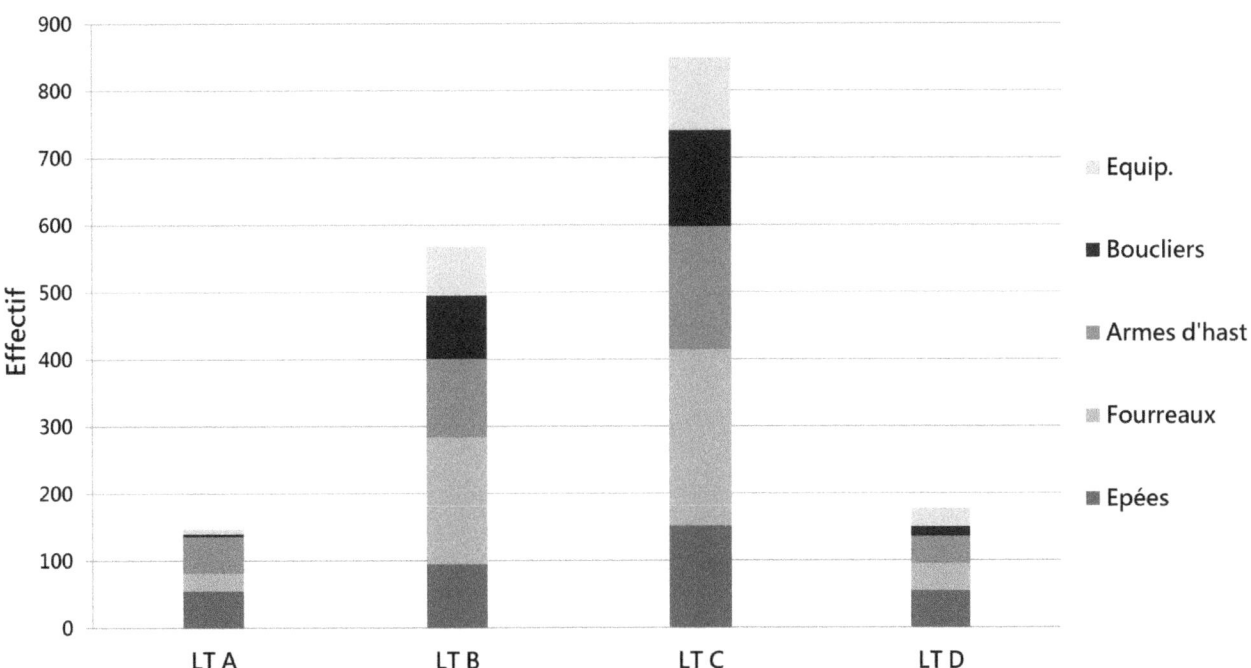

Fig. 12.5. Histogramme cumulé du nombre moyen de pièces par catégorie d'armes et par période, pondéré par génération © P. Sauvageot.

Bibliographie

Sources anciennes

César : *Guerre des Gaules*, trad. par L.-A. Constans, Paris, Gallimard (coll. Folio classique), 1981, 461 p.

Références modernes

Baray L. 2011 : Aristocrates et guerriers d'après les pratiques funéraires du second âge du Fer en Europe occidentale, *in* Baray L. *et al.*, (dir.), *L'armement et l'image du guerrier dans les sociétés anciennes, de l'objet à la tombe, Actes de la Table ronde internationale et interdisciplinaire, Sens, 4–5 juin 2009*, Dijon, Éd. Universitaires de Dijon (coll. Art, Archéologie et Patrimoine), p. 315–336.

Baray L. 2015 : *Les mercenaires celtes en Méditerranée, V^e–Ier s. av. J.-C.*, Chamalières, Lemme edit. (coll. Illustoria Histoire Ancienne), 116 p.

Baray L. 2016 : *Sociétés celtiques et mercenaires (VIIe – Ier s. av. J.-C.). Le pouvoir, la terre et les hommes*, Paris, CNRS Éditions, 502 p.

Bataille G. 2001 : Les agrafes de ceinturon du sanctuaire de La Villeneuve-au-Châtelot (Aube), *Archäologisches Korrespondenzblatt*, Jahrgang 31, Heft 3, p. 443–460.

Bataille G. 2008 : *Les Celtes : des mobiliers aux cultes*, Dijon, Editions Universitaires de Dijon (coll. Art, Archéologie et Patrimoine n° 2), 258 p.

Bataille G., Marion S., Kaurin J. 2014 : Une archéologie de la guerre au second âge du Fer (fin du IVe s. av. J.-C. – début du Ier s. apr. J.-C.), *in* Buchsenschutz O., Dutour O., Mordant C. (dir.), *Archéologie de la violence et de la guerre dans les sociétés pré et protohistoriques*, Paris, Éd. de CTHS (ed. électronique), p. 129–141.

Brun P. 1993 : La complexification sociale en Europe moyenne pendant l'âge du Fer : essai de modélisation. *in* Daubigney A. (dir.), *Fonctionnement social de l'âge du Fer : opérateurs et hypothèses pour la France*, Actes de la Table ronde de Lons-le-Saunier, 24–26 octobre 1990, Lons-le-Saunier, Cercle Girardot, p. 275–290.

Brun P. *et al.* 1997 : Dépôts et frontières au Bronze final en France, *Boletín del seminario des estudios de arte y arqueologíaI*, LXII, p. 97–114.

Brun P. 1999 : La genèse de l'État : les apports de l'archéologie, *in* Ruby P. (dirD.), *Les Princes de la Protohistoire et l'émergence de l'État*, Naples, Centre Jean Bérard, Rome, École française de Rome, p. 35–51.

Brun P. 2015 : L'évolution en dents de scie des formes d'expression du pouvoir durant l'âge du Fer en Europe tempérée, *in* Belarte M.-C., Garcia D. Sanmartí J. (eds.), *Les structures sociales protohistoriques a la Gàllia i a Ibèria, Actes de la VIIe Reunió Internacional d'Arqueologia de Calafell, Calafell, 7–9 mars 2013*, Barcelone, Université de Barcelone, Tarragone, Institut Catalan d'Archéologie classique, p. 49–59.

Brunaux J.-L., Méniel P., Poplin F. 1985 : *Gournay I. Les fouilles sur le sanctuaire et l'oppidum (1975–1984)*, Amiens, Revue archéologique de Picardie (n° spécial 4), 268 p.

Brunaux J.-L., Rapin A. 1988 : *Gournay II. Boucliers et lances, dépôts et trophées*, Paris, Errance, Amiens, Revue archéologique de Picardie, 245 p.

Demoule J.-P., Desenne S., Pommepuy C. 2009 : *Bucy-le-Long (Aisne). Une nécropole de La Tène ancienne (V^e – IVe s. av. n. è.)*, Amiens, Revue archéologie de Picardie (n° spécial 26), vol. 1, 717 p.

Deyber A. 2009 : *Les gaulois en guerre. Stratégies, tactiques et techniques. Essai d'histoire militaire (IIe–Ier siècles av. J.–C.)*, Paris, Errance, 526 p.

Guilaine J., Zammit J. 2001 : *Le sentier de la guerre. La violence préhistorique*, Paris, Seuil, 372 p.

Guillaumet J.-P., Szabo M. 2000 : Les fourreaux d'épées de La Tène dans la vallée de la Saône au Musée de Chalon–sur–Saône, in Guichard V., Maranski D. (dir.), *Les âges du Fer dans le Nivernais, Bourbonnais et Berry occidental. Regards européens sur l'âge du Fer en France, Actes du XVIIe colloque AFEAF, Nevers, 20–23 mai 1993*, Glux–en–Glenne, Bibracte Centre archéologique européen du Mont–Beuvray, p. 199–232.

Lambot B. 2018 : *Conducteurs de char et cavaliers Gaulois en Champagne aux Ve et IVe s. avant J.–C: découvertes récentes*, Reims, Société archéologique champenoise (coll. Bulletin de la Société archéologique champenoise, T. 111, n° 2), 464 p.

Lejars T. 1994 : *Gournay III. Les fourreaux d'épée : le sanctuaire de Gournay–sur–Aronde et l'armement des Celtes à La Tène moyenne*, Paris, Errance, IRRAP, 234 p.

Lejars T. 2003 : Les fourreaux d'épées laténiens. Supports et ornementations, *in* Vitali D. (dir.), *L'immagine tra mondo celtico e mondo etrusco–italico, aspetti della cultura figurativa nell'antichità*, Bologne, Gedit Edizioni, p. 9–70.

Lejars T. 2013 : *La Tène : la collection Schwab (Bienne, Suisse). La Tène, un site, un mythe 3*, Lausanne, Cahiers d'archéologie romande 140, 2 vol., 495, 407 p.

Marion S., Le Bechennec Y., Le Forestier C. 2007 : *Bobigny (Seine–Saint–Denis) : bâtiment hospitalier, bâtiment de radiothérapie*, Rapport final d'opération de fouille préventive, Service régional de l'Archéologie d'Ile–de–France, INRAP, 3 vol., 861 p.

Pernet L. 2010 : *Armement et auxiliaires gaulois*, Montagnac, Éd. Monique Mergoil (coll. Protohistoire européenne 12), 547 p.

Quatrelivre C. 2016 : *Le mobilier métallique du sanctuaire de Gournay–sur–Aronde (Oise)*, Mémoire de Master 1, Ecole Normale Supérieure, vol. 1, 115 p.

Rapin A. 1999 : L'armement celtique en Europe : chronologie de son évolution technologique du Ve au Ier s. av. J.–C., *Gladius*, XIX, p. 33–67.

Ruby P. (dir.) 1999 : *Les Princes de la Protohistoire et l'émergence de l'État*, Naples, Centre Jean Bérard, Rome, École française de Rome, 206 p.

Sauvageot P. 2017 : *Du guerrier au soldat : l'armement du second âge du Fer dans la moitié nord de la France en contextes cultuel et funéraire*, Mémoire de Master 2, Université Paris 1 Panthéon–Sorbonne, vol. 1, 109 p.

Partie 3

Antiquité

13

Les duels funèbres campaniens : Le chaînon manquant entre Homère et les gladiateurs romains ?

Stéphane Salvan
Doctorant en Histoire ancienne à l'université Paul Valéry de
Montpellier – laboratoire EA4424 CRISES

Résumé : La genèse de la gladiature romaine fait l'objet de débats entre les partisans d'une origine étrusque et ceux d'une descendance campanienne. Même si un consensus semble se dessiner autour du rôle de l'œuvre d'Homère dans la définition de ce rituel, la méthode de transmission aux Romains reste inconnue. L'objet de cette communication est de présenter les arguments de la théorie d'une racine campanienne de ce phénomène développée par G. Ville, afin d'en comprendre les spécificités et de recenser, le cas échéant, les similarités entre les combats singuliers organisés en Campanie au cours du IVe siècle av. J.–C. et les combats de gladiateurs qui se sont tenus au cours de la période républicaine. Au regard des informations disponibles, il s'agit d'établir des points de comparaison sur l'organisation, le contexte (funèbre), le déroulement et l'issue des combats. La présentation de la pratique des combats singuliers aux Romains en 310 av. J.–C. par leurs alliés Campaniens, à la suite d'une victoire sur les Samnites, les a initiés à un spectacle connu par les récits homériques, mais dont l'existence n'était pas avérée dans la société romaine. Ces duels rappellent les combats organisés par Achille pour honorer la mort de Patrocle. Homère relate dans le chant XXIII de l'Iliade les combats entre les rois et princes grecs pour célébrer la mémoire du défunt, mais aussi pour gagner des prix de qualité et accroître leur prestige au sein de la coalition grecque. Le contexte funèbre de l'œuvre d'Homère se retrouve dans l'organisation du combat de prisonniers en 310 av. J.–C. par les Campaniens, mais aussi, et surtout, dans les thèmes développés sur les fresques funéraires des tombes de Paestum au cours du IVe siècle av. J.–C. Même si le sacrifice humain, présent dans les tombes étrusques au travers du massacre des prisonniers qui rappelle celui des soldats troyens capturés sacrifiés aux funérailles de Patrocle n'est pas représenté par les artistes paestans, les autres éléments clés de cette cérémonie sont bien présents. L'iconographie funèbre mentionne des courses de chars, des combats de pugilats en plus des combats singuliers armés. Le déroulement des duels présente des similarités avec les combats de gladiateurs observés dès la période républicaine. Le premier point commun réside dans l'adoption de la panoplie du Samnite. Cette armatura a été présentée en 310 av. J.–C. aux Romains qui l'ont adoptée en 264 av. J.–C. pour les premiers combats organisés à Rome. Ces combats, à l'image de ceux relatés dans les tombes de Paestum, se déroulaient dans le cadre de la célébration de la mort de grands personnages de l'aristocratie. Afin d'honorer la mémoire des défunts, les combats avaient des issues différentes qui pouvaient se traduire par des blessures voire la mort. L'engagement des combattants est visible par la gravité des blessures. Ces dernières permettent d'établir une chronologie des frappes qui souligne une maîtrise technique à même de garantir un combat de qualité nécessaire pour remplir son office auprès du défunt. Cet office est également rythmé par la musique comme l'atteste la présence des musiciens tant à Paestum que sur les représentations issues du monde romain. L'ensemble de ces éléments sous–entendent que les Campaniens ont assuré un rôle prépondérant dans la naissance de la gladiature romaine.

Mots–clés : Gladiateurs, Paestum, Monomachie, Campanie, République romaine

Abstract : The genesis of Roman gladiatorial combat is a subject of debate between supporters of Etruscan origin and those of Campanian descent. Although a consensus seems to have emerged around the role of Homer's work in defining this ritual, the method of transmission to the Romans remains unknown. The object of this contribution is to present the arguments of the theory of the Campanian roots of this phenomenon developed by G. Ville in order to understand the specifics and to identify, if necessary, the similarities between the duels organized in Campania during the 4th century BC and the gladiatorial fights that were held during the Republican period. In view of the available information, it seems possible to establish points of comparison in the organization, the context (funerary), the course and the outcome of the fighting. The introduction of the practice of single combats to the Romans in 310 BC by their Campanian allies, following a victory over the Samnites, initiated them into a spectacle known from Homeric accounts but whose existence was not proven in Roman society. These duels recall the fights organized by Achilles to honor the death of Patroclus. Homer recounts in Book 23 of the Iliad the fights between the Greek kings and princes to celebrate the memory of the deceased but also to win quality prizes and increase their prestige within the Greek coalition. The funerary context of Homer's work can be found in the organization of the prisoner fight in 310 BC by the Campanians but also, and above all, in the themes developed on the funerary frescoes of the tombs of Paestum during the 4th century. Even if the human sacrifice present in the Etruscan tombs through the massacre of the prisoners which recalls that of the captured Trojan soldiers sacrificed at the funeral of Patroclus is not represented by the Paestan artists, the other key elements of this ceremony are present. The funeral iconography mentions chariot races, fist contests in addition to armed single combats. The course of the duels presents similarities with the gladiatorial fights observed since the Republican period. The first common point is the adoption of the Samnite panoply. This armature was presented in 310 BC to the Romans, who adopted it in 264 BC for the first fights organized in Rome. These fights, like those recounted in the tombs of Paestum, took place in celebration of the deaths of great figures of the aristocracy. In order to honour the memory of the deceased, the fighting had various outcomes that could result in injury or even death. The commitment of the combatants is evident from the severity of the injuries. These allow the establishment of a chronology of injuries which underlines a technical expertise capable of guaranteeing the quality combat necessary to fulfil its office to the deceased. This ritual is also punctuated by music, as evidenced by the presence of musicians both in Paestum and in representations from the Roman world. All of these elements suggest that the Campanians played a leading role in the birth of Roman gladiatorial combat.

Keywords : Gladiators, Paestum, Monomachia, Campania, Roman Republic

---

« Cette institution (la gladiature) ne naît pas ex nihilo à ce moment, avec ses règles déjà établies. C'est là un aspect du miroir déformant des sources qui utilisent des mots de leur temps pour parler de réalités plus anciennes, et en partie différentes. La gladiature est le produit d'une histoire. »

(Soler 1992).

Matthieu Soler met en exergue les points saillants de la genèse de la gladiature romaine : elle semble être le fruit d'un procédé organisé autour d'événements liés à des peuples qui ont partagé des références culturelles une partie commune. Cet héritage commun est à l'origine de deux hypothèses sur la naissance de la gladiature romaine. L'hypothèse campanienne de l'origine de la gladiature s'est imposée dans la communauté scientifique, grâce aux travaux de G. Ville (Ville 1981) face à celle portée par Wilhelm Henzen mettant en avant les racines étrusques.

Dans l'annonce de l'appel à communication, la référence aux vers de l'Iliade mentionnée par les auteurs a été l'élément déclencheur de ma proposition de communication. Comme le soulignaient les organisateurs « le corps du guerrier est au cœur d'une série de tensions et d'ambivalences ». C'est au travers de ce corps que la gladiature s'exprime, elle le transforme en outil religieux et politique pour répondre à des situations où la mort est présente.

À partir des indices disponibles, il est possible de proposer une démonstration sur le parcours qui a précédé l'arrivée de ce spectacle à Rome. Est–il envisageable d'identifier les premières traces de ce phénomène pour en dégager des repères qui servent à retrouver le processus de transmission des éléments fondateurs de la gladiature. Quel a été le cheminement de ce phénomène entre la Grèce et Rome ? Est–il possible de connaître le rôle des peuples italiotes et plus particulièrement celui des Campaniens dans la genèse de la gladiature romaine ?

La Grèce, dès l'époque archaïque, possède en son sein le terreau culturel et sociétal pour préparer la naissance de la gladiature. Toutes les briques nécessaires à son édification sont présentes, mais c'est aux peuples italiques qu'il faut mettre le crédit de la réalisation des fondations sur lesquelles les Romains sont venus construire un édifice d'une telle ampleur que la gladiature s'est imposée comme une marque de leur identité.

> « J'invite deux champions à disputer ces prix. Ils saisiront l'airain qui taillade les chairs, revêtiront leurs armes et, devant les Argiens, éprouveront leurs forces. Celui des deux qui, le premier, saura toucher la belle peau de l'autre et pousser son épieu dans la chair à travers l'armure et le sang noir, celui–là gagnera le beau poignard de Thrace, que j'ai pris de mes mains au preux Astéropée. » (Homère, *L'Iliade, Chant XXIII*, 800–837).

Les funérailles de Patrocle organisées par Achille pour célébrer la mort de son ami ont été relatées dans le chant XXIII de l'Iliade. Cet épisode de la guerre de Troie voit l'affrontement des princes et des rois grecs pour honorer le défunt. Outre la volonté d'honorer un membre illustre de la coalition grecque, ce type d'affrontement est l'occasion de démontrer la supériorité martiale des combattants au travers d'épreuves physiques et techniques. De plus la qualité des récompenses offertes par Achille aux vainqueurs leur garantit une aura supplémentaire au sein de leur communauté. Les prix distribués sont issus du butin de guerre, des armes prises lors des combats contre les Troyens. La valeur des combattants associée à ces prix renforce leurs qualités martiales et affirme leur place au sein de la coalition grecque. Cette savante composition de héros homériques a constitué un référentiel de valeurs martiales pour les générations qui les ont suivies. Les sociétés qui ont bénéficié de l'héritage homérique à travers la production artistique de l'époque archaïque à la période romaine ont été marquées par ces personnages. En effet, Alexandre le Grand avait organisé les funérailles d'Héphestion en 323 av. J.-C. à l'image de celles de Patrocle. Le roi macédonien appréciait l'œuvre d'Homère dont le personnage d'Achille était un modèle (Plutarque, *Vie d'Alexandre le Grand*, V, 8)[1]. Un de ces généraux, Cassandre, a organisé en 317 av. J.-C. des funérailles du même type pour le roi et la reine de Béotie et de Cynna (Athénées de Naucratis, *le banquet des sophistes*, IV, 155).

Ces combats singuliers prennent dans ce contexte, un cadre funèbre, une volonté d'honorer le mort par un duel où l'engagement et le sang versé doivent permettre de faciliter le passage du défunt vers le royaume d'Hadès. La mort n'est pas forcément la finalité de ces combats, comme cela fût le cas pour le combat d'Ajax, fils de Télamon et de Diomède fils de Tydée (Homère, *Iliade et Odyssée*). Ces duels étaient connus sous le nom de monomachie (μονομαχία) dès l'époque archaïque. Ce terme définissait un duel de champions voire un duel judiciaire (Wheeler 1982). Ce type d'affrontement se déroulait initialement sur les champs de bataille, avant de débuter les combats, avant de quitter le cadre de la guerre pour prendre place dans le contexte funèbre. L'œuvre d'Homère est cruciale pour comprendre les raisons de ces combats singuliers. Au travers de l'histoire d'Hélène de Troie, le duel apparaît comme une solution pour mettre un terme à un conflit en période de paix (duel entre Ménélas et Paris) puis en période de guerre avant une bataille avant de devenir un rite funèbre.

Dans son article (Létoublon 1983) intitulé *Défi et Combat dans l'Iliade*, Françoise Létoublon recense dix–neuf duels tout au long de l'œuvre d'Homère. Les contextes mis en exergue permettent de comprendre les subtilités des différentes phases d'un combat singulier. Divisé en quatre séquences distinctes, le duel voit la phase d'initiation, suivie d'une valorisation des combattants, puis le détail de certaines actions martiales pour se conclure par le résultat de l'affrontement. Ce processus précise que la finalité du combat est déterminée non pas par la valeur des combattants, mais par l'intervention des divinités protectrices des deux camps. Cette notion, très présente tout au long de l'œuvre d'Homère, trouve un écho dans la gladiature. Elle peut être rapprochée de la définition de la victoire dans les combats de gladiateurs. L'issue du combat n'appartient pas à ces acteurs, mais à une autorité extérieure, le munéraire. Cette spécificité des combats homériques peut avoir eu un écho dans la genèse de la gladiature romaine.

Un autre lien entre ces pratiques et les premiers combats de gladiateurs concerne les techniques martiales. La monomachie archaïque de l'Iliade a été remplacée dès le Ve siècle av. J.-C. par l'hoplomachie (duel avec *l'aspis koilé*). D'autres formes de combats sont apparues au cours du IVe siècle av. J.-C. comme la *thuréomachia* (bouclier d'origine celte) et enfin la *peltastiké* (combat avec la pelte). Ces formes martiales ont été enseignées au sein des *gymnasion* à l'époque classique puis hellénistique. Les combattants hellènes ont bénéficié de la formation des *hoplomachoi* pour se former à ces techniques de combats. Des compétitions de ces trois disciplines ont été organisées à l'époque hellénistique en méditerranée orientale. La compétition est organisée à la fin du IIe siècle av. J.-C. à Sestos par le gymnasiarque Mènas fils de Ménès lors du festival d'Hermès et d'Héraclès en atteste[2]. La présence de ces compétitions indique que la formation au combat individuel, à l'image de celui au corps à corps, était une pratique courante et maîtrisée. Elle était confiée à des spécialistes, sortes de maîtres d'armes avant l'heure. Les fonctions et le statut des *hoplomachoi* et les *doctore* romains semblent similaires.

Les trois disciplines enseignées sont désignées par le type de bouclier à l'image des catégories des gladiateurs[3]. Cette particularité est un indice supplémentaire des liens entre les monomachies et les premiers combats de gladiateurs. Enfin, deux disciplines enseignées au *gymnasion* sont très proches de deux *armaturae* romaines : le Gaulois et le Thrace. La thuréomachie voit l'affrontement de combattants armés avec des équipements celtes. Cette pratique avait sûrement pour but de préparer les combattants grecs aux spécificités de ces peuples. De même, la pelte est un petit bouclier dont la forme varie selon les peuples qui l'utilisent. Les Thraces employaient un bouclier dont la forme peut être à l'origine de la *parma* de la panoplie du Thrace.

L'apport des peuples d'origine grecque constitue le socle sur lequel la gladiature a pris son essor et une partie de son identité. Les pratiques funèbres des peuples de la Grande Grèce ont été influencées par le patrimoine culturel hellène

---

[1] Sur l'importance de la culture homérique dans l'éducation d'Alexandre, l'auteur recommande la lecture de l'ouvrage de Battistini O., 2018 : *Alexandre Le Grand : Un Philosophe en armes*, Paris, Ellipses, 432 p.

[2] *OGIS* 339. Décret de Sestos en l'honneur de Mènas pour avoir été gymnasiaque et ambassadeur, Sestos, vers 125 av. J.-C. [URL : http://chaerephon.e-monsite.com/medias/files/sestos.html]

[3] Les *armaturae* de gladiateurs sont réparties en deux catégories en fonction de la taille de leurs boucliers. Les grands boucliers sont dénommés *scutati* alors que les petits boucliers sont appelés *parmati*.

dont les œuvres d'Homère ont assuré une part active dans sa diffusion au travers de sa production artistique. Ainsi, comme le souligne E. Teyssier :

> « Les origines de ces combats funèbres sont bien fondamentalement grecques et ont progressivement influencé les sociétés d'Italie méridionale et centrale. Cette « contamination » touche les populations de la Grande Grèce, puis les Étrusques, les Romains et les Celtes. » (Teyssier 2009).

Ces peuples ont été à l'origine *d'armaturae* comme celles du Celte ou du Samnite, mais aussi de pratiques rituelles comme la présence de Charon. Cependant, un de ces peuples apparaît comme un acteur majeur dans le développement de la gladiature et cela dès l'époque classique. La Campanie a été consacrée par les auteurs antiques comme l'épicentre de la gladiature Romaine. Cette région était réputée pour ses écoles de gladiateurs. Le fait que César entretenait 5000 gladiateurs (Cicéron, *Lettres à Quintus*, 3, 8, 6) dans ses écoles en Campanie associée à la révolte de Spartacus indique que le nombre de gladiateurs présents dans cette région devait être conséquent. Cette hypothèse semble confirmée par l'apparition de bâtiments dédiés aux combats de gladiateurs dès la fin du IIe siècle av. J.-C. Suite à la construction de l'amphithéâtre de Capoue, onze amphithéâtres[4] ont été construits pour accueillir ce type de spectacle avant la fin de la République. La popularité des pratiques martiales peut avoir été accrue par l'installation des vétérans de la guerre sociale (Bomgardner 2000, p. 40). Mais cet événement ne doit pas masquer les spécificités de la Campanie héritière d'une histoire mouvementée qui a vu son territoire être le théâtre d'une succession d'invasions. Ces dernières ont laissé des traces qui par accumulation ont forgé la pratique de ce type de spectacle.

Le territoire de la Campanie a une histoire forgée par des invasions qui ont chacune laissé un patrimoine culturel. Ce territoire a été conquis par les Grecs dès 750 av. J.-C., un siècle plus tard (650 av. J.-C.) les Étrusques ont chassé les Grecs avant d'être eux-mêmes défaits par les Lucaniens en 410 av J.-C. (Strabon, *Géographie*, VI, I, 1 ; 3). La mixité de ces populations constitue le peuple campanien. L'association de ces cultures a généré un modèle unique qui portait en germe la genèse de la gladiature. Ce syncrétisme illustre les spécificités de la Campanie et de son peuple. Les artistes qui ont dessiné les fresques de Paestum datées du IVe siècle av. J.-C. étaient influencés par les cultures grecques et étrusques. Les thèmes développés dans le domaine artistique employé ont démontré un intérêt pour les scènes violentes à l'image de l'iconographie présente sur les poteries étrusques dont les références à l'œuvre d'Homère[5] étaient très présentes. Les tombes étrusques de Vulci associées à celles des tombes paestanes reprennent l'intégralité des épreuves organisées par Achille pour les funérailles de son ami.

La répartition des scènes homériques diffère entre les peintres étrusques et osco-samnites. Les œuvres étrusques mentionnent les courses de chars, des combats de pugilats et le sacrifice de prisonniers qui rappellent le massacre des prisonniers troyens. Les peintres paestans reprennent la thématique des combats de pugilistes, plus rarement celle de la course des chars, mais consacrent leur attention aux monomachies comme le présente la scène mentionnée dans la figure 13.1.

Les monomachies représentées par les peintres paestans mentionnent des guerriers qui ont des panoplies d'inspirations grecques, mais influencées par les Samnites, comme l'atteste la présence de casques de type chalcidien (Bottini 1988, p. 148)[6]. La diversité des panoplies représentées illustre les catégories d'infanterie employées au cours du IVe siècle av. J.-C. par les peuples italiques. L'infanterie lourde caractérisée par le triptyque défensif : casque, cuirasse (trilobée ou linothorax) et cnémides symbolisent la richesse des combattants et leur appartenance à l'aristocratie locale. La scène de combat de la tombe 58 (Andriuolo, Paroi Nord) présente les deux classes de guerriers présents au cours de la deuxième moitié du IVe siècle av. J.-C. en Campanie.

La qualité des protections peut refléter le rôle social des combattants. La richesse de leurs panoplies défensive est un véritable marqueur social. À partir de ce point, il est possible de voir dans les hommes qui combattent en tuniques ou dénudés des membres de la société qui ne peuvent payer ces équipements. Eric Teyssier présente une hypothèse qui apporte un éclairage sur cette question :

> « Sur ces paires de gladiateurs, il est également intéressant de noter que les personnages représentés sur les parois des tombes de Paestum sont toujours clairement distingués. En effet la physionomie de chaque duelliste est nettement identifiée ce qui tend à accréditer l'idée selon laquelle ces « *prégladiateurs* » ne sont pas des esclaves contraints et interchangeables, mais des guerriers volontaires dont le souvenir doit être commémoré » (Teyssier 2009, p. 18).

Faut-il voir dans les combattants immortalisés sur les fresques la représentation des défunts ou bien seuls les

---

[4] Les amphithéâtres d'Abella, Abellium, Cales, Compsa, Cumes, Nola, Pompéi, Puteoli, Liternum, Suessa Arunca, Teanum. Pour plus d'informations sur les amphithéâtres en Campanie, cf. Golvin, Welch 1990.
[5] Les thèmes développés par Homère dans l'Iliade et l'Odyssée ont influencé les artistes grecs comme le souligne Cassimatis H. 2005 : La violence dans les figurations de scènes théâtrales portées par la céramique italiote, in Bertrand J.-M. (dir.), *La violence dans les mondes grec et romain*, Actes du colloque international (Paris, 2-4 mai 2002), Paris, Éditions de la Sorbonne (coll. Histoire ancienne et médiévale, 80), p. 39-65. L'un des plus beaux exemples de l'influence des œuvres d'Homère sur la vie culturelle étrusque est l'amphore attique signée par Exékias représentant Achille et Ajax jouant aux dés. Cette pièce datée des années 540-530 av. J.-C. est exposée au musée du Vatican.
[6] Les casques présentés sur les fresques de Paestum sont des évolutions du type chalcidien. Le casque chalcidien (référence E.4) exposé au musée de l'armée à Paris présente des similarités avec les modèles portés par les duellistes. Ce casque a été retrouvé près de Capodignano (Campanie). A. Bottini classe ce type de casque sous l'appellation Unteritalisch-chalkidischer (chalcidien de l'Italie inférieure).

Les duels funèbres campaniens

Fig. 13.1. Tombe de Paestum. Gaudo. Tombe 7/1972. Paroi nord. Vers 370–360 av. J.–C. Photo : Stéphane Salvan.
Cette fresque présente les deux étapes des combats funéraires organisés à Paestum au cours de la première moitié du IVe siècle av. J.–C. Les combattants s'affrontent dans un premier temps à la javeline (la boucle sur l'arme fichée dans le torse du guerrier de droite représente un propulseur) puis à la lance dont le talon permet d'identifier cette arme. Le degré de létalité des blessures indique l'ordre des attaques portées par les protagonistes. Cette scène présente également deux des trois types de compétitions qui définissent les funérailles organisées sur le modèle homérique.

Fig. 13.2. Tombe de Paestum, fresque de la tombe 58 (Andriuolo. Paroi nord.), Vers 340 av. J.–C. Photo : Stéphane Salvan.
Ce combat asymétrique qui se déroule sous le regard (jugement) d'un sphinx rappelle le contexte funèbre de ce dernier. Le combattant de gauche utilise un *ephaptis* (chlamyde) comme bouclier. Ce type de protection est très présent dans les représentations d'Athéna et dans les représentations de chasse. L'association javeline–*ephaptis* confère au combattant une défense dynamique et efficace qui lui apporte une mobilité supérieure à son adversaire de droite dont le poids et la taille de l'*aspis koilè* le pénalisent. Cependant, l'emploi de *l'ephaptis* nécessite une maîtrise technique supérieure à l'emploi d'un bouclier. L'enseignement nécessaire pouvait être dispensé par un Hoplomachos au sein d'un gymnase.

duellistes protégés par des cuirasses et des cnémides font référence aux défunts. Les combattants, dont le corps est plus exposé aux frappes de l'ennemi, sont des membres moins fortunés, mais libres de la société paestane du IVe siècle av. J.–C.

Ces guerriers arborent un armement composé de lances courtes, de javelines et d'un *xiphos*. Ces armes sont partie intégrante des panoplies militaires des peuples italiques qui ont bénéficié de l'influence grecque. Il faut souligner que les Samnites sont originaires du Samnium, une région d'Italie centrale. L'emploi d'armes courtes correspond à une réalité géographique. Les lances courtes et les javelines peuvent être employées dans des environnements fermés et moins permissifs que les plaines campaniennes.

Les javelines sont des armes versatiles. Les fresques d'Andriuolo, comme celle des tombes 58 et 24/1971 mentionnent des propulseurs (*ankyle*) qui suggèrent que ces dernières étaient lancées. Ces armes côtoient des javelines qui ne possèdent pas cet appendice ce qui peut laisser entendre que l'estoc était aussi pratiqué. L'emploi dual de ces armes démontre une palette technique riche qui offre la possibilité au combattant de s'adapter à son opposant, mais aussi au terrain sur lequel il combat.

Le couple lance–javelines constitue le cœur de la panoplie offensive des guerriers représentés sur les fresques de Paestum. Ces dernières nous renseignent sur le rôle de chacune des armes et la chronologie de leur emploi. Ainsi, les javelines, dont le nombre peut être estimé de deux à

Fig. 13.3. Tombe de Paestum. Andriuolo. Tombe 24/1971. Paroi ouest. Vers 370–360 av. J.–C. Photo : Stéphane Salvan.
La scène illustre la mort d'un des deux combattants qui est soulignée par sa chute et la gravité de sa blessure. La présence d'un propulseur sur la javeline à l'origine de la blessure à la tête permet de supposer que la phase initiale voyait les combattants s'affronter avec des javelines (qui pouvaient être lancées ou employées en estoc). À l'image de la fresque précédente, les combats se déroulaient en présence de musiciens.

trois par guerrier, semblent être d'abord employées en jet puis en estoc. La phase suivante voit le combattant recourir à la lance. À l'issue de ces deux premières séquences, le combat semble se terminer soit par la mort suggérée d'un des combattants soit par une position de garde en miroir ou seul le nombre de blessures (et leur gravité) suggère l'issue du combat. Le recours à l'épée hors de son fourreau est très rare, une seule occurrence a été mentionnée sur les fresques, dans la tombe 271–1976 d'Arcioni (Paroi nord).

Les fourreaux sont présents dans les scènes de combat et dans les scènes de chasse dans l'iconographie campanienne, tant au niveau des fresques que des poteries. Mais l'emploi de cette arme semble moins fréquent que les armes d'hast et de jet. L'héritage martial grec peut expliquer cette spécificité. Les épées, que cela soit le *xiphos* ou la *machaira*, sont des armes de dernier recours. Sur le champ de bataille, les armées grecques employaient *l'othismos* (la poussée) dont l'action nécessite de longues armes d'hast pour résister au choc et repousser l'adversaire. La liberté de mouvement accordée par l'épée ne correspondait pas aux besoins des combattants. De ce fait, son emploi ne paraissait pas populaire sur les champs de bataille à la différence de la lance (*dory*). La lance courte et la javeline offrent au duelliste protégé par un *aspis koilè* l'allonge nécessaire pour porter des attaques précises.

La combinaison de la javeline et de *l'aspis koilé* est complexe, car elle nécessite un apprentissage technique pour employer les deux armes en soutien l'une de l'autre, mais aussi physique, car le poids du bouclier et la tenue de la javeline fatiguent les épaules et les bras des combattants. L'emploi de la chlamyde à la place de *l'aspis koilè* réduit la fatigue de l'épaule et du bras gauche (ras du bouclier). Cette pièce de tissu qui tombe le long du bras gauche absorbe l'énergie cinétique des frappes et permet au combattant de s'enrouler autour de l'arme adverse pour, éventuellement, la capturer. Dans le même temps, la tenue de javeline dans la main gauche offre une parade dynamique contre les frappes adverses tout en laissant la possibilité au duelliste de menacer son adversaire, non plus d'une pointe, mais de deux pointes de javelines. De ce fait, l'emploi de la chlamyde nécessite un niveau technique supérieur à celui de *l'aspis koilè* du fait de la faible marge d'erreur laissée au combattant et de la diversité des techniques martiales disponibles.

La maîtrise du combat et l'expérience des combattants sont observables sur les fresques funèbres au travers de la diversité des armes présentes et de la répartition et la localisation des blessures. En ayant recours à la rétro–ingénierie, il est possible d'émettre des hypothèses sur les techniques de frappe mises en œuvre par les combattants lors des duels. L'incidence des coups portés est visible au travers des têtes de lances et de javelines fichées dans le corps de l'adversaire visé. De ce fait, les fresques campaniennes mentionnent des estocs montants réalisés de bas vers le haut ou encore horizontaux. Les frappes descendantes sont moins fréquentes. Ce fait est surprenant, car les positions de garde haute sont typiques des représentations guerrières présentes dans l'iconographie grecque et italiote. La garde haute est l'archétype de la représentation du guerrier idéal, un stéréotype présent dès le Ve siècle av. J.–C. à l'image de la statue d'Athéna *Promachos* de Phidias.

La garde haute semble avoir une nature défensive. Cette position permet d'effectuer des mouvements latéraux pour chasser l'arme adverse et ouvrir le système défensif ennemi. Les frappes en hauteur ne permettent pas de réaliser des frappes en première intention, car les ouvertures disponibles (parties du corps laissées sans protection) sont difficiles d'accès. En effet, la position de départ des duellistes ferme les opportunités de touches pour leurs adversaires. Au début du combat, le système défensif est fermé, c'est-à-dire que les armes et les protections du corps sont synchronisées afin de protéger ce dernier. La position des membres inférieurs, pied gauche en avant, pied droit en arrière, assure la stabilité et le contrôle des

Les duels funèbres campaniens

Fig. 13.4. Tombe de Paestum. Arcioni. Tombe 271–1976. Paroi nord. Détail. Vers 380 av. J.–C. Photo : Stéphane Salvan.
Les combattants de cette fresque présentent le panel des armes disponibles pour ce type de duel. Il est probable que le duel commençait par un affrontement avec des javelines, après épuisement de ces dernières, le combat continuait à la lance avant de se terminer par un affrontement à l'épée. Comme l'atteste la fresque, les duellistes n'employaient pas les mêmes armes lors du combat.

frappes tout en conférant une liberté de mouvement aux combattants. Les deux guerriers en terracotta exposés au musée national de Tarente reprennent cette position[7]. La position des armes défensives et offensives suggérées par l'orientation des quatre membres souligne la fermeture du système défensif.

Cette liberté d'action est nécessaire en combat individuel. Sur le champ de bataille, elle ne s'impose pas tant que la protection mutuelle entre les guerriers d'une même ligne de front peut être maintenue. L'amélioration technique des combattants a été rendue nécessaire par l'évolution des modes de combat employés à l'époque hellénistique. Le développement des troupes légères (peltastes) dans les armées hellénistiques confère aux armées une mobilité nécessaire pour compléter et protéger les actions de l'infanterie lourde. Outre la préparation du choc initial par le jet de javelines en complément des frondeurs et des archers, les peltastes assurent des missions d'éclaireurs et de protection des flancs de l'infanterie lourde.

En 390 av. J.-C., la victoire d'Amyclées par la troupe de peltastes commandée par Iphicrate avait démontré l'efficacité de ces troupes face à des adversaires plus lourdement armés. Les réformes sur les peltastes mises en place par Iphicrate ont engendré des changements dans la conduite des manœuvres sur les champs de bataille. La phalange macédonienne semble être une émanation des réformes de 368 av. J.-C.[8]. Les panoplies présentes au sein de la production artistique italiote du IVe siècle av. J.-C. attestent de cette influence tant au niveau de l'équipement défensif que des armes mises en œuvre. Certes, la sarisse longue de plusieurs mètres n'est pas présente, mais les protections corporelles comme le linothorax et le remplacement de *l'aspis koilè* par la *peltè* sont des indicateurs de ce changement. La qualité de ces nouvelles troupes a été mise en avant par Cornelius Nepos qui les compare aux troupes mises en œuvre par les Fabiens (Cornelius Nepos, *Vie d'Iphicrate*, 2) « *Artaxerxès, quand il eut résolu de faire la guerre au roi d'Égypte, demanda aux Athéniens de permettre à Iphicrate d'être son général, afin de le placer à la tête de son armée de mercenaires, au nombre de douze mille. Cette force, il l'instruisit tellement dans toute la discipline militaire, que, comme certains soldats romains étaient autrefois appelés Fabiens, les Iphicratéens avaient la plus haute réputation parmi les Grecs.* »

L'abandon de l'armement lourd, comme la cuirasse de bronze et l'*aspis koilè*, au profit de protections plus légères, comme le linothorax et la *peltè*, a favorisé l'émergence du combat au corps à corps. L'amélioration des techniques de combat individuel associée à un ordre plus lâche des formations de tirailleurs a amené les combattants légers à pouvoir se déplacer et attaquer librement sans être empêchés dans un espace restreint. Les peuples italiques, à l'image des Samnites originaires de terres montagneuses et accidentées, ont combiné des armes et des protections

---

[7] Terracotta datées de la fin du Ier siècle av. J.-C. – début du Ier siècle apr. J.-C., Musée national archéologique de Tarente, Contrada Corti Vecchie, Via Crispi 1930, inv. 20064.MArTA. Les deux statuettes représentent des proto-gladiateurs républicains dont les casques indiquent une évolution des casques militaires. Le développement des cimiers, mais aussi des bords, permet de comprendre le rôle défensif, mais aussi offensif de ces casques. Ces extensions servent aux combattants pour parer des frappes et créer des ouvertures dans le système défensif de leurs adversaires.

[8] Les réformes d'Iphicrate sur les phalanges macédoniennes semblent avoir influencé Philippe II de Macédoine lorsqu'il était otage à Thèbes. Sur ce sujet, l'auteur recommande la lecture de l'article d'Aymard André, 1954, *Philippe de Macédoine otage à Thèbes*, Revue des Études Anciennes, Tome 56, n° 1-2. p. 15- 36. Sur le même thème, les lectures suivantes peuvent éclairer le lecteur : Anderson 1970, p. 306.

issues de différentes provenances pour composer des panoplies uniques comme cela fût le cas pour les Samnites.

La date de 310 av. J.-C. marque la première rencontre des Romains avec la gladiature. Lors de la seconde guerre samnite, à l'issue de cette bataille victorieuse contre les Samnites, les Romains et leurs alliés organisèrent des combats singuliers avec des prisonniers. Cette pratique n'était pas commune dans la culture romaine comme l'atteste Tite-Live « … Toutefois, ces brillantes armes des ennemis, les Romains ne s'en servirent que pour honorer les dieux ; mais les Campaniens, par orgueil à la fois et par haine des Samnites, en parèrent leurs gladiateurs (spectacle qui faisait leur amusement pendant les repas), et donnèrent à ces gladiateurs le nom de Samnites » (Tite-Live, *Histoire romaine*, IX, 40).

En 264 av. J.-C. les funérailles de Decimus Junius Brutus furent organisées sur le *forum Boarium* par ses descendants (Tite Live, *Histoire romaine*, XVI, D. Junius Brutus ; Valère-Maxime, *Des faits et dits mémorables*, II, 4, 7). Cet événement marque la première mention de combats de gladiateurs organisés par des citoyens romains à Rome. Les combattants qui se sont affrontés étaient équipés de la panoplie des Samnites. Il est possible de voir dans ces funérailles qu'il s'agit de la reproduction de la commémoration de la bataille victorieuse de 310 av. J.-C. Il est intéressant de comprendre pourquoi les Romains ont attendu quarante-six ans pour mettre en œuvre un procédé étranger à leurs coutumes. La date de 264 av. J.-C. marque une étape charnière dans l'histoire de la République romaine, car deux événements majeurs se sont tenus cette année : le début de la guerre punique, mais aussi la prise de la ville étrusque de Velzna (Volsinii) par une armée commandée par le consul Marcus Fulvius Flaccus. La prise de la dernière ville de la dodécapole étrusque a marqué l'avènement de Rome sur la péninsule au sud du fleuve Arno.

L'organisation de combats de gladiateurs dans le cadre de funérailles a été un acte important pour la société romaine. Les trois combats organisés entre deux guerriers revêtus de la panoplie samnite rassurent et confortent les Romains dans leurs capacités à vaincre leurs ennemis. Cette commémoration d'une victoire peut aussi servir à unifier le peuple de Rome et galvaniser le moral de la population et de l'armée romaine dans le cadre d'une guerre qui s'amorce. Les funérailles de Decimus Junius Brutus (Valère-Maxime, *Des faits et dits mémorables*, II.4.7), descendant du fondateur de la République romaine, marquent le trait majeur de la gladiature romaine présent dès sa création : un acte politique organisé sous couvert d'un rite religieux. La pratique campanienne funèbre présentée sur un champ de bataille aux légions romaines se retrouve organisée au cœur de Rome au vu et au su de tous. Le cadre familial sert de prétexte pour exercer un événement politique orchestré pour le public de Rome dans un des lieux les plus fréquentés de la ville : le forum aux bœufs.

Le lieu de la célébration de la mort de Decimus Junius Brutus associé aux évènements particuliers de l'année 264 av. J.-C. créa un précédent qui reprit à trois reprises au cours du IIIe siècle av. J.-C.[9]. La seconde édition de combats de gladiateurs eut lieu en 216 av. J.-C date de la défaite romaine à Cannes face aux armées carthaginoises commandées par Hannibal Barca. Lors de la célébration des funérailles de Marcus Aemilius Lepidus qui durèrent trois jours, vingt-deux paires de gladiateurs se sont affrontées sur le forum aux bœufs (Tite-Live, *Histoire romaine*, XXII, 30, 15). La panoplie du Samnite a probablement été associée à celle du Gaulois (*gallus*) qui a peut-être été introduite pour célébrer la victoire romaine sur une armée gauloise lors de la bataille de Télamon en 225 av. J.-C. La célébration de cette grande victoire peut avoir été une tentative pour pallier l'effet de la défaite de Cannes sur l'état d'esprit de la population romaine. La référence à l'échec de la tentative d'invasion gauloise peut avoir suscité auprès des Romains un sentiment de cohésion et de confiance suffisant pour faire face à un ennemi présent aux portes de Rome.

La gladiature porte très tôt dans son ADN, un rôle politique de premier plan dont la finalité dépasse le cadre familial pour atteindre l'ensemble des citoyens romains. En 200 av. J.-C., au cours des quatre jours que dureront les funérailles de M. Valérius Laevinus organisées par ses fils Pulius et Marcus (Tite-Live, *Histoire romaine*, XXXI, 50, 4) vingt-cinq paires de gladiateurs se sont affrontées pour honorer la mémoire du défunt. Il est difficile de lier cet événement au déclenchement de la Deuxième Guerre macédonienne (200–197 av. J.-C.) du fait du manque d'informations disponibles sur cette période. Cependant, les guerres menées par Rome au cours de la deuxième moitié du IIIe siècle av. J.-C. peuvent avoir amené la création de nouvelles *armaturae* comme celle de l'Hoplomaque dont le matériel possède des similarités avec les fantassins des phalanges carthaginoises armées selon un modèle macédonien.

Comme le souligne M. Soler dans sa thèse, « *Dès sa plus ancienne occurrence à Rome, le munus est bien funéraire. Il occupe pourtant le cœur de la ville, dans un premier temps les fora. Cela pose un double problème. Ces jeux font entrer la violence et la mort dans le pomoerium, un espace théoriquement exempt de ces deux souillures* » (Soler 1992, p. 432). L'espace politique est souillé par le sang et la mort (hypothétique) des combattants. Les fora deviennent des espaces d'affrontement, des champs de bataille miniatures reconstitués où des guerriers s'affrontent pour présenter des combats entre des peuples défaits dans le passé à l'image du *munus* de 264 av. J.-C. Le funèbre devient politique, un médium d'influence à la disposition des aristocrates romains, utilisé pour manipuler les citoyens de Rome à des fins d'élections ou de votes. Le choix du lieu des combats a une importance particulière,

---

[9] Les funérailles de Marcus Aemilius Lepidus organisées en 216 av. J.-C., celles du père et de l'oncle de Scipion l'Africain en 206 av. J.-C., et celles organisées en 200 av. J.-C. dont le nom du défunt est inconnu.

car le forum aux bœufs possède un rôle religieux majeur du fait de la légende de son appellation (liée aux taureaux de Géryon volés par Hercule lors de ces douze travaux) et la présence de temples dont celui de *Fortuna*. La souillure du sang versé lors des combats n'entraîne pas la perte du caractère sacré du forum. Ainsi en 216 av. J.–C., après la défaite de Cannes, quatre esclaves furent emmurés vivants sous le forum après la consultation des livres sibyllins. Comme le souligne Tite–Live, ce rite était étranger au monde romain (Tite–Live, *Histoire romaine*)[10].

Ces rites étrangers à la culture romaine prennent place à des périodes où Rome subit la menace et la pression d'autres puissances militaires méditerranéennes comme les Carthaginois (264 av. J.–C. ou encore 216 av. J.–C.). Le recours à la conduite de duels organisés entre des combattants qui arborent des panoplies de peuples défaits illustre les victoires militaires passées et peut préfigurer celles à venir. Est–il possible d'établir un lien entre les pratiques funèbres campaniennes et romaines ? Il semble que la réponse puisse être positive si l'Histoire militaire de ces deux peuples est prise en compte. Ces combats sont apparus en Campanie au cours du IVe s., une période agitée, notamment marquée par la bataille de Paestum (Tite–Live, *Histoire romaine*, VIII, 17, 9–10)[11] en 332 av. J.–C. Le recours aux mythes homériques lors de la célébration des funérailles de l'aristocratie locale peut avoir servi de catalyseur pour assurer la cohésion d'une colonie qui avait connu un brassage ethnique et culturel important au cours des deux siècles précédents. L'organisation de ce type de spectacle pouvait de ce fait servir l'unité nationale autour de valeurs culturelles et sociétales communes à même de leur permettre de faire face aux menaces qui pesaient contre la colonie. De ce fait, il est possible de remarquer que la cérémonie funèbre sert de cadre à une démonstration politique publique imposée par une menace pour la sécurité de la population. Une grande similarité peut être observée entre les pratiques campanienne et romaine, une même cause entraînant les mêmes effets.

L'organisation des combats de gladiateurs n'est pas une invention romaine, mais la conjugaison d'un patrimoine martial grec à l'apport culturel italiote à des fins politiques. L'exécution de duels au sein de la ville de Rome dans un espace sacré est un emprunt culturel et cultuel aménagé à des fins politiques pour faire face à des périodes marquées par des guerres. Comme cela a été mentionné précédemment, l'instauration de ce rite étranger à Rome devait servir à rassembler la population de Rome pour assurer la victoire de ses légions ou sa survie comme ce fut le cas en 216 av. J.–C.

Mais ce rite était–il réellement étranger au monde romain ? Comme le souligne Michel Humm : « *Or les pratiques sociales de l'aristocratie lucanienne, que l'on retrouve représentées dans la peinture funéraire paestane de la fin du IVe siècle, révèlent indiscutablement un processus d'« auto–romanisation » qui a précédé de plusieurs décennies la déduction de la colonie de Paestum par Rome, en 273 av. J.–C...* » (Humm 2018, p. 361). Est–ce que la date de 310 av. J.–C. marque la découverte d'un spectacle inédit ou bien la présentation d'un procédé romain réinterprété par les Campaniens ? Le résultat de ce syncrétisme étant un rituel inédit. Il s'agit peut–être de la transposition d'une pratique issue du champ de bataille qui précédait l'affrontement dans un contexte de célébration d'une victoire. La référence aux valeurs martiales relatées dans l'Iliade se retrouve sur les fresques de Paestum, mais aussi dans les exploits de Titus Manlius Torquatus en 361 av. J.–C. ou ceux de Marcus Valerius Corvus en 349 av. J.–C. Les honneurs individuels militaires étant nécessaires à l'établissement d'une carrière politique au cours de cette période.

L'utilisation politique est aussi visible dans le choix des panoplies (*armaturae*) mises en place dès le IIIe siècle av. J.–C. Cette sélection semble avoir été guidée par les interventions militaires que Rome a menées contre ses voisins, puis contre les peuples bordant la Méditerranée, au cours des trois derniers siècles de la République. L'adoption des premières *armaturae* reflète la qualité des adversaires de Rome et la menace que ces derniers ont fait peser sur sa sécurité. Les panoplies du Samnite et du Gaulois (Celte) rappellent les victoires contre des peuples qui ont menacé la survie de Rome, mais qui ont été défaits par sa puissance. Le bas–relief exposé au musée de Lucus Feroniae présente les éléments des panoplies gauloises et thraces.

Les naumachies organisées dès la seconde moitié du Ier siècle av. J.–C. attestent de l'importance de ces célébrations[12]. Dès la fin de la République, des combats ont été organisés dans les amphithéâtres pour commémorer les victoires des forces armées romaines. La popularité de la gladiature a vu la naissance de nouvelles *armaturae* dont la création s'est éloignée des modèles ethniques pour répondre aux besoins spécifiques de ce spectacle. Ainsi, le rétiaire ne possède pas de références ethniques et ne répond qu'à la nécessité de mettre en place un adversaire à un autre type de gladiateurs afin de satisfaire les exigences du public. La fin de la République marque un tournant dans l'évolution de la gladiature. L'héritage grec et italiote est peu à peu abandonné au profit de pratiques

---

[10] Tite-Live « Cependant, sur l'indication des livres du Destin, on fit plusieurs sacrifices extraordinaires : entre autres, un Gaulois et une Gauloise, un Grec et une Grecque furent enterrés vivants au marché aux bœufs, dans un endroit clos de pierres, arrosé déjà auparavant du sang de victimes humaines, cérémonie religieuse bien peu romaine. »

[11] « Mais la guerre d'Alexandre d'Épire attira les Samnites en Lucanie : les deux peuples menèrent leurs enseignes contre ce roi qui avait fait une descente près de Paestum, et lui livrèrent bataille. (10) Vainqueur dans ce combat, Alexandre conclut la paix avec les Romains : on ne sait comment sa foi l'eût observée, s'il eût toujours eu même succès. » Tite-Live est le seul auteur a mentionné cette bataille, pour plus d'information sur ce sujet, l'auteur recommande la lecture de l'article de Wonder, J. W. 2002.

[12] Jules César a organisé en 46 av. J.–C., sur le champ de Mars, des naumachies pour commémorer son quadruple triomphe et plus particulièrement la conquête de l'Egypte : « *Pour la naumachie, un lac fut creusé dans la petite Codète, où s'affrontèrent des vaisseaux à deux, trois et quatre rangs de rames, chargés de soldats figurant une flotte tyrienne et une égyptienne.* ». Suétone, vie de Jules César, XXXIX, 6.

Fig. 13.5. Scène illustrant le combat de deux paires de gladiateurs. Musée de Lucus Feroniae (Fiano Romano), Photo Stéphane Salvan. Ce bas–relief daté du milieu du Ier siècle av. J.–C. présente la fin d'un combat entre un Thrace et un Hoplomaque puis celui d'un affrontement entre deux Gaulois. Les panoplies sont identifiables du fait de la présence des protections spécifiques à chaque gladiateur. Cette fresque est une des premières mentions de ces *armaturae*. Là encore, la présence d'un musicien rappelle l'importance de la musique dans les combats de gladiateurs.

spécialement conçues pour la gladiature afin de répondre à un auditoire exigeant sur la qualité des prestations, mais peu regardant sur l'historicité des panoplies. Qu'il soit empereur ou citoyen, les combats de gladiateurs devaient ravir un public intransigeant tant sur plan technique que sur l'engagement.

Bibliographie

Sources anciennes

Athénée de Naucratis : *Le banquet des savants*, éd. et trad. par L. De Villebrune, Paris, Chez Lamy, 1839.

Cicéron : *Correspondances*, Paris, Les Belles Lettres (coll. Universités de France).

Cornélius Nepos : *Vies des grands capitaines*, éd. et trad. par M. Vidal, Lyon, Périsse frères, 1788, 305 p.

Homère : *Iliade et Odyssée*, éd. et trad. établie par V. Bérard, J. Bérard, R. Flacelière, Paris, éditions de la Pléïade, Gallimard, 1955.

Plutarque : *Vie*, Paris, Les Belles Lettres (coll. Universités de France).

Strabon : *Géographie*, éd. et trad. par F. Lassere, Paris, Les Belles Lettres (coll. Universités de France), 1967, 275 p.

Suétone : *Vie de Jules César*, éd. et trad. par H. Ailloud, Paris, Les Belles Lettres (coll. Universités de France), 3 vol.

Tite–Live : *Histoire Romaine*, Paris, Les Belles Lettres, (coll. Université de France), 1965–2002.

Valère Maxime : *Des faits et dits mémorables*, éd. et trad. par R. Combès, Paris, Les Belles Lettres (coll. Universités de France), 1995–1997, 2 vol.

Références modernes

Anderson J. K. 1970 : *Military Theory and Practice in the Age of Xenophon*. Berkeley, University of California Press, p. 129–131.

Aymard A. 1954 : Philippe de Macédoine otage à Thèbes, *Revue des Études Anciennes*, 56, 1–2, p. 15 – 36.

Battistini O. 2018 : *Alexandre Le Grand : Un Philosophe en armes*, Paris, Ellipses, 432 p.

Bishop M., Sim N. D. 2017 : Some Experiments with Pila, *Journal of Roman Military Equipment Studies*, 18, p. 57–62.

Bomgardner D. L. 2000 : *Story of the Roman amphitheatre*, Londres, New York, Routledge.

Bottini A. ˙1988 : *Antike Helme: Sammlung Lipperheide Und Andere Bestände Des Antikenmuseums Berlin*. Mainz, Verlag des Römisch–Germanischennak Zentralmuseum.

Heurgon J. 1942 : *Recherches sur l'histoire, la religion et la civilisation de Capoue préromaine, des origines à la deuxième guerre punique*, Paris, De Boccard (coll. Bibliothèque des Écoles françaises d'Athènes et de Rome, 154).

Humm M. 2018 : La « barbarisation » de Poséidonia et la fin des cultes grecs à Paestum, *Revue de l'histoire des religions*, 2, p. 353–372.

Golvin J.–C, Landes Ch. 1990 : *Amphithéâtres et gladiateurs,* Paris, Presses du CNRS.

Létoublon Fr. 1983 : Défi et Combat dans l'Iliade, *Revue des Études Grecque*s, 96, 455–459, p. 27–48.

Mohen, J.–P. 1970 : Les casques antiques du musée de l'Armée, *Revue archéologique*, nouvelle série, fascicules 2, p. 209–228.

Mouratidis J. 1996: On the Origin of the Gladiatorial Games, *Nikephoros*, 9, p. 111–134.

Pontonnier Ch., Salvan S. 2020 : *Biomechanical plausibility of the lucanian fresco tomb proto–gladiators paintings of Paestum: a pilot study*, Computer Methods in Biomechanics and Biomedical Engineering, 23, suppl. 1, p. 229–231.

Pontrandolfo G. A., Rouveret A. 1992 : *Le Tombe Dipinte Di Paestum*. Modene, Franco Cosimo Panini.

Soler M. 1992 : *Les dieux de l'amphithéâtre. Étude sur la relation entre religion et spectacle dans l'Occident romain du IIe siècle av. J.–C. au Ve siècle ap. J.–C*, thèse de doctorat, Université Toulouse 2 Le Mirail.

Teyssier E 2009 : *La Mort en face : Le Dossier gladiateurs*, Arles, Actes Sud, 537 p.

Thuillier J.–P. 1985 : *Les jeux athlétiques dans la civilisation Étrusque*, Rome, École Française de Rome, (coll. Bibliothèque des Écoles françaises d'Athènes et de Rome, 256), 755 p.

Ville G. 1981 : *La gladiature en Occident des origines à la mort de Domitien*, Rome, École française de Rome (coll. Bibliothèque des Écoles françaises d'Athènes et de Rome).

Wheeler E. 1982 : Hoplomachia and Greek Dances in Arms*, Greek Roman and Byzantine Studies*, 23, p. 223–233

Welch K. E. 2007 : *The Roman Amphitheatre: From Its Origins to the Colosseum*, New York, Cambridge University Press.

Wonder J. W. 2002 : What Happened to the Greeks in Lucanian–Occupied Paestum? Multiculturalism in Southern Italy, *Phoenix*, 56, 1/2, p. 40–55.

14

La massue comme arme offensive des troupes auxiliaires romaines : la stèle funéraire de Catavignus

Stefano Marchiaro
Collaborateur du Museo e Istituto Fiorentino di Preistoria « Paolo Graziosi » de Florence

Gianfranco Bongioanni
Association culturelle et de reconstitution historique « Okelum »

Résumé : La stèle funéraire de *Catavignus,* fils de *Ivomagus*, découverte dans le territoire de Coni en Italie du Nord, invite à réexaminer l'emploi de la massue comme arme offensive au sein des troupes auxiliaires romaines. Le soldat a servi dans la *Cohors* III *Britannorum* et sa présence dans le nord de l'Italie a été liée aux événements militaires de la guerre civile de 69 apr. J.–C. *Catavignus*, qui semble porter une *paenula*, est équipé d'un long glaive avec un pommeau sphérique pendant à sa droite et tient dans sa main un objet qui a été reconnu comme une massue. La massue est une arme rarement associée à l'image du soldat romain, mais toutefois attestée dans les sources archéologiques et écrites. Zosime (fin du Ve – début du VIe siècle apr. J.–C.) identifie la massue et le bâton comme les armes choisies par les troupes palestiniennes d'Aurélien pour contrer la cavalerie lourde de Zénobie (Zosime, *Histoire nouvelle,* I, 52–53). Arme non conventionnelle, elle peut–être une connotation ethnique du défunt, ou éventuellement l'attribut d'un rôle particulier au sein de la cohorte ?

Mots–clés : Haut–Empire, Italie du Nord–Ouest, Armée romaine, Stèle funéraire, Massue, Archéologie expérimentale

Abtsract : The tombstone of Catavignus son of Ivomagus, discovered near the city of Cuneo, in northern Italy, invites us to re-examine the use of the club as an offensive weapon among Roman auxiliary troops. The soldier served in the Cohors III Britannorum, and his presence in northern Italy has been related to the military operations of the 69 BC Civil War. The depiction of Catavignus, who appears to be wearing the paenula, shows a long gladius with a spherical pommel hanging from his right side, and he holds in his right hand an object which has been recognized as a club. The club is a weapon rarely associated with the image of the Roman soldier, but nevertheless attested in archaeological and ancient sources: Zosimus (end of the 5th–beginning of the 6th century AD) identifies the club and the wooden staff as the weapons chosen by the Palestinian troops of Aurelian to counter the heavy cavalry of Zenobia (Zosimus, Historia Nova, I, 52–53). An unconventional weapon, perhaps an ethnic attribute or possibly the tool to fulfil a specific combat role within the cohort?

Keywords : Early Empire, North–West Italy, Roman Army, Gravestone, Club, Experimental archaeology

14.1 Introduction

Une stèle de calcaire retrouvée à Coni (Piémont, Italie du Nord) en 1866 invite à réexaminer l'emploi de la massue comme arme offensive au sein des troupes auxiliaires romaines.

L'inscription funéraire est celle de *Catavignus*, fils d'*Ivomagus*, un soldat romain d'origine celtique, probablement britannique[1], ayant servi dans le *Cohors* III *Britannorum*, une unité auxiliaire normalement en service en *Raetia*. *Catavignus* est décédé à proximité de la ville actuelle de Coni, après seulement six années de service militaire (*CIL* V, 7717 ; Dessau 1892–1916, n. 2560 ; Ferrua 1948, IX, f. 1, n. 93, 52–53 ; Spaul 2000) (Fig. 14.1). Ci–dessous le texte gravé sur la stèle :

D(is) M(anibus) / Catavigni / Ivomagi f(ili) / milit(is) coh(ortis) / nIII Britan= / norum ((centuria)) Gesat^i, / vix(it) ann(os) XXV, / sti(pendiorum) VI, exerci= / tus Raetici. /Paternus/h(eres) f(aciendum) c(uravit)/ commilitoni carissimo.

---
[1] Le suffixe *-ign* dans les noms celtiques est typique de la langue celtique insulaire (Millet, Revell, Moore 2016 p. 251)

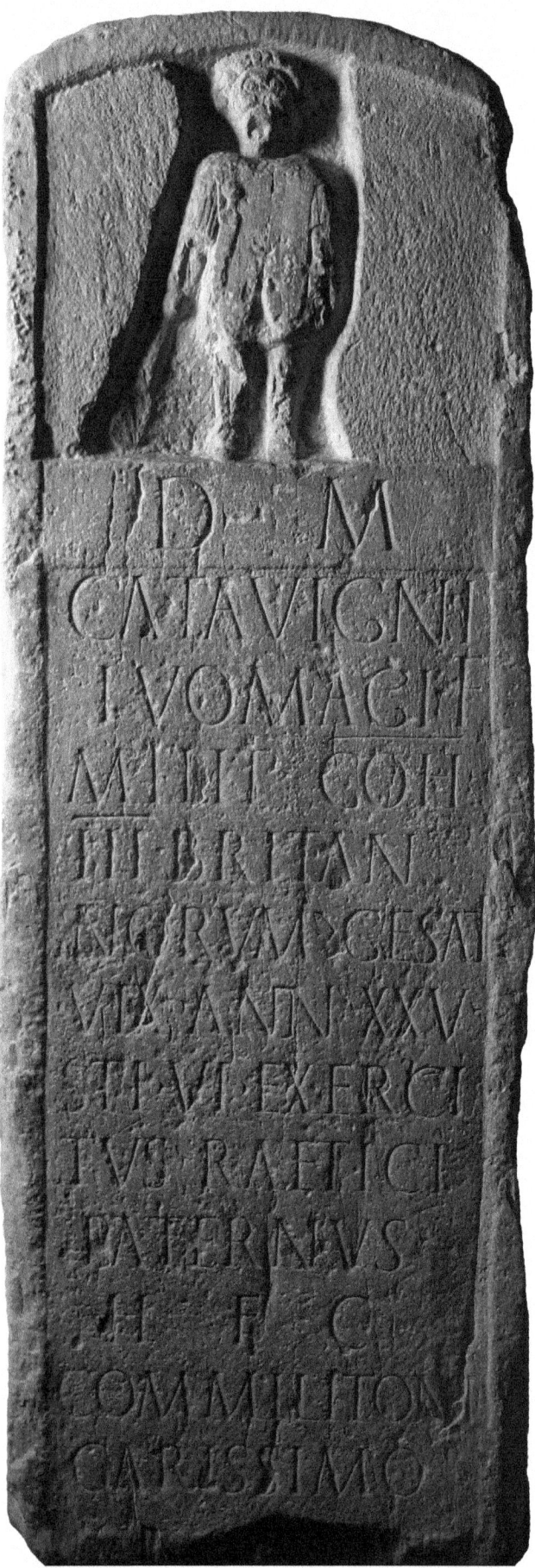

Fig. 14.1. Stèle funéraire de *Catavignus*, fils d'*Ivomagus*, Ier siècle apr. J.–C., calcaire, Museo Civico di Cuneo (Italie); photo : Archivio Museo Civico di Cuneo.

Les bords de la stèle sont délimités par un listel endommagé à plusieurs endroits, tandis que la zone réservée au portrait du soldat et celle destinée à l'inscription sont divisées par un segment horizontal. Les lettres claires et bien définies de l'inscription contrastent avec le relief approximatif de la partie supérieure où les zones aux flancs du personnage n'ont pas été rabaissées au niveau de l'arrière–plan.

Malgré l'état de finition partielle de la sculpture, les éléments du costume militaire romain sont bien reconnaissables : Catavignus semble revêtir la *paenula*, le poncho typique porté par les soldats romains en service, tandis qu'il porte sur ses épaules des *ptéryges*, faisant partie d'un possible *subarmalis* ou d'une autre protection légère. Sur son épaule droite, un long glaive avec pommeau sphérique est suspendu en bandoulière à l'aide d'une sangle. Du même côté et tenu avec la main droite, un objet reconnu comme une massue est représenté (Franzoni 1897, p. 100, Tav. XXII, 4 ; Holder 1980, p. 166). Malheureusement, l'état de conservation et la simplicité de la représentation, surtout du côté gauche du torse, compliquent la lecture de l'anatomie du bras gauche et la reconnaissance d'éventuels autres éléments de la panoplie ou de la tenue (Fig. 14.2).

La présence de cette épigraphe en Italie septentrionale est problématique. En premier lieu, la datation du texte a été attribuée aux Antonins sur la base de traces épigraphiques témoignant de la présence de la *cohors III Br (itannorum)* dans le diplôme militaire bavarois datant de 106–107 (Wagner 1956–57, p. 215–264) et dans une inscription à *Eining/Abusina* située dans la *Raetia*, datant de 103 (*CIL* III, 11950, p. 2288 ; Vollmer 1915, 00336 ; Birley 1980).

Ensuite, sur la base d'un argumentaire de Tacite (Tacite, *Histoire* I, 70), la réalisation de l'inscription est maintenant rattachée aux événements militaires datant de 69 et relatifs à la guerre civile qui a suivi la mort de Néron. Durant l'hiver de l'an 69, des cohortes de Gaulois, de Lusitaniens, de Bretons et quelques détachements de cavalerie furent appelés dans la Gaule Cisalpine occidentale par le légat de *Vitellius*, *Aulus Cæcina*, pour soutenir les garnisons des villes occupées de la *Traspadana* (Milan, Novare, Ivrée et Verceil) (*CIL* V, 7717 ; Giorcelli 2015, p. 17–21).

14.2 Les armes contondantes dans l'armée romaine

Les armes contondantes en matière organique ne sont traditionnellement pas une des composantes de la panoplie de guerre du soldat romain. Elles étaient toutefois utilisées par les militaires romains lors des opérations de contrôle de la foule et de police locale (Flavius Josèphe, *Guerre des Juifs*, II, 15, 5)[2].

Il s'agissait de bâtons, droits ou légèrement incurvés, généralement appelés *fustes* (*fustis* sing.). Ils étaient

---

[2] « confestimque milites comprehendentes eos, caedere fustibus adorti sunt » et II, 9, 4 : « praecepitque ut gladiis qui dem non uterentur, fustibus autem acclamantes ferirent »

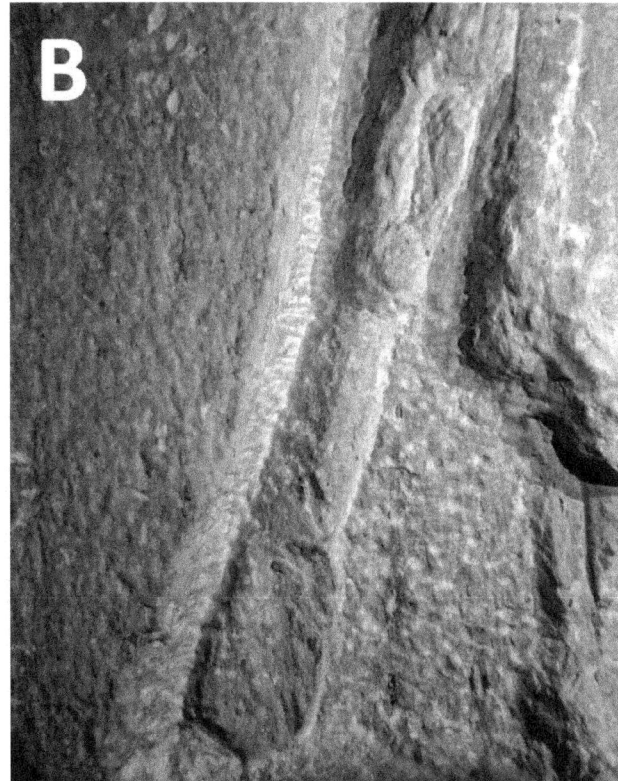

Fig. 14.2. Détails des éléments de l'équipement militaire. A : Ptéryges, paenula et glaive ; B : Massue ; (photo et élaboration graphique : S. Marchiaro).

essentiellement utilisés par les soldats des cohortes urbaines et par les *vigiles* pour maîtriser les insurrections sans avoir recours aux meurtres. Les armes létales étaient utilisées seulement en dernier recours contre la population civile (Tacite, *Annales*, XIV, 61)[3].

Parfois confondu avec le *vitis*, le bâton en bois symbole de l'autorité du centurion[4], le *fustis* est représenté dans diverses stèles funéraires provenant de Rome, d'Achaïe et de Maurétanie (Speidel 1992 ; 1993, p. 137–149). Il apparaît parfois également dans les stèles de certains *beneficiarii* représentés avec les tablettes de cires qui sont nécessaires pour l'enregistrement des redevances.

Le *fustis* était probablement considéré comme un instrument de statut militaire et comme moyen de « persuasion facile » (*CIL* VIII, 10570)[5].

Le point portant sur l'utilisation des armes contondantes pendant les opérations militaires est plus complexe. Les témoignages littéraires et iconographiques sur l'usage de ce type d'armes par les légions romaines ou par les cohortes auxiliaires lors des combats sont peu nombreux.

Un autre monument funéraire, datant de la seconde moitié du deuxième siècle et trouvé à Sparte, montre un soldat d'origine grecque, *Marcus Aurelius Alexys*, représenté avec une lourde massue tenue de la main droite (Kalstas 2006, p. 358) (Fig. 14.3). Celle-ci ne peut être imputée à un *fustis* à cause des dimensions et de la structure de l'arme, mais aussi à cause des caractéristiques du soldat qui la brandit. Alexys était en effet un militaire qui prit part et trouva la mort durant les campagnes militaires de Caracalla contre les Parthes de 214 à 217. Il n'était d'aucune façon associé à des devoirs de police ou de garnison[6].

Bien qu'il soit envisageable que la massue représentée sur la stèle ait une simple valeur symbolique, comme une référence aux Spartiates qui descendent d'Héraclès, il semble plus probable de la considérer comme une partie intégrante de la panoplie d'un soldat spécialisé dans la lutte contre des ennemis cuirassés tels que les cataphractaires parthes.

La fonction stratégique des troupes légères armées d'une massue est attestée par les sources antiques, principalement à la période tardive, où la nécessité de combattre efficacement les troupes lourdement armées, immunes aux

---

[3] « iamque et Palatium multitudine et clamoribus complebant, cum emissi militum globi verberibus et intento ferro turbatos disiecere »
[4] Dans les stèles funéraires des soldats romains, on observe une distinction précise dans la représentation du *vitis*, symbole de l'autorité et instrument de punition du centurion, employé comme un sceptre et dans celle du *fustis*, manié à l'extrémité, retourné vers le bas, comme une arme prête à l'emploi
[5] Inscriptiones latinae selectae 6870, 180-183 d.C., Souk el Khemis (Tunisie) : « ... missis militib(us) / [in eu]ndem saltum Burunitanum ali/[os nos]trum adprehendi et vexari, ali/[os vinc]iri, nonnullos cives etiam Ro/[manos] virgis et fustibus effligi iusse/ [rit]... »

[6] Pour l'occasion, Caracalla recrutait des troupes de Sparte et de la Laconie (Hérodien, *Histoire des empereurs romains de Marc Aurèle à Gordien* III, 4.8.3)

Fig. 14.3. Dessin Stèle funéraire de Marcus Aurelius Alexius, IIe siècle apr. J.-C. (marbre, Musée National Archéologique d'Athènes (Grèce)) (© Pauline Bombled).

tirs de javelots et d'épées, était devenue une priorité des commandants romains. Zosime identifie par exemple la massue et le bâton comme étant des armes choisies par les soldats palestiniens d'Aurélien pour combattre la cavalerie lourde de Zenobia (Zosime, *Histoire nouvelle*, I, 52, 4)[7].

Les infanteries légères armées d'armes contondantes (massues, gourdins ou bâtons) combattaient probablement en ordre ouvert, comme des tirailleurs, capables d'esquiver les coups de la cavalerie lourde orientale et d'atteindre les assaillants en mouvement (Libanius, *Discours*, 59.110)[8].

Constantin I employa aussi des soldats armés de massues en bois renforcées de clous de fers pour combattre les *clibanarii*[9] de Maxence durant la bataille de Turin en l'an 312. En fait, la portée, la précision, et la force d'impact de ces armes rendaient l'armure des chevaliers ennemis moins efficace (*Panégyriques Latins*, 4 (X), 24. 3)[10].

Sur la colonne Trajane, des personnages barbus et torses nus, armés d'une massue et d'un bouclier, figurent dans six scènes[11]. Ils sont toujours associés à des unités auxiliaires de l'armée romaine (Lepper, Frere 1988). Ces personnages peuvent être imputés à des *numeri* germains intégrés dans l'armée de Trajan, parfois aussi interprétés comme des éléments militaires qui constituent la garde personnelle de l'empereur (Depeyrot 2008, p. 60, Scène 33)[12].

Dans les représentations, le stéréotype, romain, du barbare féroce et sauvage qui va à la guerre nu et armé d'armes

---

[7] « οἱ δὲ ἀπὸ Παλαιστίνης πρὸς τῇ ἄλλῃ ὁπλίσει κορύνας καὶ ῥόπαλα ἐπεφέροντο » et. I, 53, 2 : « τῶν μὲν τοῖς συνήθεσιν ἐπιόντων ὅπλοις, τῶν δὲ ἀπὸ Παλαιστίνης τὰς κορύνας καὶ τὰ ῥόπαλα τοῖς σιδήρῳ καὶ χαλκῷ τεθωρακισμένοις ἐπιφερόντων, ὅπερ μάλιστα τῆς νίκης ἐν μέρει γέγονεν αἴτιον, τῷ ξένῳ τῆς τῶν ῥοπάλων ἐπιφορᾶς τῶν πολεμίων καταπλαγέντων ». Un lien entre ces troupes et le corps des *mattiarii* est envisagé, témoigné de nombreuses fois dans la *Notitia Dignitatum* aussi bien d'Occident que d'Orient, les *mattiarii* portant le nom de l'arme qui la caractérise. Il n'est toutefois par certain que cette arme soit la massue (cf. Gnoli T. 2017 : Palmyrena, in *La storiografia tardoantica, Bilanci e prospettive*, In memoria di Antonio Baldini, Milano, 65 - 98)

[8] « αὐτὸς δὲ ἐν τῇ παραδρομῇ τὸν ἔποχον ῥοπάλῳ παίων ἐπὶ κόρρης ἀνέτρεπέ τε καὶ τὸ λοιπὸν εὐπετῶς εἰργάζετο »

[9] Unités de cavalerie lourde utilisées à l'origine par l'armée sassanide-perse, semblables aux cataphractes. Cowan R. 2015 : *Roman Legionary AD 284–337: The age of Diocletian and Constantine the Great*, Osprey Publishing, p. 31

[10] « Ita nostri proditos sibi clavis adoriuntur, quae gravibus ferratisque nodis hostem vulneri non patentem caedendo defatigabant ac maxime capitibus afflictatae, quos ictu perturbaverant, ruere cogebant »

[11] Planche XXVII, XXIX, L, LI, LXXIII, LXXX, LXXXVI de Cichorius (Lepper, Frere 1988).

[12] cf. Cichorius - planche XXVII (Lepper, Frere 1988).

primitives, est de ce fait, inférieur au légionnaire/citadin. Les artistes responsables de la réalisation de la colonne n'étaient pas familiers de la vie des troupes sur le terrain et des détails de l'armement des diverses unités. Ces images peuvent donc s'éloigner d'une reconstruction fidèle des auxiliaires germains, mais plutôt une interprétation romaine de « l'idée du Germain », où la composante barbare peut apparaître exagérée.

14.3 La reconstruction expérimentale

Dans le cadre d'un projet de recherche sur l'équipement des auxiliaires romains durant le Haut–Empire mené par l'Association culturelle et de reconstitution historique « Okelum » et le Musée de l'Antiquité de Turin, il est tenté d'identifier les problématiques sur l'emploi de la massue et de son efficacité réelle dans un contexte belliqueux combinées aux phases expérimentales de reproduction de l'arme représentée sur la stèle (Fig. 14.4).

En se référant aux dimensions et aux types de bois des objets retrouvés dans les sites archéologiques de la vallée de la Tollense (nord–est de l'Allemagne) (Jantzen *et al.* 2011, p. 417–433) et dans les tourbières à proximité des zones humides d'Alken Enge (Jutland oriental, Danemark) (Hertz, Holz 2015 ; Jensen 2018, p. 31–44 ; Holst *et al.* 2018, p. 5920–5925), et aux informations qui nous sont parvenues des sources antiques (Isidore de Séville, *Etymologiarum sive Originum,* XVIII, 7)[13], le choix s'est porté sur une branche de chêne rectiligne d'une longueur d'un mètre et d'un diamètre de 9 cm. Après avoir éliminé les extrémités qui présentaient des imperfections, nous avons procédé à l'écorcement de cette même bûche à la machette et nous l'avons ensuite modelée au moyen d'un couteau en épargnant la tête de percussion qui présente une longueur de 25 cm et un diamètre de 7,5 cm. La partie restante a été travaillée de manière à former un cône et à ce que l'extrémité inférieure de la poignée devienne plus fine que la tête en adoptant une section ellipsoïdale, similaire au manche d'une hache. La partie la plus épaisse de la poignée présente une largeur maximale de 3 cm. L'objet fini a une longueur de 87 cm et pèse 1420 g, il a été réalisé en quatre heures. Bien que le poids soit non excessif, le centre de gravité de l'arme situé 60 cm après la poignée augmente considérablement la force de frappe. L'arme est utilisable avec une seule main, mais nécessite de l'espace pour permettre une torsion des hanches et des épaules suffisante pour obtenir une force d'impact maximale. Il est donc supposé que la massue fût utilisée en rangs ouverts. Les tests effectués suggèrent qu'un objet de ce type était en mesure de provoquer des fractures osseuses comparables à celles observées sur les corps découverts dans la vallée de la Tollense (Brinker *et al.* 2014, p. 146–160 ; Brinker *et al.* 2018, p. 39–60).

Fig. 14.4. Reconstitution historique de l'auxiliaire Catavignus par l'Association culturelle et de reconstitution historique « Okelum » (photo et élaboration graphique : H. Waintrub).

14.4 Conclusion

Bien que le glaive soit une arme plus rapide, létale et facile d'utilisation, la massue, plus lente, est un objet pratique par son accessibilité, sa fabrication et son remplacement. Elle est en mesure de provoquer des dommages importants, même sur des cibles lourdement armées grâce à sa force d'impact et sa portée. Arme économique, il était relativement simple d'en équiper les auxiliaires non entraînés au combat en rangs serrés, mais plutôt habitués – par formation personnelle ou héritage culturel – à la lutte en rangs ouverts et mobiles. L'auxiliaire britannique *Catavignus*, avec son équipement composé d'un glaive,

---

[13] «Clava est qualis fuit Herculis, dicta quod sit clavis ferreis invicem religata ; et est cubito semis facta in longitudine»

subarmalis, mais surtout de l'étrange massue[14], s'inscrit dans un contexte de guerres civiles où les ennemis n'étaient plus des barbares, mais bien des soldats romains entraînés à la lutte et protégés par d'amples boucliers et de lourdes *loricae* métalliques[15], plus vulnérables aux pesants coups de massue plutôt qu'à des armes tranchantes et pointues.

Abréviations

BRGK   Berichte der Römisch–Germanischen Komission (Frankfurt a. Main)

CIL   Corpus inscriptionum latinarum

Bibliographie

Sources anciennes

Flavius Josèphe : *Guerre des Juifs*, éd. et trad. par A. Pelletier, Paris, Les Belles Lettres (coll. Université de France), 1980, 245 p.

Hérodien : *Histoire des empereurs romains de Marc Aurèle à Gordien : 180–238 ap. J.–C.*, éd. et trad. par D. Roques, Paris, Les Belles Lettres (coll. La Roue à livres), 1990, 313 p.

Isidore de Séville : *Etymologiarum sive Originum*, éd. et trad. par. P. Chancel–Lion, Lyon, 201 p.

Libanios : *Discours,* éd. et trad. par L. Harmand, Paris, Presses Universitaires de France (coll. Publications de la Faculté des lettres et sciences humaines de l'Université de Clermont–Ferrand. Deuxième série), 1955, 210 p.

Panégyriques latins : éd. et trad. par E. Galletier, Paris, Les Belles Lettres (coll. Université de France), 1949, 140 p.

Tacite : *Annales*, Paris, Les Belles Lettres (coll. Université de France), 1938.

Tacite : *Histoire*, éd. et trad. par H. Goezler, Paris, Les Belles Lettres (coll. Universités de France), 1965, 212 p.

Zosime : *Histoire Nouvelle*, éd. et trad. par F. Paschoud, Paris, Les Belles Lettres (coll. Universités de France, Série grecque, 401), 2000, 296 p.

Références modernes

Birley A. 1980 : *The People of Roman Britain*, Berkeley, University of California Press, 224 p.

Brinker U., Flohr S., Piek J., Orschiedt J. 2014 : Human remains from a Bronze Age site in the Tollense Valley: victims of a battle?, *in* Knusel C., Smith M.J. (eds.), *The Routledge Handbook of the Bioarchaeology of Human Conflict*, London, New York, Routledge, p. 146–160.

Brinker U., Harten–Buga H., Staude A., Jantzen D., Orschiedt J. 2018 : Perimortem Lesions on Human Bones from the Bronze Age Battlefield in the Tollense Valley: An Interdisciplinary Approach, *in* Dolfini A., Crellin R. J., Horn C., Uckelmann M., *Prehistoric Warfare and Violence. Quantitative and Qualitative Approaches*, Cham, Springer (coll. Quantitative Methods in the Humanities and Social Sciences Series), p. 39–60.

Corpus inscriptionum latinarum : *CIL* III, *Inscriptiones Asiae, provinciarum Graecorum, Illyrici*, éd. academiae litterarum regiae borussicae, Berolini, W. de Gruyter, 1957–1958, 4 vol.

Corpus inscriptionum latinarum : *CIL* V, *Inscriptiones Galliae Cisalpinae Latinae*, éd. T. Mommsen, Berolini, W. de Gruyter, 1872/1959, 544 p.

Corpus inscriptionum latinarum : *CIL* VIII, *Inscriptiones Africae*, éd. academiae litterarum regiae borussicae, Berolini, W. de Gruyter, 1959, 7 vol.

Depeyrot G. 2008 : *Légions romaines en campagne : La colonne Trajane*, Paris, Errance.

Dessau H. 1892–1916 : *Inscriptiones Latinae Selectae*, Chicago, Ares Publishers, 5 vol.

Ferrua A. 1948 : *Inscriptiones Itliae*, IX, f. 1 (Augusta Bagiennorum), Roma, n. 93, p. 52–53.

Franzoni C. 1987 : *Habitus atque Habitudo militis. Monumenti funerari di militari nella cisalpina romana*, Roma, "L'Erma" di Bretschneider (coll. Studia archaeologica, 45).

Giorcelli S. 2015 : Un soldato britanno a Cuneo: appunti di storiografia epigrafica, *Quaderni del Museo Civico di Cuneo*, III, p. 17–21.

Gnoli T. 2017 : Palmyrena, *in La storiografia tardoantica, Bilanci e prospettive*, *in memoria di Antonio Baldini*, Milano, LED Edizioni Universitarie di Lettere Economia Diritto.

Hertz E., Holst M. 2015 : *Alken Enge – The Mass Grave at Lake Mossø* [URL http://www.museumskanderborg.dk]

Holder P. A. 1980 : *Studies in the «auxilia» of the Roman army from Augustus to Trajan*, Oxford, BAR (coll. International series, 70), 352 p. S 70.

Jantzen H., Brinker U., Orschiedt J., Heinemeier J., Piek J., Hauens K., Krüger J., Lidke G., Lübke H., Lampe R., Lorenz S., Schult M., Terberger T. 2011 : A Bronze Age battlefield? Weapons and trauma in the Tollense Valley, north–eastern Germany, *Antiquity* 85, p. 417–433.

Jensen P. 2018 : Semantically Enhanced 3D: A Web–based Platform for Spatial Integration of Excavation Documentation at Alken Enge, Denmark, *in Journal of Field Archaeology*, 43, (coll. Special Issue, Web–based Infrastructure As a Collaborative Framework Across Archaeological Fieldwork, Lab work, and Analysis), p. 31–44.

---

[14] Il est probable que la panoplie défensive de *Catavignus* comprenait aussi un bouclier en bois, indispensable au vu du manque d'armure lourde

[15] Au moins à partir du Ier siècle apr. J.-C., la *lorica* dite *segmentata* était déjà d'usage au sein de légions, elle offrait une excellente protection contre les armes de taille et de pointe

Kaltsas N. 2006 : *Sculpture in the National Archaeological Museum*, Athens, Kapon.

Lepper F., Frere S. 1988 : *Trajan's Column: A New Edition of the Cichorius Plates. Introduction, Commentary and Notes*, Gloucester, Alan Sutton, 331 p.

Millet M., Revell L., Moore A. 2016 : *The Oxford Handbook of Roman Britain*, Oxford, Oxford University Press.

Spaul J. 2000 : *Cohors 2: The evidence for and a short history of the auxiliary infantry units of the Imperial Roman Army*, Oxford, Archaeopress (coll. BAR International Series, 841), 581 p.

Speidel M. P. 1992 : *Roman Army Studies II*, Stuttgart, F. Steiner (coll. Mavors, 8), 430 p.

Speidel M. P. 1993 : The fustis as a soldier's weapon, *Antiquités africaines*, 29, p. 137–149.

Vollmer F. 1915 : *Inscriptiones Baivariae Romanae, sive inscriptiones provinciae Raetiae adiectis Noricis Italicisve*, München. G. Franz, 253 p.

Wagner F. 1956–57: Neue Inschriften aus Raetien, *BRGK*, XXXVII–XXXVIII, p. 215–264.

15

Au service du roi : la cavalerie en Iran sassanide. Représentations et fonctions des cavaliers à Bišāpūr III

Delphine Poinsot
Institut Oriental de l'Université de Chicago

Résumé : Le relief connu sous le nom de Bišāpūr 3 (gorge de Chogan, Fars, sud–ouest de l'Iran) et datant du règne du roi des rois Šāpūr Ier (241 – 272) célèbre ses victoires sur l'Empire romain. Šāpūr Ier y est accompagné d'un grand nombre de cavaliers iraniens, qui font l'objet de cette étude. C'est l'unique figuration attestée pour l'époque sassanide de l'organisation de l'armée et des dynamiques de pouvoir en jeu en son sein. Les cavaliers sont ici répartis par groupe, en fonction d'une typologie déjà connue de leurs attributs. La pertinence de ces groupes est ensuite confrontée avec les titres, rangs et fonctions connus pour l'armée pour le règne de Šāpūr Ier. Les sources classiques constituent aussi de précieux témoignages sur l'organisation de l'armée sassanide et les techniques de bataille. Ainsi, Bišāpūr 3 présente une image de la cavalerie formée de la noblesse de l'empire et pivot de l'armée à l'époque sassanide. Cette image de la cavalerie permet à Šāpūr Ier de célébrer sa victoire individuelle tout en reconnaissant le soutien indispensable des rois.

Mots–clés : Iran, Sassanide, Armée, Cavalerie, Image, IIIe siècle apr. J.–C.

Abstract : The relief known as Bišāpūr 3 (Chogan Gorge, Fars, southwestern Iran) and dating from the reign of King of Kings Šāpūr I (241–272) celebrates his victories over the Roman Empire. Here, Šāpūr I is accompanied by a large number of Iranian horsemen, who are the subject of this study. This is the only attested figuration for the Sassanian period of the army's organization and the power dynamics at play within it. The horsemen are divided here into groups, according to an already known typology of their attributes. The relevance of these groups is then confronted with the known titles, ranks, and functions in the army for the reign of Šāpūr I. Classical sources also provide valuable evidence for the organization of the Sassanian army and battle techniques. Thus, Bišāpūr 3 presents an image of the cavalry formed by the nobility of the empire and pivotal to the army in the Sassanian period. This image of the cavalry allows Šāpūr I to celebrate his individual victory while acknowledging the indispensable support of the kings.

Keywords: Iran, Sassanid, Army, Cavalry, Image, 3rd c. AD.

15.1 Introduction

La dynastie des Sassanides (224 – 651) règne sur un empire qui s'étend de l'Arménie à l'Inde et dont le cœur se trouve dans la plaine mésopotamienne et le plateau iranien. Les rois sassanides ont patronné de gigantesques reliefs dits rupestres, continuant ainsi une longue tradition de l'Orient ancien. Ces reliefs rupestres sont gravés à même le flanc des montagnes. Nous en conservons aujourd'hui 34, principalement situés dans le Fars. Cette région du sud–ouest de l'Iran est, selon les sources littéraires[1], la région d'origine de la famille Sassanide. La grande majorité des reliefs datent de la première partie de l'époque sassanide, entre les règnes d'Ardāšīr Ier (224–241) et Šāpūr III (383–388). On doit un ensemble de reliefs sculptés dans une grotte artificielle à Taq–e Bostan au roi Khosrow II (591–628). Les reliefs présentent différentes thématiques : triomphe sur l'ennemi, investiture divine, scènes de cour, scènes familiales, chasses royales, etc[2]. Le relief étudié dans cet article, connu sous le nom de Bišāpūr 3, fut patronné par le roi Šāpūr Ier (241–272) et est une célébration de ses victoires sur l'Empire romain.

Le relief est situé dans la gorge de Chogan, qui mène à l'ancienne cité de Bišāpūr, fondée par le roi Šāpūr Ier. Il est gravé sur le pied de la falaise bordant la rivière Chogan. Dans cette même gorge, Šāpūr Ier a laissé deux autres reliefs. L'un représente le roi à cheval triomphant de ses ennemis romains, Bišāpūr 1. L'autre, Bišāpūr 2, est aussi une représentation de roi triomphant, mais accompagné à sa gauche de nobles cavaliers iraniens et à sa droite de

---

[1] Selon le texte du *Kārnāmag ī Ardaxšēr ī Pābagān*, la famille d'Ardašīr, le fondateur de la dynastie des Sassanides, vient de la ville de Ishtakhr, dans le Fars. Voir Grenet 2003.

[2] Pour une synthèse des reliefs sassanides, voir Canepa 2013.

divers personnages lui apportant un tribut. Le relief de Bišāpūr 2 qui se développe sur deux registres est en réalité une version réduite du relief de Bišāpūr 3.

Ce dernier se développe sur cinq registres horizontaux et trois panneaux verticaux. Sur le panneau central, au registre III[3], le roi est représenté à cheval. Un putto ailé lui apporte un ruban, et deux dignitaires iraniens lui remettent un disque, symboles de pouvoir. Trois empereurs romains sont représentés avec Šāpūr Ier. L'un est agenouillé devant son cheval, l'autre est piétiné par le cheval, et le troisième est debout à côté du cheval du roi, ce dernier le tenant par le poignet. L'une des identifications possibles pour ces trois empereurs est de voir dans le personnage sous les sabots du cheval de Šāpūr Ier l'empereur Gordien III, mort dans les guerres contre l'empire sassanide en 244. L'empereur agenouillé serait Philippe l'Arabe, qui a négocié la paix avec Šāpūr Ier après la mort de Gordien III. Enfin l'empereur debout pourrait être Valérien, capturé par Šāpūr Ier en 260, donnant ainsi un *terminus ad quem* pour le relief de Bišāpūr 3[4]. Une autre interprétation (Overlaet 2009) propose de voir dans les trois empereurs une seule et même personne : l'empereur–usurpateur Uranius Antonius. Celui-ci était le grand prêtre de la ville d'Emessa (Syrie), centre du culte du soleil à Elagabal[5]. En 253 ou 254, il usurpe la pourpre impériale. Il meurt en 254 et les reliefs de Bišāpūr 2 et Bišāpūr 3 seraient une commémoration de la reddition de la ville d'Emessa.

L'étude s'intéresse ici à la représentation des cavaliers iraniens sur le panneau de gauche. Répartis sur les cinq registres, ces 73 cavaliers forment un groupe assez largement uniforme, bien que des variations dans leurs attributs soient identifiables. Sans doute répartis en rangs et/ou en fonctions, nous verrons comment ces cavaliers matérialisent l'organisation spécifique de l'armée sassanide, figurée en soutien nécessaire du roi vainqueur.

15.2 Les cavaliers de Bišāpūr 3 : description et typologie

Le relief rupestre de Bišāpūr 3 compte 73 cavaliers sur la partie gauche, répartis sur les cinq registres. Si ces cavaliers présentent une grande unité, un certain nombre de variations permettent toutefois de les différencier et d'établir une forme de typologie. Ces variations ont été décrites dans l'étude proposée par Herrmann (Herrmann 1980) et la typologie que nous suggérons ci–dessous et en annexe 1 (pl. I et II) suit cette étude.

Le premier type de cavalier (type A) est le plus représenté, puisqu'il regroupe 56 des 73 cavaliers du relief. Ces personnages portent un chapeau à bords hauts et droits, au sommet plus ou moins arrondi, les cheveux courts et une barbe assez longue taillée en pointe. Ils sont vêtus d'une tunique à manches longues et col rond (vêtement de type A). Leurs chevaux sont harnachés et la bride est décorée d'une large rosette (bride de type A). La posture des chevaux est celle de la marche de parade. Celle-ci se caractérise par : trois membres posés au sol et un antérieur levé[6]. Le postérieur de premier plan est en arrière, tandis que l'antérieur du même côté est en aplomb droit, le postérieur d'arrière–plan est également en arrière, tandis que l'antérieur du même côté est levé (McGreevy, McLean 2010, p. 208, fig.11.11(a))[7]. L'antérieur est levé relativement haut, puisque la ligne inférieure de la cuisse forme une ligne continue avec le poitrail[8]. Ces 56 cavaliers présentent quelques variations portant sur la coiffe et la posture. 14 d'entre eux[9] portent un bandeau[10] passant sur la bordure inférieure du chapeau (coiffe de type A_1), bandeau qui n'est pas visible sur les autres (coiffe de type A_2). Enfin, si la plupart des cavaliers font le geste de révérence (leur main gauche est relevée devant la bouche, le poing est fermé, l'index et l'auriculaire relevés en crochet) (Choksy 1990, p. 204 – 205), un petit nombre tient simplement les rênes à deux mains[11].

Le second groupe de cavaliers (type B) est composé de cinq personnes[12]. Leurs chevaux, posture et harnachement (bride de type A), sont identiques au groupe décrit précédemment, de même que leur vêtement (vêtement de type A). Ils portent eux aussi les cheveux courts et la barbe longue taillée en pointe. Leur couvre–chef est également un chapeau à bords hauts et droits au sommet plus ou moins arrondi. Ils se distinguent du groupe précédent par un ruban long à plis, attaché à l'arrière de la coiffe et retombant derrière la nuque et dans le dos (coiffe de type A_3). Aucun de ces cavaliers ne fait le geste de déférence, tous tiennent leurs rênes à deux mains.

Le troisième groupe de cavaliers (type C) est composé de sept personnes[13]. La posture des chevaux est identique à celle décrite pour les deux groupes précédents, mais leur harnachement est légèrement différent (bride de type B). La bride passant sur le flanc présente en effet une

---
[3] Les numéros des registres, des personnages et des chevaux suivent ceux attribués dans Herrmann 1980. RI désigne le registre I ; C1 désigne le cavalier 1 et Ch1 désigne le cheval numéroté 1
[4] Pour une autre interprétation, voir Overlaeet 2009.
[5] Poinsot 2020, p. 54.
[6] Seuls les chevaux se trouvant à l'extrême gauche du relief sont visibles en entier : Ch15 RI ; Ch15R II ; Ch14 RIII ; Ch15 RIV. Le cheval 14 du registre V n'est pas conservé.
[7] La position de ces membres est cohérente avec la marche, qui est une allure symétrique à quatre temps.
[8] C'est cette ligne qui permet de différencier la marche de parade de la marche de piétinement. Cette posture est visible, à Bišāpūr 3, pour le cheval du roi, ce qui est cohérent avec la représentation du roi piétinant son ennemi vaincu. La marche de parade, et sa variante la marche de piétinement, est l'une des plus communes des reliefs rupestres sassanides. Voir Poinsot, Spruyt à venir.
[9] C6, registre II ; C14 ; registre III ; C14, C11, C10, C9 et C2, registre IV ; C14, C11, C8, C5, C3, C2 et C1, registre V.
[10] Etant donné l'état de conservation de ce relief, beaucoup de détails ont été perdus. Il est donc aussi possible que ce bandeau soit en fait présent sur l'ensemble des cavaliers de type A.
[11] Il s'agit de C15, C14, C12, C10, C5, C4 au registre II et du C14 au registre IV. Les cavaliers du registre I n'ayant pas été conservés, hormis le plus à gauche (15), il est possible que dans ce registre, certains cavaliers ne fassent pas le geste de déférence, ou qu'au contraire tous fassent ce geste, à la manière des personnages du registre V.
[12] C10, C9, C8, C7 registre III et C5, registre II.
[13] C6 à C1 registre III et C4 registre II.

Fig. 15.1. Relief de Bišāpūr 3, vue générale. Les registres sont numérotés de bas en haut, et les cavaliers de gauche à droite, © 1995–2022 Livius.org (source : https://www.livius.org/pictures/iran/bishapur/bishapur-relief-3/bishapur-relief-3-general-view/).

alternance de deux petites rosettes avec une rosette plus large. Ces cavaliers portent les cheveux longs, répartis en deux masses bouclées de chaque côté de la tête, ainsi qu'une longue barbe taillée en pointe. Leur coiffe est un chapeau à bords hauts et droits, dont le sommet peut être soit, plus ou moins arrondi (C3, C2 et C1 RIII et C4, RII ; coiffe de type B_1), soit rabattu vers l'avant (C6 et C7 RIII ; coiffe de type B_2 et B_3), soit agrémenté d'un ornement sur le devant (C5 RIII ; coiffe de type B_4). À leur coiffe est ajouté un ruban long attaché à l'arrière du chapeau et retombant derrière la nuque et dans le dos. Le ruban est lisse sur la première partie et se termine par une série de plis. Leur vêtement est composé d'une tunique à manches longues et col rond, à laquelle est ajoutée une cape tenue par une attache décorée de deux sphères (vêtement de type B). Aucun de ces cavaliers ne fait le geste de déférence, mais tous tiennent leurs rênes à deux mains.

Enfin, le dernier groupe de cavaliers (type D) est composé de deux personnages (C6 et C3, RIII). Leurs chevaux et harnachements sont identiques à ceux du type A et B (bride de type A), de même que leur vêtement (vêtement de type A). Leur principale caractéristique est qu'ils sont imberbes, ce que l'on peut voir à la ligne du menton, beaucoup plus haute et arrondie que lorsque les cavaliers sont figurés avec une barbe. Le cavalier 3 porte un bonnet rond (coiffe de type C_1), tandis que le cavalier 4 porte un bonnet avec cache–oreille et protège–nuque (Herrmann 1980, p. 36) (coiffe de type C_2). Ces deux cavaliers font le geste de révérence.

15.3 Les cavaliers de Bišāpūr 3 : le soutien de la noblesse

Bišāpūr 3 est le relief sassanide qui contient le plus de personnages. Dans les reliefs précédents ou contemporains de Bišāpūr 3, ceux d'Ardašīr I[er][14] et de Šāpūr Ier, le triomphe du roi sur l'ennemi, en particulier parthe ou romain, apparaît généralement dans les scènes d'investiture[15] où le roi est figuré seul avec le dieu Ahura–Mazdâ. Ces deux rois ont aussi célébré leurs victoires dans des scènes de combat[16] ou de triomphe[17], mais dans ce cas là encore, le roi est figuré seul. C'est la victoire individuelle du roi qui est célébrée. Si ces deux rois sont parfois représentés, dans leurs reliefs, en présence d'un ou plusieurs membres de la cour, le relief de Bišāpūr 3 fait figure d'exception[18] quant à l'engagement du nombre de personnes dans la célébration de la victoire de Šāpūr Ier.

Dans la conception sassanide de la royauté, le roi est le représentant, dans le monde matériel, du dieu suprême Ahura–Mazdâ. À l'image d'Ahura–Mazdâ qui protège la création de l'attaque de son antagoniste Anγra–Maniiu, le roi doit protéger l'empire des ennemis et y maintenir l'ordre, afin de permettre la prospérité (Choksy 1988, p. 37). Célébrer la victoire individuelle du roi est une manière de réaffirmer sa capacité à vaincre l'ennemi et sa légitimité à être le représentant d'Ahura–Mazdâ. C'est ainsi une manière de réaffirmer la légitimité de son pouvoir terrestre.

---

[14] Il est le fondateur de la dynastie des Sassanides et le père de Šāpūr Ier (règne entre 224 et 241).
[15] C'est le cas du relief d'investiture de Ardašīr Ier à Naqš-e Rustam, qui est figuré piétinant son ennemi le roi parthe Artaban IV ; du relief d'investiture de Šāpūr Ier à Bišāpūr (Bišāpūr 1), dont le cheval piétine l'empereur romain Gordien III et qui s'avance vers Philip l'Arabe agenouillé.
[16] Relief de Ardašīr Ier à Firuzabad.
[17] Relief de Ardašīr Ier à Salmas, relief de Šāpūr Ier à Naqš-e Rustam.
[18] Dans la tradition des reliefs suivant Šāpūr Ier, il faut noter le relief de Šāpūr II à Bišāpūr (Bišāpūr 6), dont la taille et le nombre de personnages représentés rappelle le relief de Bišāpūr 2 de Šāpūr Ier, qui est le petit format du relief étudié ici. Mais aucun relief sassanide n'atteint ensuite la taille de Bišāpūr 3.

À Bišāpūr 3, la victoire du roi est nettement visible. Elle est célébrée dans le panneau central au registre III. Parce qu'il n'y a aucun panneau central aux registres situés au–dessus (RIV et RV) et situés en–dessous (RII et RI), la scène figurant le roi vainqueur, piétinant et tenant ses ennemis, ressort clairement. La victoire individuelle du roi n'est donc pas effacée ou diminuée, mais c'est la première et unique fois, dans les reliefs rupestres sassanides, qu'un si grand nombre de personnes y participe.

Bien que le relief de Bišāpūr 3 célèbre une victoire militaire, aucun des cavaliers n'est représenté avec une arme, seul le roi porte son épée. L'art sassanide représente peu souvent les guerriers en armure (Skupniewicz 2015, p. 268), même dans les scènes de combat. Dans les cas où les guerriers sont en armure, notamment dans l'iconographie royale du début de la période sassanide, ils sont généralement représentés sans casques, mais avec des couronnes, des tiares ou têtes nues, privilégiant ainsi l'identification[19] sur le réalisme (Skupniewicz 2015, p. 272). L'absence d'armures sur le relief de Bišāpūr 3 a sans doute plusieurs raisons d'être. La première est qu'il s'agit de la célébration d'une victoire et que par conséquent, la bataille est terminée. La seconde peut être que, sur un relief contenant de nombreux personnages, il était sans doute nécessaire d'en permettre l'identification. Dans l'état actuel du relief et de notre connaissance de l'histoire sassanide, il ne nous est pas possible d'identifier individuellement chaque personnage, mais seulement de repérer des grands groupes correspondant certainement à des rangs dans l'armée et/ou à la cour. Il est possible que ceux qui voyaient le relief à l'époque où celui-ci a été produit aient eu la capacité, peut être par des éléments perdus aujourd'hui (emblèmes, couleur des vêtements, etc.) d'individualiser toutes les figures ou certaines d'entre elles.

Toutes ces figures sont des cavaliers et appartiennent certainement aux rangs les plus élevés de la cour royale. À la période sassanide, l'art équestre est particulièrement important dans la formation des jeunes princes et nobles (Azarnouche 2013b, p. 40). Ainsi, le texte *Kārnāmag ī ardaxšēr ī pābagān* (KAP) (Grenet 2003)[20], qui raconte les jeunes années et la prise de pouvoir d'Ardašīr, fondateur de la dynastie sassanide, nous donne un aperçu de l'éducation des princes. Il y est dit à propos d'Ardašīr :

KAP, I–9
Pābag rāy pus–ē ast ī, ped frahang ud asvārīh, frahaxtag ud abāyišnīg

Pābag a un fils qui, pour l'écriture et l'équitation, est bien éduqué et merveilleux.

KAP, I–12
[…] *ped cōgān ud asvārīh, caturang ud nēv–ardašīr ud abārīg frahang az avēšān hāmōyēn cēr ud nivardag būd*

[…] au polo et à l'équitation, aux jeux d'échec et de trictrac, et dans les autres domaines, il [Ardašīr] devint victorieux et le meilleur.

Dans le texte *Husraw–ī Kawādān ud Rēdag–ē* (HKR) (Azarnouche 2013a)[21], un jeune page de la noblesse sassanide converse avec le roi Khosrow Ier (531 – 579) (Azarnouche 2013a, p. 31). Au sujet de son éducation, il indique qu'il a été formé à la religion (HKR 9), à l'art de l'écriture (HKR 10), à l'art de l'équitation et de l'archerie (HKR 11), au polo (HKR 12), à la musique (HKR 13), à l'astrologie (HKR 14), et aux jeux d'échec, de trictrac et *haštpāy* (HKR 15) (Azarnouche 2013a, p. 44 – 46). L'art de l'équitation est vraiment celui de la noblesse et de la royauté, comme en attestent les nombreuses représentations du roi à cheval dans les reliefs rupestres sassanides ou sur les plats en argent[22]. Les personnages à cheval accompagnant le roi sur le relief de Bišāpūr 3 appartiennent donc à la noblesse et à la royauté de l'empire sassanide. Or, au regard de l'organisation de l'armée à l'époque sassanide, noblesse et cavalerie se confondent[23]. Ces nobles personnages sont donc aussi une représentation de la cavalerie.

15.4 Les cavaliers de Bišāpūr 3 : la noblesse au centre de l'armée

Le texte en moyen–perse du *Denkard*[24] (Menasce 1973, p. 75), qui prend la forme d'une encyclopédie des savoirs religieux et non religieux et qui fut compilé à une époque post–sassanide, mentionne la division de l'armée en deux corps principaux, la cavalerie et l'infanterie, qui sont ensuite divisés en plusieurs rangs et fonctions :

Denkard, III–69

[…] *un andar artēštārīh aswārīh ud paygīh ud abārīg artēštārīg* […].

[…] et parmi l'état des guerriers, la cavalerie et l'infanterie et les autres fonctions militaires.

La même division se retrouve dans un autre texte qui nous est parvenu dans sa forme en persan, le *Namā–ye Tansar*[25].

---

[19] Une caractéristique de l'art sassanide est que l'individualisation des figures représentées ne se fait pas grâce à des traits physiques caractéristiques (un front bombé, une grande taille, ect.), mais grâce à des attributs.
[20] Edition et traduction. Le texte est en moyen-perse, langue vernaculaire de l'époque sassanide, et est rédigé en pehlevi. La plupart des textes en langue moyen-perse à notre disposition ont été mis par écrit à une époque post-sassanide, mais contiennent du matériel plus ancien qui reflète en partie la réalité de l'époque sassanide.
[21] Edition et traduction.
[22] Pour une liste complète des représentations du roi à cheval à l'époque sassanide et leur analyse, voir Poinsot et Spruyt à venir.
[23] Pour une synthèse de l'organisation de l'armée à l'époque sassanide voir Farrokh, *et alii* 2018.
[24] *Dēnkard* III.
[25] Sur la division de l'armée en deux corps dans le *Namā-ye Tansar*, voir Boyce 1968, p. 41.

Ammien Marcellin donne par ailleurs un témoignage de l'organisation de l'armée sassanide un peu plus contemporain au relief de Bišāpūr 3. Il décrit la cavalerie, dans le récit qu'il fait des combats contre l'armée du roi Šāpūr II (310 – 379)[26], comme le corps d'élite qui recrute ses membres parmi la noblesse de l'empire :

Ammien Marcellin, *Res Gestae*, 23.6.83.

[…] *equitatus virtute confisi, ubi desudat nobilitas omnis et splendor. Pedites enim in speciem mirmillonum contecti issua faqiunt ut calones.*

« Ils comptent surtout sur leur cavalerie, où tout ce qu'ils ont de noble et de distingué vient faire ses preuves. Quant à leurs fantassins, qu'ils arment à la manière de nos mirmillons du cirque, ce sont les valets de l'armée »

La cavalerie semble avoir eu une importance toute particulière dans l'armée de Šāpūr Ier, et tout au long de la période sassanide, notamment la cavalerie lourde. Ceux sont les « cataphractaires » dans les sources de langue grecque, et les *clibanarii* dans les sources de langue latine. Ces cavaliers et leur monture avaient pour particularité d'être entièrement recouverts d'une armure, ainsi qu'en attestent les sources iconographiques. Un cataphractaire est par exemple représenté sur un graffito découvert à Doura–Europos et datant de la fin de la période parthe et du début de la période sassanide (200 – 256)[27]. Un cavalier entièrement recouvert d'une armure et sa monture, elle aussi caparaçonnée, ont été sculptés dans la grotte de Taq–e Bostan à la fin de la période sassanide. Cette cavalerie lourde semble avoir eu une importance stratégique toute particulière dans les batailles menées par l'armée sassanide.

Nous possédons peu de sources contemporaines aux batailles de Šāpūr Ier contre l'Empire romain, nous donnant des témoignages de la stratégie de bataille de l'armée sassanide. Le récit le plus proche chronologiquement se trouve dans le *De Mortibus Persecutorum* de Lactance, rédigé entre 318 et 321[28]. Il y mentionne la capture de Valerien par Šāpūr Ier et considère cet évènement comme un châtiment de Dieu envers celui qui a fait couler le sang des chrétiens. S'il ne rechigne pas à souligner l'humiliation subie par Valerien, il ne dit rien des combats qui ont opposé l'armée sassanide et l'armée romaine (*De Mortibus Persecutorum*, chap.1 ; Creed 1984, p. 10–11).

Zosime, historien grec ayant vécu à la fin du Ve et au début du VIe s., fait, dans son *Histoire Nouvelle* (Paschoud 1971)[29], le récit des guerres entre l'Empire romain et Šāpūr Ier (Zosime, *Histoire Nouvelle*, Livre I, XVIII – XXXVI ; Paschoud 1971, p. 24 – 34). Zosime ne donne que très peu d'indications sur les tactiques de bataille des Sassanides. La capture de Valérien par Šāpūr Ier est présentée comme le résultat d'une ruse de ce dernier. Šāpūr Ier aurait demandé que Valérien vienne en personne négocier les conditions de la fin de la guerre, pour s'en emparer traîtreusement (Zosime, *Histoire Nouvelle*, Livre I, XXXVI ; Paschoud 1971, §2 p.34.34). Au Livre IV de son *Histoire Nouvelle*, Zosime raconte ensuite la bataille qui opposa l'empereur Jovien (363 – 364) à Šāpūr II au fort de Souma. La stratégie de bataille de l'armée sassanide fait l'objet de quelques lignes, dans lesquelles Zosime indique que c'est la cavalerie qui attaque d'abord, suivie des éléphants de guerre (Paschoud 1979, p. 50 – 51) [30] :

Zosime, *Histoire Nouvelle,* livre III, XXX, 2.

ἐπεὶ δὲ εἰς Σοῦμα τὸ φρούριον ἧλ θεν, ἐπιπεσοῦσα ἡ Περσῶν ἵππος τοῖς ἀμφ'αὐτόν, ἐλέφαντάς τε οὐκ ὀλίγους ἐπαγαγοδσα, τοὺς κατὰ τὸ δεξιὸν κέρας ἐκάκουν

« Quand il [Jovien] parvint au fort de Souma, la cavalerie perse attaqua les troupes qui se trouvaient autour de lui, et comme elle emmenait à sa suite un nombre assez élevé d'éléphants, elle mit à mal ceux qui occupaient l'aile droite […] ».

Et en effet, ce sont les guerres de Šāpūr II (310 – 379) qui nous sont mieux connues grâce aux sources grecques et latines de l'Antiquité tardive. Les stratégies de bataille ont certainement été différentes d'une bataille à l'autre, d'un commandement à l'autre, de Šāpūr Ier à Šāpūr II. Nous relevons néanmoins les passages les plus pertinents concernant les stratégies de bataille de l'armée sassanide sous Šāpūr II, qui témoignent d'une stratégie militaire plus largement utilisée au début de l'époque sassanide.

Dans son second panégyrique à l'empereur Constance II (324 – 351), Julien II (Julien l'Apostat, qui règne entre 361 et 363) donne un récit du siège de Nisibe qui eut lieu en 350[31]. De caractère hautement rhétorique (Lightfoot 1988, p. 112), n'ayant pas pour but premier l'enregistrement d'évènements historiques (Ross 2014, p. 131), il convient d'étudier le récit de Julien avec précaution, bien qu'il soit notre source principale pour le siège de Nisibe (Lightfoot 1988, p. 112). Cependant, il semble que le problème principal posé par le récit de Julien soit la question de la construction, par l'armée sassanide, d'un

---

[26] (*cc* 330–*cc* 395), historien de langue latine qui participa aux campagnes contre l'armée sassanide sous Constance II (337-361) et Julien (361-363).
[27] Voir Yale University Art Gallery, yale.edu.
[28] Lucilius Caecilius Firmianus, dit Lactance (*cc* 260 – *cc* 325). Elève du rhéteur Anobe de Sicca, il est appelé par Dioclétien pour enseigner à Nicomédie en Bithynie. Converti au christianisme, il quitte son poste lors de la persécution de Galère en 304. Le *De Mortibus Persecutorum* a pour but de montrer que tous les empereurs ayant persécuté les chrétiens connaissent une fin terrible, châtiment de Dieu, voir Camelot.
[29] Editon et traduction.
[30] Sur l'usage des éléphants dans les armées parthes et sassanides, voir Daryaee 2016.
[31] La ville de Nisibe fut particulièrement importante pour la défense de la partie est de l'Empire romain (Lightfoot 1988, p. 106). Le troisième siège de Nisibe, qui eut lieu en 350, nous est connu par cinq sources différentes. Pour une présentation détaillée, voir Lightfoot 1988, p. 111 et *sq*.

lac artificiel afin de faire venir des navires portant des tours (Lightfoot 1988, p. 117). À côté de cette romanisation, il apparaît que le récit de Julien possède aussi du matériel qui reflète assez exactement ce qui s'est passé à Nisibe (Lightfoot 1988, p. 119). Julien (Julien, *Orationes*; Wright 2014) donne une première description de l'armée sassanide, qui témoigne de l'importance de la cavalerie comme force principale de l'armée sassanide.

Julien, *Orationes*, II, 63a.

ἡγοῦντο δὲ αὐτῶν ἱππεῖς οἱ θωρακοφόροι καὶ οἱ τοξόται, ἕτεροc ἱππέων πλῆθος ἀμήχανον. τὸ πεζὸν γάρ σφιν ἀχρεῖον ἐς τὰ πολεμικὰ καθέστηκεν οὔτε ἐντίμου μετέχον τάξεως οὔτε ὃν σφιν ἐν χρείᾳ, πεδιάδος οὔσης καὶ ψιλῆς τῆς χώρας ὁπόσην νέμονται.

« D'abord la cavalerie qui porte des cuirasses, et les archers, puis le reste de la cavalerie en très grand nombre. L'infanterie, qu'ils trouvent inutile pour leur genre de combat, n'est pas bien vue par eux. Elle ne leur est d'ailleurs pas nécessaire, puisque tout le pays qu'ils habitent est plat et nu. »

Un peu plus loin, Julien indique que l'attaque par la cavalerie ayant échoué, Šāpūr II fait appel à une autre tactique, et envoie les éléphants accompagnés « d'hoplites », Julien désignant, par le terme grec, les soldats à pied de l'armée sassanide.

Julien, *Orationes*, II, 65b.

Ἐπεὶ δὲ τὰ τῶν ἱππέων ὧδε ἐπεπράγει, τῶν ἐλεφάντων πειρῶνται, καταπλήξεσθαι μᾶλλον οἰόμενοι τῷ ξένῳ τῆς μάχης. οὐ γὰρ δὴ τοσοῦτον αὐτοῖς τὰ τῶν ὀμμάτων διέφθαρτο, ὡς μὴ καθορᾶν βαρύτερον μὲν ὂν ἵππου τὸ θηρίον, φέρον δὲ ἄχθος οὐχ ἵππων δυοῖν ἢ πλειόνων, ἁμαξῶν δὲ οἶμαι συχνῶν, τοξότας καὶ ἀκοντιστὰς καὶ σιδηροῦc πύργον.

« Comme ce sort avait frappé la cavalerie, ils ont essayé les éléphants, pensant qu'ils seraient plus à même de nous vaincre par ce nouveau type de combat. En effet, ils n'ont pas été frappés de cécité au point de ne pas voir qu'un éléphant est plus lourd qu'un cheval, puisqu'il porte la charge, non pas de deux chevaux ou de plusieurs, mais de ce qui nécessiterait, je suppose, de nombreux chariots, je veux dire des archers et des javelots et la tour de fer en plus. »

Julien, *Orationes*, II, 65c.

προσῆγον δὲ ἐν τάξει μέτρον διεστῶτες ἀλλήλων ἴσον, καὶ ἐῴκει τείχει τῶν Παρθυαίων ἡ φάλαγξ· τὰ μὲν θηρία τῶν ὁπλιτῶν δὲ ἀναπληρούντων τὰ ἐν μέσῳ.

« Ils s'avançaient en ligne de bataille à égale distance les uns des autres. En fait, la phalange des Parthes ressemblait à un mur, les éléphants portant les tours et les hoplites remplissant les espaces intermédiaires. »

La cavalerie, les éléphants et l'archerie sont aussi mentionnés dans le XVe *Mēmrē* sur Nicodémie, d'Ephrem le Syrien, bien que l'ordre des attaques soit différent de celui donné par Julien. Ce sont d'abord les éléphants, puis l'archerie et enfin la cavalerie lourde qui attaquent Nisibe (*Mēmrē de Nicomédie*, XV, 113–20 ; Renoux 1975, p. 316–317). Ephrem était présent au siège de Nisibe, et constitue un témoin oculaire. Cependant, son œuvre, avant tout à visée religieuso–didactique, est de forme très poétique (Lightfoot 1988, p. 111). Le déroulement de l'attaque présenté peut donc répondre à des considérations d'ordre littéraire.

L'importance numéraire et stratégique de la cavalerie lourde se retrouve dans le récit qu'Ammien Marcellin donne du siège d'Amida par l'armée sassanide (359) :

Ammien Marcellin, *Res Gestae*, XIX–1, 2.

cumque primum aurora fulgeret, uniuersa quæ uideri poterant armis stellantibus coruscabant ac ferreus equitatus campos oppleuit et colles.

« Le lendemain, au lever de l'aurore, tout l'horizon resplendissait de l'éclat des armes. Une immense cavalerie bardée de fer couvrait les plaines et les collines. »

Si l'œuvre d'Ammien Marcellin est aussi bien historique que littéraire (Blockley 1988, p. 247), ce passage témoigne néanmoins d'une cavalerie centrale dans l'organisation de l'armée sassanide. Elle semble même être presque l'unique force dans le récit que fait Ammien Marcellin du siège de Nisibe (XVIII, 4 à XIX, 8), étant seulement renforcée par des éléphants.

On constate donc, dans les récits du siège de Nisibe, comme celui d'Amida, que c'est la cavalerie lourde qui fait la guerre, les éléphants et l'infanterie interviennent dans un deuxième et troisième temps. Sur le relief de Bišāpūr 3, il semble donc que, si l'on a privilégié la représentation de la noblesse auprès du roi, c'est aussi, par l'importance stratégique de la cavalerie au sein de l'armée, une représentation symbolique de l'ensemble de l'armée dans une manière de *pars pro toto*.

15.5 Les cavaliers de Bišāpūr 3 : une cavalerie rangée

Comme relevé dans la description donnée ci–dessus, les cavaliers de Bišāpūr 3 ne sont pas un groupe entièrement uniforme. Déjà notée par Herrmann (Herrmann 1980, p. 39), la variation des attributs indique certainement une variation dans le rang, suivant une plus grande ressemblance ou dissemblance avec la figure du roi. Les sept cavaliers du groupe C sont ceux qui sont le plus proches de la représentation royale. Ils sont dotés d'une coiffure identique et d'un même ruban (coiffes de type B), d'un même vêtement (vêtement de type B), et la bride de leur cheval est pareille à celle du roi (vêtement de type B). Les cavaliers du groupe B et A forment un groupe assez éloigné de la figure royale, et plutôt proches entre eux, puisque les cavaliers du groupe B se distinguent de ceux du groupe A par l'unique port d'un ruban. Celui–ci est par ailleurs différent du ruban porté par les cavaliers du groupe C.

À la ressemblance avec le roi s'ajoute la proximité physique. Ainsi, les cavaliers du groupe C sont aussi les plus proches du roi, puisqu'ils sont positionnés juste derrière lui sur le registre III. Viennent ensuite les cavaliers du groupe B ; eux aussi positionnés sur le registre III. Les cavaliers du groupe A sont répartis sur le reste du registre III, puis sur les registres I, II, IV et V. Il faut noter un groupe spécifique formé au registre IV par les cavaliers 3, 4, 5 et 6. Le cavalier 4 appartient au groupe C ; possédant des attributs proches de ceux du roi. Le cavalier 5 appartient au groupe B. Les deux cavaliers 3 et 6 forment le groupe D.

Pour notre connaissance des rangs, titres et fonctions dans l'empire sassanide, les inscriptions royales, et particulièrement celles de Šāpūr Ier, sont des sources particulièrement valables[32]. De Šāpūr Ier nous possédons cinq inscriptions royales[33]. Parmi celles–ci, l'inscription de Hājjīābād (ŠH) et celle de la Ka'va–ye Zardošt à Naqš–e Rostam (ŠKZ)[34] sont particulièrement importantes pour notre sujet puisqu'elles contiennent un certain nombre de noms de rangs et de fonctions, à la cour et à l'armée. ŠH enregistre un exploit d'archerie du roi Šāpūr Ier effectué devant les šahryārān (les seigneurs[35]), les *wispuhrān* (les princes), les *wuzurgān* (les grands) et les *āzādān* (les nobles). Les šahryārān sont les seigneurs vassaux qui régnaient aux extrémités de l'empire et les roitelets qui s'étaient soumis au roi des rois (šāhānšāh[36]). Les seigneurs vassaux et roitelets ont conservé leur royauté, à la condition d'obéir au pouvoir sassanide et de mettre leurs troupes à disposition du šāhānšāh (Christensen 1944, p. 101). À cette même classe appartenaient les šāh, les gouverneurs venant de la famille sassanide (Christensen 1944, p. 102). Šāpūr Ier a ainsi nommé son fils Ohrmezd–Ardašīr grand roi d'Arménie[37]. Les *wispuhrān* (les princes) sont les membres des familles les plus importantes de l'empire, au premier rang desquels se trouve la famille sassanide (Christensen 1944, p. 103). Les *wuzurgān* (les grands) et les *āzādān* (littéralement, les hommes libres (McDonough 2011, p. 299) ; les nobles) forment le reste des personnages importants à la cour et pour le fonctionnement de l'état sassanide. La fonction exacte, ou les fonctions exactes, de chacun de ces groupes n'est pas claire, mais c'est certainement parmi ces quatre groupes qu'étaient choisis les fonctionnaires de l'état, et notamment ceux ayant de hautes fonctions dans l'armée.

L'inscription ŠKZ est beaucoup plus longue. Elle est gravée sur une tour de forme carrée, appelée Ka'va–ye Zardošt et datant de l'époque achéménide, et contient les titres de Šāpūr Ier, un enregistrement de ses victoires contre les Romains, et enfin les noms de personnages importants, souvent accompagnés de leur titre. Nous proposons en annexe 2 un relevé de l'ensemble des rangs et fonctions apparaissant dans les inscriptions ŠH et ŠKZ.

Les cavaliers de type C sont les seuls, par leur type de coiffure et leurs rubans (coiffes de type B), à posséder des *regalia* identiques à ceux du roi. À cela s'ajoute des attributs eux aussi semblables à ceux du roi : bride (de type B) et vêtements (de type B). Ils se distinguent du roi par leur coiffe qui prend différentes formes, sauf celle d'une couronne, apanage du roi. Il me semble qu'une représentation aussi proche de celle du roi doit signifier un pouvoir presque équivalent. Par conséquent, les cavaliers du groupe C sont sans doute des šāh ou des šahryar, rois de différentes régions de l'empire et parfois aussi fils du roi. La distinction dans les coiffes pourrait être une manière de signifier la région que chacun gouverne. Dans la célébration d'une victoire militaire, leur représentation au côté du roi est particulièrement pertinente, puisque c'est eux qui, en levant leur propre troupe, formaient en réalité l'armée sassanide.

Les cavaliers du groupe B ne partagent qu'un seul des *regalia* avec le roi, le ruban. Celui–ci prend une forme différente de celui du roi et des cavaliers du groupe C. Le groupe B doit donc posséder un pouvoir inférieur à celui des šāh et des šahryar, mais néanmoins suffisamment important pour être distingué par un des *regalia*. Peut–être sont là représentés des personnages ayant des fonctions particulièrement importantes au sein de l'armée et/ou à la cour. On trouve par exemple dans l'inscription ŠKZ les fonctions de *aspbed*, chef de la cavalerie (§45), de *darigān sālār*, commandant de la garde du palais (§ 48), de *hazāruft,* chiliarque (§45) et de *šafsēlār*, porteur de l'épée (§48). Sur certains reliefs sassanides, des personnages portent des emblèmes (éléments astraux ou végétaux) sur leur coiffe[38]. Il est impossible de confirmer leur signification. Peut–être servaient–ils à montrer l'appartenance à une

---

[32] Une autre source particulièrement intéressante sont les sceaux administratifs, qui permettent notamment de reconstituer la « géographie administrative » de l'empire. Sur le sujet voir Gyselen 1989 et Gyselen 2019.
[33] Naqš–ē Rajab (ŠNRb), qui est essentiellement une liste de ses titres ; l'inscription de la Ka'ba-ye Zardošt à Naqš–e Rostam (ŠKZ) ; deux inscriptions parallèles, l'une à Hājjīābād (ŠH) et l'autre à Tang-e Borāq (ŠTBq) ; et une inscription sur une colonne à Bišāpūr (ŠVŠ), voir Huyse 2009, p. 91 – 92.
[34] ŠH : édition et traduction MacKenzie 1978 ; ŠKZ : édition et traduction Huyse 1999.
[35] MacKenzie 1978, p. 500 – 501) traduit le titre šahryār (écrit en moyen-perse štld'ly, pluriel štldl'n, štldr'n) par « king », roi. Le titre de « roi », šāh (écrit en moyen-perse par l'araméogramme **MLK**) est bien attesté dans les inscriptions royales sassanides. Ces deux titres apparaissent dans ŠKZ. Le titre šahryār est attesté une seule fois (§5, Huyse 1999, p. 25) et désigne les territoires et seigneurs de la Perse et de la Parthie soumis à la dépendance et au tribut. C'est une manière pour Šāpūr Ier de donner les limites de son empire avant le récit de ses exploits militaires. Les šahryārān sont sans doute les seigneurs soumis au pouvoir sassanide lors de la conquête de l'empire parthe par Ardašīr Ier. S'il est possible que les titres šahryar et šāh en soient venus à désigner les mêmes niveaux hiérarchiques et le même type de pouvoir, il nous semble plus juste de proposer deux traductions différenciées en suivant Huyse 1999.
[36] Titre du roi sassanide, qui s'explique par la conservation de différentes royautés soumises au pouvoir sassanide.

[37] ŠKZ § 33, § 36.
[38] Relief de Ardašīr Ier à Firuzabad, troisième personnage en partant de la droite. Relief de Ardašīr Ier à Naqš-e Rajab, les deux personnages

grande famille, à la manière des blasons, ou bien étaient–ils le symbole d'un titre, d'un rang ou d'une fonction. Les cavaliers du groupe B n'ont pas de coiffe qui les distingue les uns des autres, comme c'est le cas dans le groupe C. Néanmoins, peut–être leur coiffe étaient–elles ornées d'emblèmes, à la manière des dignitaires représentés sur d'autres reliefs sassanides, et qui permettaient de les identifier.

Enfin, les cavaliers du groupe A qui ne possèdent aucuns regalia sont sans doute le reste de la cavalerie, formée de nobles de rangs inférieurs et sans fonctions particulières au sein de l'armée ou à la cour.

Un passage d'Ammien Marcellin, décrivant le déploiement de l'armée sassanide lors du siège d'Amida, présente un parallèle frappant avec le relief de Bišāpūr 3.

Ammien Marcellin, *Res Gestae,* XVIII–6, 22

ibi morati integrum biduum, cum sol tertius adfulsisset, cernebamus terrarum omnes ambitus subiectos, quos horizontas appellamus, agminibus oppletos innumeris et antegressum regem uestis claritudine rutilantem. quem iuxta laeuus incedebat Grumbates Chionitarum rex nouus aetate quidem media rugosisque membris sed mente quadam grandifica multisque uictoriarum insignibus nobilis; dextra rex Albanorum pari loco atque honore sublimis; post duces uarii auctoritate et potestatibus eminentes, quos ordinum omnium multitudo sequebatur ex uicinarum gentium roboribus lecta, ad tolerandam rerum asperitatem diuturnis casibus erudita.

« Nous y restâmes en observation deux jours entiers, sans rien voir. Mais au lever du troisième, tout l'espace circulaire qu'embrassait le regard, et qu'on appelle l'horizon, nous sembla se couvrir d'escadrons innombrables. Le roi se montrait à leur tête dans son plus brillant costume. À sa gauche marchait Grumbatès, roi des Chionites, prince de moyen âge, et déjà couvert de rides, mais d'un cœur élevé, et qui avait illustré son nom par plus d'une victoire.

À sa droite était le roi des Albains, l'égal de ce dernier en rang et en considération. Après eux venaient plusieurs chefs distingués et puissants ; puis une multitude guerrière, l'élite des nations voisines, et depuis longtemps endurcie contre les fatigues et les dangers. »

D'après ce témoignage, l'armée sassanide est organisée en quatre rangs. Le roi est positionné au premier rang et dirige l'armée. Au deuxième rang viennent ensuite les *rex*, les šāh des différentes régions de l'empire. Au troisième rang viennent les *duces eminentes,* les chefs ayant une certaine autorité et un certain pouvoir au sein de l'armée. Peut–

être faut–il voir dans ces *duces eminentes* les personnages ayant fonction d'*aspbed*, chef de la cavalerie (ŠKZ § 45), de *darigān sālār*, commandant de la garde du palais (ŠKZ § 48), de *hazāruft,* chiliarque (ŠKZ § 45) et de *šafsēlār*, porteur de l'épée (ŠKZ § 48), etc. Enfin au quatrième et dernier rang se trouvent les *roboribus lecta*, l'élite guerrière, c'est–à–dire, en termes d'organisation militaire sassanide, le reste de la cavalerie formée des nobles de l'empire.

Il est vrai qu'Ammien Marcellin écrit presque un siècle après le *terminus ad quem* (260) du relief de Bišāpūr 3. Nous n'avons pas la trace de réformes importantes de l'armée aux IIIe et IVe siècles, et il est fort probable que l'organisation que décrit Ammien Marcellin sous Šāpūr II (310 – 379) ait déjà été celle de ses prédécesseurs, et notamment Šāpūr Ier (241 – 272). On aurait donc à Bišāpūr 3 la représentation de cette armée sassanide rangée en quatre rangs : au–devant de l'armée, le roi, puis les šāh/*rex* (groupe C), puis les chefs importants, *duces eminentes* (groupe B), et enfin le reste de l'élite guerrière, *roboribus lecta* (groupe A).

Le relief de Bišāpūr 3 a été gravé sur une surface incurvée, concave. Herrmann a noté la manière dont le relief des personnages est gravé de plus en plus en profondeur à mesure que l'on s'avance vers l'intérieur de la concavité (Herrmann 1980, p. 31). Il était certainement nécessaire que le panneau central, montrant le roi victorieux, soit gravé le plus en profondeur afin de le rendre plus lisible. Cependant, ce décroissement dans la profondeur de la gravure apporte aussi un sens de la perspective[39]. Les cavaliers les plus à l'extérieur sont les plus plats, et les moins visibles sur le relief comme sur le champ de bataille. Il me semble donc qu'on peut comprendre l'organisation des registres de façon plutôt frontale, et dans une organisation triangulaire[40], à la manière dont est organisée l'armée sassanide sur le champ de bataille, à la manière dont Ammien Marcellin voyait l'armée sassanide se déployer devant ses yeux au siège d'Amida.

15.6 Conclusion

Le relief de Bišāpūr 3, avec ses nombreux registres et personnages, est un peu à part dans la tradition des reliefs rupestres d'époque sassanide. On y retrouve une thématique bien connue : la célébration de la victoire du roi sur l'ennemi. Ainsi, au panneau central est figuré le roi Šāpūr Ier vainqueur de l'Empire romain. À Bišāpūr 3 cependant, le roi célèbre sa victoire accompagné de son armée. Cette armée est formée des nobles à cheval, la cavalerie, qui est le groupe le plus important en termes de technique de bataille à l'époque sassanide. Sur le relief étudié, on peut

---

derrières le roi à gauche. Relief de Narseh à Naqš–e Rustam, deuxième personnage en partant de la gauche, derrière le roi.

[39] Je remercie Naomie Harris, étudiante en doctorat à l'université de Chicago, qui la première m'a montré le sens de la perspective qu'apportait une telle technique de gravure.
[40] Ghirshman 1971 propose de lire ces registres comme étant placés les uns derrière les autres. Overlaet 2009, suivant cette lecture linéaire, suggère que les registres soient placés dans une représentation en spirale, à la manière des colonnes de Trajan.

distinguer trois rangs au sein de la cavalerie, identifiables grâce à différents attributs (coiffe et coiffure, vêtement, harnachement des chevaux). Le rang le plus important derrière le roi des rois, hiérarchiquement et physiquement, sont les rois, les šāh (type C) qui lèvent chacun leur armée et la mettent au service du roi. Le second rang sont les nobles (type B) ayant une fonction importante dans l'armée. Enfin le troisième rang (type A) est formé du reste des nobles qui combattent sous les ordres de leur šāh. Bišāpūr 3 est donc bien la représentation de la victoire du roi, mais il est aussi un témoignage de l'organisation de l'armée sassanide et des relations de pouvoir entre le šāhanšāh et ses šāh. Si la victoire finale revient au roi des rois, c'est lui qui piétine les ennemis, elle n'est possible que parce que les šāh décident de le suivre à la bataille. À Bišāpūr 3, et dans son petit format Bišāpūr 2, Šāpūr Ier semble reconnaître cet état de fait. Tout en glorifiant sa propre force et sa propre victoire, il n'oublie pas ceux qui l'ont rendue possible.

Bibliographie

Sources anciennes

Julien : *The Works of the emperor Julian*, éd. er trad. par W. C. Wright, Cambridge, Harvard University Press (coll. The Loeb classical library, 1962, 511 p.

Zosime : *Histoire nouvelle*, éd. et trad. par F. Paschoud, Paris, Les Belles-Lettres, 1971-1979.

Références modernes

Azarnouche S. 2013a : *Husraw ī Kawādān ud Rēdag-ē, Khosrow fils de Kawād et un page*, Louvain, Peteers (coll. Cahier de Studia Iranica, 49), 211 p.

Azarnouche S. 2013b : Enseignement et transmission des savoirs en Iran sassanide, in Vallet E., Aube S., Kouamé T. (eds), *Lumières de la Sagesse, écoles médiévales d'Orient et d'Occident*, Paris, Publications de la Sorbonne/Institut du Monde Arabe, 424 p.

Boyce M. 1968 : *The Letter of Tansar*, Rome, Istituto Italiano per il Medio ed Estremo Oriente, 78 p.

Camelot T., LACTANCE LUCIUS CAECILIUS FIRMIANUS dit (260 env.-env. 325), *Encycloapedia Universalis* (édition en ligne) [URL: https://www.universalis.fr/encyclopedie/lucius-caecilius-firmianus-lactance/].

Canepa M. P. 2013 : Sasanian rock reliefs, in Potts D. T. (éd), *The Oxford Handbook of Ancient Iran*, New-York, Oxford University Press, p. 856-877.

Chosky J. K. 1988 : Sacral Kingship in Sasanian Iran, *Bulletin of the Asia Institute*, 2, p. 35-52.

Chosky J. K. 1990 : Gesture in Ancient Iran and Central Asia II : Proskynesys and the Bent Forefinger, *Bulletin of the Asia Institute*, 4, p. 201-207.

Christensen A. 1944 : *L'Iran sous les sassanides*, Copenhague, Ejnar Munksgaard, Librairie orientaliste Paul Geuthner, 560 p.

Creed, J. L (ed.) 1984 : *De Mortibus Persecutorum,* ed. and trans. by J L. Creed, Oxford, New-York, Clarendon Press, 148 p.

Daryaee T. 2016 : From Terror to Tactical Usage : Elephants in the Parthio-Sasanian Period, in Curtis V. S., Pendleton E. J., Alram M., Daryaee T., *The Parthian and early Sasanian empires: Adaptation and Expension. Proceedings of a Conference Held in Vienna, 14-16 June 2012*, Oxford, Philadelphie, Oxbow Books, p. 36-41.

Farrokh K., Karamian G., Maksymiuk K. 2018 : *A Synopsis of Sasanian Military Organization and Combat,* Téhéran, Siedlce, 157 p.

Grenet F. 2003 : *La geste d'Ardashir fils de Pâbag/ Kārnāmag ī Ardexšēr ī Pābagan*, Die, A Die, 129 p.

Gyselen R. 1989 : *La géographie administrative de l'empire sassanide : les témoignages sigillographiques.* Louvain, Peteers, 166 p.

Gyselen R. 2019 : La géographie administrative de l'empire sassanide : les témoignages épigraphiques en moyen-perse, Bures-sur-Yvette, Groupe pour l'Étude de la Civilisation du Moyen-Orient (coll. Res Orientales, 25), 462 p.

Ghirshman R. 1971 : *Bîchâpour vol.I,* Paris, Librairie orientaliste Paul Geuthner, 220 p.

Herrmann G., Howell R. 1980 : *The Sasanian Rock Reliefs at Bishapur. Part I, Bishapur III, Triumph attributed to Sapur I*, Berlin, Reimer, 44 p.

Huyse Ph. 1999 : *Die Dreisprachige Inschrift* Šābuhrs *I. an der Ka'ba-i Zardust(ŠKZ)'*, Londres, School of Oriental and African Studies (coll. Corpus Inscriptionum Iranicarum, Part III, Pahlavi Inscriptions. Volume I. Texts I), 264 p.

Huyse Ph. 2009 : Inscriptional literature, *in* Emmerick R. E., Macuch M. (éds), *The Literature of Pre-Islamic Iran Companion Volume I to a History of Persian Literature*, New-York, I/B. Tauris, p. 72-115.

Kreyenbroek Ph. 1993 : Cosmogony and Cosmology. I. In Zoroastrianism/Mazdaism, *in* Yarshter E., Mesa C. (éds), *Encyclopaedia Iranica*, 5, 3), Mazda, p. 303-307.

Lightfoot C. S. 1988 : Facts and Fictions: The Third Siege of Nisibis (A. D. 350), *Historia: Zeitschrift für Alte Geschichte*, 37, p. 105-125.

MacKenzie D. N. 1978 : Shapur's Shooting, *Bulletin of the School of Oriental and African Studies. University of London*, 41, 3, p. 499-511.

McGreevy P., McLean A. 2010 : *Equitation Science,* Chichester, Ames, Wiley-Blackwell, 314 p.

McDonough S. 2011 : The Legs of the Throne : Kings, Elites and Subjects in Sasanian Iran, in Arnason J. P., et Raaflaub K. A. (eds.), *The Roman Empire in Context : Historical and Comparatives Perspectives*, Maden, Oxford, Wiley-Blackwell, p. 290-321.

De Menasce J. 1973 : *Le troisième livre du Denkart. Version de Aturpat i Emetan ; traduit du pehlevi par J. de Menasce, O.P.*, Paris, C.Klincksiek, 465 p.

Nisard C. 1851 : *Ammien Marcellin, Jornandès, Frontin (Les Stratagèmes), Végèce, Modestus*, Paris, J.J. Dubochet, Le Chevalier et Cie, 820 p.

Overlaet B. 2009 : A Roman Emperor at Bishapur and Daragbird: Uranius Antonius and the black stone of Emesa, *Iranica Antiqua*, 54, p. 461–530.

Poinsot D. 2020 : Regarding The One Who Is Regarding The Past, in Vordestrasse T. (éd.), *Antoin Sevruguin, Past et Present* (coll. Oriental Institute Museum Publications, 40), p. 53–64.

Poinsot D., Spruyt M. à paraitre : Le roi à cheval des Assyriens aux Sassanides, in Poinsot D., Spruyt M. (éd.), *Le cheval, l'âne et la mule dans les Empires de l'Orient Ancien,* Paris, Routes de l'Orient.

Renoux Ch. 1975 : *Mēmrē sur Nicomédie/Ephrem de Nisibe*, Turnhout, Brepols, 355 p.

Ross A. J. 2014 : Constantius and the sieges of Amida and Nisibis : Ammianus' Relationship with Julian's "Panegyrics", *Acta Classica,* 57, p. 127–154.

Skupniewicz P. 2015 : The Iconographic Function of Armor in Sasanian Art, *Rivista degli Studi Orientali*, 88, p. 251–281.

Tafazzoli A. 2000 : *Sasanian Society. I. Warriors. II. Scribes. III. Dehqāns*, New–York, Bibliotheca Persica Press, 71 p.

Annexe 1 - Typologie des attributs - coiffe et coiffure   pl I

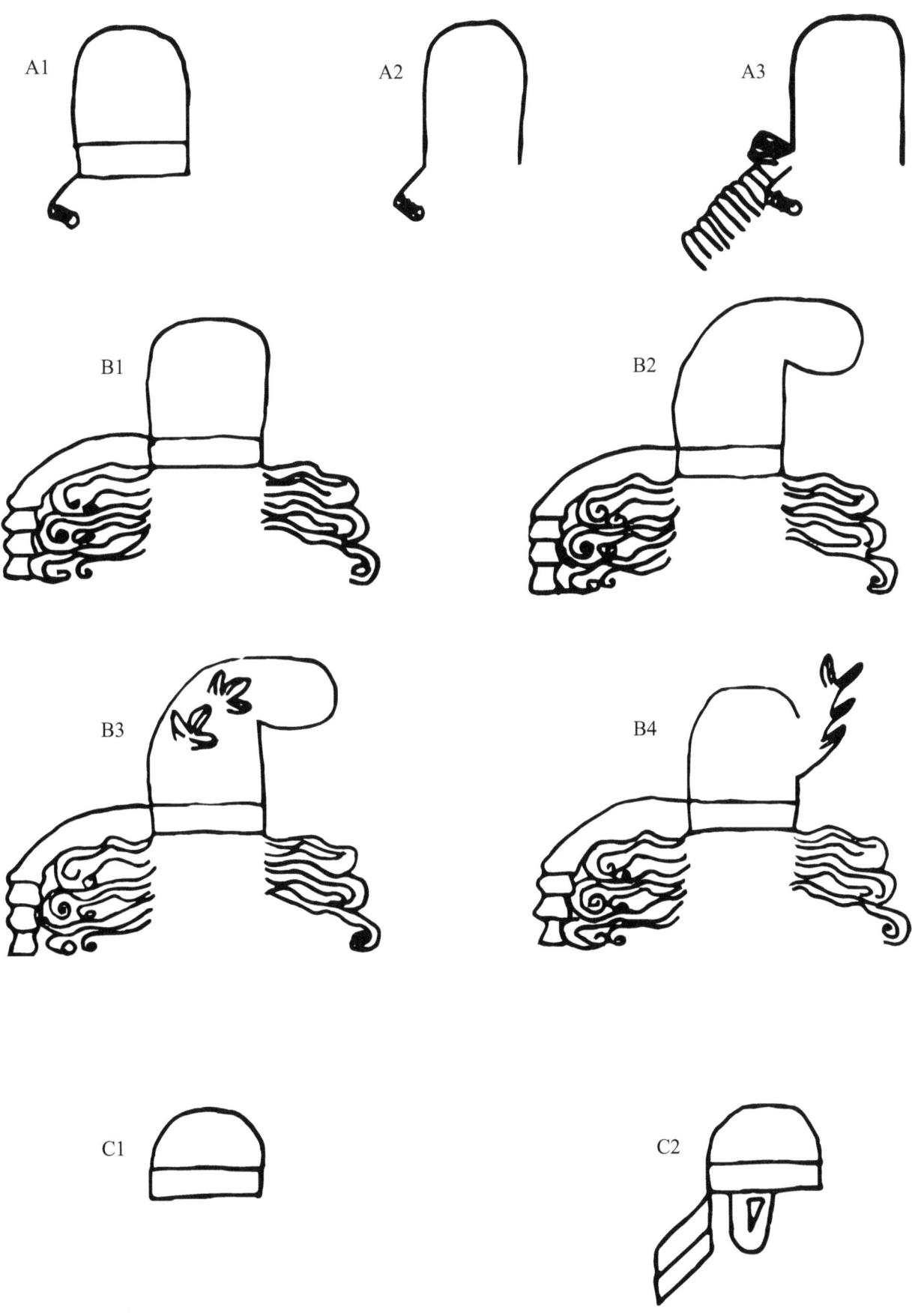

Fig. 15.2 Typologie des attributs – Coiffe et coiffure (© Delphine Poinsot)

Annexe 1 - Typologie des atributs -vêtements et bride   pl II

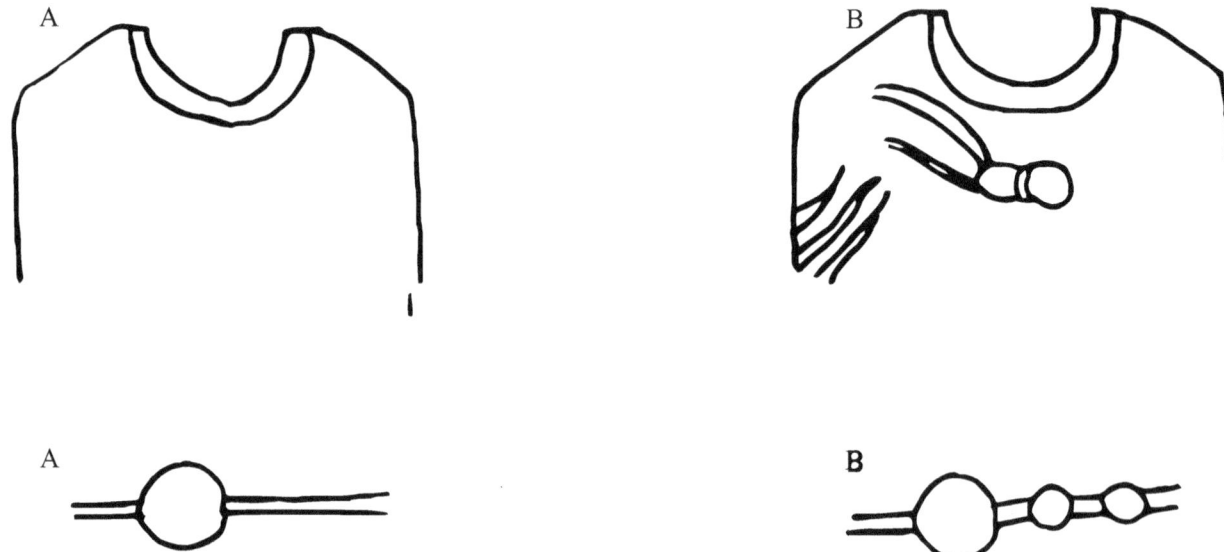

Fig. 15.3 Typologie des attributs – Vêtement et brides (© Delphine Poinsot)

Tabl. 15.1 : répartition des types d'attributs selon les cavaliers et les registres

	RV	C15	C14	C13	C12	C11	C10	C9	C8	C7	C6	C5	C4	C3	C2	C1
CF				A1	A2	A2	A1	A2	A2	A1	A2	A2	A1	A2	A1	A1	A1
VT				A	A	A	A	A	A	A	A	A	A	A	A	A	A
BR				A	A	A	A	A	A	A	A	A	A	A	A	A	A
	RIV	C15	C14	C13	C12	C11	C10	C9	C8	C7	C6	C5	C4	C3	C2	C1
CF		A2	A1	A2	A2	A1	A1	A1	A2	A2	C2	A3	B1	C1	A2	A2
VT		A	A	A	A	A	A	A	A	A	A	A	A	A	A	A
BR		A	A	A	A	A	A	A	A	A	A	A	A	A	A	A
	RIII	C15	C14	C13	C12	C11	C10	C9	C8	C7	C6	C5	C4	C3	C2	C1
CF			A2	A1	A1	A1	A3	A3	A3	A3	B2	B4	B3	B1	B1	B1
VT			A	A	X	A	A	X	A	A	X	*B*	B	B	*B*	B
BR			A	A	A	A	X	*A*	X	X	B	B	B	B	B	B
	RII	C15	C14	C13	C12	C11	C10	C9	C8	C7	C6	C5	C4	C3	C2	C1
CF			A2	A2	A2	A2	A2	A2	A2	A2	A2	A2	A2	A2	A2	A2
VT			A	A	X	A	A	A	A	X	X	X	A	A	A	A
BR			A	A	A	A	A	A	X	A	A	A	A	A	A	A
	RI	C15	C14	C13	C12	C11	C10	C9	C8	C7	C6	C5	C4	C3	C2	C1
CF			X	X	X	X	X	X	X	X	X	X	X	X	X	X
VT			X	X	X	X	X	X	X	X	X	X	X	X	X	X
BR			A	A	A	A	A	A	A	A	A	A	A	A	A	A

Tabl. 15.2 : titres accompagnant des noms personnels donnés pour le règne de Šāpūr Ier (241 – 272)

Aspbed (ŠKZ §46)		Chef de la cavalerie	
Ayēnig (ŠKZ §47)		Maître de cérémonie	
Azād (ŠH l6)		noble	
Bidaxš (ŠKZ §45, §47)		Vice-roi (Šāhbuhr, Kesdraw)	
Bambišn (ŠKZ §36)	Sagān (ŠKZ §37)	reine	Du Sagān
	Mēšān (ŠKZ §34)		Du Mēšān
Bāmbišnān bambišn (ŠKZ §33, §36)		Reine des reines	
Bānūg (ŠKZ §37)	Sagān (§37)	Souveraine	Du Sagān
Bānūgān handarzbed (ŠKZ §48)		Conseiller des souveraines	
Dādwar (ŠKZ §50)		Juge	
Darbed (ŠKZ §49)		Maître de la porte	
Darigān sālār (ŠKZ §48)		Commandant de la garde du palais	
Dastgerd (ŠKZ §44)		Dastgerd	
Dibīrbed (ŠKZ §49)		Maître des scribes	
Dibīr (ŠKZ §50)		Scribe	
Dirzbed (ŠKZ §47)		Bourgmestre	
Framādār (ŠKZ §46n §49)		Grand Intendant (Wohnām et Šāhbuhr)	
Ganzwar (ŠKZ §49)		Trésorier	
Grastbed (ŠKZ §49)		Maître de la cour	
Hazāruft (ŠKZ §45)		Chiliarque	
Herbed (ŠKZ §49)		Prêtre	
Paristagbed (ŠKZ §48)		Le chef des serviteurs	
pāygōsbān (ŠKZ §5)		Gouverneur (d'une portion de territoire)	
šābestān (ŠKZ §50)		Eunuque	
šafsēlār (ŠKZ §48)		Le porteur de l'épée	
Sahryar (ŠKZ §5)		Seigneur (d'une portion de territoire, sans doute hiérarchiquement supérieur aux *pāygōsbān*)	
šāh	Mēšān (ŠKZ §34, §36)	Roi	Du Mēšān
	Hind, Sagestān ud Tūrestān (ŠKZ §34)		De l'Hindustān, du Sagestān et du Tūrestān
	Gelān (ŠKZ §36)		Du Gelān
	Sagān (ŠKZ §37)		Du Sagān
	Nōdšīragān (ŠKZ §44)		Du Nōdšīragān
	Kermān (ŠKZ §44)		Du Kermān
	Wiruzān (ŠKZ §44)		De l'Ibérie
šāh duxtar	Mēšān (ŠKZ §38)	Fille du roi	Du Mēšān (une fille)
	Sagān (ŠKZ §38)		Du Sagān (une fille)
šāh pus	Arminān (ŠKZ §38)	Fils du roi	De l'Arménie (un fils)
	Mēšān (ŠKZ §38)		Du Mēšān (six fils)
šāhān šāh		Roi des rois	
šahr bambišn (ŠKZ §36)		Reine du royaume	
šahryār (ŠKZ §5 et ŠH l5)		Seigneur (celui qui gouverne une portion de territoire)	

šasab	Weh-Antoyōk-Šāhbur (ŠKZ §46) Gōymān, Čašmag, Nēw-Šāhbuhr (ŠKZ §46) Gay (ŠKZ §47) Rind (ŠKZ §48) Hamadān (ŠKZ §48) Weh-Ardašīr (ŠKZ §49) Nīrīz (ŠKZ §50)	Satrape	De Weh-Antoyōk-Šāhbur De Gōymān, Čašmag, Nēw-Šāhbuhr De Gay Du Rind De Hamadān De Weh-Ardašīr De Nīrīz
Wārāzbed (ŠKZ §50)		Maître des sangliers	
Wāzārbed (ŠKZ §50)		Maître du marché	
Wispuhr (ŠKZ §37 et ŠH 16)		Prince : Pērōz, Narseh	
Wispuhr pad …dāšt	Farragān (ŠKZ §45) Kadugān (ŠKZ §45) Pērōzgān (ŠKZ §45) Zādspraxmagān (ŠKZ §45)	Prince éduqué dans la maison de	Farragān Kadugān Pērōzgān Zādspraxmagān
Wuzurg (ŠH 16)		Grand	
Wurzug šāh Arminān (ŠKZ §33, §36)		Grand roi d'Arménie (Ohmerzd Ardašīr, fils de Šāpūr I)	
X^wadāy (ŠKZ §36)		Seigneur, maître	
Zēndānig (ŠKZ §49)		Geôlier	

Tabl. 15.3 : titres donnés pour le règne de Pābag dans l'inscription ŠKZ*

Ayēnig (ŠKZ §40)	Maître de cérémonie

* Selon les inscriptions royales (Šāpūr Ier à Naqš-e Rostam et Naqš-e Rajab ; Naršēh à Bišāpūr ; Šāpūr II et Šāpūr III à Taq-e Bostan, voir Huyse 2009 : 91) et le texte du *Kārnāmag ī Ardxšēr ī Pābagān* (Grenet 2003), Pābag est le père du fondateur de la dynastie sassanide, Ardašīr Ier (224 – 241).

Tabl. 15.4 titres donnés pour le règne de Ardašīr Ier (224 – 241) dans l'inscription ŠKZ

Arrbed (ŠKZ §43)	Chef des écuries
Ayēnig (ŠKZ §42)	Maître de cérémonie
Bambišnān bambišn ī Pābagan (ŠKZ §42)	Reine des reines de Pābag
Bidaxš (ŠKZ §42)	Vice-roi
Dādwar (ŠKZ §43)	Juge
Dibīruft (? ŠKZ §42)	Secrétaire générale
Grastbed (ŠKZ §43)	Maître de la cour
Hazāruft (ŠKZ §42)	Chiliarque
Māyānbed (ŠKZ §43)	Chef des immortels
Mayyār (ŠKZ §43)	Echanson
Narxčīrbed (ŠKZ §43)	Chef de la chasse
šāh • Abrēnag (ŠKZ §41) • Marw (ŠKZ §41) • Kermān (ŠKZ §41) • Sagān (ŠKZ §41)	Roi • De l'Abrēnag • De Marw • Du Kermān • Du Sagān
šāh mād (ŠKZ §41)	Mère du roi (ici Pābag)
šāhan šāh mād (ŠKZ §41)	Mère du roi des rois (ici, Ardašīr)
Spāhbēd (ŠKZ §42)	Chef de l'armée
Wispuhr (ŠKZ §44)	Prince
X^wadāy (ŠKZ §42)	Seigneur, maître (de Andēgān)
Zēnbed (ŠKZ §43)	Maître d'armes

16

Les lances antiques en Gaule romaine (Ier –Ve siècle apr. J.–C.), un exemple des problématiques inhérentes à l'étude des armes

Pauline Bombled
Doctorante en Archéologie, Université Paris Nanterre, UMR 7041, ArScAn, GAMA

Résumé : L'étude de l'armement et des équipements militaires romains constitue une branche importante de l'archéologie militaire nourrie dès le XVIe siècle par l'analyse de la documentation littéraire et iconographique. Ces dernières sont le support privilégié des recherches portées sur les armes, jusqu'à la naissance, à la fin du XVIIIe siècle et au début du XIXe siècle, d'une véritable réflexion, encouragée par la multiplication des découvertes archéologiques. Elles mettent alors en exergue les contradictions que les vestiges opposent aux textes et aux images. Si l'on pense bien connaître une arme par la terminologie et les mentions qui en sont faites dans les écrits anciens, ou s'il est aisé de lier une forme d'arme et une fonction grâce à l'iconographie, il est bien plus difficile de les associer au matériel archéologique souvent fragmentaire et dont les formes et les dimensions peuvent être diversifiées. À partir de la présentation d'une arme, il s'agit donc d'exposer les problématiques inhérentes à l'armement. À cet égard, la lance est un modèle exemplaire puisqu'elle concentre à elle seule tous les questionnements que pose l'étude des armes.

Mots–clés : Arme offensive, Armée romaine, Historiographie, Lexicologie, Gaule romaine

Abstract: The study of Roman armament and military equipment is an important branch of military archaeology, which has been nourished since the 16th century AD by the analysis of literary and iconographic documentation. They were the preferred medium for research into weapons, until the birth, at the end of the 18th century and the beginning of the 19th century, of real historical reflection, encouraged by the multiplication of archaeological discoveries. At that time, scholars highlighted the contradictions between the material remains and the texts and images. If one thinks one is familiar with a weapon through the terminology and mentions made of it in ancient writings, or if it is easy to link a form of weapon and a function through iconography, it is another thing to associate them with archaeological material, which is often fragmentary and whose forms and dimensions can be diverse. When it comes to presenting a weapon, then, it is therefore a matter of exposing of the problems inherent in the analysis of armaments. In this respect, the spear is an exemplary model in this respect, since it alone brings together all the questions raised by the study of weapons.

Keywords : Offensive weapon, Roman Army, Historiography, Vocabulary, Gaul

16.1 Introduction

La puissance militaire de la Rome antique a très tôt attisé la curiosité des intellectuels qui l'ont considérée comme l'instrument fondamental pour expliquer son expansion territoriale autant que sa chute. Cet intérêt s'inscrit en Italie dès le XIVe siècle, dans un mouvement politique, culturel, philosophique, artistique et littéraire, axé autour de la redécouverte de l'Antiquité gréco–romaine. Il s'accompagne de la découverte plus ou moins circonstancielle de vestiges et de ruines antiques. C'est à partir du XVIe siècle que les érudits commencent à porter un regard plus attentif sur l'armement. Mais face à la pauvreté des découvertes archéologiques à cette époque, leurs travaux reposent surtout sur les représentations figuratives et l'analyse linguistique. Ils constituent d'ailleurs le support principal pour toutes les recherches sur les armes entreprises au cours des siècles suivants. Les objets archéologiques occupent une place succincte et servent surtout de support d'illustration. Mais avec la multiplication des découvertes matérielles à la fin du XIXe siècle et au début du XXe siècle, un regard nouveau est porté sur l'équipement militaire. En 1926, Couissin P., publie une étude novatrice sur l'armement qui synthétise l'ensemble des données littéraires, iconographiques et archéologiques. Il dresse ainsi un premier tableau de l'évolution typologique et morphologique des équipements militaires du fantassin romain de la République à la chute de l'Empire (Couissin, 1926). Les travaux francophones de Feugère M. et de Bishop M. et Couslton J. C. N., publiés en 1993 et réédités, pour le second, en 2006, viennent actualiser cette première étude (Feugère, 1993 ; Bishop,

Coulston, 2006). Depuis les dernières décennies du XXe siècle et le début du XXIe siècle, le dynamisme croissant qui entoure l'étude des armes a encouragé l'émergence de spécialistes de l'armement de plus en plus intéressés par des catégories d'armes particulières. L'attention qui leur a été accordée est très inégale et, tandis que certaines sont parvenues à réunir une large communauté de chercheurs, d'autres ont été plus négligées[1]. Néanmoins, ces travaux rassemblent une variété de problématiques qui est commune à l'ensemble des études sur les armes et abordées avec plus ou moins d'aisance. À cet égard, les lances font partie des instruments les plus difficiles à approcher. Une forme de pessimisme touche d'ailleurs leur étude auprès de la communauté scientifique (Marchant, 1990, 1 ; Feugère, 1993 ; Bishop, Coulston, 2006, 76). En effet, elles concentrent à elles seules toutes les difficultés auxquelles le chercheur peut être confronté dans l'analyse d'une arme. À partir de l'exemple des lances datées entre le Ier siècle av. et le Ve siècle apr. J.-C., il s'agit donc de dresser un tableau général des difficultés rencontrées dans les recherches sur l'armement antique.

16.2 Terminologie latine et contemporaine

Les premières réflexions portées sur les hasts[2] s'appuient, faute de matériel, sur la documentation littéraire et iconographique. Il s'agit alors de compiler l'ensemble des termes, des mentions et des contextes narratifs auxquels elles se rattachent. Cela a amené les érudits à répertorier une profusion d'appellations latines avec des définitions confuses. Le grammairien romain Aulu-Gelle qui « s'amuse » à recenser le nom des armes d'hast et des épées qu'il a rencontrées au cours de ses lectures des « vieilles histoires », énumère non moins de dix-huit termes faisant référence à cette catégorie d'arme (Aulu-Gelle, *Les nuits attiques*, X, 25, 2). Bien que cette liste puisse sembler considérable, elle n'en reste pas moins incomplète. Elle repose sur les capacités mémorielles de l'auteur et sur un corpus limité de textes. Rédigé au IIe siècle apr. J.-C., il ne peut pas considérer le vocable qui s'est développé postérieurement. Ainsi, cette liste peut être enrichie d'une dizaine de termes supplémentaires[3]. Leur attribuer un sens, notamment lorsque les auteurs les utilisent de façon interchangeable et synonymique, est ardu. Il n'est en effet pas toujours aisé d'assurer qu'une signification générique leur soit affectée ou qu'il qualifie un hast particulier. À cela s'ajoute l'ambivalence fonctionnelle des armes dont les emplois semblent s'adapter aux circonstances des combats. Un même terme peut référer à une arme utilisée lors des confrontations au corps à corps autant qu'à distance, mais aussi à la chasse ou comme symbole de l'autorité impériale. Il peut aussi qualifier une arme portée tantôt par les soldats romains, tantôt par leurs opposants (Couissin, 1926, p. 10, 14 ; Feugère, 2002, p. 170 ; Le Bohec, 2015, p. 911).

Le mot *lancea*, par exemple, qui intègre la liste des appellations latines relatives aux armes d'hast se retrouve au moins dans des écrits du Ier siècle av. J.-C. jusqu'au VIe siècle apr. J.-C. La confrontation des différentes mentions montre qu'elle peut équiper le fantassin et le cavalier romain qui l'emploient au cours des batailles rangées ou des sièges, surtout comme arme de jet. Elle se prête aussi au loisir de la chasse. On pourrait alors penser que ce terme recouvre un sens plus générique, si ce n'est que Pline l'Ancien la distingue du *iaculum cum amento*, de l'*hasta uelitaris*, du *pilum* ou encore du *vuenabulum* (lance de chasse), faisant d'elle une arme singulière[4]. Hormis l'origine étolienne que l'auteur lui attache, aucun critère ne permet de préciser ses formes et ses fonctions spécifiques, si bien sûr, elle en possédait. Les contours imprécis qui sont donnés de cette arme en compliquent la catégorisation. Aussi, les termes de lance, javelot, épieu, pique ou encore dard traduisent indifféremment celui de *lancea*.

En effet, la compréhension de ces vocables est rendue d'autant plus complexe que les appellations courantes employées par les traducteurs manquent de précision et introduisent des risques de confusion (Brunaux, Rapin, 1988, 91 ; Marchant, 1990, 1). La terminologie moderne est riche d'expressions se rapportant aux hasts. La lance qualifie ainsi un instrument composé d'un long manche terminé par une pointe en fer, utilisé aussi bien dans le corps à corps que pour le jet ou la chasse. La pique s'en différencie seulement parce qu'elle est plus courte. Le javelot dont l'usage est limité au lancer s'en distingue également par sa petite taille. La javeline en est une version encore plus réduite. L'épieu se rapporte à la chasse tandis que les traits et les dards sont des synonymes de projectiles. Ces vocables apparaissent alors comme des moyens simples de catégoriser les lances selon leur fonction quand bien même les indices sur la façon dont les types de lances étaient utilisés sont rares.

16.3 Le matériel archéologique

C'est à des fins analogues que ces terminologies sont appliquées aux vestiges archéologiques. Mais la catégorisation de ces restes sous les appellations de lance, de javelot, de pique ou d'épieu, repose seulement sur l'hypothèse que les armes de jet et celles de poussée se différencient par leur taille et par leur forme. Les secondes sont plus lourdes et plus longues que les premières, courtes et légères pour répondre davantage aux contraintes

---
[1] Comme les haches ou les frondes.
[2] Appellation qui rassemble sous sa définition toutes les armes composées d'une pointe métallique emmanchée sur une hampe de bois, sans distinction géographique ou chronologique.
[3] Hasta, Telum, Iaculum, Missilia, Lancea, Plumbata, Verutum, Vericulum, Spiculum, Pilum, Gaesum, Framea, Cateia, Bebra, Rumpia, Soliferrum, Phalarica, Tragula, Contus, Vuenabulum, Spari.

[4] (Le Bohec, 1993, II, 22-26 ; Jordanès, Histoire des goths, 53 ; Valerius Flaccus, Argonautiques, III, 580-589 ; VI, 120-129 ; VI, 300-309 ; Végèce, Epitoma Rei Militaris, III, 24 ; IV, 29 ; Saint Ambroise de Milan, Correspondances, III, 5, 34 ; Tacite, Histoires, I, 79, 4 ; Grégoire de Tours, Histoire des Francs, III, 14 ; III, 15 ; IV, 18 ; IV, 44 ; IV, 48 ; VII, 21 ; VII, 38 ; VII, 39 ; VII, 46 ; VII, 48 ; Pline l'Ancien, Histoire naturelle, 7, 201 ; Apulée, Les Métamorphoses ou l'âne d'or, VIII, 5, 4 ; Pline le Jeune, Lettres, I, 6, 1-3 ; Salluste, De Catilinae coniuratione, 56, 3)

aérodynamiques. Ces caractéristiques, abstraites, se prêtent difficilement à des retranscriptions mathématiques (Le Bohec, 2015, p. 912). Face à un objet archéologique, il est souvent délicat d'assurer son identité (Couissin, 1926, p. VII-VIII). Seule une poignée se prête à cet exercice, les anciens ayant étayé leur propos d'une description plus ou moins précise. Ainsi, l'Anonyme du *De Rebus Bellicis* donne une image assez détaillée de la forme des *plumbatae*, autant par les mots que par les illustrations (Anonyme, *De Rebus Bellicis*, X, 1–3). Mais les anciens font habituellement peu état des caractéristiques morphologiques propres à chaque catégorie d'arme, peut-être parce qu'ils n'en connaissaient pas nécessairement les subtilités ou parce que le vocable faisait sens pour le lecteur qui lui était contemporain (Bishop, Coulston, 2006, p. 77).

La multiplication des fouilles archéologiques en Gaule a permis d'accroître de façon considérable la quantité des découvertes. Elle a aussi contribué à exposer de nouvelles problématiques. Les analyses des pointes de lance reposent presque exclusivement sur ses parties métalliques, une pointe et éventuellement un talon en fer. Les matières organiques, notamment le bois qui compose le manche, ont presque toujours disparu. Il faut donc composer avec un objet fragmentaire dont les dimensions générales sont perdues. Les restes de lance révèlent une grande variété de formes et de dimensions (Fig. 16.1) qui reste encore aujourd'hui difficile à classer. Ils ont soulevé l'idée qu'il n'existe pas de chemins satisfaisants dans leur catégorisation (Bishop, Coulston, 2006, p. 53, 76).

Les essais pour classer les pointes de lances sont nombreux et reposent surtout sur leurs caractéristiques morphologiques et sur des rapports de mesures comme celui de la longueur et de la largeur de la lame. Les ensembles homogènes dont la chronologie est resserrée semblent se prêter plus facilement à cet exercice que des ensembles hétérogènes. Ainsi, Manning W. H. constate une certaine uniformité des données lorsqu'il confronte les longueurs et les largeurs des lames des pointes de lance mises au jour dans les ruines du fort claudien de Hod Hill en Angleterre. Les résultats sont en revanche moins concluants lorsque cette même méthode est appliquée à un ensemble d'objets plus disparate, provenant des fortifications établies le long du mur d'Hadrien, et dont les datations sont plus étendues (Manning, 1985, p. 160-161). Des résultats similaires se dessinent lorsque les critères typologiques employés par Ilkjaer J. pour classer les lances provenant d'Illerup Ådal

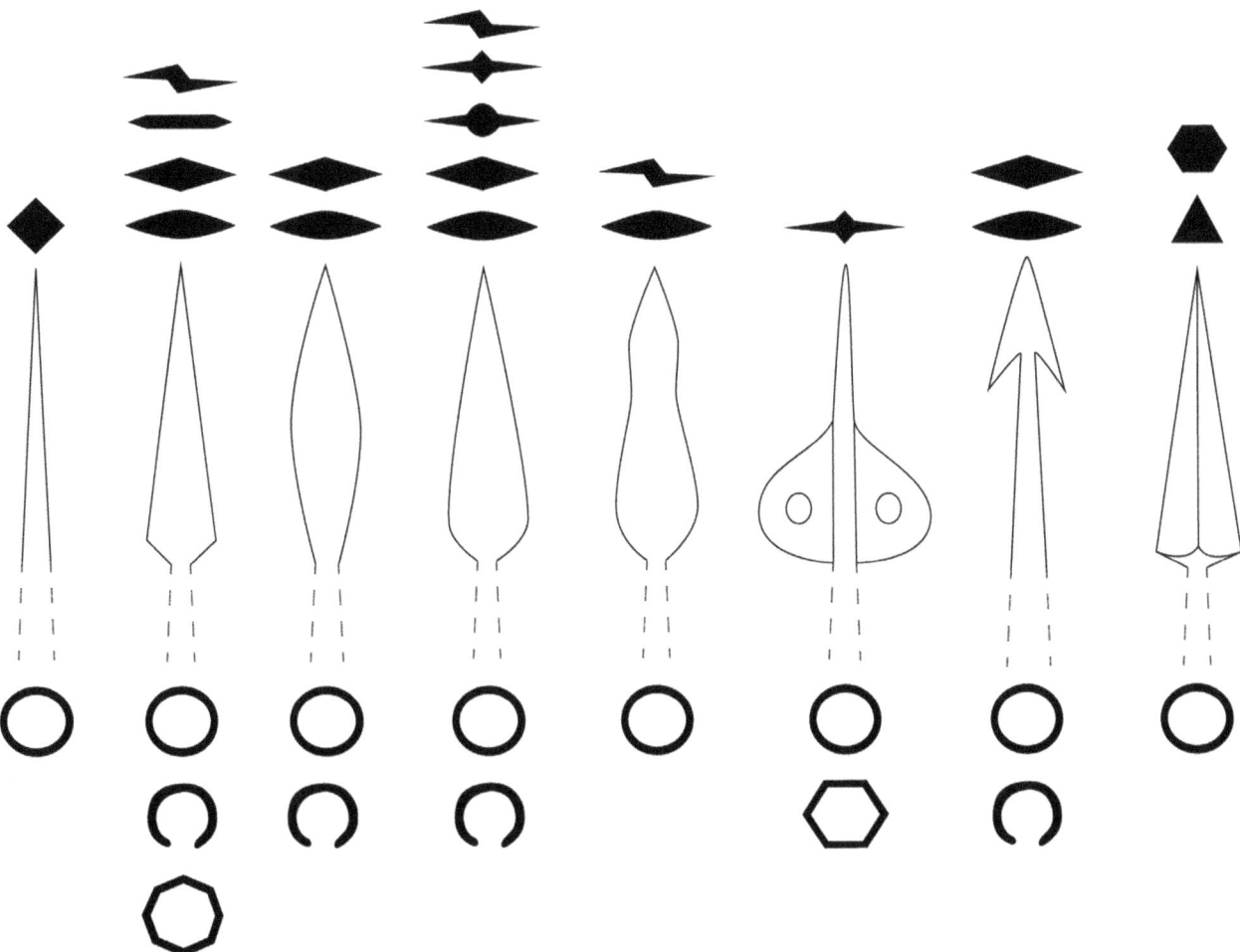

Fig. 16.1. Formes des sections de lame et de douille selon la morphologie des pointes de lance datées entre les IIIe et Ve siècles apr. J.–C. et mises au jour en Gaule (DAO : Pauline Bombled). Figure réalisée dans le cadre de la thèse en cours menée par l'auteure sur les lances provenant de Gaule romaine.

sont appliqués à un corpus de pointes plus hétérogène. Les fouilles menées dans la tourbière danoise à partir de 1950 ont permis de mettre au jour un vaste ensemble d'armes sacrifiées au cours de quatre dépôts épisodiques entre le IIIe et le Ve siècle apr. J.–C. Les hasts y occupent une place extrêmement importante. Leur classification repose sur la forme de la section de la lame, considérée comme la partie la moins altérable de la lance, garantissant de pouvoir être toujours lue (Ilkjaer, 1990, p. 39). Ce critère n'étant, la plupart du temps, pas suffisant pour aboutir à un classement satisfaisant, ce sont les caractéristiques morphologiques et métriques des objets qui permettent de les distribuer dans leurs groupes finaux. Jusqu'à onze critères ont parfois été utilisés, notamment pour les armes à nervure prononcée, les plus nombreuses parmi le corpus de la tourbière. Cette méthode a conduit à déterminer vingt-et-un types de pointes de lance. Si, comme l'aspirait Ilkjaer, l'application de ce procédé à d'autres ensembles de pointes de lance d'Europe du Nord s'est révélée fonctionnelle (Bemmann, 2007; Birch Iversen, 2010), il s'est montré peu concluant pour les spécimens gallo-romains pour lesquels il a amené à attribuer à des groupes disparates des spécimens présentant des caractéristiques techniques communes et qui auraient pu être rassemblés dans une même catégorie[5]. Sans remettre en cause le choix des critères, c'est peut-être leur ordre d'intervention qui ne convient guère au corpus des lances romaines. C'est aussi, sans doute, le corpus lui-même qui ne s'accorde pas correctement à ce système. La force des travaux d'Ilkjaer réside dans l'analyse d'une quantité très importante d'armes d'hast, trois fois plus conséquente que celui établi pour la Gaule romaine, qui fait partie d'un ensemble cohérent provenant d'un même contexte de découverte. L'excellent état de conservation des pièces autant que la possibilité qu'a eue l'auteur de les étudier individuellement doivent très certainement peser dans la balance, même dans une moindre mesure.

Les formes de ces armes constituent rarement des critères de datation. Si les pointes qui possèdent des barbelures, dont les *plumbatae,* et celles caractérisées par des crochets se déployant de part et d'autre de la douille, sont des modèles qui prospèrent durant l'Antiquité tardive (Fig. 16.2; Fig. 16.3), ce n'est pas le cas des autres formes pour lesquelles il est souvent difficile de distinguer des variations significatives d'ordre chronologique. Certaines morphologies présentes aux âges du Fer continuent d'exister sous l'Empire, et même bien au-delà, durant la période médiévale. Dans l'ensemble, les datations proposées pour les lances s'appuient surtout sur l'histoire du site. Il n'est malheureusement pas toujours possible de les replacer dans un assemblage de mobilier datable surtout lorsque les fouilles sont anciennes.

---

[5] Observations faites dans le cadre d'une thèse de doctorat (en cours), portant sur les lances de l'Antiquité tardive mises au jour en Gaule : Bombled P., *L'évolution des armements en Gaule : l'exemple de la lance. Approche fonctionnelle, technique et sociale entre le IIIe et le Ve siècle apr. J.-C.*

16.4 L'origine des armes

C'est dans le courant du XXe siècle que se développe la question de l'origine ethnique des armes qui a depuis été largement discutée. Il s'agit de déterminer les productions qui sont romaines de celles qui appartiennent à leurs opposants. Ces questions ont d'abord été abordées par le biais de la littérature, mais les limites de cette entreprise ont rapidement fait émerger des contradictions entre les différents auteurs. Pour Tite–Live, le *pilum* est d'origine étrusque (Tite–Live, *Histoire romaine*, 28, 45, 16), quand Properce l'associe aux Sabins (Properce, *Elégies*, IV, IV, 13), au contraire de Pline l'Ancien qui attribue son invention à l'Amazone Penthésilée (Pline l'Ancien, *Histoire naturelle*, 7, 201). C'est dans cette opposition entre les anciens que la discorde qui opposa au début du XXe siècle l'allemand Adolf Shulten et le français Adolphe Reinach prend racine. Le premier considère que l'arme traditionnelle du légionnaire romain est une adaptation du *soliferrum* ibérique quand le second lui attache une origine samnite (Bishop, 2017, p. 7-8). Cependant, même si les écrits des anciens s'accordent sur l'origine d'une catégorie d'arme, comme la framée germanique (Must, 1958, p. 364), il est difficile de l'identifier archéologiquement. C'est donc sur les caractéristiques morphologiques, métriques et techniques que les chercheurs ont porté leur attention pour tenter de distinguer les hasts proprement romains de celles qui leur sont étrangers (Von Schnurbein, Reddé, 2001, p. 157-158; Poux, 2008, p. 339-340). Leur comparaison doit permettre de soutenir les hypothèses portant sur la prééminence des armes romaines sur celles de leurs ennemis. Ces travaux doivent toutefois composer avec la permanence des formes entre les siècles (Bishop, Coulston, 2006, p. 76) et intégrer en plus la question de l'appropriation des armes étrangères par les Romains quand ils les jugeaient plus efficaces que leur armement (Glad, 2015, p. 16).

16.5 Conclusion

La confrontation des données relevées par l'analyse du matériel archéologique à la documentation littéraire et iconographique a permis de porter un regard nouveau sur les armes et d'élever les réflexions à de nouvelles problématiques. L'exemple des lances de l'Antiquité tardive en Gaule dessine les contours et les limites de ces approches. Le premier problème auquel le chercheur se confronte dans l'étude des armements est celui de la terminologie contemporaine, parfois confuse et vague, qui permet surtout de simplifier la catégorisation ou la description des armes. Lorsqu'il parvient à franchir cet obstacle, il doit ensuite faire face à la richesse du vocabulaire des anciens pour lequel il peut être difficile d'associer un sens générique ou une désignation spécifique. Du reste, lorsqu'il est possible d'associer une fonction ou des caractéristiques particulières à un type d'arme, il est plus que complexe de les transposer aux découvertes archéologiques qui sont le plus souvent incomplètes et qui peuvent présenter une grande variété de formes et de dimensions. Si pour certaines armes ces

Les lances antiques en Gaule romaine (Ier –Ve siècle apr. J.–C.)

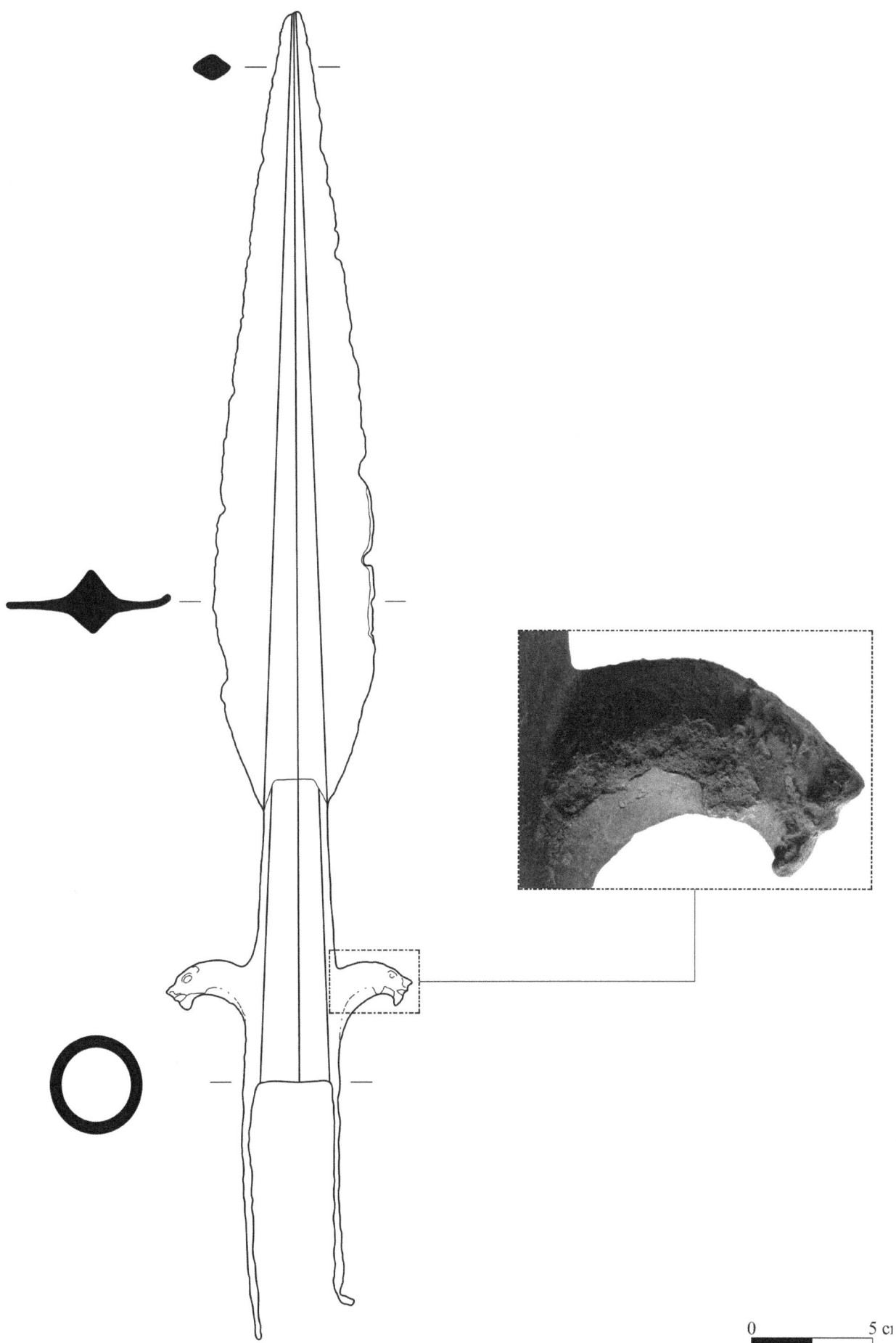

Fig. 16.2. Lances à crochets, Nismes, Viroinval (Belgique) Sépulture, IVe siècle apr. J.–C., Lt : 52,9 cm, l : 6,5 cm, M : 1182 g., Musée Archéologique de Namur (Inv. A08798), Ech. 1/3 (© Pauline Bombled).

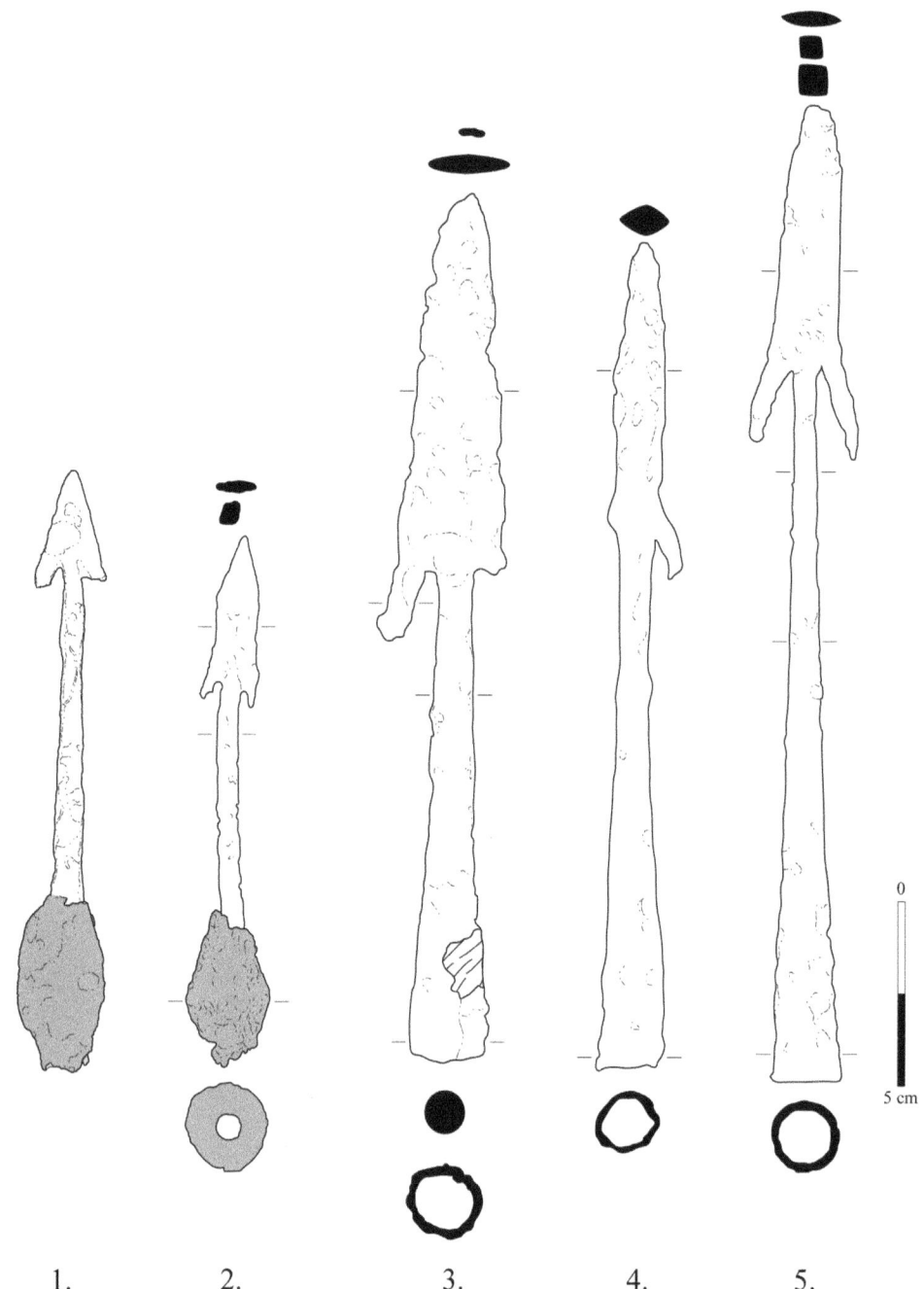

Fig. 16.3. Plumbatae et pointes de lance barbelées, IVe–Ve siècle apr. J.–C. 1. Altkirch, Biesheim (France) ; 2, 3, 5. Vindonissa, Windisch (Suisse) ; 4. Geisskopf, Berghaupten (Allemagne). Ech. 1/2 (DAO : Pauline Bombled).

données facilitent leur datation et leur classification, pour d'autres, comme les lances, elles constituent une barrière qui rend ce travail bien plus complexe, notamment par la pérennité des morphologies. Elles ne facilitent pas non plus l'association de la forme à une fonction spécifique. Dans ce dernier domaine, des issues se dessinent avec l'ouverture de l'archéologie à la reconstitution et aux expérimentations qui permettent de porter un regard nouveau sur l'utilisation des armes et leurs interactions avec le reste de l'équipement du guerrier. Depuis quelques années, l'étude des lances et par analogie, de l'armement, s'est aussi quelque peu éloignée du domaine strictement militaire pour s'orienter vers des réflexions plus sociétales. Ces dernières sont centrées autour de la chasse et des *memorabilia* que le vétéran peut rapporter à la fin de son service et qui interrogent la présence des armes dans des contextes civils (Nicolay, 2001 ; Nicolay, 2007).

Bibliographie

Sources anciennes

Anonyme : *De Rebus Bellicis*, éd. et trad. par Fleury P., Paris, Les Belles Lettres (coll. Collection des Universités de France), 114 p.

Apulée L. : *Les Métamorphoses ou l'âne d'or*, éd. et trad. par Vallette P., Paris, Les Belles lettres (coll. Les grandes œuvres de l'Antiquité classique), 338 p.

Aulu–Gelle : *Les nuits attiques*, éd. et trad. par Marache R., Julien Y., Paris, Les Belles lettres (coll. Collection des universités de France).

Grégoire de Tours : *Histoire des Francs*, éd. et trad. par Latouche R., Paris, Les Belles Lettres (coll. Les Classiques de l'Histoire de France au Moyen Age/ publiés ss la dir. de Robert Latouche, 27, 28).

Jordanès : *Histoire des Goths*, éd. et trad. par Devillers O., Paris, France, Les Belles Lettres.

Pline l'Ancien : *Histoire naturelle*, éd. et trad. par Schilling R., Le Bonniec H., Le Boeuffle A., Pépin R., Serbat G., Gallet de Santerre H., Croisille J.–M., Zehnacker H., Filliozat J., Ernout A., Bloch R., André J., Saint–Denis E. de, Desanges J., Beaujeu J., Rouveret A., Paris, Les Belles Lettres (coll. Collection des Universités de France).

Pline le Jeune : *Lettres*, éd. et trad. par Guillemin A.-M., Paris, Les Belles lettres (coll. Collection des universités de France).

Properce : *Elégies*, éd. et trad. par Boyancé P., Paris, Les Belles Lettres (coll. Les grandes œuvres de l'Antiquité classique).

Saint Ambroise de Milan : *Correspondances*, éd. et trad. par Canellis A., Saint–Étienne, Publications de l'Université de Saint–Étienne (coll. Mémoires, 37).

Salluste : *De Catilinae coniuratione*, éd. et trad. par Hellegouarc'h J., Paris, Presses Universitaires de France (coll. Erasme).

Tacite : *Histoires*, éd. et trad. par Wuilleumier P., Le Bonniec H., Paris, Les Belles lettres (coll. Collection des Universités de France).

Tite–Live : *Histoire romaine*, éd. et trad. par Lasserre E., Paris, Garnier Frères.

Valerius Flaccus : *Argonautiques*, éd. et trad. par Liberman G., Paris, Les Belles Lettres (coll. Collection des universités de France : Série latine).

Végèce : *Epitoma Rei Militaris*, éd. et trad. par Reeve M.D., Oxford, Oxford University Press (coll. Scriptorum Classicorum Bibliotheca Oxoniensis), 180 p.

Références modernes

Bemmann J. 2007 : Anmerkungen zu Waffenbeigabensitte und Waffenformen während der jüngeren Römischen Kaiserzeit und der Völkerwanderungszeit in Mitteldeutschland, *Alt–Thüringen*, 40, p. 247-290.

Birch Iversen R. 2010 : *Kragehul Mose: ein Kriegsbeuteopfer auf Südwestfünen*, Højbjerg, Jysk Arkaeologisk Selskab.

Bishop M.C. 2017 : *The Pilum : The Roman Heavy Javelin*, Osprey Publishing (coll. Weapon), 80 p.

Bishop M.C., Coulston J.C. 2006 : *Roman military equipment : from the Punic Wars to the fall of Rome*, 2ème éditionLondon, B. T. Batsford, 256 p.

Brunaux J.–L., Rapin A. 1988 : *Gournay II, Boucliers et lances, dépôts et trophées*, Paris, Errance, 245 p.

Couissin P. 1926 : *Les armes romaines : essai sur les origines et l'évolution des armes individuelles du légionnaire romain*, Paris, H. Champion, 522 p.

Feugère M. 1993 : *Les Armes des Romains : de la République à l'Antiquité tardive*, Paris, Editions Errance (coll. Collection des Hespérides), 287 p.

Feugère M. 2002 : Miliaria : l'apport des reconstitutions à l'archéologie, *L'Archéologue*, 58, p. 22-23.

Glad D. 2015 : *L'armement dans la région balkanique à l'époque romaine tardive et protobyzantine (284–641) : héritage, adaptation et innovation*, Turnhout, Brepols (coll. Bibliothèque de l'Antiquité tardive, 30), 434 p.

Ilkjaer J. 1990 : *Illerup Ådal , 1. die Lanzen und Speere : Textband*, Moesgard, Jysk Arkaeologisk Selskab (coll. Jutland Archaeological Society publications), 404 p.

Le Bohec Y. 1993 : Sépulture et monde rural dans le Testament du Lingon, *Supplément à la Revue archéologique du centre de la France*, 6, 1, p. 29-35.

Le Bohec Y. 2015 : *The encyclopedia of the Roman army*, Chichester, Wiley–Blackwell, 1176 p.

Manning W.H. 1985 : *Catalogue of the Romano–British iron tools, fittings and weapons in the British Museum*, Londres, British Museum, 197 p.

Marchant D. 1990 : Roman weapons in Great Britain, a case study: spearheads, problem in dating and typology, *Journal of Roman Military Equipment Studies*, 1, p. 1-6.

Must G. 1958 : The Origin of framea, *Language*, 34, 3, p. 364-366.

Nicolay J. 2001 : Interpreting Roman Military equipment and horse gear from non–military contexts. The role of veterans, *JberGPV*, p. 53-66.

Nicolay J. 2007 : *Armed Batavians : Use and Significance of Weaponry and Horse Gear from Non–military Contexts in the Rhine Delta (50 BC to AD 450)*, Amsterdam, Amsterdam University Press, 407 p.

Poux M. 2008 : *Sur les traces de César. Militaria tardo–républicains en contexte gaulois*, Glux–en–Glenne, Centre archéologique européen (coll. Collection Bibracte, 14), 463 p.

Von Schnurbein S., Reddé M. 2001 : *Alésia : fouilles et recherches franco–allemandes sur les travaux militaires romains autour du Mont–Auxois (1991–1997)*, Paris, Diff.de Boccard (coll. Mémoires de l'Académie des Inscriptions et Belles–Lettres), 571 p.

Partie 4

Moyen Âge/et Période Moderne

17

Combattre au temps de Castillon (1453) : Situer l'action, comprendre l'usage de l'artillerie, des bannières et l'apport des livres de combat

Vincent Haure
Enseignant en histoire, médiéviste, Chargé de cours
Université Bordeaux III – Ausonius – GRHESAC

Résumé : Si l'histoire de la guerre au Moyen–Âge occupe une place importante dans le champ de la recherche universitaire, les études recontextualisant l'usage des armes, plus rares, se multiplient depuis une quinzaine d'années. Cet exercice est rendu difficile par des sources narratives dont l'objet est davantage l'aventure personnelle d'un « grand » homme, qu'une étude détaillée des modalités de la guerre qu'il appartient à l'historien de reconstituer à partir de données partielles. L'iconographie et l'archéologie (même si trouver des traces matérielles d'un événement qui n'a duré qu'une heure relève de l'exceptionnel) constituent ici un apport non négligeable. Deux nouveaux axes de recherche nous permettent aujourd'hui d'aller plus loin. Il s'agit de l'étude de la culture matérielle et celle des « livres de combat » médiévaux.

Mots–clés : XVe siècle apr. J.–C., guerre de Cent Ans, bataille de Castillon 1453, artillerie médiévale, livres de combat, artillerie à poudre médiévale

Abstract : If medieval warfare history has its own recognized place within the scholarly field, studies recontextualizing weapons' uses, which have in the past been less frequent, have multiplied during the last fifteen years. This exercise is difficult because the narrative sources are more focused on the personal adventures of a 'great' man rather than on detailed surveys of warfare modalities, which historians must reconstitute from flawed data. Iconography and archaeology (even if finding material evidence of a one-hour event is quite exceptional) are helpful in this particular case. Two new research axes have now allowed us to go further: the study of material culture and medieval 'books of combat'.

Keywords : 15th c. AD., Hundred Years War, Battle of Castillon, Middle Ages artillery, fighting book, gunpowder artillery

17.1 Introduction

Deux reproches sont souvent faits à l'historien qui s'intéresse à une bataille. Le premier c'est d'y voir là un relent du positivisme et de l'histoire–bataille qui ont longtemps mis en lumière les grands généraux et laissé dans l'ombre les combattants anonymes. Le second, consécutif du premier, est de placer l'étude à l'échelle des capitaines, des mouvements de corps constitués, bref de la carte d'État–major sans vraiment entrer dans le détail en portant la perspective sur le combattant. Si l'histoire de la guerre au Moyen Âge occupe pourtant une place essentielle depuis plusieurs décennies[1] dans le champ de la recherche universitaire, plus rares[2] sont les tentatives de se focaliser sur le guerrier et ses armes[3] en situation de bataille (Schnerb 1989). L'exercice est difficile. Les sources narratives sont souvent très vagues, centrées sur l'action des « grands hommes ». L'archéologie peine à combler les lacunes des chroniques, car trouver des traces matérielles d'un événement qui n'a duré qu'une heure relève de l'exceptionnel. Il ne reste à l'historien que la possibilité de bâtir des modèles. Deux nouveaux axes de recherche nous permettent aujourd'hui de mieux les étayer. Il s'agit de l'histoire matérielle (Raynaud 2002) et de l'étude sur les « livres de combat[4] » médiévaux.

---

[1] Voir notamment la riche bibliographie en français de P. Contamine, G. Duby, C. Gaier, B. Schnerb et D. Barthélémy.
[2] L'étude magistrale de la bataille d'Azincourt par Anne Curry est devenue une référence, mais cette monographie reste marginale même en y ajoutant les travaux de Xavier Hélary sur Courtrai ou de Georges Duby sur Bouvines. Voir, Curry A. 2006 : *Agincourt : a new history*, The History Press, Stroud, Gloucestershire, 336 p. ; Hélary X. 2012 : *Courtrai 11 juillet 1302*, Paris, Tallandier, 207 p. et Duby G. 1973 (réed. 1985) : *Le dimanche de Bouvines : 27 juillet 1214*, Paris, Gallimard, 302 p.
[3] Sur l'arbalète par exemple, voir Serdon V. 2005 : *Armes du diable : arcs et arbalètes au Moyen-Âge*, Rennes, Presses Universitaires de Rennes, 335 p. ou sur les armures, voir Jaquet D., Baptiste N. (éd.) 2016 : *Expérimenter le maniement des armes à la fin du Moyen-Âge*, Basel, Schwabe Verlag, 181 p.
[4] Pour une introduction à ce nouveau champ de la recherche universitaire, voir Jaquet D. 2017 : *Combattre au Moyen-Âge : une histoire des arts martiaux en Occident, XIVe-XVIe siècle*, Paris, Arkhê, p. 199

La bataille de Castillon de 1453 servira de trame de fond à mon propos. Mon travail s'appuie sur un corpus de chroniques (Chartier, *Chroniques de Charles VII*; D'Auvergne, *Vigiles de Charles VII*, p. 190–192; Duclercq 1826, p. 40–41; Basin 1855, p. 264–269; Archives Départementales de la Gironde, H 1066, fol. 1 v[5]; Piccolomini, *Gnomologia*, p. 441; de Breuil, *Le Jouvencel*, p. 295–296; d'Escouchy 1963, p. 31–43[6]; Le Bouvier, *L'Histoire mémorable des grands troubles de ce royaume soubs le roy Charles VII*, p. 189–191; Leseur 1896, p. 12–20[7]; Archives Municipales de Poitiers, M, reg. 11, f. 4vo) et de lettres[8] contemporaines qui rendent compte des différentes phases de la bataille. Au petit matin du 17 juillet 1453, l'avant–garde, composée d'hommes d'armes anglo–gascons accompagnés d'archers anglais, montés, surprend un détachement français qui assiège la ville de Castillon[9]. Puis, sans attendre l'arrivée de ses renforts qui s'acheminent tout au long de la bataille, John Talbot, le chef de l'armée anglo–gasconne, lance l'assaut sur un camp construit non loin de la place par les assiégeants. À l'intérieur, les capitaines[10] du roi de France, Charles VII, font évacuer les chevaux et organisent la défense en utilisant des canons destinés au siège. La mémoire de la bataille tend à résumer la suite, au déluge de feu d'une artillerie royale (Hélary 2018, p. 142) symbole de modernité, contre l'armée de « l'ancien monde » avec à sa tête, un vieux capitaine chevaleresque qui y laisse la vie. Alors les Anglo–Gascons se débandent et plusieurs capitaines de ce parti meurent ou sont pris. Il n'y a pas d'intervention à revers d'un corps de cavalier breton appelé en renfort, c'est là une erreur de l'historiographie[11].

Le but de cette communication est de sensibiliser et encourager les étudiants à l'étude des champs de bataille qui peine à s'établir en France dans une dimension pluridisciplinaire, en incluant notamment les dernières avancées de la recherche. Pour ce faire, je propose de voir dans un premier temps comment l'étude des pièces d'artillerie peut permettre une relecture d'un champ de bataille. Dans un second temps, il sera question d'aborder le rôle d'un objet méconnu, mais indispensable à la tactique médiévale : la bannière. Enfin, je conclurai sur la question de la létalité du champ de bataille.

17.2 Prendre en compte les capacités techniques de l'artillerie pour situer un champ de bataille : l'exemple de Castillon

17.2.1 L'artillerie du roi de France à Castillon : la couleuvrine

En entrant dans le détail des sources, seul le pape Pie II (Piccolomini, *Gnomologia*, p. 441) chiffre l'artillerie royale à 300 pièces. Comment le sait-il? A-t-il gardé une correspondance précise pour inclure cela dans ses mémoires? La question reste posée. Cela ne dit cependant rien de leur nature. Il faut alors chercher plus d'informations chez les autres chroniqueurs. Guillaume Leseur précise (Chartier, *Chroniques de Charles VII*, p. 6)[12] qu'il y a là des « *serpentines et grosses coulouvrines* » (Leseur, 1896, p.18).

C'est un vocabulaire qui renvoie à un objet précis. En effet, Emmanuel de Crouy–Chanel a montré que ces deux termes tendent à désigner des armes « dont le rapport volée/calibre est au moins supérieur à 20 » (de Crouy–Chanel, *La première décennie de la couleuvrine*, p. 93–104) tout en admettant que déterminer « les caractéristiques de ces premières couleuvrines exigent une certaine prudence, puisque le type semble diversifié dès les années 1430 entre des petites couleuvrines, ou couleuvrines à main, des grandes couleuvrines, et des couleuvrines moyennes ». On peut donc imaginer le parc d'artillerie royal, dont la quantité est conforme au rang de son propriétaire, composé de pièces relativement mobiles sur affût, sur un banc ou sur manche pour faciliter leur transport en campagne, dont le canon est allongé. Ce seraient par conséquent des pièces de petit ou moyen calibre.

Que dire des hommes qui les manient? Mis à part la mention de « Girault le canonnier[13] », il n'y a aucun indice qui indiquerait la qualité de ces hommes. Sont-ce les 800 (Le Bouvier, L'Histoire mémorable des grands troubles de ce royaume soubs le roy Charles VII, p. 189–191) manouvriers/pionniers de Jean Bureau, des francs–archers[14] qui ont préféré la couleuvrine à

---

[5] Merci à Guilhem Pépin et à Robert Blackmore d'avoir retrouvé cette cote.
[6] Notons que ce dernier indique clairement qu'il a fait certifier « par heraulx et officiers d'armes et pluseurs seigneurs et gentilzhommes » son récit de la bataille.
[7] G. Leseur, selon Henri Courteault qui en a fait l'édition, « n'est vraiment à l'aise que lorsqu'il narre quelque beau fait d'armes, quelque glorieuse campagne, et, ainsi qu'on le verra, son autorité n'est considérable que dans des récits de ce genre ». Il est une source précieuse donc surtout parce qu'il n'écrit pas pour Charles VII, mais pour le comte de Foix Gaston IV (v.1423-1472), cousin des barons du Bordelais du roi-duc, entre 1477 et 1482 après la mort de ce dernier. Écuyer, il l'a certainement accompagné en Bordelais lors de la campagne de 1453 aux côtés du comte de Clermont, Jean II de Bourbon (1426-1488). Ils forment la deuxième armée qui entre en campagne pour soumettre Bordeaux, mais ne participent pas à la bataille.
[8] Bibliothèque Nationale de France (BNF), Ms. Français, n° 8346, recopié in *Bibliothèque de l'école des Chartes*, t.3, Paris, 1846, p. 245-247; Archives Municipales de Lyon, AA 22, n° 67, in Du Fresne de Beaucourt G. 1890 : *Histoire de Charles VII*, t.5, Paris, p. 463-464. Elle a été complétée sur le même document par un certain J.de la Loère et Archives Municipales de Poitiers, M, reg. 11, f. 4vo transcrit dans Contamine P. 2017 : *Charles VII*, Paris, Perrin, p. 360.
[9] Aujourd'hui Castillon-la-Bataille, arr. de Libourne, dep. de la Gironde.
[10] Retenons ici Jean de Bueil (1406-1478), amiral de France qui commande probablement et Jean Bureau (v.1390-1463), grand maître de l'artillerie royale et semble-t-il concepteur du camp.
[11] Cette erreur trouve son origine dans une interprétation d'un érudit du XVIIIe siècle, Rapin de Thoyras dans son *Histoire de l'Angleterre*, t.4, 2nd éd., La Haye, 1727, p. 128-129. Une publication ultérieure est prévue sur un état des lieux complet sur la bataille de Castillon.

[12] J. Chartier confirme avec emphase « *Il y avoit lors, et on entendoit de dens le dit champ, une si terrible tempeste, et une telle cliqueterie de couleuvrines et ribaudequins, que c'estoit une merveilleuse chose à ouyr* ». Le ribaudequin désigne une pièce d'artillerie composée de plusieurs tubes allumés successivement. Elles sont donc de petit calibre et peuvent s'apparenter à des couleuvrines alignées sur un affût.
[13] BNF, Ms. Français, n° 8346, recopié in *Bibliothèque de l'école des Chartes*, t.3, Paris, 1846, p. 245-247.
[14] Tous les chroniqueurs s'accordent sur la présence de francs-archers.

main plutôt que l'arc, ou un autre groupe qui n'est pas formellement identifié ? Il est difficile de trancher et il est probable qu'on soit face à une population composée, pour une part, encore d'artisans–fondeurs qui entretiennent, fabriquent et manient ces armes, et pour une autre part, de soldats qui ont juste appris à se servir (Dubled 1976, p. 582–586 ; Benoit 1987, p. 287–296) des modèles à main, plus simples.

Toutefois, ce ne sont pas de vulgaires armes à faire du bruit. Elles sont meurtrières, avec un potentiel de dégât supérieur aux autres armes de trait en vigueur à l'époque. Les armes à feu finissent par remplacer, lors de la mise à « l'épreuve » (Gaier 1973, p. 279 ; Bernard 2015, p. 56) des harnois, les carreaux d'arbalète qui ont longtemps servi d'étalon pour déterminer l'efficacité d'une armure. Notons que les flèches tirées par des arcs longs ne semblent pas avoir représenté une référence valable pour tester l'efficacité de ces productions[15]. L'utilisation des armes à feu comme étalon montre en creux que leur première utilité est de perforer les armures[16] et de meurtrir leur porteur. Il y a donc une réelle fonction antipersonnelle pour les couleuvrines de petit calibre.

17.2.2 Considération technique sur la portée et la cadence de tir : revisiter le rôle de l'artillerie à Castillon

Emmanuel de Crouy–Chanel estime que pour être efficace, l'arme doit être utilisée à courte distance, avec un projectile suffisamment lourd pour ne pas se disperser en sortie de canon et sur des cibles relativement statiques. À Castillon, les projectiles n'explosent pas, rebondissent éventuellement si le sol de la plaine alluviale n'est pas trop meuble et nécessitent un rechargement relativement lent, puisqu'une autre caractéristique des couleuvrines est l'absence de chambre à poudre encastrable pour accélérer ce processus, comme sur les veuglaires, un autre type de pièce un peu plus ancienne. Elles font moins de bruit que les veuglaires ou les bombardes, car elles utilisent un nouveau type de poudre dont les gaz s'évacuent par la volée, accélérant le projectile, provoquant davantage un sifflement que la détonation des autres modèles. Tout au plus produisent–elles un vaste écran de fumée grisâtre, mais certainement pas le feu et l'enfer de l'artillerie moderne[17].

Quelles ont été leurs conditions d'emploi lors de la bataille de Castillon ? Ces couleuvrines à main, sur banc ou sur affût, sont utilisées lors de l'assaut des Anglo–Gascons. Puisqu'elles sont rechargées par la bouche du canon, les plus grosses pièces n'ont pas une cadence de tir très élevée (Finò 1974, p. 28). Les risques de surchauffe ou d'explosion font qu'en moyenne, on n'excède guère deux coups par quart d'heure (Brioist 2011, p. 93–104). Il n'y aurait donc eu, sur une heure de combat, que quatre à cinq salves qui « à chacun cop en *ruoit cincq ou six par terre, tous mors*[18] ». En revanche, pour les couleuvrines à main, la cadence a certainement été plus élevée. Toutefois, la riposte des archers anglais et des gens de traits gascons a certainement contraint les artilleurs français à ne pas trop se découvrir pour faire feu.

17.2.3 Pour aider à localiser un champ de bataille : le cas de Castillon

Au–delà des questions topographiques dont il n'est pas question ici, on peut donc interroger l'hypothèse communément admise concernant l'emplacement de la bataille et notamment du camp. Elle n'a jamais été remise en cause par l'historiographie depuis le travail de Léo Drouyn (Drouyn 1865, p. 92–101) à la fin du XIXe siècle apr. J.–C., jusqu'aux travaux de l'archéologue Pascal Loeil (Loeil 2016, p. 27–32) qui suggère que le tracé du camp correspondrait en réalité à un ancien lit de la rivière (Fig. 17.1).

Trois raisons pourraient a priori justifier cet emplacement lointain, distant de 1800 mètres des murs de la ville. La première est la mise à distance des projectiles que peuvent tirer les assiégés (de Bueil 1889, p. 40). C'est une crainte justifiée et il existe plusieurs exemples où des couleuvrines ont tué des assiégeants. Ainsi, maître Jehan, canonnier au service des assiégés d'Orléans entre 1428 et 1429, aurait par deux fois abattu un assiégeant anglais avec une couleuvrine (d'Aulon 1977, p. 482 ; *Journal du siège d'Orléans, 1428–1429, augmenté... des comptes de ville 1429–1431*, p. 97–98[19]). Deuxième argument, l'emplacement proposé par Léo Drouyn présenterait un avantage défensif évident de prémunir d'une sortie des assiégés pour détruire ou enclouer[20] les canons des assiégeants en se tenant éloigné et dans un camp retranché. En 1450, lors du siège de Domfront, Jean Bureau avait déjà sauvé ses pièces d'une sortie des assiégés (Dubled 1976, p. 583) parce que, justement, elles étaient défendues au sein d'un dispositif similaire au camp de Castillon. Ultime argument, l'emplacement permettrait une manutention plus facile des pièces les plus lourdes si elles ont été transportées par la Dordogne depuis l'amont[21]. Il existe en effet un gué assez large appelé Pas–de–Rauzan qui aurait pu aider à la rupture de charge S'il y avait eu de

---

[15] Afin d'alimenter le débat sur l'utilité tactique de l'arc long, notamment à Azincourt en 1415 entre DeVries K. 1997 : Catapuls are not atomic bombs: Toward a redefinition of 'effectiveness' in premodern military technology, *War in History*, 4, p. 454–470 ; Clifford R. J. 1998 : The efficacy of the English Longbow: A reply to Kelly DeVries, in *War in History*.5, p. 233–242.
[16] Selon les tests publiés par Williams A. R. 1974 : Some firing tests with simulated fifteenth-century handguns, *Journal of the Arms et Armour Society*, VIII, n° 1, part 2, p.119, une arme du début du XVe siècle perforait presque une fois sur deux des armures de qualité intermédiaire, en acier doux d'environ 2,5 mm d'épaisseur. Il confirme par ailleurs que plus le canon est allongé, comme pour les serpentines, plus l'arme est efficiente. Voir aussi, McLachlan S. 2010 : *Medieval handgones, the first black powder infantry weapons*, Oxford, p. 60–76.
[17] Ce qui renvoie la « *terrible tempeste* » évoquée par J. Chartier à une exagération et qui confirme ce qu'en dit A. Vallet de Viriville, à savoir que c'est un « détestable chroniqueur ». Vallet de Viriville A. 1857 : Essais critiques sur les historiens originaux du règne de Charles VII. Deuxième essai : Jean Chartier, *Bibliothèque de l'école des chartes*, 18, p. 498.

[18] BNF, Ms. Français, n° 8346, recopié in *Bibliothèque de l'école des Chartes*, t.3, Paris, 1846, p. 246.
[19] cité par De Crouy-Chanel 2011.
[20] C'est-à-dire obstruer la lumière de mise à feu en plantant un clou.
[21] Depuis Sainte-Foy-la-Grande ou Bergerac dont le gouverneur est le maréchal de Jalognes depuis 145.

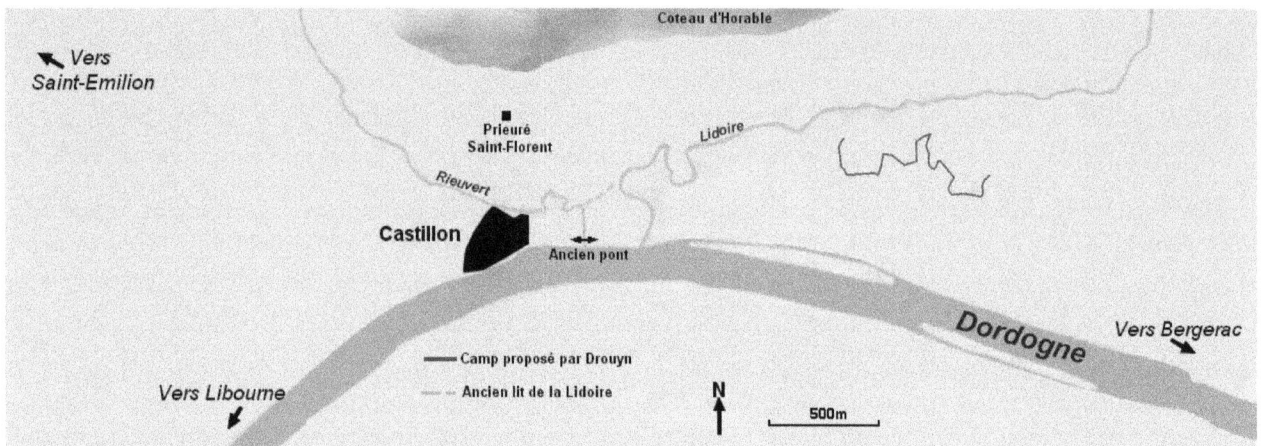

Fig. 17.1. Hypothèse de Léo Drouyn sur l'emplacement de la bataille (© Vincent Haure).

grosses bombardes, cerclées de fer, elles auraient pu être convoyées en plusieurs morceaux et remontés sur place. La présence d'un gué aurait facilité les opérations de déchargement et de ravitaillement. Ces trois arguments peuvent être néanmoins réfutés, car il me semble que la mise à distance à 1800 mètres est déraisonnable.

Premièrement, un parc d'artillerie si lointain aurait inutilement compliqué et ralenti les phases d'approche de la place. La mise en batterie des pièces suppose de nombreux travaux de terrassement, de retranchement et de transport des couleuvrines les plus grosses sous les murs de Castillon (de Bueil 1889, p. 40–41). Une telle entreprise justifie la présence des 800 manouvriers. De plus, un exemple plus ancien voit Jean Sans Peur assiéger Ham et installer son camp à « *environ le get d'un canon près* »[22] de la place. Or, la portée des armes de jet n'excède pas quelques centaines de mètres[23]. Dans cet exemple le camp de Jean Sans Peur est donc beaucoup plus près de l'action que l'emplacement de celui de Jean Bureau proposé par Léo Drouyn. Quelques centaines de mètres suffisent à le mettre hors d'atteinte des projectiles des défenseurs.

De plus, l'emplacement suggéré présente un avantage naturel défensif relatif. Si la rivière Lidoire est particulièrement encaissée, c'est surtout sur sa rive nord. Une attaque venant de cette direction aurait placé les défenseurs du camp en mauvaise posture face aux traits de leurs adversaires qui les auraient surplombés. Or, il semble que l'avant–garde de Tablot surprend les francs–archers du côté du prieuré Saint–Florent, au nord de la ville, et auraient donc été, en poussant vers l'est, sur cette rive nord de la Lidoire, en hauteur par rapport au camp. Par ailleurs, l'argument de la rupture de charge est, de la même manière peu crédible, car le camp selon Drouyn se situe bien trop loin des rives de la Dordogne[24].

Ainsi, pour trouver un endroit qui répond à ces trois critères (hors de portée, défense et rupture de charge), il faut rechercher un endroit proche des remparts de la ville, accessible éventuellement par la Dordogne et facilement fortifiable. Un document plus tardif, une perspective cavalière réalisée lors du siège de la même ville en 1586 (Archivio di stato Torino 1586, III, 24)[25], permet de s'interroger sur un emplacement qui serait plus à l'ouest, plus proche du rempart est de la ville. Il existait un pont, encore visible en 1586, à proximité de la ville qui enjambait les deux rivières que sont la Lidoire et le Rieuvert, qui se rejoignaient alors, avant de se jeter dans la Dordogne. Cet endroit offre l'avantage d'être plus près de la ville, plus près de la Dordogne et bien plus facilement fortifiable en utilisant le pont et les rives encaissées de la Lidoire et du Rieuvert qui à cet endroit n'offrent pas de surplomb. En 1586, un camp est clairement signalé à cet endroit, s'appuyant sur une boucle de la Lidoire. Des investigations archéologiques permettraient peut–être de conforter ou d'infirmer cette hypothèse.

L'étude de l'objet « couleuvrine » permet donc à la fois de recontextualiser le rôle de l'artillerie dans la bataille de Castillon et de mettre en doute l'emplacement communément admis du camp. Loin de « décimer » les hommes d'armes démontés anglo–gascons, les canons du roi de France n'ont eu qu'un rôle mineur[26]. Ils ont, certes, ralenti la progression

---

[22] Cité par Viltart F. 2015 : Le camp de guerre, d'Azincourt à Marignan in Colau J.-F., Bailleux N., Grandguillot C., Bargeton A., Musée de l'Armée (Paris) 2015 : D'Azincourt à Marignan : chevaliers et bombardes, 1415-1515, Catalogue d'exposition, musée de l'Armée, Paris, 7 octobre 2015-24 janvier 2016, Paris, Gallimard, Musée de l'Armée de Paris, p. 60.
[23] Voire moins pour les armes à feu : « Jean Errard considère au début du XVIIe siècle que la distance utile du retranchement des assiégés à la brèche est au maximum de 30 à 40 pas pour une réelle efficacité du tir des arquebuses. », (De Crouy-Chanel 2011, p.103 ; Finò 1974, p. 29).

[24] Sans compter qu'elles n'étaient pas les mêmes qu'aujourd'hui.
[25] Je remercie chaleureusement Guilhem Pépin d'avoir déniché ce document exceptionnel. Ce document montre aussi que la plaine de Cole a été probablement aménagée par ce siège de manière beaucoup plus considérable que lors de celui de 1453. Les observations de Drouyn en ont peut-être été biaisées.
[26] Ce n'est pas là sa « première victoire » comme l'a écrit Leduc A. 2015 : L'artillerie : une arme nouvelle à la fin du Moyen Âge, Colau J.-F., Bailleux N., Grandguillot C., Bargeton A., Musée de l'Armée (Paris) 2015 : D'Azincourt à Marignan : chevaliers et bombardes, 1415-1515, Catalogue d'exposition, musée de l'Armée, Paris, 7 octobre 2015-24 janvier 2016, Paris, Gallimard, Musée de l'Armée de Paris, p. 55, il faut plutôt attendre les batailles de Morat et Grandson en 1476.

de Talbot, meurtri, mutilé[27] et tué une partie de ces hommes, les poussant à « *desroyer*[28] » (d'Escouchy 1863, p. 40), mais ils n'ont pas empêché la mêlée et n'ont donc pas été décisifs comme le suggère l'historiographie.

17.3 Se repérer dans la mêlée : l'usage des bannières à Castillon

17.3.1 Bannières et héraldiques : un moyen d'identifier amis et ennemis

La mêlée est structurée par un ballet de bannières. Cet objet tient plus du drapeau. Ce n'est pas en soi une arme, bien qu'il puisse être doté d'un fer (d'Escouchy 1863, p. 40)[29]. Il peut être confondu avec le terme étendard, quoique dans cet exemple, la lettre qu'adresse Charles VII aux bourgeois de Lyon, l'étendard semble renvoyer à l'identité d'une seule personne[30]. Le roi se sert de ce vocabulaire pour introduire et conclure le combat.

> « *Et tantos après l'arrivée desdiz Anglois vindrent en grande ordonnance, à banieres et estandars desploiez, donner l'assault à nosdictes gens qui estoient en leur champt devant ladicte place. Et dura icellui assault plus d'une heure combatant main à main ; mais, graces à Nostre Seigneur, lesdiz Anglois trouvèrent telle resistence que les banières de Saint George et du Roy d'Angleterre, avec l'estandart dudit Tablot et autres, furent gagnées par nosdictes gens* » (Archives Municipales de Lyon, AA 22, n° 67, in Du Fresne de Beaucourt G. 1890 : *Histoire de Charles VII*, t.5, Paris).

Ces bannières sont indispensables pour l'identification des unités tactiques au combat. On retrouve ses compagnons sous la sienne et on affronte ceux qui se trouvent sous celles d'en face. L'armée est ainsi organisée par unités tactiques, des groupes de combattants unis autour de leur chef respectif qui les mène directement au combat. Le mot bannière est parfois utilisé pour donner la composition d'une armée. C'est notamment le cas avec Guillaume Leseur, qui les chiffre au nombre de « *dix ou douze [...] desployées* » (Leseur 1896, p. 14) dans notre exemple. On peut trouver aussi le terme de « lance » pour dénombrer les troupes. Le terme renvoie à cette date à la « lance d'ordonnance », du nom de l'ordonnance de 1445 qui les institue, composée d'un homme d'armes, d'un valet, d'un coutilier, d'un page et de trois archers. À la différence du mot bannière, le terme « lance » n'est, a priori, pas utilisé pour décrire l'action comme c'est le cas dans l'exemple précédent de la lettre de Charles VII.

La différence de traitement tiendrait du fait qu'une bannière renvoie plutôt à une unité tactique alors que la lance non. Il paraît difficile d'envisager que l'homme d'armes combat avec les archers de sa lance au sein de la même unité. Il faut plutôt voir une logique organisationnelle pour contrôler la composition, la qualité et la proportion des combattants de mêlée par rapport aux gens de traits des « compagnies d'ordonnance » (Deruelle 2018, p. 224). Il y a probablement aussi une logique comptable qui faciliterait le travail des trésoriers royaux. Connaissant d'avance la composition d'une compagnie, il est théoriquement plus facile de provisionner les fonds nécessaires à leur entretien, ce qui n'est pas le cas lorsqu'on convoque ban et arrière-ban et qu'on compose alors avec ceux qui y répondent.

Se connaître et se reconnaître en se plaçant sous une bannière devait être un grand moment du « compagnonnage guerrier » (Szkilnik 2017, p. 347). L'objet bannière, associé avec les livrées et cottes d'armes, comporte des symboles visibles d'appartenance ou identitaires qui permettent de différencier, même casqués, ennemis et alliés Il y a des symboles évidents comme la fameuse croix de Saint-Michel pour les tenants du roi de France ou de Saint-Georges pour les tenants du roi-duc, etc. On peut bien entendu rajouter les cris de guerre (Pépin 2012, p. 263–281). Tout cela participe de codes sociaux propres aux gens de guerre qui se lient dans une fraternité d'armes. On est identifiable, identifié et les actions de chacun sont vues et rapportées après la bataille. La honte et la réprobation collective[31] qui attendent celui qui a fait preuve de couardise poussent les combattants à ne pas se désolidariser de leurs compagnons.

Tout comme les autres contingents, les milices communales possèdent des bannières. À Castillon, aux côtés des hommes de guerre, des « gens de commune » (Leseur 1896, p. 14) sont signalés. Il s'agit probablement des contingents fournis par la ville de Bordeaux et ses alliées (Haure (à paraître)), habitués à prendre part aux opérations militaires depuis au moins le début du XVe siècle apr. J.-C. (Haure 2014, p. 139–159). Si l'éthique chevaleresque ne s'applique peut-être pas pour ces bourgeois en armes, l'organisation de ces milices fait que les mêmes risques s'appliquent à celui qui fait preuve de couardise puisqu'au sein des « jurades[32] » en armes, on combat aux côtés de son parent, son voisin, son patron.

---

[27] En 1451, lors du siège de Bayonne, Bernard de Béarn, le frère bâtard du comte Gaston IV, est blessé d'un plomb de couleuvrine à la jambe « *laquelle perça son pavais et [...] entra le boulet en sa jambe entre les deux os ; lequel fut incontinent retiré, et fu si bien pensé par les médecins et chirurgiens que le peril du feu en fut mis hors* » (Chartier 1858, p. 317 ; Leseur 1896, p. 212. Le fait que l'événement soit rapporté semble indiqué que la guérison semblait exceptionnelle.
[28] Au sens de faire perdre leur cohésion.
[29] « *la lance dudit estendart* ».
[30] J. de Bueil use conjointement dans le *Jouvencel* des termes bannières et enseignes. Il semblerait qu'il faille attendre les réformes militaires de Charles le Téméraire pour voir se préciser ce vocabulaire avec minutie. Voir F. Viltart, « La garde et les ordonnances militaires de Charles le Téméraire, des modèles militaires ? », in Paravicini W. (dir.) 2013 : *La cour de Bourgogne et l'Europe. Le rayonnement et les limites d'un modèle culturel*, Ostfildern, Thorbecke, , p. 163.
[31] J. Talbot accusa ainsi J. Fastolf de couardise à la bataille de Patay (1429) et ce dernier fut temporairement exclu de l'ordre de la Jarretière, voir Taylor C. 2012 : Military courage and fear in the late medieval french chivalric imagination, *Cahiers de Recherches Médiévales et Humanistes*, 24, p. 146.
[32] La jurade est une circonscription spatiale, politique et militaire assimilable à un quartier. Voir Lavaud S. (coord.) 2009 : *Atlas historique des villes de France, Bordeaux*, t. II, Bordeaux, Ausonius, p. 129.

17.3.2 La bannière comme outil de commandement

Au–delà de l'identification, la bannière est aussi utilisée pour les dispositions tactiques (Schnerb 1989, p. 23, 25). La transmission des ordres au cœur de la mêlée représente une gageure. Parler, crier, montrer, etc. ne doit être guère évident à cause du bruit et du port des casques (bien que ces derniers aient vu leur évolution tendre vers des salades, armets ou grands bassinets dont les visières sont amovibles). Associées à des trompes et des clairons (d'Escouchy 1863, p. 39)[33], les bannières servent de repères visuels par–dessus les cimiers, les armes ou la fumée produite par la combustion de la poudre noire. Faire bloc autour du porteur, le suivre et le protéger semblent avoir été la conduite logique des combattants. Lorsque c'est bien exécuté, les chroniqueurs insistent sur la bonne « ordonnance » des troupes (d'Escouchy 1863, p. 39) et dans le *Jouvencel*, Jean de Bueil (qui commande certainement à Castillon) insiste sur le danger de la perte de cohésion :

> « Et, [...] il leur vault mieulx demourer en leur place que eulx desroyer ne marcher ; car moult batailles s'en sont perdues » (de Bueil 1889, p. 37).

Selon lui d'ailleurs, si les Anglo–Gascons ont perdu à Castillon, c'est parce qu'ils étaient attendus par les gens du roi de France de « *pié coy* » (de Bueil 1889, p. 64), c'est–à–dire de pied ferme, avec une plus grande cohérence. Selon lui (de Bueil 1889, p. 246), « *les bons cappitaines, quant se vient à joindre et assembler, dient tousjours : "Serrez, serrez–vous"* ».

Ces bannières permettent aussi aux commandants de disposer leurs troupes en marche entre avant–garde et arrière–garde et de composer de grandes unités appelées « batailles[34] » avant l'affrontement. Jean de Bueil, dans son ordonnancement idéal, prévoit de rassembler les bannières et enseignes dans la « bataille » principale, avec le chef (de Bueil 1889, p. 35).

Cependant, ces repères n'ont pas vocation à rester immobiles. Ils servent aussi à relayer les ordres : telle bannière doit avancer, maintenir telle position ou faire retraite. Ainsi, selon Mathieu d'Escouchy, Talbot, pour désigner le lieu de l'assaut principal, *« fist porter son estenddart, et le mettre et pozer à ung des esteaux dont la barrierre d'icellui parc se fermoit ; [...] et la lance dudit estendart ; et en ce point fut tué, et icellui estendart abbatu*[35] *à terre et ès fossez dudit parc »* (d'Escouchy 1863, p. 40).

17.3.3 La capture de la bannière : une victoire tactique majeure

L'extrait précédent illustre bien l'enjeu que représentent ces repères. Si la bannière est mise à bas, c'est que son porteur est tombé et la cohésion de l'unité s'en trouve alors menacée. Jean de Bueil préconise que « *devant et entour voz enseignes, doit avoir une bonne tourbe*[36] *de gens d'armes, affin que on ne les puisse legièrement à terre porter* » (de Bueil 1889, p. 295–296).

Le porte–enseigne est donc un personnage clef de l'unité tactique médiévale. Il est souvent un homme de confiance du capitaine. Celui de Talbot serait Thomas Everingham de Stainborough (Basin 1855, p. 265)[37], le fils d'un lieutenant de Talbot qui le suivait depuis au moins 1427. Pour le contingent déployé par la ville de Bordeaux, la coutume[38] veut que ce soit le seigneur de Lalande. Si Talbot se tenait probablement plus en retrait, rien n'est dit que les autres capitaines n'aient pas été au plus près de leur porte–bannière.

Lorsque deux unités ennemies se rencontrent, les deux groupes massés autour de leur bannière s'entremêlent, chacun essayant de pousser l'autre pour la « percer » afin de les faire « *desroyer* ». Pour éviter la percée, Jean de Bueil suggère à une unité de rester les pieds ancrés dans le sol, compacte. Il met en garde contre la dislocation de l'unité par l'infiltration en son sein de combattants adverses. C'est pour cela qu'il déprécie les unités trop étalées, où la distance entre chaque homme est plus relâchée :

> « La cause pourquoy, je suis d'oppinion que vostre bataille[39] soit en tourbe, est affin qu'elle perce la bataille des ennemiz. Car, si une foys une bataille est percée, elle est perdue ; et, quant elle est clere, elle est aisée à percer. Et, pour ce, je suis d'oppinion que vostre bataille soit en tourbe » (de Bueil 1889, p. 38).

À Castillon, la mêlée se situe au niveau de la barrière, à l'entrée du camp, dans un espace certainement réduit. D'un côté, la formation française se compose de « trois batailles » compactes dont une réserve d'hommes d'armes bretons[40], de l'autre, l'avant–garde démontée anglo–gasconne est renforcée au fil de l'eau par « *leurs gens*

---

[33] Sur la musique militaire, voir Contamine P. 1997 : La musique militaire dans le fonctionnement des armées : l'exemple français (v.1300-v.1550) in Colloque international d'histoire militaire 1997 : *Von Crécy bis Mohács : Kriegswesen im späten Mittelalter (1346-1526)*, Acta der XXII. Kongress der Internationalen Kommission für Militärgeschichte, Wien, 9.-13. September 1996, Wienn, Heeresgeschichtliches Museum, p. 96.

[34] On retrouve pour désigner des unités plus petites les termes d'échelles, d'escadre ou brigade, (de Bueil 1889, p. 245-246)

[35] Le récit anonyme conservé à la Bibliothèque Sainte Geneviève sous la cote ms. 1155, f° 131, attribue la prise de l'étendard de Talbot à Olivier Giffart, tandis que les Bretons en auraient gagné cinq.

[36] Comprendre ici « *tourbe* » au sens de serrée en opposition à « *clere* ».

[37] District métropolitain de Barnsley, comté de South-Yorkshire, Yorkshire et Humber selon Pollard A. J. 2005 (réed. 1983), *John Talbot and the war in France 1427–1453*, Barnley, Pen et Sword Military, p. 91–94.

[38] Johan V (v.1409-1471) de Lalande, seigneur de La Brède (arr. de Bordeaux, dép. Gironde, Nouvelle-Aquitaine) et Johan VI (v.1435-1485) s'exileront en Angleterre à la suite de la reddition de Bordeaux et seul Johan VI pourra reprendre possession des terres familiales à Jean de Beaumont après leur confiscation. Archives Municipales de Bordeaux, *Registres de la Jurade*, t. IV, 1414-1416 et 1420-1422, Bordeaux, 1883, p. 209. Johan V de Lalande et son fils sont d'ailleurs pardonnés par Louis XI pour avoir pris part à la bataille en 1463. Baurein J. 1785 : *Variétés Bordeloises*, t.4, Bordeaux, p. 248.

[39] Comprendre ici « bataille » au sens de formation, d'unité.

[40] Rien n'indique dans les sources que ce contingent breton se soit tenu en dehors du camp, encore moins à cheval. BSG, Ms. 1155, f° 131.

de pié [qui] *ne purent pas tous venir si tost que ceulx de cheval ; et, pour ce qu'ilz estoient fort armez, ilz venoient las et hors d'alaine »* (Leseur 1896, p. 19). À ne pas avoir attendu toute son armée, Talbot voit la cohésion initiale de ses troupes se déliter. Il n'a pas l'ordonnancement nécessaire.

Le but premier de la mêlée n'est donc pas d'annihiler l'ennemi, mais de le pousser à perdre sa cohésion jusqu'à percer sa ligne de front. Ce que firent les Bretons, tel un coin fendant le bois, lorsqu'ils *« passèrent les bannières en telle manière, qu'ils frappoient si durement sur lesdits anglois, que leurs bannieres furent rues ius, et là abbatues »* (le Bouvier, *L'Histoire mémorable des grands troubles de ce royaume soubs le roy Charles VII*, p. 191). La suite découle de cette logique. La percée effectuée, les combattants se retrouvent isolés et encerclés par l'adversaire. Se voyant cernés, ils perdent pied et cherchent alors à fuir, d'autant plus si leurs bannières sont hors de vue parce qu'abattues. Dispersés, privés de repères et de chaîne de commandement, vient alors le moment de la poursuite qui clôture la bataille.

L'objet bannière est un marqueur d'identité collective, un symbole de cohésion qui participe du compagnonnage guerrier. Il permet de situer l'unité sur le champ de bataille, de resserrer les rangs des hommes qui la composent et d'indiquer là où concentrer l'attaque. Si, avec son porteur, personnage clef de l'unité tactique médiévale, ils sont abattus, cette dernière se retrouve en forte difficulté. L'objectif premier du combat n'est pas tant de les annihiler que de les pousser à être *« desroyés »*, débandés.

17.4 « Où sont les morts[41] » ? Croiser les « livres de combats » et les sources de la guerre médiévale pour aller au plus près de la mêlée

17.4.1 Questionner la létalité du champ de bataille

Les pertes pour le roi de France ne dépassent pas l'ordre des centaines, essentiellement explicables lors de la phase initiale de la bataille, lorsque les francs-archers sont surpris par l'avant-garde de Talbot (d'Ecsouchy 1863, p. 37)[42]. Jean de Beuil est blessé par deux fois, mais sans gravité[43]. Ce n'est pas le cas des sires Pierre de Beauvau et Jacques de Chabannes qui meurent des suites de leurs blessures. Les pertes anglo-gasconnes vont, selon les chroniqueurs, de 400 à 5 000 morts[44], parmi lesquels John, *viscount* Lisle, le fils de Talbot, le connétable de Bordeaux[45], Edward Hull et le sire de Puyguilhem[46]. Le comte de Candale et seigneur de Castillon, Johan de Foix, fils du captal de Buch, est dit blessé. Ces chiffres incertains peuvent s'expliquer, au-delà de la simple exagération partisane, par le fait que la mêlée n'a fait qu'un nombre limité de morts, de l'ordre des centaines et que c'est la poursuite après la débandade qui est la plus létale, rendant le décompte difficile par l'étendue géographique concernée, puisque les fuyards sont pourchassés pour certains, jusqu'à Saint-Émilion, à plusieurs kilomètres de Castillon.

« Où sont les morts » ? À Castillon, Jean Chartier précise que *« oudit champ furent enterrez de quatre à cinq cen Anglois »* (Chartier 1858, p.8). On peut espérer qu'une sépulture collective de catastrophe soit un jour trouvée et fouillée. À ce sujet, Anne Curry et Glenn Foard soulèvent un point intéressant :

« The other difficulty is knowing how many men were killed. This is also because of the problems with the chronicles but is also linked to our understanding of how battles were fought. It is easy to prove the deaths of the leading nobles and gentry who would have engaged in hand to hand fighting. But we cannot be certain how many archers and crossbowmen were killed. In the later Middle Ages, these troops may not always have been involved in close fighting since they did not have full plate armour. If relatively few of the lower ranks were killed this would have an impact on the number of bodies left on the field, since it was men of lower status who would not necessarily have the benefit of repatriation as enjoyed by the higher status troops. Sutherland's conclusion is that the numbers of dead have been much exaggerated by chroniclers, perhaps by as much as tenfold » (Curry, Foard 2016, p. 71).

Les quelques études qui se sont penchées, d'une part, sur la létalité et d'autre part, sur les causes de la mort sur un champ de bataille médiéval sont rares et dispersées dans le temps. Des premières, essentiellement portées sur des notables, on retient que, l'« impression finale est une faible mortalité pour les combattants » (Barnabé 2001, p. 295). Les hommes d'armes, bien protégés dans leurs harnois, sont exposés à un risque certainement moindre que les guerriers de l'Antiquité ou des siècles suivants avec le développement des armes à feu. Concernant les secondes, à savoir essentiellement[47] l'étude des sépultures collectives de Visby (1361) (Thordeman 1939) et de

---

[41] Je reprends ici le titre de l'article de Curry A., Foard G. 2016 : Where are the dead of medieval battles? A preliminary survey, *Journal of Conflict Archaeology*, 11, 2-3, p. 61-77.
[42] Le consul-boursier de Millau note pour sa part 400 morts, voir Artières J. 1930 : *Documents sur la ville de Millau : Mémorial des Privilèges, Livres de comptes des Consuls Boursiers, Délibérations Communales : XIe-XVIe siècles*, Millau, Artières et Maury, p. 328-330.
[43] BNF, Ms. Français, n° 8346, recopié in *Bibliothèque de l'école des Chartes*, t.3, Paris, 1846.
[44] Comme souvent la vérité se trouve certainement entre les deux, bien qu'il y existe plus de tenants de la fourchette basse chez les chroniqueurs. Parmi eux, J. Chartier, Bueil, Duclercq et la lettre du manuscrit français n° 8346, donnent entre 200 et 600 anglais.

[45] Nommé connétable de Bordeaux le 17 septembre 1442, Public Record Office, E 364/84.
[46] Guilhem de Goth, dit *lo Bascolat*, apparaît être le seul seigneur de Puyguilhem (com. de Thénac, arr. de Bergerac, dép. Dordogne, Nouvelle-Aquitaine) en 1431, The National Archives, C61/124, m12, 08/08/1431.
[47] Ajoutons l'étude de la bataille d'Aljubarrota (1385) dans Cunha E. et Silva A. M. 1997 : War lesions from the famous portuguese medieval battle of Aljubarrota, *International Journal of Osteoarchaeology*, 7, p. 595-599, et celle du « Bon Vendredi » à Uppsala (1519), Kjellström A. 2004 : A sixteenth-century warrior grave from Uppsala, Sweden: the battle of Good Friday, *International Journal of Osteoarchaeology*, 15, p. 23-50.

Towton (1461) (Holst, Sutherland 2014, p. 97–129), les conclusions sont limitées. Le contexte scandinave de Visby est très différent de celui de Castillon et le site de Towton est moins fourni (44 individus) que l'exemple scandinave (1185 individus au total). De plus, ces échantillons ne permettent que l'étude des squelettes et ne disent rien des atteintes aux tissus mous. On peut dire globalement que les traumatismes se concentrent sur la tête et les membres, particulièrement les bras. Cela suggère des *«face to face combat, indicating attacks from a right–handed assailant»* (Holst, Sutherland 2014, p.125). Cependant, le nombre important de traumatismes à l'arrière du crâne ne peut s'envisager lors de « face à face » dans la mêlée, mais plus probablement lors de la déroute ou lors d'exécutions post–bataille, ce qui relativise[48] la létalité du corps à corps.

Peut–on essayer de résoudre ces interrogations soulevées par un paradoxe ? La bataille est à la fois un lieu de mort et en même temps un lieu où l'on ne souhaite pas forcément la mort de son ennemi, car c'est aussi un lieu de profit avec la pratique de la rançon. Il faut donc envisager que la logique et la pratique du combat est plus complexe qu'une simple annihilation de l'ennemi.

17.4.2 Croiser sources narratives et «livres de combat» : quelles logiques sont à l'œuvre dans la mêlée ?

Pour aller au plus près de la mêlée médiévale, l'historien est bien mal armé. Il y a certes les descriptions laissées par les chroniqueurs, mais il est difficile de s'extirper de leurs récits conventionnés. Un axe de recherche relativement récent est apparu autour des arts martiaux anciens[49] à travers les « livres de combats ». Ils sont extrêmement intéressants, mais doivent être maniés avec prudence (Burkart 2017, p. 109–130). Il s'agit bien souvent d'objets aux portées ambigües (Burkart 2017, p. 55–64) et qui traitent plutôt des duels, particulièrement des duels judiciaires (Jaquet 2013, p. 153–170). Dans sa thèse, Fabrice Cognot pose la question de savoir si « les enseignements de ces sources peuvent [...] se voir exploités sur le champ de bataille » (Cognot 2013, p. 133). Selon moi, ces livres et particulièrement ceux qui traitent du combat en armure, permettent de fourbir l'imagination de l'historien et de proposer un modèle étayé en termes de logiques martiales, sur les parties vulnérables, l'escrime et la nature des coups portés. Qu'ils soient envisagés dans un duel ou dans une mêlée, une visière, une aisselle ou un entrejambe restent les mêmes points faibles (Fig. 17.2). De plus, s'il existe des objets qui semblent ne pas avoir été usités en dehors du duel et qui n'ont jamais été attestés dans un contexte militaire, c'est à l'historien de ne pas les prendre en compte pour se figurer la mêlée guerrière.

En cherchant à Castillon des gestes martiaux, Mathieu d'Escouchy rapporte la mort de Talbot en ces termes :

> « d'un cop de dague en la gorge, jassoit ce que il eust une trenche au travers du visage et qu'il fust fort blechiez de trait par les cuisses et les gambes. Et me fut certifié par heraulx et officiers d'armes, et pluseurs seigneurs et gentilzhommes » (d'Escouchy 1863, p. 41).

L'objet dague est facilement identifiable et il existe des techniques qui visent le visage dans les livres de combat (Fig. 17.3). Le geste est modélisable, c'est–à–dire qu'on peut le contextualiser dans une « archéologie cognitive du geste et des pratiques martiales » (Chaize 2013, p. 60) en faisant appel à l'« *embodied knowledge,* un savoir corporel décrit, qui, lorsqu'il est lu, fait appel à l'empathie kinesthésique du lecteur pour que s'effectue le processus de compréhension » (Jaquet 2017, p. 16). En résumé, il est aujourd'hui possible d'expérimenter le geste et de donner à l'historien une idée de ce qui a pu se passer.

Cette modélisation n'est pas un cas isolé. Daniel Jaquet fait un parallèle remarquable entre une prise de lutte tirée d'un manuel médiéval et un détail du triptyque de *La bataille de San Romano* de Paolo Uccello (Jaquet 2013, p. 65). À Castillon, la lutte est aussi attestée puisque le porte–enseigne de John Talbot, «*fut acollé de ses bras icellui estel et la lance dudit estendart*» (d'Escouchy 1863, p. 40). On aurait donc arraché, désarmé, le porte–étendard avant de l'occire (Fig. 17.4).

À Castillon, Gilles le Bouvier liste des «*lances, de guisarmes, de haches, et de traict*» (Le Bouvier 1594, p. 191) et Guillaume Leseur des «*lances d'armes, de haches, de guisarmes, de vouges et de traits dont l'air et le champ estoit tout jonchié*» (Leseur 1896, p. 17). Notons qu'aucun chroniqueur ne fait mention de l'épée ou du bouclier lors de l'assaut du camp. Il faut probablement en conclure qu'ils n'avaient qu'une place secondaire sur un champ de bataille[50]. Ce sont donc plutôt des armes d'hast (Watts, Tzouriadis 2015, p. 84–89), de choc et d'estoc qui sont ici mises en avant. Cela trahit une réalité : placer le fer sur une hampe (hast) permet de démultiplier sa force d'impact (choc) tout en gardant l'adversaire à distance (Fig. 17.5) ; loger la pointe (estoc) dans un défaut du harnois permet de l'atteindre dans sa chair[51] (Fig. 17.2).

L'usage préférentiel de ces armes nous permet de confirmer en partie le paradoxe que nous avons posé plus haut. Il ne s'agit pas tant de tuer son ennemi que de le neutraliser

---

[48] Notons tout de même que les tissus mous n'ont pas laissé de traces de lésions.
[49] Pour une entrée en matière sur le sujet, voir Jaquet D. 2017 : *Combattre au Moyen-Âge : une histoire des arts martiaux en Occident, XIVe-XVIe siècle,* Paris, Arkhê, p. 199.

[50] La lettre du Ms français n° 8346 conservé à la Bibliothèque Nationale de France précise que « *ledit Thalebot mis à mort par un archier, lequeul luy bailla d'une épée par mi le fondement, tellement qu'elle wida par mi la gorge* », soit une autre version que celle de M. d'Escouchy. Cela tend à montrer que ce type d'arme (particulièrement figuré dans l'iconographie) était toutefois usité.
[51] Daniel Jaquet évoquant un traité tardif du XVIe siècle du maniement de l'épée note que « les coups d'estocs sont réservés aux ennemis », en opposition aux tournois et affrontements courtois (Jaquet, 2017, p. 136).

Combattre au temps de Castillon (1453)

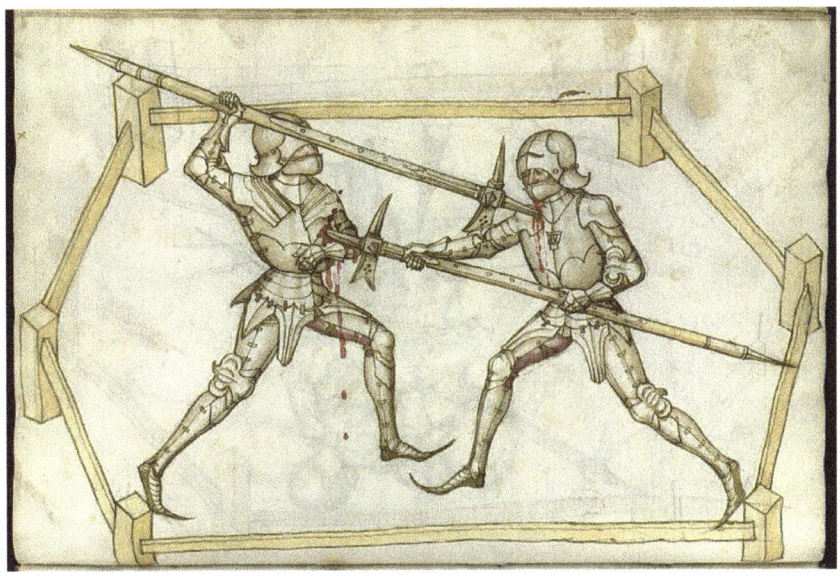

Fig. 17.2. Les jonctions de l'armure sont des points vulnérables, Ms.Thott.290.2° f.134v[52] (© The Royal Danish Library, Det Kongelige Bibliotek de Copenhague).

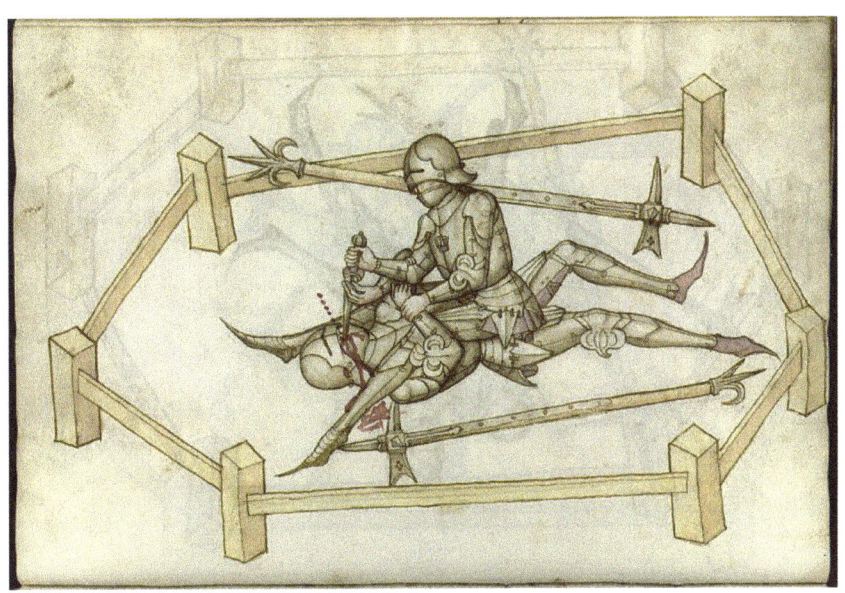

Fig. 17.3. Coup à la visière mortel, Ms.Thott.290.2° f.137v (© The Royal Danish Library, Det Kongelige Bibliotek de Copenhague).

en le préservant suffisamment pour le mettre à rançon[53] et ces armes répondent à cette pratique. À Castillon, les Français auraient capturé de 200 à 700[54] prisonniers à la fin de la bataille. L'appât du gain est certain. Les centaines de prisonniers, du plus humble[55] au plus aristocratique, sont au cœur même de l'intérêt de l'entreprise militaire. La mère de Lord Moleyns[56] paya par exemple, une rançon de 7966 livres pour la libération de son fils en 1459 (Lee 1891, p. 256). Les sommes importantes issues de la répartition du butin après la prise de la ville suscitèrent d'ailleurs quelques remous entre les différents chefs français et provoquèrent l'intervention du roi (Beaucourt 1864, p. 154–159).

Pour prendre à rançon, il faut pousser l'adversaire à se rendre, si tant est qu'on lui en laisse la possibilité ou qu'on ne l'a pas tué. Il m'apparaît qu'il existe au moins deux méthodes à mettre en relation avec l'art du combat et les armes que nous avons évoqués plus haut. La première

---

[52] The Royal Danish Library, Det Kongelige Bibliotek, MS Thott.290.2°, Copenhague, Danemark. Livre de combat du maître allemand Hans Talhoffer (v.1410-v.1482), diffusé à partir de 1459.
[53] Sur cette pratique voir, Ambühl R. 2009 : *Prisoners of war in the Hundred years war. The golden age of private ransoms*. Thèse de doctorat. University of Saint Andrews.
[54] 200 selon M. d'Escouchy, 600 à 700 selon G. Leseur.
[55] En 1458 un acte de rémission est octroyé à un couple meurtrier d'un certain «Guillaume, anglais pris à Castillon, devenu valet de Jean Loiset», Archives Nationales, JJ. 189, n° 157, f.73. Transcrit par Guérin P., *Actes royaux du Poitou (1456-1464)*, t.10, MCCLXXXV, p. 48.

[56] Robert Hungerford (1431-1464), 3ᵉ lord de Hungerford (Berkshire, Angleterre du Sud-Est).

Vincent Haure

Fig. 17.4. Prise de lutte et désarmement, Ms.Thott.290.2° f.134r (© The Royal Danish Library, Det Kongelige Bibliotek de Copenhague)

Fig. 17.5. Coup à la tête avec un marteau d'armes, Ms.Thott.290.2° f.133v (conservé à la Det Kongelige Bibliotek de Copenhague).

consiste à le priver de mouvement par le choc, la seconde à menacer la vie de l'autre par l'estoc.

Dans le premier cas, le captif est hors d'état de se battre, de se déplacer seul, voire inconscient. Intuitivement, on comprend l'intérêt des marteaux et autres haches : assommer directement l'adversaire par un choc violent, à la tête notamment ou transformer son armure en prison en frappant les jonctions articulées, permettent de s'en rendre maître. Cette dernière méthode est d'autant plus probable qu'apparaissent les harnois de plates qui comportent sur les genoux, les coudes et les épaules des protections spécifiques pour protéger ces articulations d'acier : cubitières, genouillères et spalières. Dans le second, c'est parce qu'il est sous la menace d'une mort imminente qu'il en appelle à la merci de son preneur, notamment si une lame est insérée dans les parties vulnérables du harnois. Ce

qui coïncide bien avec l'origine supposée du nom donné à une longue dague à lame suffisamment fine pour passer entre les protections : la miséricorde. Après sa reddition, le prisonnier peut être confié en plein cœur de la mêlée, aux valets d'armes, pages et autres écuyers veillant, par la suite, à ramener derrière les lignes les prises ainsi faites par leurs maîtres et retournant rapidement auprès d'eux les ravitailler, les rééquiper ou les seconder.

Ces deux méthodes supposent qu'il y a un degré de violence acceptable pour malmener sans tuer son ennemi. Il en va de même pour le prisonnier qui accepte de se laisser conduire hors de la mêlée sans se rebeller. Ce degré de violence est déterminé par des conventions (chrétiennes et aristocratiques), mais aussi par les ordres donnés. Il y a fort à parier que pour Castillon, ces conventions n'aient pas été totalement appliquées. Talbot, son fils et d'autres notables Anglo–gascons qui auraient constitué de belles prises, sont tués. L'auteur du Ms n° 8346 précise que « *nul n'estoit retenu prisonnier*[57] ». Cela coïncide avec le statut particulier qu'à cette campagne de « reconquête » pour le roi de France qui considère alors les Gascons comme des rebelles et les faits exécuter comme tels lors de la reddition de la garnison de Chalais en ouverture de la campagne. Mais Talbot, son fils et Hull ne sont pas des Gascons. Faut–il alors voir leur mort comme « accidentelle » ? Faut–il concevoir que le risque de mourir –bien réel– dans la mêlée est acceptable pour les hommes de cette époque, du moment qu'au–delà du devoir et de l'éthique chevaleresque, la possibilité de s'enrichir par des prises est elle aussi bien réelle, tel un Perrinet Gressart, roturier, qui meurt en 1438 riche et dans son lit après une exceptionnelle carrière de routier ? (DeVries 2016, p. 237).

17.5 Conclusion

Les termes médiévaux ont un sens. Lorsqu'on use du terme couleuvrine, il ne s'agit pas d'un veuglaire ou d'une bombarde. Cela implique une forme spécifique, un emploi distinct et une utilisation précise. Connaître l'objet c'est pouvoir l'ancrer dans son contexte et ainsi revoir les modèles antérieurs qui n'en tenaient pas compte. Dès lors, à Castillon, l'hypothèse de Léo Drouyn au XIXe s., me semble discutable et seule l'archéologie pourra permettre d'y voir plus clair. Cette étude a aussi démontré que l'artillerie royale fut loin d'être décisive lors de la bataille et qu'en faire un jalon essentiel de la création de l'État moderne par la poudre est à relativiser.

L'objet avait, avant tout, du sens pour ceux qui l'utilisaient. Les bannières citées dans les chroniques représentaient pour les combattants autant de points de repère à suivre, d'objectifs à conquérir et d'objets de désespoir lorsqu'elles étaient abattues. La compréhension de la tactique médiévale passe par la prise en compte de leur rôle au sein des unités présentes sur le champ de bataille. C'est autour des bannières que se fait la cohésion. Que l'unité soit « *percée* », que le doute s'installe et les peurs individuelles poussent à « *desroyer* ».

Le combattant, quant à lui, exposait son corps dans un risque acceptable pourvu qu'il soit armé. Ce qui le pousse à prendre ce risque c'est, pêle–mêle, le devoir, l'éthique, la reconnaissance et l'appât du gain que représentent les prises (de corps ou de biens) qui sont au centre de l'*entreprise* militaire. Le mot entreprise, d'ailleurs, mériterait qu'on s'arrête dessus tant il est polysémique. L'entreprise est au sens de système économique, la prise entre personne ou l'entreprise au sens de prise de risque. Quels sont ces risques ? Les « livres de combats » permettent de modéliser des gestes sur les réalités du combat. Corrélés aux récits des chroniqueurs et aux découvertes archéologiques de sépultures de combattants, ils pourraient représenter une solide contribution à notre compréhension sur ce qui se joue lors des corps à corps, notamment par l'usage d'armes et de techniques martiales qui sont à relier aux conventions de l'époque et l'autorisation donnée ou non de faire des prisonniers.

Deux conditions sont néanmoins nécessaires à cette corrélation. La première est de ne pas surinterpréter ce corpus de documents qui n'évoque qu'à la marge l'escrime en contexte guerrier et aux iconographies parfois librement inspirées des possibilités biomécaniques du corps humain. La deuxième c'est de multiplier les opérations de fouilles des champs de bataille médiévaux encore trop peu nombreuses. Castillon pourrait, si Jean Chartier ne se trompe pas, être un début pour l'archéologie de champs de bataille de la guerre de Cent Ans.

Bibliographie

Sources anciennes

Archivio di stato Torino, Negro de Sanfront E. : *Architettura militare, disegni di piazze e fortificazioni, parte su pergamena, Castillon. Pianta con dettagli in prospettiva della città fortificata, durante un assedio*, 1586.

Chartier J. : *Chroniques de Charles VII*, et. et trad. par V. De Virville, Paris, P. Jannet, 1858.

D'Auvergne M. : *Vigiles de Charles VII*, BNF, 5054, 1493, 266 f.

de Bueil J. : *Le Jouvencel*, ét. et ann. par C. Favre, L. Lecestre, Paris, Librairie Renouard, 1887, 566 p.

d'Escouchy M. : *Chronique*, éd. G. Du Fresne de Beaucourt, Paris, Vve J. Renouard, 1863, 3 vol.

Journal du siège d'Orléans, 1428–1429, augmenté... des comptes de ville 1429–1431 : éd. P. Charpentier et Ch. Cuissard, Orléans, 1896.

Le Bouvier G. : *L'Histoire mémorable des grands troubles de ce royaume soubs le roy Charles VII*, éd. Nevers, Paris, 1594.

Piccolomini A. S. : *Gnomologia*, Pétri, 1551.

Références modernes

Barnabé P. 2001 : Guerre et mortalité au début de la guerre de Cent Ans : l'exemple des combattants gascons (1337–1367), *Annales du Midi : revue archéologique, historique et philologique de la France méridionale*, 113, n° 235.

Basin T., Quicherat J. (éd.) 1855 : *Histoire des règnes de Charles VII et de Louis XI*, Paris, J. Renouard et Cie, 336 p.

de Beaucourt M. G. 1864 : Trois documents inédits sur la seconde campagne de Guyenne (1453), in *Annuaire–bulletin de la Société de l'histoire de France*, II, Paris.

Benoit P. 1987 : « Artisans ou combattants ? Les canonniers dans le royaume de France à la fin du Moyen Âge » in *Actes des congrès de la Société des historiens médiévistes de l'enseignement supérieur public*, 18.

---

[57] BNF, Ms. Français, n° 8346, recopié in *Bibliothèque de l'école des Chartes*, t.3, Paris, 1846.

Bernard M. 2015 : L'organisation du travail des armuriers parisiens, entre réglementation et réalité(s) de terrain (XIIIe–XVe siècle), *Médiévales,* 69, p. 49–69.

Brioist P. 2011 : La mise en batterie des canons au XVIe siècle dans les traités italiens, anglais et français, in Faucherre N., Prouteau N., de Crouy–Chanel E. (dir.), *Artillerie et fortification, 1200–1600, Actes du colloque international, Palais des Congrès de Parthenay, Deux–Sèvres, 1–3 décembre 2006*, Rennes, Presses Universitaires de Rennes, 236 p.

Burkart E. 2017 : Body techniques of combat : The depiction of a personal fighting system in the fight books of Hans Talhofer, in Rogger J. (éd.), *Killing and being killed : bodies in battle, perspectives on fighters in the Middle Ages*, Bielefeld, Transcript.

Chaize P.–A. 2013 : Quand la pratique est logique. Clés de lecture pour aborder la tradition liechtenauerienne, in Jaquet D. (dir.), *L'art chevaleresque du combat : le maniement des armes à travers les livres de combat (XIVe–XVIe siècles)*, Neuchâtel, Éditions Alphil, Presses universitaires suisse.

Cognot F. 2013 : *L'armement médiéval. Les armes blanches dans les collections bourguignonnes, Xe–XVe siècles.*, thèse de doctorat, Université Panthéon–Sorbonne, 712 p.

de Crouy–Chanel E. 2011 : La première décennie de la couleuvrine (1428–1438), in Faucherre N., Prouteau N., de Crouy–Chanel E. (dir.), *Artillerie et fortification, 1200–1600*, Rennes, Presses Universitaires de Rennes, 226 p.

Curry A., Foard G. 2016 : Where are the dead of medieval battles? A preliminary survey, *Journal of Conflict Archaeology*, 11, 2–3, p. 61–77.

Deruelle B. 2018 : Le temps des expériences, in Drévillon H., Wieviorka O. (dir.), *Histoire militaire de la France I, Des Mérovingiens au Second Empire*, Paris, Perrin, Ministère des Armées, 864 p.

DeVries K. 2016 : Routier Perrinet Gressart, in Pépin G., Lainé F., Boutoulle F. (éd.), *Routier et mercenaires pendant la guerre de Cent Ans. Hommage à Jonathan Sumption*, Bordeaux, Ausonius, (coll. Scriptoria Mediævalia, 28).

Drouyn L., 1865 : *La Guyenne militaire : histoire et description des villes fortifiées, forteresses et châteaux construits dans le pays qui constitue actuellement le département de la Gironde pendant la domination anglaise. Tome 2*, Bordeaux, Didron, 461 p.

Dubled H. 1976 : L'artillerie royale française à l'époque de Charles VII et au début du règne de Louis XI (1437-1469), les frères Bureau, *Sciences et techniques et de l'armement au Moyen Âge,* 50.

Duclercq J. 1826 : Mémoires, in Buchon J.–A., *Collection des chroniques nationales françaises... XVe siècle*, Paris.

Finò J. F. 1974 : L'artillerie en France à la fin du Moyen–Âge, *Gladius*, XII.

Gaier C. 1973 : *L'Industrie et le commerce des armes dans les anciennes principautés belges, du XIIIe à la fin du XVe siècle*, Paris, Société d'édition « les Belles Lettres », 395 p.

Haure V. (à paraître) : Guerre et plat–pays en Bordelais à travers les *Registres de la Jurade*, in *Actes du 17e colloque du CLEM, l'Entre–deux–Mers et son identité. Les mutations de la société rurale du Cadillacais et du Podensacais*, 25–27 octobre 2019.

Haure V. 2014 : Bordeaux à la fin du Moyen–Âge, une puissance militaire. Composition et organisation de ses forces armées, *Annales du Midi*, 126, 286, p.139–159.

Hélary X. 2018 : Du Royaume des Francs au Royaume de France Ve–XVe siècle, in Drévillon H., Wieviorka O. (dir.), *Histoire militaire de la France I, Des Mérovingiens au Second Empire*, Paris, Perrin, Ministère des Armées, 864 p.

Holst M. R., Sutherland T. L. 2014 : Towton revisited–Analysis of the human remains from the Battle of Towton 1461, *Forschungen zur Archäologie im Land Brandenburg*, 15, p. 97–129.

Jaquet D. 2013 : Combattre à plaisance ou à outrance?, in Jaquet D. (dir.), *L'art chevaleresque du combat : le maniement des armes à travers les livres de combat (XIVe–XVIe siècles)*, Neuchâtel, Éditions Alphil, Presses universitaires suisse, p. 153–170.

Jaquet D. 2017 : *Combattre au Moyen–Âge : une histoire des arts martiaux en Occident, XIVe–XVIe siècle,* Paris, Arkhê, 199 p.

Lee S. 1891: Hugerford, John, in *Dictionary of National Biography,* 28, Londres.

Leseur G. 1896 : *Histoire de Gaston IV, comte de Foix*, éd. H. Courteault, t.2, Paris.

Lœil P. 2016 : Le site de la bataille de Castillon», *Bulletin du GRHESAC*, 11.

Pépin G. 2006 : Les cris de guerre « Guyenne ! » et « Saint Georges ! » L'expression d'une identité politique du duché d'Aquitaine anglo–gascon, *Le Moyen Âge*, CXII.

Raynaud C. 2002 : À la hache ! : Histoire et symbolique de la hache dans la France médiévale (XIIIe–XVe siècle), Paris, Le léopard d'Or, 2002, 700 p.

Schnerb B. 1989 : La bataille rangée dans la tactique des armées bourguignonnes au début du 15e siècle : essai de synthèse, *Annales de Bourgogne*, LXI, p. 5–32.

Szkilnik M. 2017 : Le compagnonnage guerrier dans le *Jouvencel de Jean de Bueil*, in M.–M. Castellani et E. Poulain–Gautret (éd.), *La voix des peuples* : épopée et folklore. Mélanges offerts à Jean–*Pierre Martin*, Villeneuve–d'Ascq, Éditions du Conseil scientifique de l'Université Charles–de–Gaulle–Lille 3.

Thordeman B. 1939: *Armour from the battle of Wisby, 1361,* Stockholm, Kungl, Vitterhets Historie Och Antikvitets Akademien.

Watts K., Tzouriadis I.–E. 2015 : les armes d'hast médiévales : maniement et typologie, in *Chevaliers et bombardes, d'Azincourt à Marignan*, catalogue d'exposition, Paris, musée de l'Armée, 7 octobre 2015–24 janvier 2016, Paris, Gallimard, Musée de l'armée de Paris.

18

La masse à Byzance : caractéristiques et emploi à la période mésobyzantine (IXᵉ–XIIᵉ siècle apr. J.–C.)[1]

Thomas Salmon
Doctorant, sous la direction de Stavros Lazaris
Sorbonne–Université, CNRS UMR 8167 Orient et Méditerranée

Résumé : Arme peu étudiée jusqu'à récemment, les recherches de ces dernières décennies révèlent pourtant que la masse occupe une place significative dans la culture médiévale, et particulièrement à Byzance dès les IXᵉ–Xᵉ siècle apr. J.–C. (Yotov 2004 ; D'Amato 2011). Si l'existence de la masse, sous forme de massue ou de masse d'armes, est bien connue des Byzantins, son importance semble croître rapidement au cours de la période mésobyzantine, à tel point qu'elle devient une arme de premier plan de la cavalerie lourde durant la première moitié du Xᵉ siècle apr. J.–C. L'originalité de la présente étude consiste à replacer l'arme dans un contexte culturel plus large que l'analyse habituelle des traités militaires byzantins. La masse est en effet l'une des armes utilisées à cette époque dont on peut lier les mentions textuelles, grâce à une approche lexicographique essentielle, les représentations et les restes archéologiques. Elle se mue en arme favorite de certains aristocrates héroïsés, réels ou fantasmés, dans la littérature byzantine comme Bardas Phokas ou Digénis Akritas. Jusqu'alors très peu représentée, elle semble véritablement apparaître à cette période, étant dès lors figurée sur des fresques, des mosaïques, des manuscrits ou même des céramiques glaçurées. La masse montre ainsi son importance croissante dans la culture matérielle et guerrière byzantine.

Mots–clés : Empire byzantin, période mésobyzantine, culture guerrière, armement médiéval, masse

Abstract : The mace had not been given much attention until recent research from the past few decades revealed its significant place in medieval culture, and particularly in Byzantium from the 9th–10th century AD on (Yotov 2004; D'Amato 2011). Though the existence of the mace was already well known to the Byzantines, both as a club and a formal war mace, its significance seems to grow rapidly during the middle Byzantine period, to such an extent that it became a major weapon of the heavy cavalry in the first half of the 10th century AD. The originality of this study lies in replacing the weapon in a broader cultural context more than the usual analysis of Byzantine military treatises. The mace is indeed one of the weapons used at that time to which textual references can be linked, to iconographical and archaeological sources, thanks to a necessary lexicographical approach. It became the favourite weapon of certain heroized aristocrats, real or fantastical, in Byzantine literature, such as Bardas Phokas or Digenis Akritas. The mace seems to appear in real earnest during this period, being therefore depicted on frescoes, mosaics, manuscripts or even glazed ceramics, pointing to its growing importance within the Byzantine material and warrior culture.

Keywords : Byzantine Empire, middle Byzantine period, war culture, medieval weaponry, mace

18.1 Introduction

La masse est une arme dont la simplicité n'est qu'apparente. Elle soulève en fait des questions jusqu'à sa nature même : comment définir et caractériser une masse ? Si l'on peut définir *a minima* la masse comme un instrument contondant à manche, la variété des objets rentrant dans cette catégorie est trop importante pour se restreindre à une telle description. Son apparence, sa composition matérielle et son emploi constituent les principaux critères discriminants de catégorisation lorsque celle–ci est possible. Il est d'ailleurs encore plus difficile d'en obtenir une vue précise tant en grec qu'en français, notamment par la polysémie des termes grecs employés dans les sources écrites. La masse a laissé très peu de traces dans les sources de tous types avant la période mésobyzantine. Elle n'apparaît en tant que telle qu'au Xᵉ

---

[1] Ce travail doit beaucoup aux groupes de recherche emmenés par Valeri Yotov en Bulgarie et Piotr Kotowicz en Pologne, également à Raffaele D'Amato, que je remercie sincèrement pour l'émulation et la stimulation qu'ils créent grâce à leurs projets et recherches propres et communes.

siècle apr. J.–C. dans ce type de traité, « officialisant » son emploi dans les armées impériales, et prend, parallèlement, une place importante dans la culture guerrière byzantine au moins jusqu'au début du XIIe siècle apr. J.–C. Sa soudaine popularité soulève quelques interrogations, notamment celle de « l'effet de mode militaire », qui décorrélerait, au moins en partie, son emploi massif d'un usage comme véritable atout matériel et technique. Peut-on également lier ce phénomène au renouveau apparent de la science et de la culture épistémique militaires à Byzance ? Toujours est-il que la masse « byzantine » a fait l'objet de peu d'intérêt de la part des byzantinistes, ce jusqu'à récemment, une vingtaine d'années seulement, et il convient aujourd'hui de proposer un complément aux premières études d'une certaine ampleur de T. Kolias (Kolias 1988, p. 173–184), V. Yotov (Yotov 2004) et R. D'Amato (D'Amato 2011)[2]. Tout en reprenant les sources déjà utilisées par ces derniers, il s'agit ici d'aller plus loin sur quelques aspects, grâce à de nouvelles découvertes et certaines interprétations différentes.

18.2 La terminologie

Il est important de préciser les différentes terminologies qui seront utilisées et qui paraissent les plus pertinentes. L'usage terminologique français nous fera distinguer la masse d'armes de la massue/gourdin. Le terme « masse d'armes » rassemble toutes les masses à tête amovible associées à un usage exclusivement guerrier, tandis que massue ou gourdin n'ont de masse que la proéminence située au bout d'un manche de longueur variable. S'il est souvent difficile d'établir une distinction terminologique claire entre un instrument à usage exclusivement guerrier ou un simple bâton[3], un bâton de pasteur ou un bâton cérémoniel, en grec, on peut toutefois identifier les termes régulièrement employés par les Helléno–Byzantins pour désigner l'arme « masse » :

- *Rabdos* (ἡ ῥάβδος)
- *Rabdion* (τὸ ῥαβδίον)
- *Ropalon* (τὸ ῥόπαλον)
- *Korunè* (ἡ κορύνη)
- *Sidèrorabdion* (τὸ σιδηροραβδίον)
- *Bardoukion* (τὸ βαρδουκίον)
- *Matzouka/matzoukion* (ἡ ματζούκα/τὸ ματζούκιον)

Ces différents termes sont déjà identifiés, notamment par T. Kolias, qui note cependant : « *Andere Termini bezeichneten ebenfalls den Streitkolben bzw. die Keule; in den meisten Fällen steht aber in Frage, inwieweit ihnen eine konkrete Bedeutung zugekommen war, ob sie z. T. identisch waren oder aber auch, ob jeder einzelne Ausdruck einen feinen Unterschied gegenüber anderen Bezeichnungen andeuten sollte. Termini dieser Art sind :* ἀπελατίκι(ο)ν, κορύνη, ῥάβδος/ῥαβδίον, ῥόπαλον, σαλίβα, *und* σιδηρορ(ρ)αβδίον. » (Kolias 1988, p. 177–178)[4]. Il est aujourd'hui envisageable de poursuivre ce travail et tenter d'aller plus loin dans la caractérisation des vocables. La pérennité de certains termes se révèle assez marquante : *rabdos, ropalon, korunè* sont employés dans la langue grecque au moins depuis Homère, et dans des sens qui semblent ne pas avoir changé depuis. Si leur examen seul n'est pas suffisant et qu'il faut prendre en compte les diverses traditions lexicographiques byzantines, les lexiques grecs ou bilingues grec/latin (ou latin/grec) sont une source remarquable d'informations et, loin d'être figés, ils témoignent régulièrement des évolutions terminologiques au cours des temps précédant la période mésobyzantine. De leur étude conjointe à celle des autres sources écrites, il ressort une proximité d'acception et de tradition lexicographique certaines entre plusieurs termes.

Rabdos désigne à l'origine le bâton de bois, et *rabdion* serait donc, étymologiquement, une version courte du *rabdos*[5]. L'*Etymologium Gudianum* note formellement leur équivalence de sens (*Etymologium Gudianum*, p. 489, l. 23–26)[6], également constatée dans la version de Grottaferrata du poème épique *Digénis Akritas* (*Digenes Acritas*, Grottaferrata *rabdion* : I, v. 148, III, v. 99, IV, v. 110, 131 ; VI, v. 204, VIII, v. 292 ; *rabdos* : VI, v. 96, 144, 146, 224, 239, 315, 322, 506, VIII, v. 114). Toutefois, il semble que cette dernière soit la seule source dans laquelle *rabdos* est encore employé pour désigner la massue à la période mésobyzantine. Ailleurs le terme est employé pour désigner un bâton, parfois un épieu ou un pieu de bois ou de métal (*De re militari*, 2, l. 26–27, *Sylloge Tacticorum*, 53, 9, l. 2) et même un fourreau d'épée dans le *De administrando imperio* (Constantinus VII Porphyrogenitus Imperator, *De administrando imperio*, 27, l. 44). Le *De cerimoniis* fait correspondre le *brabeion* à un bâton cérémoniel métallique ou recouvert de métal, et on doute fortement qu'il ait pu avoir un quelconque usage militaire (Constantinus VII Porphyrogenitus Imperator, *De cerimoniis aulae Byzantinae*, p. 708, l. 11, 16 et p. 721, l. 18–19)[7]. Contrairement à *rabdos*, *rabdion* semble

---

[2] L'étude de R. D'Amato est encore à ce jour la synthèse la plus complète sur l'état de nos connaissances quant à la masse, notamment la masse d'armes.

[3] Il semble que, davantage que l'ouvrage, ce soit la fonction qui détermine la distinction terminologique entre le bâton de bois et la branche.

[4] Grotowski n'y prête, lui, pas d'attention particulière (Grotowski 2010, p. 367-369). L'*apelatiki (o) n* n'est mentionnée qu'une seule fois à la période traitée, dans la chronique de Georges le Moine, sans que l'on puisse déterminer sa nature (Georgius Monachus, *Chronicon breve*, 110, p. 1228, l. 10). Selon moi, il demeure impossible de conclure sur sa nature aux périodes antérieures au XIIIe siècle apr. J.-C., où elle semble désigner une masse, ni d'en faire une appellation de la masse de la même manière que les autres termes étudiés ici (Kolias 1988, p. 178, n. 28 ; D'Amato 2011, p. 19).

[5] Le lexique bilingue grec/latin du pseudo-Cyrille donne : « Ῥαβδίον : *Uirgultum* » puis « Ῥάβδος : *Uirga Uimen* » (Goetz-Gundermann 1888, p. 427, l. 4–5 ; le MS Laon 444, l'autre manuscrit contenant le lexique, reproduit ici à l'identique les deux termes et les dérivés suivants au fol. 206r.). Sur le MS Laon 444 voir notamment Kaczynski 1988, p. 57-59. Étrangement le lexique d'Hésychius fait équivaloir *rabdos* et *bélos* (« ῥάβδος· βέλος », Hesychius, *Lexicon*, P 8). Le rédacteur a peut-être en tête un bâton qu'on lancerait.

[6] « Ῥάβδος, παρὰ τὸ ῥᾶον εἰς ὁδόν· ἢ παρὰ τὸ ῥᾶον β δίζειν· καὶ οὐδέτερον ῥαβδίον· διαφέρει ῥάβδος καὶ βακτηρία· ῥάβδος μέν ἐστιν ἡ ποιμαντική· βακτηρία ἡ τοῦ γέροντος ἀνάπαυσις. »

[7] Surtout entre les mains d'un silentiaire (gardien du silence autour de l'empereur) ou d'un *mandator* impérial (un messager impérial). Le *brabeion* de l'*ostiarios* (eunuque portier du palais) possède certes une

La masse à Byzance : caractéristiques et emploi à la période mésobyzantine (IXe–XIIe siècle apr. J.–C.)

prendre un sens nouveau à partir du Xe siècle apr. J.–C. S'il peut encore signifier bâton, *rabdion* désigne désormais une arme, et ce dans deux types de sources exclusivement : les traités militaires et les poèmes. Le terme est abondamment employé dans les différentes versions de *Digénis Akritas* (*Digenes Acritas*, Escorial v. 433, 660, 690, 693, 696, 698, 765, 931, 974, 1171, 1173, 1542, 1725, 1761 ; Grottaferrata I, v. 148, III, v. 99, IV, v. 110, 131, VI, v. 204, VIII, v. 292), la masse, probablement une massue, y est d'ailleurs l'arme favorite du héros Digénis. Elle est également présente sous la forme d'une massue dans deux poèmes du pseudo–Prodrome (Ptochoprodromica, *Carmina politica*, I, v. 165, 176, IV, v. 190), le passage où il en est fait mention dans le quatrième poème étant une référence directe à Digénis, tout au moins à l'akrite personnifié :

« Oh fände sich doch dann dort ein och einmal der Akritis,
der würde schürzen sich den Rock, der nähme auf die Keule (τὸ *ραβδίν*),
und wie ein junger mut'ger Held stürzt er sich in Getümmel,
schnell aufgerieben hätt er sie als Riese und als Rächer. »
(Ptochoprodromica, *Carmina politica*, IV, v. 189–192)

Les écrits militaires désignent également de manière tout à fait claire *rabdion* comme une arme, dans des listes d'équipement de cavaliers (Nicephorus II Phocas Imperator, Στρατηγικὴ Ἔκθεσις καὶ Σύνταξις Νικηφόρου Δεσπότου, 3, l. 59, 4, l. 7, 11 ; Nicephorus Uranus, *Tactica*, 60, l. 67, 70, 61, l. 9, 14). Parfois *rabdion* – le manche ou la tête, exprimée ainsi – est qualifié de *holosidèros* ou *sidèros* – ce dernier peut aussi lui être directement accolé pour former *sidèrorabdion* –, sans que l'on sache s'il fait référence à n'importe quel métal ou précisément au fer (*Sylloge Tacticorum*, XXXIX, 3, l. 2 ; Nicephorus II Phocas Imperator, Στρατηγικὴ Ἔκθεσις καὶ Σύνταξις Νικηφόρου Δεσπότου, 1, l. 25, 3, l. 54, 56, 58, 59 ; Nicephorus Uranus, *Tactica*, 56, l. 29, 60, l. 67, 69, 70, 84, 61, l. 211). Il ne fait alors aucun doute qu'on y fait référence à la masse d'armes, non plus à la massue.

Korunè et *ropalon*, malgré leur étymologie bien distincte, semblent deux termes très proches dans leur acception, et sont régulièrement associés. Porphyre, dans ses *Questions Homériques*, note :

« ἐκ δὲ τοῦ κορύεσθαι, ὃ πλεονασμῷ τοῦ θ ἔφη κορθύεσθαι, ἥ τε περικεφαλαία κόρυς καὶ κορύνη, ἀμυντήριον ἐκ κεφαλῆς ῥοπὴν ἔχον καὶ βάρος, παρ' ὃ καὶ ῥόπαλον λέγεται, καὶ κορυνήτης ὁ τῇ κορύνῃ χρώμενος. »
(Porphyrii *Quaestionum Homericarum liber i*, 84.15–20)[8]

La tradition lexicographique grecque, pour partie issue des commentaires des œuvres d'Homère, lie également les deux termes à partir du lexique d'Hésychius, qui les fait équivaloir (Hesychius, *lexicon*, K 3706)[9]. Le *Lexicon artis grammaticae*, lui, donne : « Κορύνη : σιδηρᾶ ῥάβδος » (*Lexicon artis grammaticae*, p. 449, l. 11), la *Synagôgè lexeôn chrèsimôn* : « κορυνη· ῥόπαλον, οἱ δὲ ξίφος οἱ δὲ ξύλον ἐπικαμπές » (Συναγωγὴ λέξεων χρησίμων, K 422), reprise plus tard par Photios (Photius, *Lexicon*, K 992), puis par la *Suda* (Suda, *Lexicon*, K 2125)[10]. L'*Etymologicum Gudianum* en donne deux définitions assez distinctes, une assez large : « Κορύνη, ῥόπαλον, παρὰ τὸ κάρη, ὅπερ ἀπὸ τοῦ κάρηνον γέγονε, κατ' ἀποκοπὴν καρήνη· καὶ τροπῇ τοῦ α εἰς ο κορύνη, τὸ παχεῖαν κεφαλὴν ἔχον ξύλον· ἢ κατὰ τὸ κάλον νεύουσα καρήνη καὶ κορύνη καὶ κορυνήτης. » (*Etymologicum Gudianum*, K p. 339, l. 2–5), l'autre plus précise, plus loin dans l'écrit : « Κορύνη, βάκλον, ῥόπαλον· καὶ εἰς τὸ ἱπποκορυστής. » (*Etymologicum Gudianum*, K p. 340, l. 13). Les chroniques et autres récits s'accordent en fait plutôt avec cette tradition lexicographique, tantôt faisant correspondre *korunè* et *ropalon* (Zosimus, *Historia nova*, I, 52, 4, l. 7–8, I, 53, 2, l. 7–8)[11], tantôt faisant de *korunè* un type de *ropalon*, alors terme générique (Constantinus Rhodius, *Versus*, v. 884). C'est en fait Eustathe de Thessalonique, dans ses *Commentaires sur l'Iliade d'Homère*, qui donne certainement la meilleure définition de *korunè*, et par extension de *ropalon* :

« Κορύνη δέ, ἣν καὶ αὐτὴν δὶς ἔφη, ἐπιμείνας διὰ τὸ τῆς λέξεως καίριον, ἁπλῶς μὲν πᾶσα ῥάβδος κεφαλωτὴ παρὰ τὴν κάραν, ὅθεν καὶ ἡ κόρυς. Εἰ δὲ τὸ τοῦ ξύλου ἐξ ἄκρου παχὺ σιδηροῦν εἴη, τότε καὶ σιδηρείη κορύνη λέγεται ἀπὸ τοῦ κεφαλωτοῦ μέρους οὕτω κληθεῖσα, ὥσπερ καὶ ῥόπαλόν τι λέγεται ἀπὸ τοῦ ἄκρου μὴ ὀρθοῦ ὄντος, ἀλλὰ ῥέποντος. Οὕτω καὶ ἡ πολεμικὴ κάμαξ ἀπὸ ξύλου συγκειμένη καὶ σιδήρου δόρυ μὲν λέγεται διὰ τὸ ξύλον, αἰχμὴ δὲ διὰ τὸν σίδηρον. Ἰστέον δὲ ὡς οὐ δῆλον εἴτε ἡ κεφαλὴ τῆς ῥηθείσης κορύνης μόνη σιδηρᾶ ἦν, εἴτε καὶ ὅλην αὐτὴν σίδηρος συνεκρότει, ὥσπερ καὶ δόρυ τὸ μὲν αἰχμὴν μόνην εἶχε σιδηρᾶν, τὸ δὲ ὁλοσίδηρον ἦν κατὰ τὸ σίγυμνον, ἢ μᾶλλον σύγινον, περὶ οὗ προδεδήλωται. »
(Eustathius Thessalonicensis, *Commentarii ad Homeri Iliadem*, II, p. 427, l. 9–19)[12]

---

tête sertie de pierres précieuses (Constantinus VII Porphyrogenitus Imperator, *De ceremoniis aulae Byzantinae*, p. 721, l. 19), mais on l'imagine mal s'en servir comme d'une arme. Ces *rabdoi* restent, au moins en théorie, des *insigna*. Ces *insigna* se réfèrent probablement aux *mustawfī* des gardes rapprochés des souverains fatimides lors de la procession du Nouvel An (Al-Sarraf 2002, p. 152-153, qui cite Ibn al-Ṭuwayr al-Qaysarānī, Abū Muḥammad al-Murtaḍā ḫʿAbd al-Salām, *Nuzhat al-muqlatayn fī akhbār al-dawlatayn*, p. 148.)

[8] Il s'agit du texte établi à partir du MS Vaticanus Graecus 305 (XIVe siècle). Il n'existe à ce jour pas de traduction publiée du texte établi à partir de ce manuscrit.
[9] « κορύνη· ἑτεροβαρὲς ξύλον. οἱ δὲ ῥόπαλον. οἱ δὲ κολόροβον. οἱ δὲ ξύλον ἐπικαμπές ».
[10] La *Suda*, deux lignes plus bas, note : « Κορυνηφόροι· οἳ ξύλων κορύνας ἔχοντες εἵποντο τῷ βασιλεῖ ὄπισθεν. » (Suda, *Lexicon*, K 2127). Il ne faut donc pas exclure *a priori* la fonction cérémonielle associée à ce terme.
[11] Il s'agit manifestement de massues de métal utilisées à l'occasion par des auxiliaires Palestiniens.
[12] Il n'existe à ce jour et à ma connaissance pas de traduction publiée des *Comentarii ad Homeri Iliadem*.

Ropalon est cité dans une scène de la *Vie de Basile Ier* passée à la postérité, scène dans laquelle l'empereur tue un loup avec un jet de masse durant une chasse en compagnie du futur Constantin VII, alors encore *protostrator* :

« Μετὰ δὲ ταῦτα κυνηγεσίου καταγγελθέντος εἰς τὸ λεγόμενον Φιλοπάτιον, ἣν ὁ πρωτοστράτωρ κατὰ τὸν τύπον τοῦ βασιλέως προπορευόμενος ἔφιππος, ἐπεφέρετο δὲ καὶ τὸ ῥόπαλον τὸ βασιλικὸν ἐπὶ τῆς ζώνης αὐτοῦ, ὃ βαρδούκιον οἶδε καλεῖν ἡ συνήθεια. θορύβου δὲ κινουμένου ἀπὸ τῶν συμπληρούντων τὸ κυνηγέσιον, ἐξέθορεν ἐκ τῆς ὕλης λύκος παμμεγεθέστατος, ὥστε σχεδὸν πάντας διαπτοηθῆναι καὶ εἰς ταραχὴν ἐμπεσεῖν. ὁρμήσας δὲ κατ'αὐτοῦ ὁ Βασίλειος, καὶ ῥίψας ἐξόπισθεν τὸ βασιλικὸν βαρδούκιον, ἔτυχε τοῦ θηρίου κατὰ τὸ μέσον τῆς κεφαλῆς καὶ ταύτην ἐδιχοτόμησεν. »
(Theophanes Continuatus, *Chronographia*, p. 54, l. 1–10)[13]

Cette scène acquiert une forte portée symbolique. La « masse impériale », en fait Basile Ier, soumet un puissant adversaire surgi d'ailleurs[14].

Le symbole de son pouvoir fend l'adversaire en deux, sans même qu'un sang éclabousse l'empereur. Plus étonnant, *ropalon*, contrairement au terme *korunè*, est mentionné plusieurs fois dans les *Basilica* (*Basilica*, XXI, 3, 13, l. 5, 15, l. 3, XXXV, 16, 1, l. 11, LVI, 17, 1, l. 2, LX, 17, 9, l. 3, 58, 1, l. 4) en tant qu'arme. En revanche, les deux sont notablement absents des traités militaires. Seul le *Sylloge Tacticorum* y fait mention, mais comme une simple barre métallique placée sur un chariot (*Sylloge Tacticorum*, LXXVI, 10, l.1). *Bardoukion*, hormis dans le contexte de ce récit, n'est cité que dans les *Taktika* de Léon VI, aux côtés de *matzouka/matzoukion* (Leo VI Sapiens Imperator, *Tactica*, VI, 23, l. 6, VII, 41, l. 1), et une fois dans le *Sylloge Tacticorum* (*Sylloge Tacticorum*, XXXIX, 3, l. 2). Le premier groupe de mentions renvoie à une fonction d'arme de jet, incontestablement, la mention dans le *Sylloge Tacticorum* est plus problématique. Étant donné le faible nombre d'occurrences du terme (également de *matzouka/matzoukion*), on ne peut raisonnablement trancher. Il pourrait très bien s'agir d'une massue ou d'une masse d'armes dont on ait l'usage à distance comme au corps–à–corps (D'Amato 2011, p. 16)[15].

18.3 Un emploi qui évolue grandement à partir de la période mésobyzantine

On pourrait parler de la période mésobyzantine comme de l'âge d'or de la masse d'armes à Byzance, la formule ne serait pas galvaudée. Si Arrien préconise déjà l'emploi de « πελέκεις μικροὺς φέρουσι πάντοθεν ἐν κύκλῳ ἀκωκὰς ἔχοντας » (Flavius Arrianus, *Tactica*, IV, 9, l. 5–6) pour les cavaliers romains qui seraient amenés à affronter les Alains ou les Sarmates, il ne s'agit probablement pas d'une masse d'armes, mais davantage d'une massue à pointes. On sait que les Romains connaissaient la masse, mais il semble que son usage, s'il fut plus qu'occasionnel, soit cantonné à des situations particulières. La représentation d'un officier romain sur sa stèle funéraire tenant une massue ne permet pas de conclure à un usage répandu de la masse par les armées romaines (D'Amato 2011, p. 8 et n. 5)[16] (Fig. 18.1).

C'est à partir du Xe siècle apr. J.–C. que les mentions de la masse comme arme dans les sources écrites, de quelque type que ce soit, explosent. Les traités militaires permettent de placer un *terminus post quem* à son emploi « officiel » dans les armées byzantines. La masse d'armes est alors employée par l'infanterie, notamment l'infanterie lourde, et toujours comme arme secondaire (Leo VI Sapiens Imperator, *Tactica*, VI, 23, 146 et VII, 41, 290 ; Nicephorus II Phocas Imperator, Στρατηγικὴ Ἔκθεσις καὶ Σύνταξις Νικηφόρου Δεσπότου, I, 3, 25–26, Nicephorus Uranus, *Tactica*, LVI, 3, l. 28–29). Elle reste tout de même principalement employée par la cavalerie. Elle est une arme secondaire de la cavalerie que l'on pourrait qualifier de « moyenne » ou « de ligne », dont l'arme principale reste la lance, parfois l'arc (Nicephorus II Phocas, Στρατηγικὴ Ἔκθεσις καὶ Σύνταξις Νικηφόρου Δεσπότου, III, 9, l. 70–72). Vers le milieu du Xe s. apr. J.–C., elle devient une arme première des *kataphraktoi* (Nicephorus II Phocas, Στρατηγικὴ Ἔκθεσις καὶ Σύνταξις Νικηφόρου Δεσπότου, III, 7, l. 60–63 ; Nicephorus Uranus, *Tactica*, LX, 7, l. 66–67), terme désignant alors la cavalerie lourde de mêlées, et probablement des officiers des formations de cavalerie moyenne ou de ligne. Pour ces cavaliers lourds, la masse reste également une arme secondaire, qu'il faut garder à la ceinture ou dans des sacs de selle (Nicephorus II Phocas, Στρατηγικὴ Ἔκθεσις καὶ Σύνταξις Νικηφόρου Δεσπότου, III, 7, l. 57–60), la masse peut en effet rester figée dans un adversaire, ou simplement être lancée. Les traités de la deuxième moitié du Xe siècle apr. J.–C. font de la masse une arme employée avant tout par la cavalerie, elle disparaît de l'armement préconisé pour les fantassins dès lors.

Loin de rester cantonnées à une présence dans les traités militaires et quelques mentions dans des chroniques, massues et masses d'armes sont également présentes dans l'iconographie byzantine. La masse semble également

---
[13] « Following these events, a hunting party was announced for the so-called Philopation. The protostrator, in accordance with protocol, rode ahead of the emperor, carrying the imperial mace, commonly called the *bardoukion*, at his belt. While the attendants of the hunt were noisily scaring up the game, a wolf of truly prodigious dimensions leaped out of the thicket, sending nearly everyone into a state of panic and confusion. Basil rushed forward against the beast, hurled the imperial *bardoukion* <at it> from behind, struck the animal's head in the middle, and split it in two. » (Theophanes Continuatus, *Chronographia*, p. 55, l. 1-9).
[14] Voir par exemple le Ioannes Scylitzes, *Synopsis historiarum*. Skylitzès de Madrid, BN Vitr. 26,1, fol. 86r. XIIe siècle apr. J.–C., Biblioteca Nacional de España.
[15] Sont exclues de cet article les *martzobarboulon/saliba*, qui sont des projectiles, dans la suite des *plumbatae* romaines (Kolias 1988, p. 173-177).

[16] On pense à l'épée à poignée et pommeau orientaux de Marcus Aurelius Alexius, autres signes d'influence perse sur l'armement représenté. Il s'agit peut-être même de prises de guerre.

Fig. 18.1. Dessin Stèle funéraire de Marcus Aurelius Alexius, IIe siècle apr. J.-C. (marbre, Musée National Archéologique d'Athènes (Grèce)) (© Pauline Bombled).

avoir été l'arme favorite de plusieurs personnages d'importance de l'aristocratie mésobyzantine, tels Bardas Sklèros et Bardas Phocas (Leo Diaconus, *Historia*, p. 125), ou Théodore Lalakon (Leo Diaconus, *Historia*, p. 144–145) (Fig. 18.2)[17].

L'usage de la masse par Digénis Akritas, son arme de prédilection, est confirmé par l'iconographie où le héros byzantin est régulièrement figuré sur des supports très divers, à l'époque mésobyzantine, notamment sur des céramiques glaçurées (Fig. 18.3 ; 18.4).

Elle est en fait devenue l'arme par excellence des héros mésobyzantins. Saint Michel est désormais occasionnellement représenté brandissant une masse[18].

Tout ceci participe en fait à la très forte augmentation de la charge symbolique visuelle de la masse à la période mésobyzantine, ayant un fort attrait avec une forme de pouvoir, dont la nature varie suivant les situations. Ce caractère fut notamment souligné par Raffaele D'Amato, dont il suppose sa transmission à la culture byzantine par les Sassanides ou les peuples nomades, iranophones ou non (D'Amato 2011, p. 8). Cette influence iranienne ou steppique pourrait expliquer les quelques représentations de la masse aux mains de Zacharie, figuré à cheval sur des textiles de la période protobyzantine[19]. Bien qu'étant une probable exagération des chroniqueurs byzantins, il est tout de même intéressant de noter que la masse blesse à chaque fois l'ennemi lors d'un combat (à cheval) dans leurs écrits (Leo Diaconus, *Historia*, p. 125, 144–145, 160) ; Joannes Scylitzes, *Synopsis historiarum*, p. 272–273). Dans chacun de ces combats, le coup est *a minima* incapacitant pour l'adversaire et les blessures infligées correspondent tout à fait à des blessures qu'infligerait une masse d'armes.

18.4 Quelle typologie ?

L'augmentation du nombre de mentions et représentations est confirmée par l'archéologie avec des occurrences toujours plus nombreuses. Un nombre désormais conséquent de têtes de masse a été retrouvé, notamment ces dernières décennies dans les Balkans[20]. Il s'agit donc principalement de masses d'armes dont nous connaissons l'existence via les découvertes en fouilles. Les massues en matériaux non périssables sont, elles, bien plus rares dans l'ensemble des sources dont nous disposons à l'heure actuelle, pas uniquement en contexte archéologique. Il existe une certaine variété de têtes de masses, ainsi qu'esquissées par les traités byzantins du Xe siècle apr. J.-C., distinguable par leur taille, la forme des têtes, parfois même par le nombre d'ailettes si la tête en possède.

---

[17] Voir également Ioannes Scylitzes, *Synopsis historiarum*. Skylitzès de Madrid, BN Vitr. 26,1, fol. 161v. XIIe siècle apr. J.-C. et Ioannes Scylitzes, *Synopsis historiarum*. Skylitzès de Madrid, BN Vitr. 26,1, fol. 164r. XIIe siècle apr. J.-C. conservés à la Biblioteca Nacional de España.
[18] Voir par exemple le médaillon de Archange Saint–Michel brandissant une masse, Benaki Museum (ΓΕ 11433). XIe siècle apr. J.-C.

[19] Voir notamment British Museum, inv. N° 1904,0706 .41 (VIIe-IXe siècles) ; et MET Museum, inv. N° 83684. (VIe-VIIe siècles).
[20] Le phénomène doit être relié à l'augmentation du nombre de fouilles dans certaines zones, pas uniquement au hasard des trouvailles fortuites.

Fig. 18.2. Ioannes Scylitzes, Synopsis historiarum. Skylitzès de Madrid, BN Vitr. 26,2, fol. 164v. XIIe siècle apr. J.-C. (Crédits : Biblioteca Nacional de España).

Fig. 18.3. DAO Digénis Akritas chassant le dragon (céramique glassurée, Musée Benaki. XIIe-XIIIe siècle apr. J.-C. siècle) (© Pauline Bombled).

Les traités de Nicéphore Phokas, puis de Nicéphore Ouranos préconisent : « *the heads must have sharp corners and be three–cornered, four–cornered, or six–cornered* » (Nicephorus II Phocas Imperator, Στρατηγικὴ Ἔκθεσις καὶ Σύνταξις Νικηφόρου Δεσπότου, III. 53–57, Nicephorus Uranus, *Tactica*, LX, 7, l. 66–69)[21]. On ne peut conclure à partir de cette description seule s'il s'agit d'arêtes ou de véritables ailettes. En revanche, très peu de têtes à ailettes qu'on pourrait dater de la période mésobyzantine ont été retrouvées, au contraire des têtes à coins. Celles-ci sont majoritairement en fer, avec néanmoins quelques exemplaires en bronze, et plus rarement en os. Les premières typologies furent basées sur des têtes de masses trouvées sur le territoire de l'actuelle Bulgarie (Yotov 2004, p. 107–109), complétées plus récemment par R. D'Amato (D'Amato 2011, p. 25–43) et S. Popov (Popov 2014) qu'il faut rapprocher de celles, plus anciennes de A. N. Kirpichnikov à partir des têtes retrouvées sur le territoire russo–soviétique (Kirpichnikov 1966, p. 47–58)[22]. L'étude

---

[21] «καὶ τὰ κεφάλια αὐτῶν ἐχέτωσαν γωνίας ὀξείας τοῦ εἶναι αὐτὰ τρίγωνα ἢ τετράγωνα ἢ ἑξάγωνα»

[22] Pour un complément bibliographique, voir Zlatkov 2018, n. 3 p. 169.

Fig. 18.4. DAO Digénis Akritas chassant le dragon (céramique glassurée, Stoa d'Attale, XIIe siècle apr. J.-C.) (© Pauline Bombled).

de S. Popov constitue un prolongement de celle de V. Yotov, à laquelle il ajoute quelque 448 masses d'armes qu'il date du Xe au XVIIe siècle apr. J.–C. Ces masses sont réparties dans les catégories déjà établies, auxquelles s'ajoutent de nouvelles, principalement différenciées par le nombre, la position et la forme des arêtes. Il reste que les catégories définies par Yotov constituent toujours les fondements de la typologie, et les plus importants tenants. Voici les deux principaux types qui proviennent de l'ancien espace byzantin, qui établissent de solides bases typologiques :

- Le type 1 constitué des têtes de forme sphérique ou pseudosphérique, voire cylindrique ;
- Le type 2 constitué de têtes de forme polygonale, le plus souvent parallélépipédique.

Les deux types cités possèdent un certain nombre de variantes, qui ont pour caractéristiques discriminantes leur nombre d'ailettes, droites ou courbes, ou de coins et pointes plus ou moins développés. Les datations restent très vagues.

- Le type 1 possède quatre variantes, de la variante A (Yotov 2004, tab. LIII, 644) à la variante D[23] (Fig. 18.5 et Fig. 18.6).

- Le type 2 est également composé de plusieurs variantes, cependant moins aisées à distinguer entre elles. Leurs variations tiennent presque exclusivement au nombre de coins, de pointes ou d'ailettes, allant généralement de quatre à douze, et généralement sous la forme d'un multiple de quatre[24].

L'augmentation du nombre de coins ou d'ailettes avait pour conséquence d'accroître sensiblement les dégâts d'écrasement de l'arme tout en complexifiant sa fabrication. Il a aussi certainement fallu faire des choix quant à la forme des augments/ajouts sur les têtes de masse en fonction de leur utilisation, du type d'adversaire rencontré, de la qualité de son armement. Ces têtes proviennent pour grande majorité de trouvailles dans les Balkans. Leur contexte de découverte n'est pas toujours très clair, de même que leur provenance. Ainsi, sur les 448 masses examinées par Popov, plus de 96 % sont de provenance inconnue (Zlatkov 2018, p. 169). Il demeure difficile de déterminer s'il existe un type particulier originaire de Byzance, établir une typologie claire et

---

[23] Voir la découverte faite à la basilique d'Arapajt datée de la période mésobyzantine, type 1, variante D (objet hypothétique (Hidri considère l'objet comme une poignée de porte en bronze, il a pourtant été découvert près d'autres armes)), d'après Hidri 1991, tab. X, 4.

[24] Voir par exemple la pièce trouvée près de Dristra en Bulgarie de type 2 à quatre pointes, datée de la période mésobyzantine (Yotov 2004, tab. LIV, 655, 660). Voir également Belorybkin et al. 2020, fig. 22, 1 et 77, 1. Pour deux têtes assez inhabituelles de ce même type comportant un crochet, voir Baranov 2018, p. 259-265.

Fig. 18.5. Type 1, variante B. D'après D'Amato 2011, p. 39, 26–1. Période mésobyzantine.

Fig. 18.6. Type 1, variante C. D'après D'Amato, p. 42–43, 26–4. Période mésobyzantine[25].

précise pourrait permettre cependant d'en identifier un. Se posera aussi la question de la taille des manches, pour lesquels, hormis les représentations très classiques pour la période, nous n'avons aucune information. Les calculs prospectifs paraissent à ce jour bien trop hasardeux. Nous pourrions éventuellement déterminer une variable terminologique dans la typologie des masses, par exemple entre des masses à tête sphérique et des masses à ailettes. Il est cependant assez intéressant de constater que pour la période mésobyzantine, peu de types puissent être différenciés et que ces types soient finalement assez communs. En l'état actuel des connaissances, il apparaît en fait que durant cette période, les Byzantins, sur le champ de bataille, en ont eu un usage relativement simple voire sommaire, contrastant avec les exploits retentissants de leurs usagers.

18.5 Conclusion

La masse a connu un destin tout à fait singulier à Byzance. Employée sous la forme de massue, de gourdin, et peut–être déjà de masse d'armes depuis les temps homériques, ce n'est qu'à partir des IXe et Xe siècle apr. J.-C. qu'elle émerge véritablement dans la panoplie guerrière byzantine. Il n'y a probablement pas d'usage régulier ou généralisé de la masse dans les armées byzantines avant cette période, pourtant la plupart des termes existent déjà, sans qu'ils soient uniquement liés aux traditions homérique ou biblique. On peut toutefois supposer un usage courant de la massue, couplé à une portée symbolique héroïque ou à une forme de pouvoir, déjà existante dès l'Antiquité. Jusqu'alors peu représentée, elle semble véritablement apparaître à la période mésobyzantine, étant figurée sur des fresques, des mosaïques, des manuscrits ou même des céramiques glaçurées. Elle reste peu figurée à Byzance, par rapport à d'autres armes telles que les lances et les épées, mais les découvertes archéologiques ne laissent aucun doute quant à son usage courant à partir de l'époque mésobyzantine. L'introduction de cette arme est certainement le reflet d'influences orientales et/ou asiatiques à partir du milieu du Xe siècle apr. J.-C. que l'on peut probablement lier à la migration de peuples nomades asiatiques. L'aristocratie byzantine de cette époque, qui a écrit ou fait écrire ces traités, combat. Les récits et figurations de leurs exploits ne sont certainement pas étrangers à la popularisation de la masse dans la panoplie guerrière byzantine. En dépit du petit nombre de découvertes, il semble raisonnable d'être optimiste si les fouilles et leurs publications continuent notamment de se développer dans les espaces balkaniques et turcs.

Abréviations

CFHB Corpus Fontium Historiae Byzantinae

CSHB Corpus Scriptorum Historiae Byzantinae

Bibliographie

Sources anciennes

Basilica : éd. H.J. Scheltema, N. van der Wal, Groninge, Wolters (coll. Scripta Universitatis Groninganae), 1955–1988.

Constantinus VII Porphyrogenitus Imperator : *De administrando imperio*, éd. G. Moravcsik, Washington, D.C., Dumbarton Oaks (coll. CFHB, 1), 1967 (2e éd.).

Constantinus VII Porphyrogenitus Imperator : *De cerimoniis aulae Byzantinae*, éd. et trad. A. Moffatt, M. Tall, Leide–Boston, Brill (coll. Byzantina Australiensia, 18), 2012.

Constantinus Rhodius : *Versus*, éd. I. Vassis, in Vassis I., Στίχοι Κωνσταντίνου ἀσηκρίτη τοῦ Ῥοδίου, in James L. (éd.), *Constantine of Rhodes, On Constantinople and the Church of the Holy Apostles*, Farnham, Ashgate, 2012, p. 18–84.

Corpus Glossariorum Latinorum – II – Glossae Latinograecae et Graecolatinae : Accedunt Minora Utriusque Linguae Glossaria : éd. G. Goetz G., G. Gundermann, Leipzig, Teubner, 1888.

De re militari : éd. et trad. G. T. Dennis, in Dennis G. T., *Three Byzantine Military Treatises*, Washington, D.C., Dumbarton Oaks (coll. CFHB, 25), 1985.

Digenes Acritas : éd. et trad. E. Jeffreys, in Jeffreys E., *Digenis Akritis. The Grottaferrata and Escorial versions*, Cambridge, Cambridge University Press (coll. Cambridge Medieval Classics, 7), 1998.

Etymologicum Gudianum : éd. E. L. De Stefani, Leipzig, Teubner, 1909–1920. [réédition en 1965].

---

[25] Pour d'autres exemplaires des types 1, variantes A, et B, voir notamment Rabovyanov 2010, p. 187-188, Zlatkov 2018 p. 169-172, Belorybkin *et al.* 2020, fig. 22, 2-3 et la bibliographie associée à ces découvertes p. 45-46 ; voir également le catalogue proposé dans D'Amato 2011, p. 33-43.

Eustathius Thessalonicensis : *Commentarii ad Homeri Iliadem*, éd. M. van der Valk, Leyde, Brill, 1971–1987.

Flavius Arrianus : *Tactica*, éd. A.G. Roos, G. Wirth, in Roos A. G., Wirth G., *Flavii Arriani quae exstant omnia*, vol. 2, Leipzig, Teubner, 1968.

Hesychius : *Lexicon*, éd. K. Latte, Copenhague, Munksgaard, 1953–1966.

Ibn al-Ṭuwayr al-Qaysarārānī, Abū Muḥammad al-Murtaḍā ḫʿAbd al-Salām : *Nuzhat al-muqlatayn fī akhbār al-dawlatayn*, éd. A. Fuʾād Sayyid, Beyrouth, Franz Steiner Verlag Stuttgart, 1992.

Joannes Scylitzes : *Synopsis historiarum*, éd. J. Thurn, Berlin, De Gryter (coll. CFHB, 5), 1973.

Leo VI Sapiens Imperator : *Tactica*, éd. et trad. G. T. Dennis, Washington D.C., Dumbarton Oaks (coll. CFHB, 12), 2010.

Leo Diaconus : *Historia*, éd. K. B. Hase, Bonn, Weber (coll. CSHB), 1828.

Lexicon artis grammaticae : éd. L. Bachmann, in Anecdota Graeca, vol. 1, Leipzig, Hinrichs, 1828.

Nicephorus II Phocas Imperator, Στρατηγικὴ Ἔκθεσις καὶ Σύνταξις Νικηφόρου Δεσπότου, éd. et trad. E. McGeer, in McGeer E., *Sowing the Dragon's Teeth : Byzantine Warfare in the Tenth Century*, Washington D.C. (coll. Dumbarton Oaks Studies, 33), 1995.

Nicephorus Uranus : *Tactica*, éd. et trad. E. McGeer, in McGeer E., *Sowing the Dragon's Teeth : Byzantine Warfare in the Tenth Century*, Washington D.C., (coll. Dumbarton Oaks Studies, 33), 1995.

Photius : *Lexicon*, éd. R. Porson, Cambridge, Cambridge University Press, 1822.

Porphyrii : *Quaestionum Homericarum liber i*, éd. A.R. Sodano, Naples, Giannini, 1970.

Ptochoprodromica : *Carmina politica*, éd. H. Eideneier, Cologne, Romiosini (coll. Neograeca Medii Aevi, 5), 1991.

Suda : *Lexicon*, éd. A. Adler, Leipzig, Teubner (coll. Lexicographi Graeci, 1.1–1.4), 1928–1935.

Sylloge Tacticorum : éd. A. Dain, Paris, Les Belles Lettres, 1938.

Sylloge Tacticorum : trad. G. Chatzellis, J. Harris, in Chatzellis G., Harris J., *A Tenth-Century Byzantine Military Manual : The Sylloge Tacticorum*, Londres–New-York, Routledge (coll. Birmingham Byzantine and Ottoman Studies), 2017.

Συναγωγὴ λέξεων χρησίμων : éd. I.C. Cunningham, Berlin–New York, De Gruyter (coll. Sammlung griechischer und lateinischer Grammatiker, 10), 2003.

Theophanes Continuatus : *Chronographia*, éd. I. Ševčenko, in I. Ševčenko, *Chronographiae quæ Theophanis Continuati nomine fertur Liber quo Vita Basilii Imperatoris amplectitur*, Berlin–Boston, De Gruyter, (coll. CFHB, 42), 2011.

Zosimus : *Historia nova*, éd. et trad. F. Paschoud, Paris, Les Belles Lettres, 1971–1989.

Références modernes

Al-Sarraf S. 2002: Close Combat Weapons in the Early Abbâsid Period : Maces, Axes and Swords, in Nicolle D. (éd.), *A Companion to Medieval Arms and Armour*, Woodbridge, The Boydell Press, p. 149–178.

Баранов Г. В. 2018 : Навершие булавы с клювовидным выступом с территории Винницкой области, МАИАСК, 10 / Baranov G. V. 2018 : A Pommel of a Mace with a Bill-Shaped Protrusion from the Vinnytsia Region, *MAIASK*, 10, p. 259–265.

Белорыбкин Г. Н., Гусынин В.А., Измайлов И.Л. 2020 : Вооружение Населения Юго-Западной Булгарии (X–середина XIII века), (Археология Евразийских Степей, 1), Казань / Belorybkin G. N., Gusynin V. A., Izmailov I. L. 2020 : *Armement des populations du sud-ouest de la Bulgarie (X^e–milieu du XIIIe siècle apr. J.-C. s)*, (coll. Archéologie des steppes eurasiatiques, 1), Kazan.

D'Amato R. 2011 : Σιδηροράβδιον, βαρδούκιον, ματζούκιον, κορύνη : The war-mace of Byzantium, 9th–15th C. AD. New evidence from the Balkans in the collection of the World Museum of Man, Florida, *Acta Militaria Mediaevalia*, 7, p. 7–48.

Grotowski P. Ł., Brzezinski R. (trad.) 2010 : *Arms and Armour of the Warrior Saints : Tradition and Innovation in Byzantine Iconography (843–1261)*, Leyde–Boston, Brill.

Hidri, S. 1991 Materiale arkeologjike nga bazilika e Arapajt / Matériaux archéologiques provenant de la basilique d'Arapaj, *Iliria*, 21, p. 203–229.

Kaczynski B. M. 1988 : *Greek in the Carolingian age : the St. Gall manuscripts*, Cambridge, The Medieval academy of America (coll. *Speculum anniversary monographs*, 13).

Кирпичников А.Н. 1966 : Древнерусское оружие – Выпуск 2 – Копья, сулицы, боевые топоры, булавы, кистени IX – XIII веков, Москва–Ленинград, Наука (Археология СССР) / Kirpichnikov A. N. 1966 : *Armes russes anciennes – vol. 2 – Lances, sulitsa, haches de bataille, masses d'armes, fléaux d'armes IXe–XIIIe siècle apr. J.-C. s*, Moscou, Naouka, (coll. Archeologiia SSSR).

Kolias T. G. 1988 : *Byzantinische Waffen: ein Beitrag zur byzantinischen Waffenkunde von den Anfangen bis zur lateinischen Eroberung*, Vienne, Verlag der Österreichischen Akademie der Wissenschaften.

Попов С. 2014 : Боздуганите от днешните български земи (X–XVII век), София, Иврай / Popov S. 2014 : *Les masses d'armes de l'actuel territoire de Bulgarie (X^e–XVIIe siècle apr. J.-C.)*, Sofia, Ivray.

Рабовянов Д. 2010 : Средновековни боздугани от фонда на Регионален Исторически Музей – Велико Търново, Известия на Регионален исторически музей – Велико Търново, XXIV–XXV, 2009–2010 / Rabovyanov D. 2010 : Medieval Maces from the Funds of the Veliko Turnovo Regional Museum of History, *Proceedings of the Regional Museum of History*, XXIV–XXV, 2009–2010, p. 187–199.

Йотов В. 2004 : Въоръжението и снаряжението от българското средновековие *(VII–XI век)*, Варна, Зограф / Yotov V. 2004 : *L'armement et l'équipement du Moyen âge bulgare (VIIe–XIe siècle apr. J.–C. s)*, Varna, Zograf.

Златков М. 2018 : Желязна глава на боздуган от петричко / Zlatkov M. 2018 : Une tête de masse d'armes en fer de Petritch, *Acta Musei Varnaensis*, X, 2, p. 169–180.

19

Étudier les armes de l'Inde à l'époque moderne : de l'usage des peintures pour construire les chronotypologies des poignards, le cas des chilanums

Jean–Baptiste Clais
Conservateur, département des Objets d'Art Musée du Louvre

Résumé : Les armes indiennes du XVIe au XIXe siècle apr. J.–C. posent un problème à l'historien d'art. Dans leur immense majorité, elles ne portent pas de marques d'atelier ou d'inscriptions utiles à la datation. Le moyen le plus fréquent pour les dater est la comparaison avec leurs représentations en peinture. Il n'a été pratiqué qu'à petite échelle jusqu'à présent. Cet article présente les résultats d'une méthode de comparaison basée sur l'analyse de milliers de peintures et d'objets à la manière de ce que peuvent faire les archéologues. À partir du cas des poignards de type Chilanum, il démontre qu'il est possible d'affiner considérablement le savoir sur les objets par cette approche.

Mots–clés : Inde, Moghols, armes, Chilanum, corpus

Abstract : Indian weapons from the 16th to the 19th century pose a problem in terms of art history. Most of them bear no inscription or mark that could be used to determine their date or place of fabrication. So far researchers have resorted to comparison with painting to do that. Yet this was done with limited sets of paintings. This article presents the results of the massification of this method by analysing thousands of paintings and objects emulating the methods of archaeology. Based on the example of the chilanum type of dagger, it demonstrates that this method yields a lot of new information that may change our understanding of these objects.

Keywords: India, Mughal, Weapons, Chilanum, corpus

19.1 Introduction

Les armes indiennes du XVIe au XIXe siècle apr. J.–C. posent un problème à l'historien d'art. Dans leur immense majorité, elles ne portent pas de marques d'atelier ou d'inscriptions utiles à la datation. Les mêmes techniques de fabrication restent en usage sur l'ensemble de la période et ne fournissent que peu d'éléments de datation solides. En outre, les types tendent à rester en usage très longtemps. Les attributions à une période se font donc par un « connoisseurship » basé sur une connaissance des objets conservés dans les grandes collections, de ceux peu nombreux qui portent une inscription utile, des encore plus rares mentions dans les sources écrites qui pourraient être reliées aux exemplaires conservés, et enfin des sources visuelles où ils apparaissent – essentiellement les miniatures (peintures sur papier)[1]. Ce sont ces dernières qui sont le plus mises à profit pour les datations. Malheureusement, les échantillons mobilisés pour ce faire sont limités du fait de la dispersion des peintures dans des centaines d'ouvrages et de bases de données qui rendent les recherches systématiques très difficiles à mettre en œuvre.

L'objet du présent article est de démontrer qu'il est possible, par un travail sur des corpus massifs d'objets et leurs représentations en peinture, de parvenir à une précision beaucoup plus grande dans la chronotypologie des objets indiens de la période. Nous avons choisi pour l'exemple les poignards de type chilanum, mais la méthode est applicable sans difficulté à de nombreux types d'objets, bien au–delà des armes. Nous n'aborderons ici que la méthode et ses effets et renvoyons le lecteur à notre étude à paraître sur les chilanums pour les analyses approfondies[2].

19.2 Matériel et méthodes

Notre méthode a consisté à travailler par grands corpus. Il a fallu constituer une documentation numérique massive, tant des objets que des peintures indiennes du XVIe au XIXe siècle apr. J.–C. Elle compte aujourd'hui approximativement 15 000 peintures et 15 000 objets,

---

[1] Pour deux exemples de travaux rigoureux utilisant cette approche, voir l'ouvrage de Salam Kaoukji et celui de David Alexander en bibliographie.

[2] Nous menons une étude globale des chilanums avec Ali Gibran Siddiqi et Rocco Cestola. Elle doit déboucher à terme sur une publication englobant études chronotypologiques et approche culturelle basée sur les sources musulmanes et hindoues.

dont 5000 armes. Elle a été produite par un dépouillement systématique de 300 bases de données de musées et des ouvrages spécialisés. Chaque objet a fait l'objet d'un scan ou d'une capture d'écran au format JPEG. Ce matériau a été converti en fiches, toujours au format JPEG, comportant, image, légende et source de l'information (Fig. 19.1). Ces fiches sont rangées dans une simple arborescence de dossiers Windows.

Cette méthode est rustique. Elle revient à accumuler des photocopies numériques. Elle ne produit pas une base de données interrogeable par mot-clé. Il n'y a en effet aucune saisie textuelle. Elle permet en revanche une productivité considérable si on la compare avec le temps nécessaire pour alimenter une base de données classique. Selon la facilité de traitement des sources papier ou web, un opérateur de saisie peut réaliser à la main entre 200 et 400 fiches par jour là où les méthodes classiques permettraient de réaliser entre quinze et trente fiches. Avec des logiciels de capture de données en ligne, il est possible de collecter des milliers de fiches en une nuit. Nous utilisons ensuite l'interface Windows avec deux écrans pour l'affichage. Cela permet d'afficher sur l'écran gauche l'arborescence des dossiers et le contenu du dossier sélectionné affiché en « grande vignette » et sur l'écran de droite les fiches en mode « aperçu ». On balaye ainsi visuellement les fiches à gauche et par un simple clic on les affiche en aperçu à droite (Fig. 19.2). Cela permet de balayer des milliers de fiches en une journée.

Une fois cet outil établi, nous avons alors cherché dans les peintures des représentations de chaque type et procédé à leur indexation. Chaque représentation d'arme exploitable a ensuite été extraite de ces images et transformée en un fichier image séparé (Fig. 19.2, à droite). Ces représentations ont ensuite été classées par type et forme aux côtés des objets conservés.

19.3 Résultats

La méthode a permis d'isoler près de 2000 représentations d'objets/objets survivants. Ils ont été regroupés par proximité de structure. Cela a immédiatement permis de distinguer clairement deux groupes attribuables, l'un à l'Inde du Nord, et l'autre au Deccan[3]. Cela dit, les peintures du Deccan ne représentent pas les personnages avec autant d'armes que les miniatures mogholes, et la quantité de peintures deccanies conservées est probablement cent fois moins importante que pour les peintures impériales mogholes pour les XVIe et XVIIe siècles apr. J.-C. En conséquence, l'échantillon de représentation des chilanum deccanis est beaucoup plus faible, alors que le volume d'objets conservés est plus important. Cela implique qu'il n'a pas été possible d'attribuer les différentes sous-variantes de chilanum deccanis à tel ou tel état du Deccan (Ahmednagar, Bjiapur, Golconde, Bidar...).

Nous avons ensuite isolé ceux issus de l'Inde du Nord (moghole) qui ont été classés en fonction de la structure de la poignée. Celle-ci peut se décomposer entre le manche (droit, avec boule centrale, ovoïde, balustre...), la base du pommeau (plat, montant, descendant, en forme de croissant, folié, en V), l'extrémité des branches (montante, pointées vers le bas, en forme de serre) et le bourgeon supérieur. Une majorité des images récoltées a été publiée en trop basse définition pour percevoir certains détails visibles sur les miniatures[4]. Nous avons donc dû laisser de côté un grand nombre de représentations. Cela a néanmoins permis de faire émerger une typologie très détaillée des chilanums (Fig. 19.3), quoique fréquemment basée sur des images de très basse résolution et assez pixélisées.

Une quarantaine de sous-types de la famille du chilanum ont été observés dans les peintures avec des variations très subtiles, notamment sur l'extrémité des pommeaux. Les peintures d'Inde du Nord étant datées ou datables, il est maintenant possible de voir une évolution des typologies de formes de poignards à la cour moghole sous les règnes d'Akbar (1556–1605) et de ses successeurs, Jahangir (1605–1627), Shah Jahan (1627–1658) et partiellement Aurangzeb (1658–1707). Sachant que le costume et les types d'armes marquent l'identité ethno-culturelle en Inde à l'époque, ces évolutions pourront très certainement être corrélées à celles de la composition de l'aristocratie.

Le volume de représentations pour chaque sous-sous-type (fréquemment plus d'une dizaine) suggère que chaque variante trouvée correspondait à des objets et non une fantaisie du peintre. Dans la majorité des cas, des objets survivants confirment que les types représentés sont bien réels. Il est probable qu'à terme des exemplaires physiques de la plupart des formes représentées en peinture finiront par être retrouvés. À titre d'exemple, ci-dessous (Fig. 19.4) un photomontage des chilanums de la famille à pommeau en « v » inversé.

À partir des dates de peintures représentant chaque type, nous avons pu observer une évolution dans les formes des poignées entre 1560 et 1660, les grands changements s'opérant à partir de 1605 environ. À compter de cette date, les variantes de manche tendent à devenir moins nombreuses et le type « balustre v » avec ou sans garde remplace progressivement tous les autres, notamment le type « à boule ».

---

[3] La lame des chilanum du nord a une courbe continue et une gouttière centrale unique - plus rarement elle est droite. Elle est toujours surmontée par deux quillons s'ouvrant depuis le manche. Les chilanums du Deccan ont une lame à double courbe plus ou moins marquée, mais surtout une garde platte formée par une plaque. Ce fait s'observe clairement tant dans les miniatures impériales mogholes de chilanums, seule une demi-douzaine présentait cette plaque qui est visible dans tous les chilanums représentés dans les peintures du Deccan. L'association lame - garde est donc un critère typologique particulièrement fort pour l'attribution géographique.

[4] Il est probable que des classements plus poussés par détails seront possibles quand les miniatures seront toutes accessibles en haute définition.

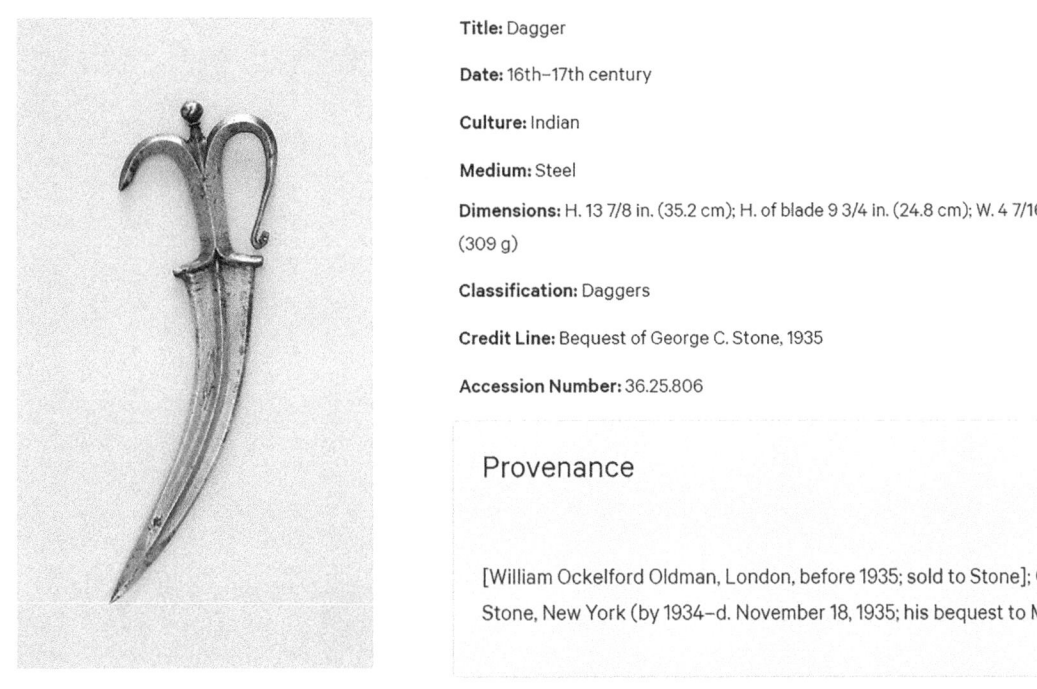

Fig. 19.1. Fiche d'un chilanum réalisée par capture d'écran de la base de données du Metropolitan museum de New York (© Metropolitan Museum, New-York).

Dans de nombreuses peintures mogholes, il est possible d'identifier des individus par des inscriptions ou l'appartenance ethnoculturelle d'après leurs costumes. Une analyse poussée de l'identité des porteurs de ces armes permettra peut-être d'associer un type à une région ou un groupe ethnoculturel de l'Empire. L'analyse chronologique est aussi intéressante en ce qu'elle démontre que les types les plus conservés sont les plus récents et que les types pour lesquels aucun exemplaire physique n'a été trouvé jusqu'à présent sont les plus anciens. Cela recoupe une observation faite pour l'ensemble des arts décoratifs indiens de la période. Les objets du XVIe siècle apr. J.–C., hors objets conservés dans les collections européennes se comptent en dizaines, ceux du XVIIe siècle apr. J.–C. en centaines, la plupart des objets conservés datant des XVIIIe – XIXe siècle apr. J.–C. On observe en outre que le type dont le plus grand nombre d'exemplaires a été conservé (type Balustre V avec garde) est aussi celui qui est le plus fréquemment associé à l'empereur, aux princes et aux aristocrates du premier cercle sur les peintures. Cela fournit des pistes de réflexion sur l'évolution du statut symbolique des chilanums.

19.4 Conclusion

Le travail pilote mené sur les chilanums démontre qu'il est possible d'approfondir considérablement les chronotypologies de certains objets issus de l'Inde moghole à partir des peintures. Le fait qu'il ait été possible de retrouver des exemplaires physiques de la plupart des types et sous-types représentés en peinture démontre que les représentations de la culture matérielle dans les miniatures sont en général bien corrélées aux objets existants. Aussi, même s'il convient de traiter avec prudence ces sources peintes, de les contextualiser, comme cela a été suggéré par des spécialistes[5], il est clair qu'une approche chronotypologique fondée sur des corpus importants est un moyen efficace pour clarifier de nombreuses zones d'ombre dans l'histoire des armes et des arts décoratifs indiens du XVIe – XIXe siècle apr. J.–C.

Bibliographie

Alexander D., Pyhrr S. W., Kwiatkowski W. 2015: *Islamic Arms and Armor in the Metropolitan Museum of Art*, New York, Metropolitan Museum of Art, 336 p.

Kaoukji S. 2018 : *Precious Indian weapons and other princely accoutrements*, Londres, Thames et Hudson, 504 p.

Markel S. 2003: *Correlating Paintings of Indian Decorative Objects*, Asianart.com [URL : https://www.asianart.com/articles/markel/index.html]

---

[5] Voir Markel 2003

Jean–Baptiste Clais

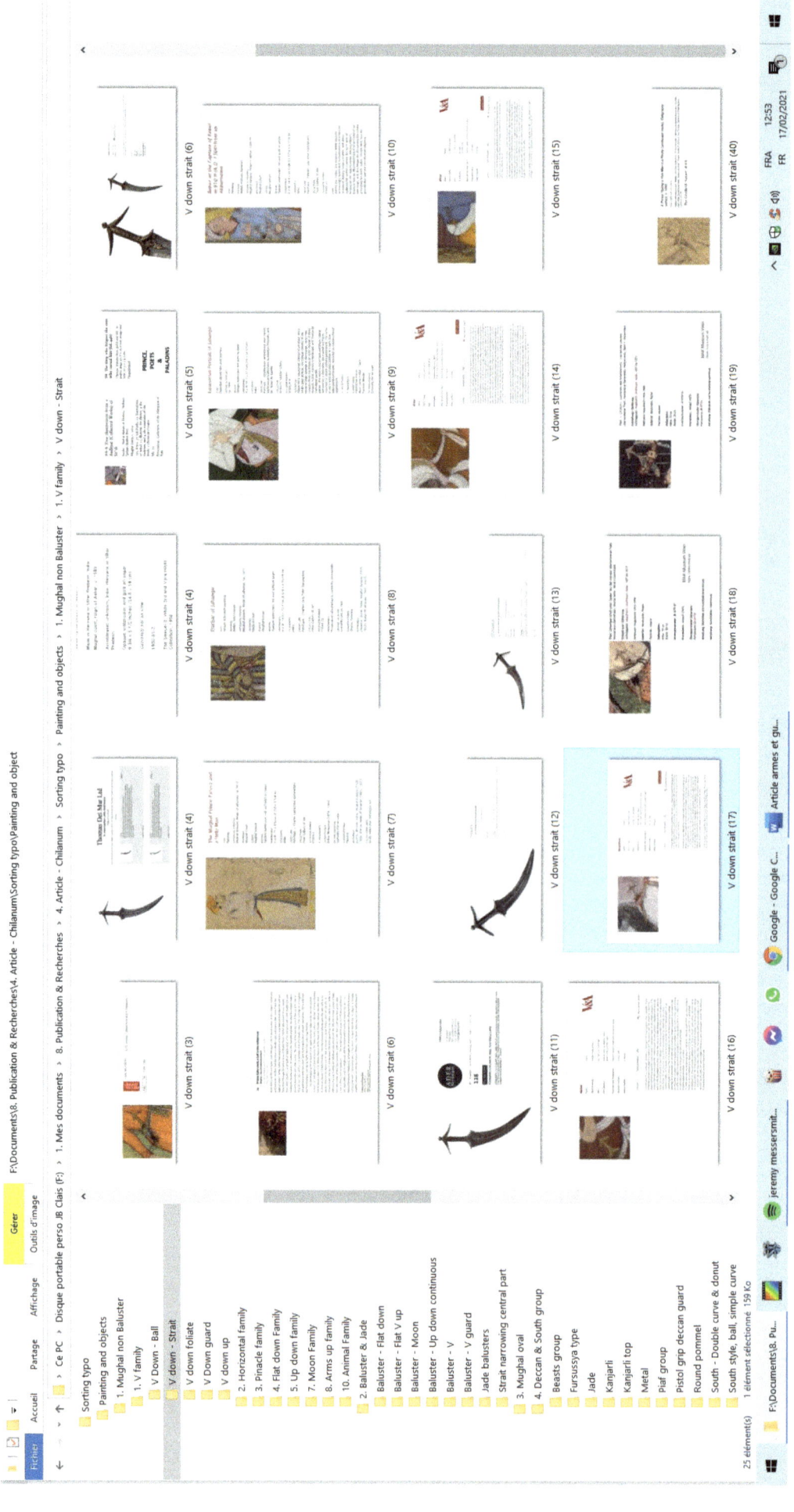

Fig. 19.2. (gauche) Capture d'écran de notre outil déployé sur deux écrans (© Jean-Baptiste Clais).

Fig. 19.2. (droite)

Jean–Baptiste Clais

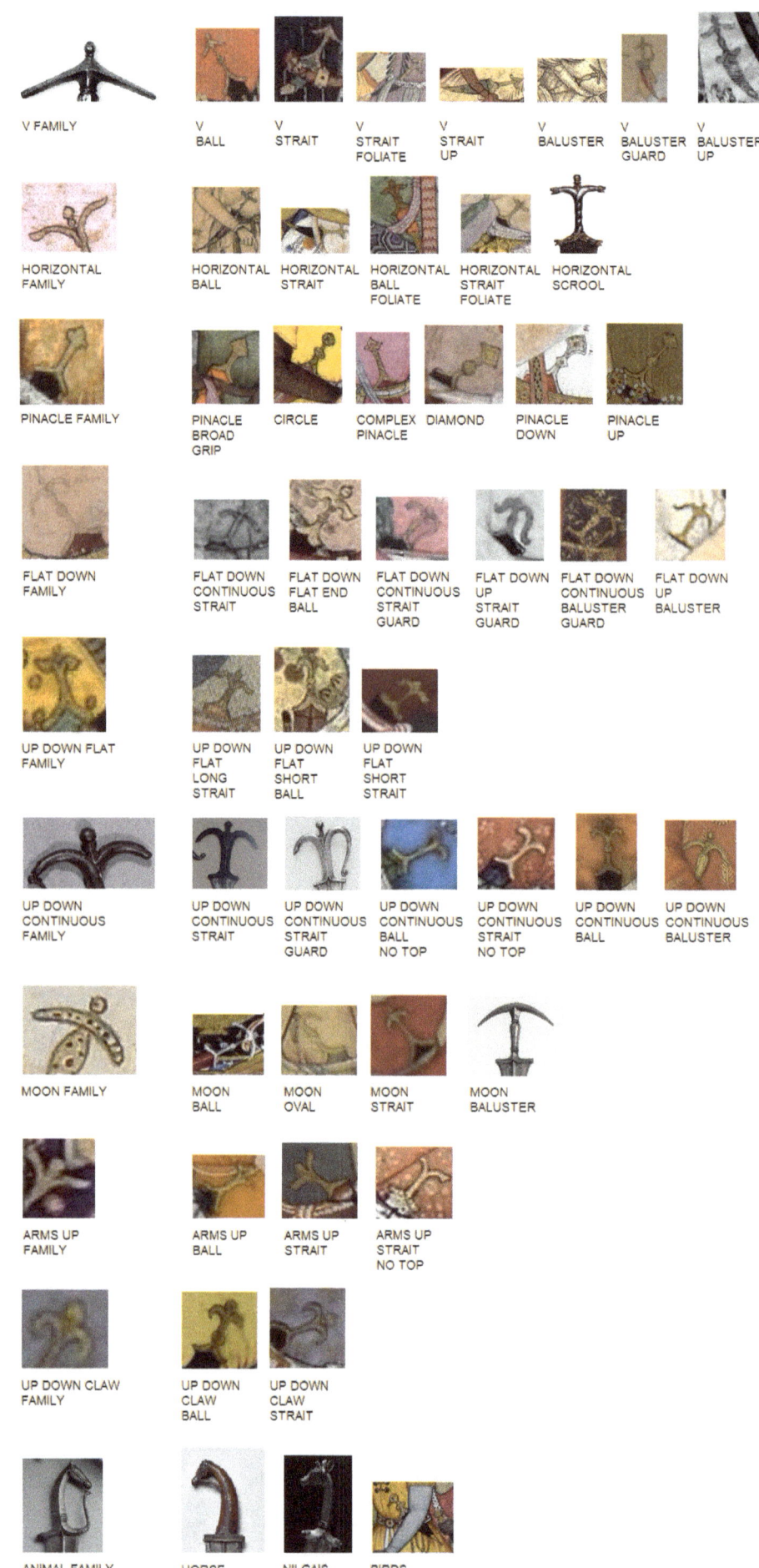

Fig. 19.3. Typologie des manches de Chilanums d'Inde du Nord (© Jean-Baptiste Clais).

Étudier les armes de l'Inde à l'époque moderne

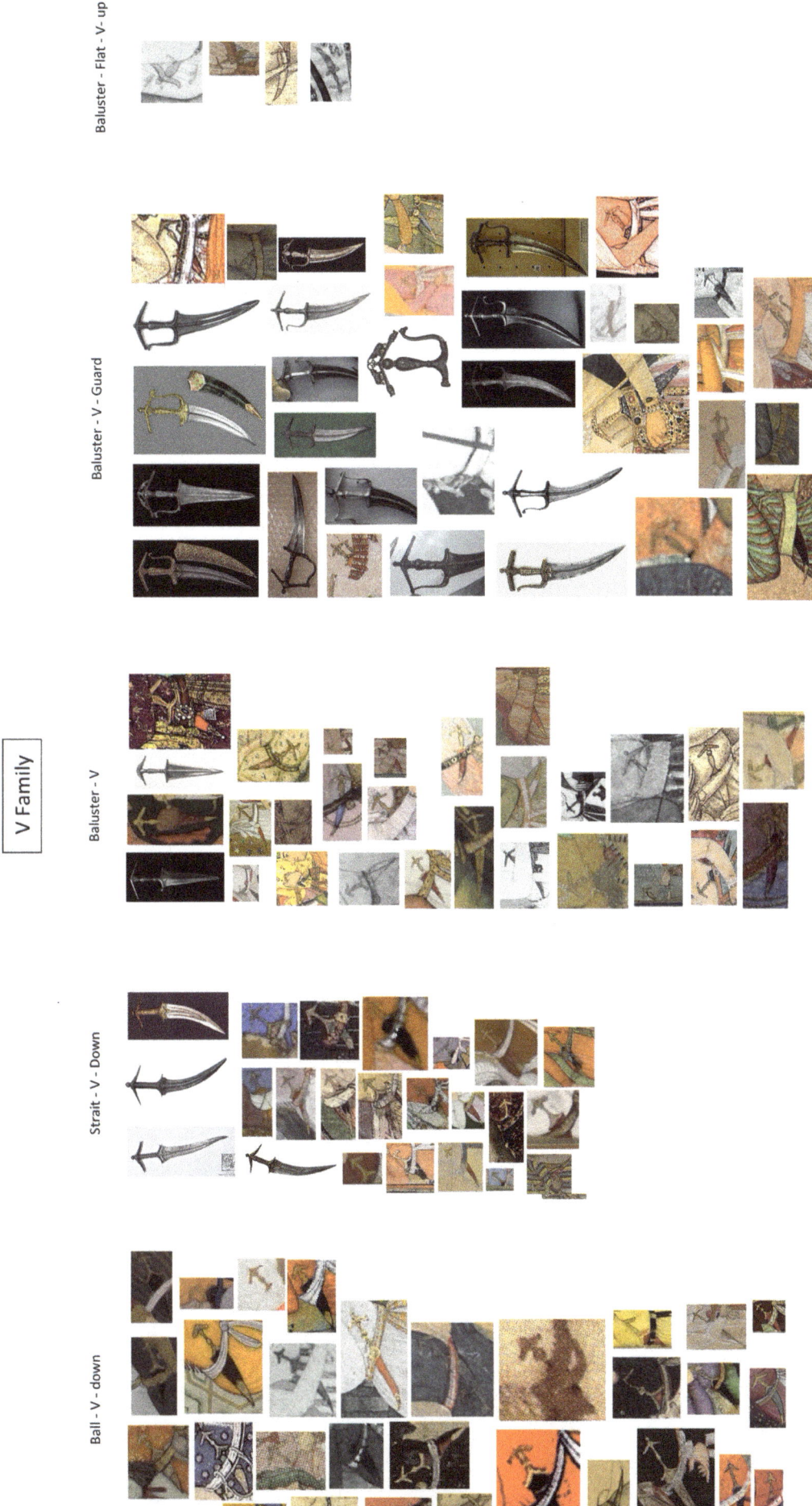

Fig. 19.4. Corpus des Chilanum à pommeau en V – objets et peintures (© Jean-Baptiste Clais).

20
Conclusion

Les différents intervenants du colloque « Armes et Guerriers » ont permis, par leurs présentations, de transformer cette journée dense et riche, autant en informations qu'en enseignements, en une promenade dans le temps, dans l'espace et dans les questionnements flottant au–dessus de ces thématiques militaires. Mais ce cheminement dans l'histoire souligne surtout la complexité qui touche à la discipline de l'étude militaire au travers de ses protagonistes et de leur armement et, malgré son succès, le fait qu'elle n'est pas établie partout de la même manière. Cette disparité se reflète dans le nombre de chapitres qui composent chaque partie. Nous avions en effet déjà noté, lors de l'organisation du colloque, un certain déséquilibre en faveur de l'âge du Fer. Cependant les sessions que nous avions définies, suivant un découpage chronologique : âge du Bronze, âge du Fer, Antiquité, Moyen Âge et Moderne, se sont avérées plutôt équilibrées. Nous comptions alors quinze communications, au nombre de trois pour la première session et 4 pour chacune des sessions suivantes, auxquelles s'ajoutait une dizaine de posters, où l'inégalité était déjà plus marquée, avec un net « avantage » pour l'âge du Fer abordé par cinq posters. Deux concernaient l'âge du Bronze, deux autres l'Antiquité, et seulement un considérait les périodes médiévale et moderne. Comme nous l'avons expliqué dans l'avant–propos, cette publication se trouve, pour diverses raisons, allégée de quelques articles, renforçant ainsi le déséquilibre, déjà perceptible lors de la journée, en faveur de la fin de la période protohistorique. Cette prédominance semble être le marqueur d'un renouvellement des problématiques sur la guerre et l'armement pour cette phase finale de la Protohistoire.

Quelle que soit la période, il est certain que les armes des temps anciens et leurs porteurs ne peuvent être étudiés qu'au travers d'une approche pluridisciplinaire. L'archéologie permet d'en percevoir les traces matérielles, mais ne peut en offrir qu'une vision partielle. Il est donc nécessaire de recourir à des approches diversifiées et croisées faisant intervenir les sources iconographiques, textuelles, épigraphiques ainsi que différentes méthodes pour traiter ces données.

Il ressort donc de ces études une quête visant à percer ou mieux cerner l'identité de l'individu qui se tient derrière l'arme, comment il s'en saisit, comment il la manie et à quelle fin. Autant de problématiques qui transcendent les périodes et les espaces et que les auteurs de ces articles abordent chacun avec des méthodes propres à leurs disciplines, à leur conception, à leur période.

Dans le langage francophone, nous usons ordinairement de deux termes pour désigner le combattant : celui de « guerrier » et celui de « soldat » que nous employons souvent de façon équivalente, comme synonyme. Toutefois, au regard de l'évolution de la façon de faire la guerre, de l'armée, de la manière dont elle est levée, des individus qui la constituent et de leur statut, la définition de ces vocables semble bien plus complexe qu'il n'y paraît et leur emploi en tant qu'équivalents, galvaudé. Si le guerrier renvoie à l'individu, la personne qui fait la guerre sans appartenir à un groupe fixe, le soldat, bien au contraire, serait un homme servant dans une armée, au sein d'une troupe, d'un groupe, au service d'un chef, d'un état ou d'une nation et recevant, pour ce faire, une solde. Le passage du guerrier au soldat, au cœur des problématiques développées par Prune Sauvageot dans son article et approfondies dans ses travaux de thèse en cours, marquerait donc l'émergence de combattants de métiers, professionnels. Les changements dans les pratiques de dépôt d'armes durant la période de La Tène, dans les sépultures et les sanctuaires, ajoutés à l'évolution des armes composant la panoplie seraient alors un des marqueurs visibles de ces mutations.

L'arme, qu'elle soit offensive ou défensive, est surtout perçue comme un instrument conçu pour donner la mort, infliger des blessures ou au contraire, s'en préserver. Pourtant, ne porter que ce regard militaire et fonctionnel sur ces objets, c'est omettre leur emploi par les civils et le rôle plus symbolique que les sociétés humaines pouvaient placer en eux.

Les équipements militaires sont le plus souvent perçus comme les indices d'une occupation militaire du site. Mais la multiplication des fouilles, depuis ces vingt dernières années, dans des contextes d'habitats à l'âge du Fer et à l'Antiquité, a permis, comme ce fut le cas sur le site du La Tène moyenne/finale de Dourges (Pas–de–Calais) (Delphine Cense–Bacquet, et al.), de relever la présence d'armes dans des contextes sans liens apparents avec le monde militaire. Instrument d'autodéfense ? Arme de chasse ? Objet de dissuasion et de protection face à la faune sauvage ? À caractère religieux ? Souvenir rapporté par le vétéran ? Il est difficile de statuer sur la présence d'armes en contexte d'habitat. Ces découvertes sont néanmoins à l'origine d'un revirement dans l'étude des armes considérées non plus seulement entre les mains des guerriers ou des soldats, mais aussi entre celles des civils pour une approche plus sociale et symbolique. C'est notamment ce que les travaux naissants de Quentin Zarka commencent à souligner par la confrontation des restes matériels d'équipement défensif avec les pictogrammes et les gravures sur les sceaux ou les tablettes de l'âge du Bronze. L'ajout de défenses de sangliers sur les casques pourrait ainsi renvoyer à la chasse, ou du moins, symboliser les vertus et les valeurs physiques et héroïques inhérentes à sa pratique.

Les armes dans les contextes archéologiques offrent une vision parfois très partielle de ce qu'elles pouvaient être dans la réalité, ainsi que de la place qu'elles occupaient au sein des assemblages, formant la « panoplie » du combattant. La nature périssable de certains matériaux, les conditions de dépôt des objets, l'environnement et le milieu dans lesquels ils ont sommeillé jusqu'à leur découverte sont autant de facteurs qui jouent sur leur état de conservation. Les bois, les cuirs ou tous autres matériaux organiques ou végétaux utilisés dans la fabrication de ces objets ont le plus souvent disparu. Ne reste plus que les parties métalliques, plus ou moins préservées, et dont la corrosion en a parfois tellement déformé la silhouette qu'il devient difficile de les lire. Les contours altérés par les concrétions métalliques des épées de Colle del Forno (Italie) présentées par Rita Solazzo et Maria Luisa Agneni, en cours de restauration, montrent toutes les difficultés auxquelles l'archéologue, qui doit pourtant essayer d'en percer les mystères, fait face. La compréhension des armes, de même que leur restitution ou reconstitution sont alors indissociables des connaissances et du discernement du scientifique, des conditions de découverte, de prélèvement et de conservation des artefacts. Si la restauration des épées de Colle del Forno (Italie) est indispensable pour en approfondir l'étude et la caractérisation, l'article de Raimon Graells i Fabregat sur le casque de Métaponte (Italie) nous montre alors comment la considération et la perception des objets archéologiques, mêlée à une idéalisation et à un fantasme, peut amener à les surinterpréter et, par la restauration, à en véhiculer auprès du public et des scientifiques, une image faussée. Grâce au recoupement des archives de fouilles, des documents d'acquisition des institutions muséales, des nouvelles données sur les couvre-chefs de l'âge du Fer et à un regard neuf, ou du moins différent, il a été possible de redonner au casque de Métaponte une apparence en cohérence avec les données dont nous disposons actuellement pour ce type d'équipement. Bien sûr, si aujourd'hui l'image de cette pièce défensive nous semble exacte parce qu'elle repose sur le croisement de différentes sources et de discussions, il est plausible que des découvertes postérieures amènent à en réviser une nouvelle fois la restitution.

Ce cas illustre une problématique inhérente à l'étude de la guerre et de tout ce qui y affère, celle de l'idéalisation du combattant et de son équipement et la volonté de montrer un guerrier ou un soldat type. Cette projection exaltée s'observe pour toutes les périodes. De la fin du Moyen Âge jusqu'au tournant du XVIIe s., les érudits et les artistes construisent une image du soldat, notamment romain, auquel est associé un ensemble complet d'équipements offensifs et défensifs suivant le style et la mode en vigueur à leurs époques. La standardisation régionale approchée par Léonard Dumont et Stefan Wirth dans leurs travaux et qui transparaît dans la production des armes de l'âge du Bronze, a amené les chercheurs de la fin du XIXe s. à proposer des reconstitutions des guerriers de ces périodes anciennes vêtus d'un véritable costume standardisé. Ses croyances, parfois persistantes, ont alors pour conséquence de proposer au public autant qu'aux archéologues une construction artificielle ne reposant pas sur les réalités archéologiques. Et quand l'apparence des armes qui équipent les guerriers est calquée sur les découvertes matérielles et les études qui en ont été faites, c'est l'assemblage des pièces pour un même individu qui pose problème.

L'archéologie s'appuie sur diverses méthodes pour tenter de répondre aux questions qu'elle se pose. Au premier rang desquelles, on retrouve évidemment, l'étude morphologique, métrique et typologique. Cette méthode d'analyse, longtemps exclusive, a été un temps boudée par les archéologues, car devenue une fin en soi. Elle reste cependant un outil indispensable à la compréhension et la reconnaissance des objets et à leur comparaison entre eux. Elle représente un support primordial pour entamer un dialogue avec le chercheur et l'archéologue. C'est par le classement systémique des artefacts qu'il est possible de déterminer des caractéristiques communes, de références, le plus souvent morphologiques, indispensables à l'élaboration d'un groupe. Liée à la chronologie, l'étude typologique, par l'établissement de typochronologies, permet de replacer les contextes et les sites dans le temps, comme parvient à le faire Azzura Scarci dans son étude des pointes de lance et de javelot du sanctuaire de Monte Casale (Sicile) ou encore Delphine Cense-Bacquet et al. par l'analyse de l'épée du site de Dourges dans le Pas-de-Calais (France). Toutefois, comme tout outil, il est nécessaire d'être conscient de ses limites. C'est ainsi que l'on assiste parfois à la multiplication des classements typologiques, dont le choix des critères, propres à chacun, limite les comparaisons et les confrontations. En soumettant le corpus des lances gallo-Romaines de l'Antiquité tardive aux critères de classement typologiques de différents corpus d'hasts provenant de zones géographiques différentes, de périodes antérieures ou postérieures ou encore d'ensembles homogènes, Pauline Bombled souligne que calquer une typologie établie pour un corpus défini, sans remettre en cause la validité des critères, demande parfois quelques ajustements dans la combinaison ou l'ordre dans lequel interviennent ces critères. Cette approche permet de mettre en exergue la nécessité de traiter la typologie comme ce qu'elle est, c'est-à-dire un outil. Alors que traditionnellement la typologie s'appuie sur un corpus représentatif et défini d'objets archéologiques, Jean-Baptiste Clais, dans son article, nous montre la possibilité d'appliquer cette méthode à un corpus iconographique pour aboutir au classement en arborescence et à la datation des poignards indiens des XVIe-XIXe siècles, pour lesquels manquent les marques d'ateliers ou les inscriptions traditionnelles nécessaires à la datation.

Comme nous l'avons vu, l'attention portée aux armes offensives s'est souvent concentrée sur les instruments perforants, tranchants, coupants, pénétrants et moins sur ceux contondants. Ils semblent pourtant, comme le montrent Stefano Marchiaro et Gianfranco Bongioanni, avoir été des instruments de prédilection au sein de certaines troupes, sinon auprès de soldats, de l'armée romaine dès le Ier siècle apr. J.–C. L'arme semble alors se présenter sous la forme d'un bâton de bois massif composé d'une extrémité renflée particulièrement efficace contre les cibles légères ou plus lourdement armées, grâce, notamment à son impact et à sa portée. On comprend alors aisément les raisons, soulevées par Thomas Salmon, qui ont amené la massue à se ménager une place significative dans la culture médiévale et plus particulièrement, Byzantine des IXe–Xe siècle apr. J.–C.

L'Histoire et l'Histoire de l'art concourent aussi à mieux appréhender les guerriers, leurs armements, et d'une manière plus générale tout ce qui a trait à la guerre. Par l'étude des sources textuelles, il est possible de saisir l'origine des armes au travers de l'étymologie, comme le montre Nathalie Couton dans son étude de la harpé en Égypte, mais aussi leur morphologie par les descriptions qui en sont faites. Toutefois, les textes sont également le reflet de la perception que les auteurs anciens avaient du combattant et du monde militaire. À cet égard, il est indispensable de considérer leur contexte de rédaction.

Le combattant est objet de représentation depuis les temps les plus anciens, les sources iconographiques apparaissent alors presque comme indissociables de l'étude de la guerre. Les supports sur lesquels sont représentés les thèmes guerriers sont multiples, comme les stèles funéraires (S. Marchiaro, G. Bongioanni), les reliefs commémoratifs de victoires militaires (D. Poinsot), les reliefs architecturaux (N. Couton), les peintures murales (S. Salvan ; S. Salvan *et al.* ; J.–B. Clais) ou les mosaïques (A. Confais), les enluminures (V. Haure), les sceaux (Q. Zarka), les monnaies (A. Confais), les figurines ou les statuettes (N. Couton ; A. Confais). L'examen de ces représentations et de la nature de leur support permettent d'appréhender la morphologie des armes, leur aspect esthétique, leurs fonctions, l'assemblage des pièces offensives et défensives, l'identité du porteur, sa place et son rapport au groupe armé, etc.

L'exploitation des données textuelles, épigraphiques et iconographiques confrontée aux vestiges mobiliers archéologiques, ici les armes, sont le médium privilégié pour aborder certaines problématiques dans des domaines quasiment inaccessibles à l'archéologie, comme l'étude des gestes, des techniques de combats, la préhension des armes ou encore la manière de les porter et de les transporter.

Le développement de nouvelles techniques d'analyse, de nouveaux outils de traitement permet le passage d'une approche quantitative et typochronologique « classique » à des questionnements, plus novateurs, autour des usages et des traces.

Différents travaux montrent le tournant dans lequel la recherche sur les armes s'est engagée depuis une cinquantaine d'années, en essayant d'en restituer l'usage dans leur contexte et en interrogeant leur létalité. Si l'iconographie et les sources manuscrites, comme le montrent Vincent Haure au travers des enluminures illustrant le duel entre fantassins, ou encore Stéphane Salvan *et al.* avec les fresques de Paestum, permettent de saisir une image figée du geste martial et de développer des hypothèses sur la cinématique des frappes depuis la position de garde jusqu'à la blessure, les expérimentations archéologiques se révèlent indispensables pour discerner les possibilités biomécaniques des gestes et des postures. C'est en développant des protocoles et des méthodologies nouvelles auprès d'autres disciplines, que l'on pourrait considérer être aux antipodes des domaines relevant des Sciences Humaines, que de nouvelles perspectives d'études s'ouvrent à la recherche. La « *Motion Capture* » et le recours à des capteurs de force permettent d'appréhender les contraintes physionomiques et anatomiques qu'imposent certains gestes ou mouvements au corps des combattants et d'approcher la notion d'effort physique. On se rend alors davantage compte de la tension physique qu'endure le combattant et qui semble bien éloignée des récits de batailles commençant avec le lever du soleil et s'achevant à son coucher tels qu'ils sont rapportés par les auteurs anciens. Afin de rendre ces données expérimentales fiables et utilisables, il est néanmoins nécessaire d'établir au préalable un protocole strict. Pour Guillaume Reich, c'est en ouvrant les portes de disciplines en lien avec l'ingénierie des matériaux, les mathématiques, la biomécanique, les sciences forensiques, la médecine légale et en les confrontant à l'archéologie, l'anthropologie, l'ethnologie et surtout, la tracéologie que l'on parvient à faire ressortir les indices inédits du geste et des techniques martiales du combattant celte et à discerner les traces relevant de destructions volontaires de celles relevant de l'usage martial.

La compréhension du fonctionnement, de l'emploi, de l'efficacité des armes et de leur interaction entre elles doit passer par la conscience du corps en mouvement et par la compréhension de la portée de ces mouvements. C'est aussi un moyen d'approcher le guerrier derrière l'arme.

En parcourant toutes ces présentations, on saisit dès lors l'ampleur des travaux qu'il reste à mener, quelle que soit la période ou l'aire géographique, bien loin de l'idée que les études des guerriers et des armes sont des axes de recherche asséchés, parce qu'ayant très tôt suscité les curiosités et engendré nombre de travaux et de publications. Mais ces différents travaux nous montrent surtout que les notions de continuité et de changement qui ont constitué la problématique centrale de cette réunion scientifique touchent tous les niveaux d'étude des armes et des guerriers. Le défi était de s'interroger sur l'existence des permanences et/ou des ruptures et sur la manière de les saisir par le décloisonnement et la confrontation des sujets de recherche. Bien que les différents articles permettent de percevoir l'existence de continuités et de changements dans l'évolution du guerrier, de son équipement, de son statut, de la fonction des armes, etc., le caractère hétéroclite des différentes présentations n'a pas toujours permis de discerner un fil conducteur dans ces problématiques diversifiées, parfois très éloignées les unes des autres, de par les sources qui sont utilisées pour les traiter, parfois fort différentes, mais aussi, et à cause de l'écart chronologique et géographique.

La portée de ces différents travaux et leur confrontation nous permet de saisir le fait que continuités et changements en matière d'armement ne sont pas des phénomènes linéaires. Bien au contraire, ils sont fluctuants. Permanence et évolution dans l'équipement du guerrier et dans son statut s'opèrent parfois parallèlement, dans le même temps, mais dans des domaines bien différents. À titre d'exemples, si les armes contondantes sont employées de l'Antiquité jusqu'à des temps plus modernes toujours pour lutter contre des combattants légers ou plus lourdement armés, les caractéristiques morphologiques et la constitution de ces armes ont considérablement évolué au fil des siècles pour s'adapter à l'identité nouvelle des ennemis, à leurs modes de combat et à leur équipement tant offensif que défensif. On constate par cet exemple la permanence dans l'utilisation d'une catégorie d'arme, mais dont l'apparence est amenée à évoluer, à s'adapter pour répondre à la nécessité de l'efficacité.

On remarque pareillement que la formation linéaire phalangique, caractéristique des armées grecques archaïques et classiques et qui a contribué à nombre de leurs victoires, se révèle impuissante et inefficace lorsque les Romains leur opposent, au tournant des IVe–IIIe siècle av. J.–C., une formation manipulaire, plus flexible, capable de briser une longue ligne de combattants armés de bouclier et de lance. La victoire de ces derniers sur les troupes grecques signe alors la disparition de cette disposition. Celle–ci n'est cependant que temporaire puisque six siècles plus tard, elle réapparaît au sein même des troupes romaines qui l'adaptent pour lutter contre les nouvelles formes de menaces qui planent sur l'Empire. Elle devient dès lors la disposition principale adoptée par les légionnaires de l'Antiquité tardive lors des batailles en plaine.

Cependant, les notions de continuités et de changements au cœur de cette rencontre ne concernent pas seulement les thématiques militaires et le monde de la guerre. Elles s'appliquent aussi aux méthodes que les chercheurs ont mises en place pour construire leur propos et produire des données et des résultats.

Les études rassemblées dans le manuscrit portent en effet sur des problématiques très précises approchées par le biais de méthodes très variées. Techniques d'analyse traditionnelles confrontant les données littéraires, archéologiques et iconographiques et méthodes plus originales, parfois même novatrices se côtoient dans cet ouvrage et manifestent ainsi leur interdépendance. L'innovation dans les méthodes et les outils d'analyse ne sauraient se faire indépendamment de l'édification d'un fond solide de connaissances obtenues par la collation des textes, des représentations et du matériel archéologique. À l'inverse, ce sont ces approches plus traditionnelles qui permettent de mieux saisir les lacunes et les hiatus de la recherche dans un domaine et d'envisager les solutions qui permettraient éventuellement de les combler.

Ce colloque lui–même, en s'inscrivant dans la continuité des travaux précédents menés sur le sujet, mais en s'ouvrant plus largement dans le temps et dans l'espace s'inscrit parfaitement dans cette ambivalence de permanence et d'évolution, nous amenant à nous interroger sur les raisons, les conditions et les contextes qui influent sur ces permanences ou ces évolutions plutôt qu'à démontrer leur existence.

Le colloque « Armes et Guerriers » a ainsi été l'occasion non seulement de confronter, d'élargir et de saisir des problématiques, parfois communes, inhérentes à l'étude des armes, mais il a aussi encouragé les rencontres enthousiastes et les discussions animées.

Depuis une vingtaine d'années, le renouvellement des problématiques et le développement de nouvelles approches et de nouvelles méthodes dans les différents domaines de recherche qui participent à la construction d'une histoire militaire sont ainsi portés par une communauté de passionnés d'étudiants, de scientifiques.

Pauline Bombled, Prune Sauvageot

20

Conclusion

The various speakers at the 'Weapons and Warriors' conference, through their presentations, made it possible to transform this productive day, as rich in information as in lessons, into a walk through time, space and the questions floating above these military themes. But this journey through history underlines above all the complexity of the discipline of military studies, through its protagonists and their weaponry, but also, despite its success, the fact that the field is not as well established everywhere. This imbalance is reflected in the number of chapters that make up each part. We had already noticed, when organising the conference, a certain imbalance in favour of the Iron Age. However, the sessions that we had defined, following a chronological division – Bronze Age, Iron Age, Antiquity, Middle Ages and modern – turned out to be rather balanced. There were fifteen papers, three for the first session and four for each of the following sessions, plus ten or so posters, where the inequality was already more marked, with a manifest 'advantage' for the Iron Age, with five posters. Two concerned the Bronze Age, two others Antiquity, and only one considered the medieval and modern periods. As explained in the foreword, this publication has, for various reasons, been lightened by a few articles, which reinforced the imbalance, already perceptible on the day, in favour of the late protohistoric period. This predominance seems to be the marker of a renewed interest in the problems of warfare and weaponry for this terminal phase of Protohistory.

Whatever the period, it is certain that ancient weapons and their bearers can be studied only through a multidisciplinary approach. Archaeology allows us to identify the material traces, but can do nothing but offer a partial vision. It is therefore necessary to resort to diversifed and intersecting approaches involving iconographic, textual and epigraphic sources as well as different methods for processing these data. The result of these studies is a quest to discover or better define the identity of the individual behind the weapon, how he or she employs it, how it is handled and to what end. These goals represent issues that transcend time and space and that the authors of these articles each address with methods specific to their disciplines, their conception and their period.

In the French language, we ordinarily employ two terms to denote the combatant: 'guerrier' and 'soldat', which we frequently use equivalently, as synonyms. However, in view of the evolution of the way war is waged, of the army, of the way it is raised, of the individuals who make it up and of their status, the definition of these terms seems much more complex than it appears, and their use as equivalents is overused. If 'warrior' refers to the individual, the person who wages war without belonging to a fixed group, a 'soldier', on the contrary, would be a man serving in an army, within a troop, a group, in the service of a leader, a state or a nation and receiving a salary in return. The transition from the warrior to the soldier, which is at the heart of the issues developed by Prune Sauvageot in her article and explored in greater depth in her current thesis, would therefore mark the emergence of skilled combatants. The changes in the practice of depositing weapons during the La Tène period, in burials and sanctuaries, added to the evolution of the weapons making up the panoply, would then be one of the visible markers of these changes.

The weapon, whether offensive or defensive, is seen above all as an instrument designed to cause death, inflict injury or, on the contrary, to protect oneself from it. However, to look at these objects solely from a military and functional perspective is to overlook their use by civilians and the more symbolic significance that human societies may have placed on them.

Military equipment is most often perceived as evidence of a military occupation of a site. However, the increasing number of excavations over the last twenty years in Iron Age and Antique settlement contexts has made it possible, as was the case in the Middle/Final La Tène site of Dourges (Pas-de-Calais) (Delphine Cense-Bacquet, et al.), to notice the presence of weapons in contexts with no apparent links to the military world. Was each of these an instrument of self-defence? A hunting weapon? A deterrent and protection against wild animals? Religious in nature? A souvenir brought back by a veteran? It is problematic to interpret the presence of weapons in a habitat context. These discoveries are nevertheless at the origin of a turnaround in the study of weapons considered not only in the hands of warriors or soldiers, but also in those of civilians, for a more social and symbolic approach. This is what Quentin Zarka's growing work is beginning to emphasise by comparing the material remains of defensive equipment with the pictograms and engravings on Bronze Age seals or tablets. The addition of boar tusks on helmets could thus refer to hunting, or at least symbolise the virtues and physical and heroic values inherent in the practice.

Weapons in archaeological contexts sometimes offer a very partial vision of what they might have been in reality, as well as of the place they occupied within the assemblages, forming the 'panoply' of the combatant. The perishable nature of certain materials, the conditions in which the objects were deposited, the environment in which they slept until they were discovered, are all factors that affect their state of preservation. The wood, leather or any other organic or vegetable materials used in the manufacture of these objects has most often disappeared. All that remains is the metal parts, more or less preserved, and whose silhouette has sometimes been so distorted by corrosion that it is difficult to read them. The contours, altered by metallic concretions, of the swords from Colle del Forno (Italy) presented by Rita Solazzo and Maria Luisa Agneni, currently being restored, indicate all the difficulties that the archaeologist, who must nevertheless try to penetrate their mysteries, faces. The understanding of the weapons, as well as their restitution or reconstitution, is therefore inseparable from the knowledge and judgement of the scientist, and from the conditions of discovery, removal and conservation of the artefacts. If the restoration of the swords from Colle del Forno (Italy) is indispensable for further study and characterisation, Raimon Graells i Fabregat's article on the helmet from Metapontum (Italy) demonstrates how the consideration and perception of archaeological objects, combined with idealisation and fantasy, can lead to their over-interpretation and, through restoration, to a distorted image both for the public and for researchers. Thanks to the cross-referencing of excavation archives, acquisition documents from museum institutions, recent data on Iron Age headgear and a fresh, or at least different, look, it has been possible to restore the Metapontes helmet to an appearance consistent with the data we currently have for this type of equipment. Naturally, if today the image of this defensive piece seems accurate because it is based on the cross-referencing of diverse sources and discussions, it is plausible that later discoveries will lead to a further revision of its restitution.

This case illustrates a problem inherent in the study of war and everything related to it: that of the idealisation of the combatant and his equipment and the desire to show a typical warrior or soldier. This exalted projection can be observed in all periods. From the end of the Middle Ages to the turn of the 17th century, scholars and artists constructed an image of the soldier, particularly the Roman soldier, with a complete set of offensive and defensive equipment in accordance with the style and fashion of their time. The regional standardisation approached by Léonard Dumont and Stefan Wirth in their work, reflected in the production of Bronze Age weapons, led researchers at the end of the 19th century to propose reconstructions of the warriors of these ancient periods dressed in a genuine standardised costume. These beliefs, which sometimes persist, suffer the consequence of offering the public as well as archaeologists an artificial construction that is not based on archaeological realities. And when the appearance of the weapons used by the warriors is modelled on the material discoveries and the studies that have been made of them, it is the assembly of the parts into a single whole that poses a problem.

Archaeology relies on various methods to attempt to resolve the questions it poses. First and foremost, of course, are morphological, metric and typological studies. This method of analysis, for a long time exclusive, was for a while shunned by archaeologists because it had become an end in itself. However, it remains an indispensable tool for understanding and recognising objects and for comparing them with each other. It represents a fundamental support for initiating a dialogue between the researcher and the archaeologist. It is through the systematic classification of artefacts that it is possible to determine familiar characteristics, references, most often morphological, which are indispensable for the development of a group. Linked to chronology, typological study, through the establishment of typo-chronologies, makes it possible to place contexts and sites in time, as Azzura Scarci has done in her study of the spear and javelin points from the sanctuary of Monte Casale (Sicily), or Delphine Cense-Bacquet et al. through the analysis of the sword from the site of Dourges in the Pas-de-Calais (France). However, as with any tool, it is necessary to be aware of its limitations. This is why we sometimes consider the multiplication of typological classifications, whose choice of criteria, specific to each one, limit comparisons and confrontations. By subjecting the corpus of Gallo-Roman spears from Late Antiquity to the typological classification criteria of different corpuses of hasts from different geographical areas, from earlier or later periods or even from equivalent groups, Pauline Bombled underlines that copying a typology established for a defined corpus, without calling into question the validity of the criteria, sometimes demands some adjustments in the combination or the order in which these criteria are used. This approach highlights the need to treat typology as what it is, i.e. a tool. While typology is traditionally based on a representative and defined corpus of archaeological objects, Jean-Baptiste Clais, in his article, demonstrates the possibility of employing this method with an iconographic corpus to achieve a tree-like classification and dating of Indian daggers of the 16th–19th centuries, for which the workshop marks or inscriptions traditionally necessary for dating are missing.

As we have seen, attention to offensive weapons has frequently focused on piercing, cutting and penetrating instruments and less on blunt ones. However, as Stefano Marchiaro and Gianfranco Bongioanni show, they seem to have represented the preferred instruments of certain troops, if not soldiers, in the Roman army from the first century AD. The weapon seems to have taken the form of a solid wooden stick with a swollen end that was remarkably effective against light or heavily armed targets, thanks in particular to its impact and range. It is therefore easy to appreciate the reasons, raised by Thomas Salmon, that led the club to occupy a significant place in medieval culture and, more particularly, in Byzantine culture of the 9th to 10th centuries AD.

History and Art History equally contribute to a more proper understanding of warriors, their weapons and, more generally, everything related to war. Through the study of textual sources, it is possible to grasp the origin of weapons through etymology, as shown by Nathalie Couton in her study of the harpoon in Egypt, but also their morphology, through the descriptions made of them. However, the texts also reflect the perception that ancient authors expressed of the combatant and the military world. In this respect, it is essential to consider the context in which they were written.

The combatant has been the object of representation since the most ancient times, and iconographic sources appear to be practically inseparable from the study of war. The media on which warlike themes are represented are numerous, and include funerary steles (S. Marchiaro, G. Bongioanni), reliefs commemorating military victories (D. Poinsot), architectural reliefs (N. Couton), wall paintings (S. Salvan; S. Salvan et al.; J.-B. Clais) and mosaics (A. Confais), illuminations (V. Haure), seals (Q. Zarka), coins (A. Confais), figurines and statuettes (N. Couton; A. Confais). The examination of these representations and the nature of their context make it possible to understand the morphology of the weapons, their aesthetic aspect, their functions, the assembly of offensive and defensive elements, the identity of the bearer, his place and his relationship with the armed group, etc.

The use of textual, epigraphic and iconographic data in conjunction with the archaeological remains of movable objects, in this case weapons, remains the ideal medium for tackling certain problems in virtually inaccessible areas of archaeology, such as the study of gestures, combat techniques, the grip of weapons or the way they were carried and transported.

The development of new analysis techniques and novel processing tools has enabled us to move from a 'classic' quantitative and typo-chronological approach to more innovative questions about uses and traces.

Various works show the turning point in research on weapons over the last fifty years, by attempting to restore their use in their context and by questioning their lethality. If iconography and manuscript sources, as shown by Vincent Haure through illuminations illustrating duels between infantrymen, or Stéphane Salvan et al. with the frescoes of Paestum, make it possible to grasp an explicit image of martial gestures and to develop hypotheses on the kinematics of the strikes from the guard position to the wound, archaeological experiments are proving to be indispensable for distinguishing the biomechanical possibilities of the gestures and the postures. It is by developing experimental protocols and methodologies with other disciplines, which could be considered to be at the antipodes of the humanities, that new perspectives of study are opened to research. Motion capture and the use of force sensors make it possible to accept the physiognomic and anatomical constraints that certain gestures or movements impose on the body of combatants and to approach the notion of physical effort. This results in a better idea of the physical tension suffered by the combatant, which seems to be far removed from the accounts of battles beginning with the rising of the sun and ending with its setting, as reported by the ancient authors. To make these experimental data reliable and usable, it is nevertheless necessary to establish a strict protocol beforehand. For Guillaume Reich, it is by opening the doors of disciplines linked to materials engineering, mathematics, biomechanics, forensic sciences, and forensic medicine and by confronting them with archaeology, anthropology, ethnology and, above all, traceology that we manage to bring out new clues to the gestures and martial techniques of the Celtic fighter and to distinguish the traces of voluntary destruction from those of martial use. An understanding of the functioning, use and effectiveness of weapons and their interaction with each other must involve an awareness of the body in movement and an understanding of the scope of these movements. It is, furthermore, a way to approach the warrior behind the weapon.

In reading through all these presentations, we can note the extent of the work that remains to be done, whatever the period or geographical area, dispelling the idea that the study of warriors and weapons continues to be an arid area of research, because it has aroused curiosity and generated a number of works and publications. But these diverse works reveal above all that the notions of continuity and change which represented the central crux of this scientific meeting affect all levels of study of weapons and warriors. The challenge was to investigate the existence of permanency and/or rupture, and how to grasp these by decompartmentalising and confronting the research subjects. Although the various articles allow us to state the existence of continuities and changes in the evolution of the warrior, his equipment, his status, the function of weapons, etc., the diverse nature of the different presentations did not always allow us to notice a common thread in these diverse issues, which are sometimes very far apart, because of the sources used to deal with them, which are sometimes completely different, but also because of the chronological and geographical differences.

The scope of these various works and their juxtaposition allows us to grasp the fact that continuities and changes in armaments are not linear phenomena. On the contrary, they fluctuate. Permanence and evolution in the equipment of the warrior and in his status sometimes occur in parallel, at the same time, but in very different areas. For example, although blunt weapons have been employed from ancient times to more modern times, always to fight against light or more heavily armed combatants, the morphological characteristics and constitution of these weapons have evolved significantly over the centuries to adapt to the new identity of the enemy, to their modes of combat and to their offensive and defensive equipment. This example shows the permanence in the use of a category of weapon, but how its appearance has to evolve and adapt to meet the need for efficiency.

It is also worth noting that the linear phalanx formation, characteristic of the archaic and classical Greek armies and which contributed to many of their victories, proved impotent and ineffective when the Romans, at the turn of the 4th–3rd century BC, opposed them with a more flexible manipular formation, capable of breaking an extended line of shields and spear-armed fighters. The victory of the latter over the Greek troops marked the disappearance of the phalanx arrangement. However, it was merely temporary, as six centuries later it reappeared among the Roman troops, who adapted it to fight against the new threats facing the Empire. It subsequently became the principal disposition adopted by the legionaries of late antiquity during battles on the plains. However, the notions of continuity and change at the heart of this meeting do not only concern military themes and the world of war. They also apply to the methods that the researchers have used to construct their discourse and produce data and results.

The studies gathered in the volume deal with very specific issues approached through a variety of methods. Traditional analysis techniques comparing literary, archaeological and iconographic data and more original, sometimes even innovative methods are combined in this book, and thus show their interdependence. Innovation in methods and tools of analysis cannot be achieved independently of the construction of a substantial base of knowledge acquired by the collation of texts, representations and archaeological material. Conversely, it is these more traditional approaches that allow us to better grasp the gaps in research in a field and envisage solutions that would eventually allow us to extend them.

This colloquium itself, by following on from previous work on the subject, but opening up more widely in time and space, fits perfectly into this ambivalence of permanence and evolution, leading us to examine the reasons, conditions and contexts that influence this permanence or evolution rather than simply demonstrating their existence.

The 'Weapons and Warriors' conference was therefore not only an opportunity to confront, broaden and grasp the problems, sometimes common, inherent in the study of weapons, but also encouraged enthusiastic encounters and lively discussions.

For the past twenty years, the renewal of issues and the development of innovative approaches and methods in the various fields of research that contribute to the construction of military history have therefore been supported by a community of passionate students and researchers.

Pauline Bombled, Prune Sauvageot

Lightning Source UK Ltd.
Milton Keynes UK
UKHW051144060223
416527UK00008B/203